우리가 우리를 구한다

WE WILL NOT BE SAVED

우리가 우리를 구한다

아마존 파괴에 맞선 부족 리더의 연대와 투쟁기

네몬테 넨키모, 미치 앤더슨 지음
정미나 옮김

알에이치코리아

Dorani waorani guirinani beye

추천의 글

네몬테의 대의는 우리 모두의 대의다. 마주치는 이들에게 가까이에 있는 큰 돌을 짊어지고, 함께 걸어가자고 영감을 불어넣는다. 그녀의 움직임은 점점 커지고 있다. ― 레오나르도 디카프리오, 배우

기후 위기를 이해하고 이에 대해 무언가를 하고 싶다면 이 책을 읽어보라. 네몬테의 글은 도발적이고 인상적이며, 우리가 꼭 알아야 할 진실을 말하는 주인공의 목소리를 담고 있다. 우리가 오래전 이 목소리에 귀를 기울였다면 지금 폭풍의 눈앞에 있지 않았을 것이다. ― 엠마 톰슨, 배우·작가

《우리가 우리를 구한다》는 원주민의 권리와 환경 정의를 위해 싸우는 가장 훌륭한 지도자 네몬테 넨키모의 인간애와 치열한 결단력에 관한 이야기다. 그녀의 이야기는 지구를 위협하는 세력을 극복하는 데 필요한 사랑과 힘을 강조한다. ― 로렌 파월 잡스, 에머슨 콜렉티브 창립자·회장

이 놀라운 회고록은 내가 읽은 책 중 가장 영적으로 마음을 넓혀주는 책이다. 전사의 이야기는 진정한 영감을 불어넣고 우리를 겸손하게 만든다.
― 캐롤라인 샌더슨, 〈더 북셀러〉 부편집장

네몬테 넨키모의 회고록은 감동적이며 잊히지 않을 이야기다. 아마존 열대우림에서 보낸 어린 시절과 그 모든 것을 석유 회사들로부터 지키기 위한 비범한 투쟁이 담긴 보기 드문 일인칭 기록이다. 친밀하게 영감을 주는 이 책은 우리 모두의 움직임을 촉구할 것이다.

— 로완 후퍼, 〈뉴 사이언티스트〉 수석 편집자

모두가 이 책을 읽어야 한다. 이보다 더 시급한 책은 없다. 진정으로 영혼을 자극하는 네몬테의 책은 우리 시대를 위한 급진적인 선언문이다. 눈물이 날 정도로 감동적이다. 그녀의 이야기는 거대한 강물처럼 흐르고 나는 그 흐름에 완전히 사로잡혔다. — 바네사 커비, 배우·사회 운동가

《우리가 우리를 구한다》는 지금껏 알아온 어떤 이야기와도 다르다. 이 책은 우리에게 아마존의 치유력과 그것을 보호하기 위한 특별한 투쟁기를 공유한다. 열린 마음으로 이 책을 읽는 것은 진정 다른 세계를 엿보는 일이며, 그로 인해 변화를 경험하게 될 것이다. — 나탈리 켈리, 배우·사회 운동가

"오솔길을 따라 걷다 잽싸게 숲속으로 꺾어 들어가서 흔적을 남기지 마라." 내가 내 이야기를 여러분에게 들려줄 생각이라고 했을 때 아버지가 해준 조언이었다. 나는 그 말의 의미를 알고 있다. 조상들이 지켜보고 계신다는 뜻이자, 들추지 말고 그대로 비밀로 놔두어야 할 이야기도 있다는 의미였다. 사실 여러분을 믿으면 안 된다는 것이 수 세기에 걸쳐 우리 종족이 배운 교훈이었다. 그것이 우리가 계속 살아남은 비결이자, 정복당하지 않은 비결이었다. 그 교훈 덕분에 흔적을 남기지 않고 지내서 살아남을 수 있었고, 정복당하지 않았다.

우리에게 이야기는 살아 있는 생명체다. 이야기는 우리의 터전에, 우리의 숲에 생명을 불어넣어 준다. 우리의 핏속과, 우리의 꿈속을 흐르며 고동친다. 재규어처럼 우리의 뒤를 밟고, 야생 페커리

(멧돼지와 비슷하게 생긴 야행성 돼지로 중남미에 서식함-옮긴이)처럼 꽥꽥 시끄러운 소리를 내고, 마코앵무처럼 날아오고, 물고기처럼 강을 거슬러 올라온다. 이야기에는 힘이 있다. 무지개처럼 평화를 데려온다. 번개처럼 전쟁을 데려온다. 그리고 끊임없이 변한다. 그런 변화를 통해 우리는 이야기가 살아 있다는 것을 깨닫는다. 이야기는 아무도 그 이야기를 하지 않을 때 생명이 다한다.

우리의 이야기는 지금껏 글로 쓰인 적이 없다. 적어도 이런 식으로는. 마음 한구석에서는 겁이 난다. 내가 너무 많은 걸 얘기했을까 봐. 너무 많은 흔적을 남겼을까 봐. 자, 이렇게 글로 쓰였으니 이제 여러분은 내 이야기로 무엇을 하겠는가? 여러분이 이 이야기를 살아 숨 쉬게 해주길 바랄 따름이다.

차례

2부 우리가 우리를 구한다

1부

숲의 구원자는
누구인가

1
재규어 정령

    그날 아침, 멀리서 들려오는 '윙' 하는 비행기 소리를 내가 제일 먼저 들었다. 서까래 사이에서 윙윙대는 호박벌 소리 같기도 했다.

    나는 남동생 빅토르와 불 옆에 앉아 있다가 삶은 페토모 열매가 담긴 따끈한 냄비 안으로 손을 뻗었다. 빅토르는 우리 가족의 애완동물인 암컷 야행성 원숭이 아몽카를 어르며 입안으로 메뚜기 내장을 억지로 밀어 넣고 있었다. 아몽카의 툭 불거져 나온 커다란 노란색 두 눈을 보고 있으면 태양을 닮았다는 생각이 들었다.

    "빅토르! 저게 비행기 소리일까, 벌 소리일까?"

    나는 하늘 쪽으로 손가락을 치켜들며 고개를 살짝 기울였다. 아빠가 숲속 사냥 중에 우거진 나뭇가지 사이에서 움직임을 감지하기 위해 귀를 기울일 때처럼.

잠시 비행기 소리가 뚝 끊겼다. 내가 기름진 페토모 열매를 집어 귀염둥이 풍금조tanager bird들에게 내밀자 녀석들이 내 손가락을 쪼아댔다.

"빅토르, 내가 그랬지. 아뭉카한테 메뚜기를 쥐어 주고 자기 손으로 먹게 하라고. 알아서 먹을 수 있게 해줘. 야만인처럼 입에 억지로 밀어 넣으려고 좀 하지 말고."

나는 겨우 여섯 살이었지만 툭하면 빅토르에게 이래라저래라 잔소리를 했다. 우리 집 원숭이가 제 손으로 벌레를 찢어 먹기를 바라는 마음도 있었다. 아뭉카가 나중에 자기 새끼들을 잘 먹여 키우려면 그런 요령을 배워둬야 할 것 같았다.

곧이어 언덕 등성이 위쪽으로 윙윙거리는 소리가 다시 들려왔다. 이번엔 호박벌 소리가 아닌 게 확실했다. 비행기가 맞았다. ebo(에보)가 우리 마을로 백인들을 데려오고 있었다.

"에보다, 에보야, 에보라고!" 내가 큰 소리로 외쳤다. 백인들이 살고 있는 하늘에서 굉음을 내며 내려오는 그 비행기 소리를 내가 가장 먼저 들었다는 걸 오빠들과 남동생이 알게 하려고 일부러 그런 것이다.

급한 마음에 후다닥 롱하우스(집 한 채에 여러 가구가 모여 살게끔 칸이 나뉘어 있는 구조의 주택-옮긴이) 구석에 매달아 둔 바구니에 새들을 다시 넣으려던 순간, 머릿속에서 엄마의 목소리가 들렸다. 그날 아침 일찍 엄마는 직접 엮어 만든 큼지막한 바구니를 등에 걸쳐 메고 갓난쟁이 여동생 로이다를 가슴 앞에 칭칭 동여매고는 아빠와 같이 밭에 가기 전 나를 불러 이렇게 당부했다.

"네몬테, 동생 잘 보고 있어. 멋대로 마을을 이리저리 쏘다니면 안 된다."

나도 집에 가만히 있어야 한다는 건 알고 있었다. 하지만 비행기가 착륙하는 것만 보고 바로 돌아오면 괜찮지 않을까? "빅토르, 우리 cowori(코오리) 보러 가자!" 내가 동생을 부추겼다.

코오리는 우리가 백인 같은 외지인을 부를 때 쓰는 말이었는데 비행기가 착륙하면 어김없이 그 안에서 코오리가 내린다고 봐도 무방했다.

집 마당에서 두 오빠 냐메와 오피가 구아바꽃 사이로 쌩쌩 날아다니는 벌새를 맞히려고 바람총(대통이나 나무통 속에 화살 같은 것을 넣고 입으로 불어서 쏘는 총-옮긴이)을 쏘며 재밌어하고 있었다. 그런데 어느 틈에 왔는지 착륙장으로 나 있는 오솔길로 가던 우리를 따라잡더니 이렇게 외쳤다. "에보다, 에보, 에보!" 자기들이 제일 먼저 비행기 소리를 들은 것처럼 짜증 나게!

우리는 맨발로 온 힘을 다해 뛰며 위아멩케 숙모와 네네카와 삼촌의 집을 지나쳤다.

"네몬테!" 뛰어가는 우리를 본 삼촌이 휠체어에 앉아 큰 소리로 불렀다. "에보에 너무 가까이 가면 안 돼! 널 통째로 집어삼켜 갈가리 찢어놓을지 모르니 조심해야 해!"

마을의 가설 활주로 끝자락에 이르자 우리는 둘이 자주 숨는 곳인 스타애플 나무에 올라갔다. 비행기는 아직 멀리 있어서 숲이 무성한 언덕 등성이 위에 떠 있는 작은 점으로 보였다. 스타애플이 아직 덜 익었지만 우리는 그러든 말든 상관없이 맛을 보고, 평소 즐겨 하던 놀이를 시작했다. 입술이 들러붙은 척하는 놀이였다.

"백인들은 저 하늘에 살아." 내가 그 찐득거리는 열매를 먹고 얼얼해지다시피 한 입술을 오므린 채 우물우물 말했다.

"정말?"

"넌 백인들이 왜 그렇게 하얀 것 같아?"

"구름 속에서 나와서?"

"아니, 해 때문이야." 나는 입을 다물고 있어야 한다는 것도 깜빡하고 말했다. "햇빛에서 나와서 그래. 그럼 그 사람들이 왜 그렇게 큰 줄 알아?"

"왜 그런 건데?"

"저 위에는 숲이 없어서 그래. 나뭇가지 아래로 몸을 구부리지 않아도 되니까 계속 계속 클 수 있는 거야."

비행기가 머리 위에서 빙 돌 때 나는 온 마을을 멀리까지 쭉 내다봤다. 커다란 아나콘다가 사는 늪 주위의 파릇파릇 빛나는 겨풀, 엄마의 밭으로 이어지는 오솔길, 그 오솔길 너머 야생 페커리 떼가 모레테 열매를 배불리 먹는 습지. 강 건너편까지도 훤히 보였다. 재규어 주술사 멩가토웨가 살고 있는 비탈진 언덕 등성이, 우리가 빨래를 하는 시냇가, 옛 전사 추장 아우아가 해먹에 누워 곧잘 환영에 사로잡히곤 했던 곳인 바이우아 일족의 거주지까지 다 보였다. 엄마는 우리에게 아우아를 조심하라고 주의시켰다. 위험한 마술을 부리는 사람이라고 했다.

우리 마을 토냠파레에 살았던 가족은 30가구, 아니 40가구쯤이었던 것 같다. 모든 가족이 롱하우스, 다시 말해 oko(오코)를 독채로 쓰고 있었다. 야자수 잎으로 얹은 초가지붕은 땅까지 길게 뻗어 내려왔고 집 안에는 거의 일 년 내내 모닥불이 피워져 있었다. 오코는 밤이면 우리의 이야기에 귀를 기울이며 우리가 웃을 땐 나비처럼 파드득거리고, 우리가 아플 땐 부르르 떨고, 우리가 화가 나면 몸부림치고, 요란한 비와 함께 세찬 바람이 들이닥칠 때면 우리를 보호해 주었다.

보통 오코 옆에는 지주를 세워 얹은 자그마한 취침용 오두막이 딸려 있었다. 강의 이쪽에는 오코들과 취침용 오두막들이 숲속에 자리 잡고 있어서, 어떤 집은 시냇가를 따라 뻗어 있었고 또 어떤 집은 풀로 덮인 가설 활주로 옆길의 과일나무에 아늑하게 둘러싸여 있었다. 그 오코들에서 피어오른 장작 연기가 우리의 눈에 들어왔다. 그 근처로, 활주로의 끄트머리 쪽을 지나쳐 교회당까지도 뚜렷이 보였다. 교회당 옆에는 선교사로 온 레이첼 세인트의 집이 있었다. 그녀는 우리 마을 사람들과 같이 사는 유일한 백인이었다.

레이첼의 집은 나무판자와 철판으로 지어져 햇빛이 내리쬐면 삐걱삐걱 앓는 소리를 냈고 비가 오면 으르릉거렸다. 문은 하나였고 창문마다 쇠창살이 달려 있어 마실 삼아 들락거릴 수도, 창문 틈으로 손을 넣을 수도 없었다.

"빅토르, 저기 에보가 와!" 내가 외쳤다.

비행기가 언덕 등성이 위로 하강할 때 바퀴가 숲의 우거진 나뭇가지 주변을 지나며 거센 돌풍이 일자 아몽카가 꽥꽥 비명을 질렀다. 비행기 소리는 숲에서 나는 그 어떤 소리에도 비교할 수 없는 비현실적인 소리였다. 천둥과 천둥소리도, 블랙 카이만(남아메리카에 서식하는 대형 악어-옮긴이)이 내는 저음조의 '움프스' 하는 소리도, 아나콘다가 물속에서 용솟음치는 소리도, 재규어가 길게 울부짖는 소리도, 말벌이 내는 시끄러운 소리도 닮지 않은 생소한 소리였다.

비행기가 활주로에 닿아 통통 튀며 미끄러지다 멈춰 서더니 이내 조용해졌다.

"에보가 잠이 들었어." 내가 빅토르에게 말했다.

잠시 후 끼익, 비행기 문이 열리더니 백인들이 밖으로 나왔다.

펄럭이는 모자, 긴 소매 셔츠, 고무장화 차림이었다. 코와 귀에는 하얀색 크림을 바른 자국이 덕지덕지했다. 레이첼 세인트는 집 옆에 이야기 상자를 두고 있었다. 육각 철망으로 만든 케이지를 씌워 나무 몸통에 달아놓은 이 이야기 상자로 하늘에 사는 코오리들에게 아래로 내려와 달라고 연락했다.

나는 백인들의 냄새를 맡아볼 만큼 가까이 가본 적이 한 번 있었고 나랑 친구인 여자애는 어떤 남자의 다리에 살이 닿은 적이 있었다. 그 애 말로는 털이 북실하고 부드러운 느낌이었다고 했다. 우리는 모두 백인들이 오줌을 안 누는 줄 알았다. 정말 아무도 레이첼 세인트가 오줌을 싸는 모습을 본 적이 없었다.

이제 그만 빅토르를 집으로 데려가야 한다는 걸 알았지만 발이 떨어지지 않았다. 코오리들은 비행기에서 내리면 거의 매번 강 건너편 모래사장의 어느 특정 지점으로 갔다. 이번엔 저 사람들을 따라가 대체 거기에 가서 뭘 하는지 알아내고 싶었다. 저 사람들 중 누군가가 우리에게 선물을 줄지 모른다는 희망도 있었다.

코오리들은 올 때마다 선물을 가져왔다. 레이첼 세인트가 '하느님의 선물'이나 '신자들을 위한 선물'이라고 불렀던 그 선물들은 신기한 것투성이였다. 야생 과일보다 더 달달한 사탕, 푸른 눈과 금발을 한 갓난아기 인형, 통통 튕기는 공, 데굴데굴 굴러가는 장난감 등. 하지만 그중에서도 내가 가장 받고 싶었던 선물은 원피스였다.

다른 여자애들 몇몇이 무릎까지 하늘하늘 내려오는 원피스를 입고 있는 모습을 보면 부러웠다. 어떤 뿌리나, 꽃이나, 나무껍질로도 낼 수 없는 그런 화사한 색의 원피스를 나도 입고 싶었다.

우리 가족은 옷이 별로 없었다. 일요일에 하느님의 집에 가지 않은 탓이었다. 일요일은 레이첼이 하느님과 이야기하는 날이자, 와오라니족 목사들이 노래를 부르는 날이었다. 그 노래는 우리 부족 연장자들의 새벽 노래나 여자들의 밭 노래와는 달리 슬픈 노래였다. 일요일은 선물을 받는 날이기도 했다. 다른 집 여자애들은 일요일이면 하느님의 집에서 새 원피스를 입고 치맛자락을 찰랑거리며 햇빛 속으로 줄지어 나왔다.

나에게 옷이라곤 속옷밖에 없었다. 그날은 그중에서도 내가 제일 좋아하는 빨간색 속옷 차림이었다. 레이첼이 햇빛을 막으려고 양산을 받쳐 들고 앞장서서 강으로 내려가고 있었다. 우리가 뒤를 따라가면서 봤더니 코오리들이 축축한 모래사장 쪽으로 내려가서 비틀거리며 통나무 카누에 오르는 중이었다.

"빅토르, 봐봐. 누나가 저 사람들은 하늘에 산다고 그랬지. 그래서 저렇게 땅에서 잘 걸을 줄도 모르는 거야."

강물이 낮아서 우리에겐 카누가 굳이 필요 없었다. 우리는 강의 물결을 읽을 줄 아는 데다 강바닥의 모래가 늦은 아침의 햇빛을 받아 반짝거리며 잘 보였기 때문에 무난히 건너갈 만했다. 물 높이가 가슴까지 차올랐지만 물살은 완만했다. 아몽카는 툭 튀어나온 눈을 하고 빅토르의 머리 위에 웅크리고 앉아 머리카락을 움켜쥐고 있었다. 보카치코 떼가 상류 쪽으로 날쌔게 헤엄치며 그림자처럼 휙 지나갔다. 보카치코들은 종횡으로 이동하며 모래 바닥에 신비한 패턴을 남기고 있었다.

코오리 일행은 서로 손을 꽉 잡고 둥글게 모여 있었다. 그 사이에서 와오라니족 목사 세 명도 보였다. 말벌이라는 뜻의 이름을 가진 밍카예, 요웨, 케모가 코오리들과 같이 서 있었다. 이 세 명은 예전엔 우리 종족의 전사들이었지만 이제는 하늘에 사는 백인들이 섬긴다는 위대한 정령, 웽공히를 믿었다. 레이첼은 세 사람에게 머리카락을 자르게 한 후 셔츠와 긴 바지를 입으라고 주었다. 하지만 여전히 맨발에, 귓불이 쭉 늘어져 있었고 피부도 나처럼 반질반질 까무잡잡했다.

'저 사람들은 여기 왜 온 걸까?'

물론 예전에 있었던 일들에 대해서는 알고 있었다. 내가 태어나기도 전에 백인들이 내 부족 사람들을 구원하기 위해 왔다는 이야기며, 우리 전사들이 창으로 그들의 몸을 벌집으로 만들어 놓은 이야기는 익히 들었다. 그 시절에는 거친 우리 부족이 감히 우리 땅으로 들어온 사람은 누구든 가리지 않고 죽였다. 그들은 물속에 얼굴을 박은 채 강변에 시신이 되어 버려졌다. 그때 죽은 선교사 중에 레이첼 세인트의 남동생도 있었다. 레이첼은 동생의 사망 후 자기 동생이 하던 일을 이어가기 위해 우리와 함께 살겠다고 찾아왔고 우리는 어찌어찌하다 레이첼을 받아들이게 되었다. 죽이는 방법으로도 선교사들을 들어오지 못하게 막을 수는 없을 것 같았다. 레이첼은 자신의 남동생이 우리를 구원해 주러 왔는데 그런 사람을 죽여서는 안 되는 거였다고 설교했다. 나는 그게 무슨 말인지 알쏭달쏭했다. '구원이라니 그게 무슨 말이지? 뭐로부터 구원해 준다는 거지?'

그때 바로 이 자리가 선교사들이 죽임을 당했던 그곳이 아닐까

하는 생각이 들었다. 레이첼이 자신의 남동생이 죽었던 곳이 어디인지 알려주려고 매번 그렇게 코오리들을 여기로 데려오는 것인지도 모른다. 빅토르가 오줌을 싸며 자기가 빼낸 물을 목마른 모래가 받아 마시는 걸 지켜보고 있었다.

레이첼 세인트가 빅토르에게 못마땅해하는 투의 눈총을 쏘아 보냈다. 그 여자는 연장자들에게도 가릴 것 없이 걸핏하면 우리가 벗고 다니는 것을 두고 꾸짖었다. 하느님이 우리에게 입을 옷을 주셨는데 악마가 빼앗아 갔다나 뭐라나 하면서.

"코오리들은 오줌을 안 싸." 내가 까칠한 어조로 빅토르에게 속닥였다. "넌 그거 몰랐지?"

레이첼이 밍카예에게 하느님께 말씀을 올리라고 말하자 그가 자랑스러운 듯 활짝 웃더니 고개를 하늘로 젖히고 눈을 감으며 입을 떼었다. 우리 말로 뭐라고 말했고 잠시 후에 요웨와 케모도 웅얼웅얼 같이 따라 말했다.

"주 하느님, 그때는 저희가 주님을 몰랐사옵니다. 하지만 이제는 주님이 저희를 용서해 주셨습니다. 주님의 아드님의 피로 저희 몸이 깨끗하게 되었사옵니다. 예수님의 피로 씻어내었나이다."

흠, 피에 대해서라면 나도 익숙했다. 엄마가 잡은 짐승을 손질할 때나 아빠가 숲에서 사냥을 할 때면 으레 옆에서 도왔다. 그럴 때면 야생 페커리의 배 속으로 손을 집어넣어 내장을 잡아 끌어당기며 죽은 그 몸에서 따뜻하던 피가 차갑게 식어가는 감촉을 느끼곤 했다. 하지만 엄마는 우리의 피는 신성하다며 우리가 몸에 상처를 내거나 낚싯바늘에 손가락을 찔리면 길길이 화를 냈다. 그래서 이해가 안 됐다. '피를 흘리는 건 안 좋은 일인데 어째서 밍카예는 예수

님의 피로 자기 몸을 씻어낸다는 얘기를 하는 걸까?'

그러던 어느 순간 갑자기 코오리 무리 중 한 남자가 털썩 무릎을 꿇었다. 머리카락이 얼굴을 덮으며 턱 아래까지 내려오는 남자였다. "할렐루야, 할렐루야, 할렐루야!" 남자가 하늘을 향해 부르짖으며 두 팔을 쫙 펼쳤다. 그 밝은 푸른색 눈에서 눈물 줄기가 흘러내리다 턱수염 속으로 사라졌다. 빅토르의 오줌이 모래 속으로 사라진 것처럼.

'저 사람이 혹시 그 예수라는 남자일까? 확실히 전에 그림 속에서 봤던 그와 닮은 것 같은데.' 나는 그 답을 알고 싶은 마음에 본능적으로 레이첼 세인트를 쳐다봤다. 그녀는 우리와 함께 살아서 우리의 언어를 알았다. 하지만 우리 종족 사람이 아니었고 지금은 눈물이 글썽글썽해서 공허한 눈빛을 띤 채로 나직이 같은 말을 되뇌고 있었다. "할렐루야! 할렐루야!"

이제 그만 집에 가고 싶은 마음이 들어 빅토르를 돌아봤다. 그런데 그 자리에 빅토르가 보이질 않았다. 무슨 일이 생겼구나 싶어 둘러보니 어느 통나무 뒤쪽 모래 위에 누워 벌벌 떨며 손가락이 기이하게 뒤엉킨 모습을 하고 있었다.

깜짝 놀란 나는 무릎을 구부리고 동생을 내려다봤다. 동생은 이를 갈며 턱을 악물고 있었다. 미동도 없는 눈을 보니 덜컥 겁이 났다. 동생은 자기 안에 갇혀 있는 것처럼 보였다. 아몽카가 동생에게 꽉 달라붙어 있었다.

"빅토르, 그만해!" 내가 나무라듯 매섭게 말했다.

그러자 그 순간, 빅토르의 뒤엉킨 손가락이 풀어졌다. 긴장되어 있던 입이 풀어지고 눈도 부드럽게 풀렸다.

나는 동생의 손을 꽉 쥐었다. 손이 차갑고 끈적끈적했다. 그래도 금방 몸을 일으켰고 괜찮아 보였다.

빙 둘러 모여 있는 일행 쪽을 돌아보니 다들 여전히 기도 중이라 아무도 우리를 본 사람이 없었다. 좀 전에 동생에게 무슨 일이 벌어진 것이었든 누가 그 모습을 봤다면 곤란한 상황에 처했을 게 뻔했다. 레이첼은 우리 부모님에게 그 일을 알렸을 테고, 코오리들은 나에게 원피스를 안 주려 했을 것이다.

그들은 돌아가기 위해 강변을 벗어나는 중이었다. 밍카예와 요웨가 앞서 걸으며 선교단 비행기가 들어왔던 그날에 대해 서로 큰 소리로 말했다. 비행기가 강변에 어떻게 내려섰고, 부족 사람들이 어떤 식으로 매복하고 있었는지까지 자세히 서술하는 그 얘기를 가만 듣고 있으니 그때 그 자리에 있던 사람들 같았다. 기억 속 얘기를 꺼내는 것 같았다.

다음 순간, 감이 왔다. '저 둘이 선교사들을 창으로 찔러 죽였나 보구나! 밍카예와 요웨가 레이첼의 동생을 죽인 거야!' 레이첼은 자신이 그 두 사람을 전사에서 목사로 변화시킨 일을 코오리 방문자들에게 보여주기 위해 둘을 그곳에 다시 데려온 것이었다.

엄마에게는 그 강변에 갔던 일도, 빅토르에게 있었던 일도 말하지 않았다. 돌아다니지 말고 집에 얌전히 있어야 할 시간에 코오리들을 따라간 일로 혼날까 봐 입을 다물기로 했다.

그러다 며칠 후, 그 일이 또 일어났다. 이번에는 엄마, 위아멩케 숙모와 같이 밭에 있을 때였다.

"네몬테." 엄마가 플랜테인(채소처럼 요리해서 먹는, 바나나 비슷한 열매-옮긴이) 구획 뒤쪽에서 큰 소리로 나를 부르며 말했다. "그 흰

개미 집 더 떼어내서 불로 던져 넣어. 개미들이 로이다 깨우지 못하게!" 엄한 말투였다.

나는 그 개미집에서 잘 깨지는 부분을 한 뭉텅이 뜯어내 불 속으로 집어넣었다. 우윳빛의 하얀 연기가 매캐하게 올라와, 두 그루의 작은 나무 사이에 매달아 둔 해먹 안의 여동생 로이다를 밀어내 주었다.

"빅토르는 어디에 있어?" 엄마가 물었다.

"오피 오빠랑 저쪽으로 갔어요. 잘 익은 파파야 찾으려고요." 내가 대답했다.

그 밭은 집에서 걸어오기에 가까운 밭이었다. 엄마는 마을 여자들 중 누구보다도 많은 밭을 일구어, 강가와 늪 주변, 비탈진 언덕 곳곳에 엄마의 밭이 있었다. 그렇게 많은 밭을 일구는 이유는 엄마가 와오라니족이 아닌 다른 혈족이기 때문이었다. 엄마의 아버지는 사파로족 주술사였고 어머니는 키콰족이었는데 엄마는 자신의 핏속에는 밭이 흐른다는 말을 입버릇처럼 했다.

나는 머리 위에 바로 내리꽂히는 햇빛을 피하려 큼지막한 플랜테인 잎을 뒤집어쓰고 해먹 옆에 앉아 갓난쟁이 동생을 흔들어 재웠다. 그 강변에 갔던 날 이후로 하늘이 뻥 뚫린 곳 아래는 피해 다녔다. 그 위에 사는 코오리들이 나를 보면서 다른 코오리들에게 나는 원피스를 받을 자격이 없는 애라고 말하면 안 되니까.

나는 눈을 감았다. 딱딱 잔가지 타는 소리, 타닥타닥 리듬 있게 타오르는 모닥불 소리, 마체테(중남미에서 쓰는 벌채용 칼. 무기로도 씀-옮긴이)로 흙을 긁어대는 소리 속에서 어느새 스르륵 잠이 들었다. 그러다 얼마 지나지 않아 야생 동물이 몸부림치는 듯한 이상한 소리에 깜짝 놀라 잠에서 깼다. 나는 벌떡 일어났다.

빅토르가 뒤엉킨 카사바 줄기에서 빠져나오려 비틀거리다 길로 나오더니 그대로 쓰러졌다. 입에서 침과 거품을 뿜기까지 했다.

"엄마, 엄마! 빅토르가 이상해요!" 내가 크게 소리쳤다.

밭 맞은편에서 급히 달려오는 발소리가 들렸다.

"이게 어떻게 된 일이야?" 엄마가 나에게 호통치듯 말했다.

"몰라요. 애가 그냥 쓰러지더니 몸을 떨었어요."

엄마는 무릎을 구부리고 빅토르를 내려다보며 뱀이나 전갈에게 물린 자국이 없는지 몸 여기저기를 살펴봤다. 이어서 두 손으로 빅토르의 머리를 받쳐 들었다. 엄마가 동생 쪽으로 몸을 숙이며 입바람을 후후 불고 노래를 읊을 때 엄마의 광대뼈가 햇빛을 받아 번득였고 까만색의 긴 머리가 동생의 얼굴 위로 쏠렸다.

잠시 후 동생의 얼굴이 보기 흉하게 일그러졌다. 뭐랄까, 히죽거리는 것처럼 보였는데, 기이하고 멍한 표정으로 히죽히죽거리는 그런 모습이었다. 그게 다 그날 코오리들을 따라 강변에 갔던 일 때문일까 봐 가슴이 조마조마했다.

네네카와 삼촌의 오코는 우리 집에서 엎어지면 코 닿을 거리에 있었다. 삼촌은 매일 아침 마을의 다른 어른들이 모두 숲이나 밭이나 강으로 볼일을 보러 나가면 소일거리 삼아 야자수 조각을 깎아서 흠잡을 데 없이 완벽한 바람총 화살을 만들었다. 삼촌의 옥좌인 모닥불 옆의 녹슨 휠체어에 앉아서.

우리 형제들은 틈만 나면 삼촌에게 갔다. 삼촌은 낮 시간 동안 우리에게 재미있는 이야기를 들려주었다. 어렸을 때는 말로 표현할 줄 몰랐지만 나는 알고 있었다. 삼촌이 영혼을 꿰뚫어 본다는 것을. 어느 날 내가 혼자 삼촌에게 간 날, 모닥불 옆의 재에 무릎을 굽히고 앉아 독이 묻은 바람총 화살촉을 연기가 올라오는 잔불 위에서 빙빙 돌리고 있었던 이유도 그것 때문이었다. 야자 잎 지붕 사이로 늦은 아침의 가느다란 빛줄기가 새어들고 있었고, 모닥불에서 연기가 굽이쳐 피어오르고 있었다.

삼촌은 머리가 크고 상체는 개미핥기처럼 둥글둥글히면서 탄탄했다. 손도 아주 컸다. 하지만 하체는 다리와 발이 가늘고 쇠약해서 보기에 딱했다. 말라비틀어진 덩굴줄기 같았다. 다리가 안쪽으로 뒤틀리고 종아리에는 근육이 하나도 없었다. 나는 무심결에 가만히 팔을 뻗어 삼촌의 비쩍 마른 발을 손가락으로 어루만지다 물었다.

"삼촌, 삼촌은 다리가 왜 이런 거예요?"

잠시 침묵이 흘렀다. 그러다 숨을 쌕쌕거리는 소리가 희미하게 들려왔다.

"석쇠에서 생선을 내려라, 아와메!"

아와메는 삼촌이 나를 부를 때 쓰는 별명이었다. 퓨마를 뜻하는 그 별명이 나는 정말 좋았다.

"아와메, 생선들을 바구니로 옮겨야지! 타고 있잖아."

삼촌은 메기, 보카치코, 사발로, 모타, 카라차마 등등의 생선을 언제나 집 안에서 훈연해 구웠다. 사냥을 나갈 수가 없어서 화살촉에 독을 묻힌 바람총 화살을 장작, 물고기, 야생 고기와 맞바꿨다.

나는 까맣게 탄 생선을 불 위쪽에 걸려 있는 바구니 안에 넣었다.

"내 다리가 왜 이런 건지는 삼촌이 전에 말해줬잖니, 아와메?"

나는 입술을 깨물며 잠자코 있었다. 사실 내가 꺼내고 싶었던 건 빅토르 얘기였지만, 삼촌이 겪었던 일을 들으면 코오리들을 따라 강변에 갔다 온 이후로 빅토르가 왜 그렇게 아픈 건지 헤아리는 데 도움이 될지 모른다는 생각에 그렇게 물었던 것이다. 나는 훈연된 생선 중 내가 제일 좋아하는 사발레타 한 조각을 떼어낸 후 아무 말 없이 조금씩 뜯어먹었다.

"아와메, 삼촌은 이 다리와 발과 발가락으로 온 오솔길을 누비며 걷고, 온갖 나무를 오르고, 온 강을 헤엄치며 다녔다. 내 다리는 쇠 나무처럼 강했지! 우리 부족 사람들의 다리답게 강했단다, 아와메. 무슨 말인지 알겠니? 아니, 넌 모를 거야. 아직 애니까."

삼촌은 바람총 화살의 화살촉을 깎다 말고 생선을 먹는 나를 가만히 지켜봤다.

"아와메!" 그러다 갑자기 큰 소리로 나를 불렀다. 익살스러운 어조였다. "너도 백인들이 먹는 모습 본 적 있지? 곧 기절이라도 할 것처럼 아무 말 없이 씹어 먹는 그 모습 말야! 지금 그 사발레타를 먹는 네 모습 좀 봐. 그 백인들을 따라 하는 거야? 생선을 먹는 게 창피한 것처럼? 그러면 안 돼! 씩씩하게 먹어야지! 손가락을 써서, 손으로 들고 먹어. 생선을 머리 쪽으로 입에 밀어 넣어. 걸신들린 듯 맛나게 먹어. 생선 눈알도 빨아 먹고 그 생선의 머리 진액도 쭉쭉 빨아 먹어. 다 먹고 나서도 매가리 없이 가만히 앉아 있으면 안 돼. 손을 씻고 나서 생명으로 가득한 오코를 가로지르며 크게 손뼉을 쳐야 해. 세 번 손뼉을 쳐! 그렇게 모든 남자와 여자 할 것 없이 모두가 네가 그 음식을 아주 좋아한다는 걸 알게 해줘. 사냥꾼들도 알게 해주고. 모든 생선과 동물에게도 고마워하는 네 마음을 알려줘!"

나는 먹던 생선을 석쇠에 내려놓고 바람총 화살 더미에서 다른 화살을 집어 손가락 사이에 끼고는 잔불 위에 대고 앞뒤로 돌렸다. 그러다 삼촌을 쳐다보지 않은 채로 물었다.

"그런데 다리가 어쩌다 그렇게 된 건데요?"

"내 다리가 이렇게 된 건⋯⋯."

삼촌이 중간에 말을 멈췄다. 내가 손을 뻗어 삼촌의 발가락을 만지사 삼촌이 다시 정신을 차린 듯 말을 이어갔다.

"우리가 예전에 살던 땅에 문제가 생겼던 때의 일이었어. 그때 코오리들이 총질을 해댔지. 우리 부족 여자들을 억지로 데려갔어. 개를 데리고 와서 우리의 뒤를 쫓았어. 그러다 우리끼리 갈라져서 싸움이 일어났지. 나쁜 마법까지 걸게 되었어. 징조가 곳곳에서 감지됐어. 그곳을 떠나오는 게 아니었다는 징조가. 하지만 어쩔 수 없었어. 숲 위로 비행기들이 맴돌며 하늘에서 선물이 떨어졌는데 그 선물들이 엄청났어. 백인 여자들이 주는 그 물건들은 굉장했지. 깨지지 않는 냄비! 나무의 몸통을 파파야처럼 쉽게 벨 수 있는 마체테! 우리에겐 백인들이 신처럼 여겨졌어. 어떻게 그런 것들을 만들수 있는지 신기했지. 우리가 그 백인 여자들의 마을에 들어갔을 때 그곳에는 밍카예와 요웨뿐만 아니라 다른 기키타족 사람들이 이미 살고 있었어. 선교사 남자들을 죽였다가 이후에 선교사 여자들에게 항복했던 거야! 코오리처럼 옷을 입고, 코오리처럼 노래를 부르고, 코오리처럼 밥과 닭고기를 먹고 있더라. 허 참, 레이첼의 설탕물을 마시고 있기도 했어!

우리는 그 모든 걸 보며 오래 머물지 않을 작정이었어. 정말이야, 아와메. 레이첼이 우리에게 옷을 주었지만 우리는 옷을 손에 들고 맨몸으로 돌아다니며 그 옷으로 모기들을 때려잡았지! 그런데…… 우리 부족 사람들이 하나둘씩 죽어갔어. 너무 많이 죽었어. 비행기들이 병을 가져온 거야! 그자들은 물에 문제가 있었다고 말했지만 그게 아니야. 그자들이 내뱉는 호흡과 노래 때문이었어."

나는 삼촌 몸의 일부나 다름없어 보이는 그 괴상한 철제 기구를 만지다 손가락으로 바퀴 위쪽을 훑었다.

삼촌이 나를 보며 말을 이었다. "그래, 맞아. 그자들은 나에게 병도 주고 휠체어도 주었어." 삼촌이 웃음을 터뜨렸다. 설움이 가득 묻어나는 웃음이었다. "이 삼촌이 비행기에 가까이 가지 말라고 항상 당부하는 것도 그런 이유 때문이야, 아와메. 차라리 어머니를 따라 밭에 나가렴. 백인들과 엮이면 큰일을 겪게 될 거야. 그자들은 별의별 병을 다 가지고 오니까."

마음의 안심을 얻길 바라고 찾아갔다가 오히려 더 겁먹은 채로 삼촌의 오코에서 나왔다. 아무래도 빅토르가 아픈 게 내가 백인들에게 너무 가까이 데려간 탓인 것 같았다. 얼마 지나지 않아 동생의 발작이 더 잦아졌다.

어느 날의 해 질 녘, 엄마와 같이 이슬비 내리는 숲속으로 걸어 들어갔다. 약초를 찾으러 나선 길이었다. 빗줄기가 후두두 내리며 잎에서 빗방울이 뚝뚝 떨어졌다. 엄마는 빅토르에 대한 안 좋은 꿈을 꾼 터라 걱정을 놓지 못한 채로 개울을 따라 걷다가, 우거진 나뭇가지 사이사이를 눈을 찡그리고 샅샅이 살펴봤다. 그러다 나무껍질이 삼나무와 비슷한 어떤 나무에 이르자 그 나무에게 키콰족어로 말을 걸었다. 엄마 부족의 언어로, 엄마의 어머니와 엄마의 아버지인 주술사 도나스코의 언어로.

나는 단어 몇 개만 겨우 알아들었는데, 엄마는 허락을 구하며 그 나무에게 감사를 드리고 있었다. 엄마의 새까만 머리가 빛을 받아 반짝였다. 엄마는 말을 조용히 웅얼거리면서 그 나무를 쓱쓱 쓰다듬으며 나무껍질을 잘라낸 후 야자수로 엮어 만든 가방, chigra(치그라)에 쑤셔 넣었다.

집으로 돌아와 보니 빅토르는 해먹에서 미동도 없이 누워 있었다. 위아맹케 숙모가 와 있었고 아빠는 불가의 나무 밑동에 앉아 빌에 불을 쬐고 있었다. 그날 낮에 창으로 야생 페커리를 잡아 온 아빠는, 가족을 다 모아놓고 그 페커리 사냥의 무용담을 들려줄 적절한 타이밍을 노리는 기색이었다.

엄마는 치그라에 담아 온 약초들을 다 끓였다. 우리 오코에서 곧 페커리 털 탄내와 야생 마늘의 냄새가 한데 섞여 풍겼다. 나는 해먹 밑으로 기어들어가 등으로 빅토르와 몸을 부딪치는 동시에 우리집 애완 거북이를 꾹 눌러 재미있는 신음 소리를 터뜨리게 했다. 동생이 방귀 같은 그 소리를 들을 때마다 웃었기 때문이다. 동생은 여전히 미동이 없었다. 웃지도 않았다. 하지만 눈은 뜨고 있었다.

"이거 마셔라, 빅토르." 엄마가 동생에게 엄하게 말했다. 동생은 꿈쩍도 안 했다. 엄마가 수저로 호박차를 떠서 후후 불어 동생의 입술에 가져다 대주었다. 동생이 머리를 마구 흔들어대자 엄마는 동생의 턱을 꽉 붙잡고 입안으로 억지로 수저를 떠밀어 넣었다. 나는 보고 있기가 힘들어 고개를 돌렸다.

"티리, 꿀이 있어야겠는데. 애가 먹기에 너무 써서 안 되겠어." 엄마가 아빠에게 말했다.

아빠가 불 위에서 발을 내리며 대꾸했다. "내일 숲에 나가서 찾아볼게."

"저 애한테 오늘밤 당장 필요한 거면 레이첼에게 설탕 좀 달라고 부탁하는 게 좋지 않을까?" 페커리 수프를 후루룩 후루룩 맛보던 위아멩케 숙모가 말했다. "그 여자한테는 항상 설탕이 있잖아."

"ba(바)! 안 돼요! 그 여자한테는 뭐든 부탁하고 싶지 않아요." 엄마가 말했다.

나는 빅토르가 천천히 몸을 일으키길, 그날 강변에서처럼 아무 일도 없었다는 듯 다시 일어나길 기다렸다. 하지만 동생은 꿈쩍하지 않았다.

그날 밤늦게, 나는 아무 말 없이 엄마를 따라 축축이 젖어 있는 풀 덮인 가설 활주로를 걸어 레이첼의 집으로 향했다. 안개 자욱한 밤하늘에 별들이 반짝거렸다. 문득 궁금해졌다. '코오리들은 저 안개 위에 사는 걸까? 달에서 후두득후두득 떨어지는 저 귀 따가운 비의 위쪽에서 잠을 잘까?'

"uuuuuuuuu(우우우우우)." 엄마가 그 집에 가까워지자 조용히 소리를 냈다. 반달의 달빛이 그 집 철판 지붕에 반사되며 교회 옆 미와고 나무들 사이로 비치고 있었다.

레이첼이 문을 열더니 눈을 가늘게 뜨고 캄캄한 밖을 내다봤다.

"거기 누구예요?" 레이첼이 날 선 어조로 물었다.

"마누엘라요." 엄마가 대답했다. "저 마누엘라예요."

"당신이 여길 다 찾아오다니 놀랄 일이네요." 레이첼이 말했다. 우리가 교회에 나가지 않아서 레이첼이 우릴 탐탁지 않게 여긴다는 건 우리도 알았다. "가족들은 잘 지내죠? 여긴 어쩐 일이에요?"

"저희 집 갓난쟁이 딸 로이다가 아파서요." 엄마가 말했다.

나는 엄마를 멀뚱멀뚱 쳐다봤다. '엄마가 왜 거짓말을 하지?'

"로이다가 어떻게 안 좋은데요?"

"열이 나는데도 약을 안 먹으려고 해요. 설탕을 조금 얻으러 왔어요."

문가에 서 있는 레이첼은 피곤하고 늙어 보였다. 들고 있던 초가 그녀의 얼굴에 흔들거리는 그림자를 드리우고 있었다.

"나한테 설탕이 있긴 해요, 마누엘라. 그런데 당신도 알다시피, 마을의 모든 사람에게 설탕과 알약을 주다간 얼마 안 가서 바닥이 날 거예요. 내 말 잘 들어요. 당신 아들, 빅토르에 대한 얘기는 들어서 알고 있어요. 그러니까 나한테 거짓말할 필요 없어요. 안 그래도 내가 아드님을 위해 기도드리고 있었어요."

'구원을 받는다는 게 이런 의미인가? 설탕과 알약과 기도를 받게 된다는 말인가?'

"비록 당신 가족이 주님을 마음속에 받아들이지 않았더라도 당신들에게 자비를 베풀어 달라고 주 웡공히님께 간청드렸어요. 그렇게 병에 걸린 건 빅토르의 잘못이 아니라고도 말씀드렸어요. 내가 오늘밤 당신에게 설탕을 줄게요. 하지만 꼭 약속해 줘야 해요. 앞으로는 교회에 나오겠다고요."

레이첼은 빅토르에게 생긴 일을 어떻게 알았을까? 하늘에 사는 백인들이 우리를 내려다보고 있다가 알려준 게 틀림없었다.

"우우우우." 엄마가 고분고분히 대답했다. 그러겠다는 뜻이었다.

레이첼 앞에 있는 지금 이 자리에서의 엄마는 평상시와 다른 사람이었다. 위풍당당한 숲의 약초사가 아니었다. 수치스러워하는 모습이었다. 엄마를 그렇게 바꿔놓은 레이첼이 싫었다.

"마누엘라, 한 가지 더요. 이건 열을 내려주는 약이에요. 빅토르가 몸에서 열이 펄펄 끓으면 이 약을 먹여요. 빅토르를 늙은 멩가토웨에게 데려가 주술 치료 같은 걸 받게 하는 일은 없었으면 해요. 그랬다간 당신 아들에게 더 안 좋을 거예요. 멩가토웨는 악마에 들린 자예요. 하느님을 분노케 하는 자라고요. 빅토르에게 이 약을 먹이고 교회에 나와요, 마누엘라. 그러면 다 잘될 거예요."

"우우우우." 엄마가 대답했다. "wa kevi(와 케비), 감사합니다."

우리가 돌아서서 가려고 할 때 레이첼이 소리 내 웃으며 말했다. "그리고 명심할 게 있어요. 다른 auca(아우카)들에게는 내가 설탕을 줬다는 얘길 하면 안 돼요. 그랬다간 다들 몰려와 내 집으로 기어오를 테니까요."

'아우카'는 키콰족어로 와오라니족을 가리키는 말이다. 그런데 어쩌다 그 말이 외지인에게 알려지며 코오리도 그 말을 쓰고 있다. 레이첼도 그 말을 자주 썼다. 야만인을 뜻하는 말로.

레이첼 세인트가 마을의 왕이었다면 우리 집에서는 엄마가 왕이었다. 우리 가족은 아무도 교회에 가고 싶어 하지 않았다. 교회에 간 적이 단 한 번도 없었다. 하지만 갑자기 엄마가 단호해졌다. 레이첼이 설탕과 약을 주었기 때문인지, 정말로 웽공히가 빅토르를 지켜줄 거라고 믿었기 때문인지 그 이유는 알 수 없었다.

아침에 교회 종이 울릴 때 아빠가 허허 웃으며 말했다. "오늘은 사냥을 나가야겠어!"

그 말에 엄마가 맞은편 부엌에서 말없이 아빠에게 눈총을 줬다.

"선교사들은 일요일이 동물들도 쉬는 날이라고 말하는데 말야." 아빠는 딱히 누구에게랄 것 없이 말을 이어 했다. "그건 새빨간 거짓말이야. 간밤에 사냥을 나가면 좋을 것 같은 길몽을 꿨어. 페커리를 뒤쫓아 잡아야겠어."

엄마가 아빠를 거칠게 노려봤다. 얼마 뒤, 아빠는 우리와 같이 가설 활주로를 걸으며 하느님의 집으로 향했다.

우리에게는 이렇다 할 교회 복장이 없었고 모두 맨발이었다. 아빠는 붉은색 반바지 위에, 정글을 돌아다니면서 얼룩지고 찢긴 셔츠를 받쳐 입고 있었다. 엄마는 딱 하나 있는 무릎길이의 원피스 차림이었다. 오피 오빠와 나메 오빠는 벌써 저만치 앞서 달려가 미와고 나무로 기어오르고 있었다. 교회에 들어가지 않으려고 그러는 게 뻔했다.

레이첼은 우리를 보자 눈빛이 환해졌다. 우리는 목재로 지어진 그 휑한 교회의 뒤쪽 자리로 가서 앉았다. 예배에 나온 가족은 그리 많지 않았다. 전부 다 해서 네다섯 가족쯤 되는 것 같았다. 레이첼이 앞쪽에 서서 말, 양, 황소가 어쩌니 하는 얘기를 했다. 안경을 쓰고 머리는 올림머리로 묶은 모습이었다. 어떤 책을 들어 올려 그 안의 그림들을 보여주었지만 너무 작아서 내가 앉은 자리에서는 보이지 않았다.

나는 레이첼이 말하는 동물들이 어떤 모습을 하고 있는지 상상하기 힘들었다. 레이첼이 말하길 예수님이 말들이 사는 곳에서, 말들의 먹이를 담아주는 구유 안에서 태어났다고 그랬다.

"말은 맥(중남미와 서남아시아에 사는, 코가 뾰족한 돼지 비슷하게 생긴 동물-옮긴이)이랑 좀 비슷한 동물이야. 두개골 모양이 똑같아." 아빠가 나에게 귓속말을 해주었다. '웽공히의 아들은 왜 맥과 비슷한 동물들이 있는 데서 태어났지?' 나는 속으로 생각했다.

교회 뒤편의 엄마들 일부가 아이의 머리에서 이를 골라내 주고 있었다.

그 모습을 본 레이첼이 꾸짖었다. "웽공히의 집에서는 이를 골라내는 거 아니에요."

교회 밖에 아이들이 잔뜩 몰려 나와 있는지, 웃으면서 노는 소리가 들렸다. 밍카예가 일어나 기도를 시작하더니 무슨 말인지 못 알아들을 말들만 늘어놓았다. 아빠는 멍한 표정이었다. 엄마는 양손을 꽉 쥐고 있었다. 광대뼈가 강 상류 쪽의 돌처럼 딱딱해 보였다.

나랑 친구인 한 아이가 속닥였다. "나 쉬 마려워. 밖으로 나가자." 하지만 나는 단호하게 고개를 가로저었다. 전에 레이첼이 우리에게 하느님이 지켜보고 있다고 말한 적이 있는데, 정말 그 말이 사실이면 어쩌려고?

예배가 끝났을 때 레이첼이 몰래 손짓을 보내며 엄마를 불렀다. 내가 빅토르와 같이 레이첼의 집 밖에 서 있을 때, 와오라니족 목사 중 한 명인 파가 아이들을 전부 데리고 숲으로 가서 요웨메 열매를 따주겠다고 말했다. 파는 마을 사람들을 통틀어 나무를 가장 잘 타기로 손꼽혔다. 발가락이 크고 옆으로 돌출되어 있어서 나무껍질과 덩굴을 잘 움켜쥐었다. 나는 마음 같아선 다른 애들을 따라 같이 가고 싶었지만 그 자리에 남았다. 엄마의 발소리가 들리지 않는지 귀를 쫑긋 세우며 레이첼의 집 안에서 들려오는 조용한 속삭임에 귀를 기울였다.

엄마가 집 밖으로 나왔을 때 얼굴이 붉게 상기되어 있었다. 난처해하는 듯한 표정이었다. '엄마가 들고 있는 저게 뭐지? 설마 내가 생각하는 그건 아니겠지?' 나는 엄마가 조심스럽게 옆구리에 꽉 끼고 있는 그 보따리로 손을 뻗었다.

"지금은 안 돼." 엄마가 속삭였다. "집에 가서."

"뭔데요?"

"교회 복장이야." 엄마가 숨죽여 말했다.

"제 원피스요!"

"조용히 해." 엄마가 소리를 낮춰 성질을 냈다. "레이첼이 집에 가서 주라고 그랬어. 다른 사람들이 와서 자기도 달라고 그러면 안 된다고."

원피스는 일종의 신호였다. 그 하늘색 기적을 나는 매일매일 입었다. 그 원피스는 백인들이 나를 마음에 들어한다는 증거였다. 우리는 이제 일요일마다 꼬박꼬박 교회에 나갔다. 나는 더 이상 하늘을 피해 숨지 않았다. 빅토르의 발작은 진정되어 갔다. 교회에서의 기도가 효과가 있는 것 같았다!

아니면 그 연기 덕분이었는지도 모른다. 매일 해 질 녘이면 엄마는 칠리 잎, 야생 마늘, 바르바스코, 담배 잎 등등 온갖 말린 식물을 태웠다. 빅토르에게 매캐하고 자욱한 그 연기 속에 몇 초 정도 그대로 있게 하다가 빅토르가 기침을 하면 키콰족어로 어떤 말을 읊조려서 연기가 마당을 빙빙 떠돌게 했다. 아침마다 쓴 차를 달여 아빠가 숲에서 가져온 야생 꿀로 단맛을 더해 마시게 하기도 했다.

하지만 얼마 후 그 일이 또 일어났다.

대낮에 마을 사람들 모두가 보는 앞에서 빅토르의 발작이 일어났다.

레이첼의 땅에 사는 백인들이 다시 오기로 예정된 날의 전날이었다. 그날은 온 마을 사람들이 모여 가설 활주로를 정리하고 있었다. 레이첼 세인트가 교회에서 잡초가 무성해지도록 내버려 두었다며 우리에게 게으르다고 잔소리를 한 뒤의 일이었다. 우리 아이들에겐 이런 날이 제일 좋았다. 어른들이 마체테로 풀을 베어내는 동안 도망치는 쥐, 토끼, 새 들을 쫓아다니며 놀았기 때문이다. 나는 하늘색 원피스가 이미 야생 열매의 찐득찐득한 진, 플랜테인의 수지, 밭의 흙으로 얼룩이 졌는데도 신경 쓰지 않았다.

아빠는 대나무로 우리의 새로운 애완동물이 살 집을 만들어 주겠다며 우리를 집 마당으로 데려갔다. 빅토르가 손을 오므려 작은 새를 붙잡고 있는 동안 아빠가 대나무를 꽉 붙잡고 자르고 있었다. 그러던 어느 순간 빅토르의 머리가 파르르 떨리는 것이 눈에 들어왔다. 이어서 불과 몇 초 사이에 동생이 땅바닥으로 쓰러지며 경련을 일으켰다. 지금까지 내가 본 것 중에 가장 심했다. 입에서 거품을 뿜더니 쉭쉭대는 숨소리와 신음을 낮게 내뱉었다. 등이 활처럼 휘고 목이 팽팽히 옥죄어지기도 했다.

엄마가 지체 없이 나서며 위아멩케 숙모에게 크게 외쳤다. "멩가토웨를 데려와요!"

멩가토웨는 강 맞은편 언덕에 살았다. 그의 오코에서 연기가 굽이굽이 피어오르고 있었다.

활주로 쪽에 있던 헤카 고모가 우리 곁으로 다가와, 바닥에서 파르르 떨고 있는 빅토르를 살펴보더니 침착한 눈빛을 띠며 말했다. "멩가토웨가 곧 올 거야."

정말 신기하게도 그 말이 떨어지기가 무섭게 멩가토웨가 나타났다. 잔가지와 꺾은 잎사귀 다발을 들고 사뿐사뿐 걸어왔는데 어깨와 등에는 흙이 묻어 있었다. 길고 까만 머리가 달랑거리는 귓불을 일부 넣고 있었고, 그 귓불에 뚫린 큼지막한 구멍엔 발사 나무로 만든 동그란 플러그가 말끔히 박혀 있었다. 머리에는 초록색 덩굴줄기를 두르고 있었다. 페니스를 띠로 둘러 위쪽으로 치켜 묶어놓아, 거뭇한 고환이 까닥까닥 움직였다. 그는 잎사귀 몇 다발을 들고 얼굴에 해맑은 미소를 띠고 있었다. 젊은 사람인지 나이 든 사람인지 나이대를 분간하기가 힘들었다. 나이를 먹지 않는 사람 같았다.

멩가토웨는 먼발치에서 빅토르를 유심히 보다가 더 가까이 다가와 빅토르의 이마에 손을 얹으며 눈을 가리고 뭐라고 말하기 시작했다. 나는 한마디도 알아들을 수가 없었다. 입을 속사포처럼 움직이고 있었지만 소리는 목구멍에서 울려 나왔다. 아니, 더 깊은 곳, 가슴에서 울려 나오는 것 같기도 했다.

"누구한테 말하는 거예요?" 내가 엄마에게 속삭였다.

"입 다물고 있어."

멩가토웨의 몸이 파르르 떨기 시작하더니 안쪽 깊숙이에서 울려 나오던 그 목소리가 점점 더 커지면서 아득해졌다. 꼭 장작더미 뒤쪽이나 피버부시(약용 식물—옮긴이) 안쪽에서 울려 나오는 소리 같았다. 그러던 어느 순간 목소리가 뚝 그쳤다. 완전한 정적이 흘렀고 빅토르는 미동도 없는 상태가 되었다. 멩가토웨는 접신해서 눈이 재규어의 눈 같아졌다. 나는 멩가토웨가 무서워졌다.

멩가토웨가 빅토르에게 몸을 바짝 구부리며 빅토르의 정수리에 대고 바람을 불었다. "후쉬, 우쉬, 위슈, 위슈우우우." 한 손을 오므려 그 입바람을 떠서 빅토르의 눈 위쪽으로 가져가더니 이내 으스러뜨려 손가락 사이로 문지른 후 거칠게 훅 불었다. 위아멩케 숙모는 그에게 물이 반쯤 채워진 작은 조롱박 그릇을 건넸다. '멩가토웨가 그렇게 해달라고 말을 했었나? 난 두 사람이 대화하는 소릴 못 들었는데.'

멩가토웨는 그 물에 잔가지와 잎사귀 한 움큼을 섞은 후 한 모금 마시더니 목에 머금고 가르릉거리며 입을 가신 후 조롱박 그릇에 다시 뱉었다.

"마셔라." 멩가토웨의 몸 안 깊숙이에서 울려 나온 목소리가 읊조렸다.

우리 마당에는 마을 사람들이 북적북적 몰려와 있었다. 마체테를 든 채 조용히 우리 집의 과일나무 아래쪽에 멀찌감치 서 있었다. 네네카와 삼촌까지 그 치료를 구경하려고 휠체어를 밀고 나와 있었다.

빅토르는 접신해 있었다. 몸을 일으켜 앉더니 조롱박 그릇을 받아 숨도 쉬지 않고 벌컥벌컥 그 물을 모두 마셨다. 그런 다음 아빠가 빅토르를 품에 안아 들고 우리 오코로 데려갔다.

네네카와 삼촌이 침묵을 깨며 말했다.

"다들 뭘 보고 있어? 다시 가서 일해야지! 나한테 멀쩡한 다리가 있었으면 혼자서도 거뜬히 활주로를 정리할 수 있을 텐데 아쉽구만!"

그 말에 마을 사람들이 와하하 웃음을 터뜨렸고 이어서 두런두런 이야기하는 소리, '헉' 하고 놀라 기겁하는 소리, 속닥거리는 소리, 킬킬거리는 웃음소리가 한꺼번에 뒤섞여 말벌 떼 소리처럼 밀려왔다.

우리 집 부엌에서는 엄마가 멩가토웨에게 걸쭉하고 달콤한 플랜테인 음료, peneme(페네메)를 대접하고 있었다. 빅토르는 해먹에서 편히 잠들어 있었다.

"마법의 기운이 감돌아." 멩가토웨가 불을 쳐다보며 입을 떼었다. "마을에서 당신 가족을 시기하는 기운이 있어. 마누엘라, 당신은 밭을 많이 가지고 있어. 카사바와 플랜테인을 다른 여자들보다 더 많이 기르고 있지. 하지만 나눠 주지 않아. 티리, 자네는 사냥을 아주 잘하지. 페커리를 다른 누구보다 더 멀리까지 쫓아가서 잡아와. 그만큼 부지런해서 원숭이들도 자네에겐 속수무책으로 잡히고 말아. 덕분에 매일 가족들을 먹일 고기를 집으로 가져오지만 나누어 주진 않아. 그래서 마을 사람들 사이에서 수군수군 말들이 많아. 시샘하기도 하고. 질투가 나서 당신들의 어린 아들에게 해를 가한 거야. 이 아이는 특별해. 크면 누구보다 뛰어난 사냥꾼이 될 거야. 그리고 재규어의 정령들과도 연결될 게야."

부엌에서 서늘한 냉기가 느껴졌다. 잿빛 도는 흰색으로 사그라든 장작에서 푸른 불꽃 한 줄기만이 쉭쉭거리며 타오르고 있었다. 엄마는 이를 꽉 악물었다. 엄마가 살면서 가장 두려워하는 것이 바로 마법이었다. 마법은 눈에 보이지도 않고 만져서 알 수도 없어 누군가 해코지할 목적으로 그 힘을 이용해도 당하는 사람은 알 길이 없기에. 무시무시한 화를 입을 수도 있기에.

멩가토웨가 해먹에 누워 있는 빅토르를 부드러운 눈빛으로 바라보며 말했다. "애야, 넌 아버지 재규어, meñemempo(메녜멤포)가 될게다."

이어서 우리 부모님을 처다보며 말했다. "당신들의 아들은 재규어 정령과 이야기를 나누게 될 것이네. 나처럼. 내가 저 아이에게 내 힘을 내주었어. 이제 더는 저 애를 빅토르라고 부르지 말고 멩가토웨라고 부르게. 내 이름을 갖고 있으면 안전할 거야. 정령들이 내 이름을 들으면 두려워서 공격하지 못할 테니 탈 없이 잘 살 거야."

2
석유 회사

깊은 잠에 들었다가 아빠의 발소리에 깨어났다. 아빠가 어두운 방을 가로질러 걸어가면서 바닥에 비스듬히 깔린 야자수 나무판이 살짝 떨렸다. 멀리에서 낑낑 울부짖는 소리가 들려왔다.

나는 일어나 앉았다. 모기장 안에서 내 애완 반딧불이들이 황금색 불꽃처럼 깜박깜박 빛을 뿜으며 날아다녔다.

나는 아빠를 따라 마당으로 나갔다. 안개가 자욱했다.

달이 노오란 달무리를 두르고 있었다. 사방에서 박쥐들이 휙 내리 덮치며 거침없고 정확한 비행 실력을 뽐냈다. 흙은 축축하고 차가운 숨을 내뱉고 있었다.

아빠는 한동안 아무 말이 없었다. 달빛에 아빠의 실루엣이 비치며 길고 까만 머리, 강한 팔이 드러났다. 야래향night jasmine의 진하고 달콤한 향기가 풍겨왔다. 근처 숲에서 봉관조가 '이이-이이-티디-크룸프' 하며 울었다. 곧이어 울부짖는 신음 소리가 또다시 들렸다.

"meñe(메녜) 소리야." 아빠가 손가락을 허공으로 치켜들며 말했다. "재규어 소리."

"울고 있는 거예요?" 내가 물었다.

아빠는 잠시 또 말이 없었다. 침묵이 좀 전보다 더 길어졌다.

"우리는 죽으면 재규어가 된다." 아빠가 입을 뗐다. "페커리와 양털원숭이를 쫓으며 숲에서 살게 돼. 하지만 보통의 다른 재규어들과는 달라. 정령 재규어야. 그래서 우리 조상들의 혼이 이 숲을 떠돌고 있어. 그 혼들은 모든 것을 기억하고 있단다. 슬픔, 분노, 원한, 노래, 치유 능력을 가지고 있어. 우리 중 소수만이 그 혼과 얘기 나눌 수 있지. menera(메네라)와 메녜멤포야. 어머니 재규어와 아버지 재규어를 말하는 거란다."

빅토르가 메녜멤포가 될 거라던 그 말이 기억났다. 혹시 나도 언젠가 메네라가 될 수 있을지 궁금해졌다.

아빠는 그 신음 소리가 들려오는 쪽을 바라보고 있었다. 멩가토웨가 사는 곳 근처에서 들려오는 것 같았다.

"저 재규어가 강 건너 쪽에 있는 거예요?"

"맞아, 그쪽 언덕 등성이에."

우리는 한동안 말없이 그 소리를 듣고 있었다.

"넌 할아버지 기억은 안 나겠구나, 그치?"

"네." 내가 말했다.

"네 할아버지 피예모는 널 품에 꼭 안아주셨어. 네가 태어났을 때 노래도 불러주셨지. 가끔씩 아빠는 숲에서 네 할아버지를 느낄 수 있어. 숲에 혼자 있다 보면 할아버지가 느껴져. 더 강한 바람이 불어오면서 온 주위가 고요해지고 살며시 어두워지면 내 아버지가 나를 지켜보고 계신다는 걸 알게 돼."

"그럼 지금 숲에서 울고 있는 저 소리가 할아버지예요?"

"그건 모르겠구나."

"아빠, 우리 중에 죽어서 하늘로 가는 사람도 있어요?"

아빠는 달을 올려다보며 숨을 깊이 들이쉬었다.

"밍카예와 요웨가 하늘을 올려다보며 노래를 부르고 있었어요." 내가 계속 밀했다. "자기들이 구원받았고, 예수님의 피로 깨끗이 씻겨졌으니 하늘에 살게 될 거라고 그랬어요."

아빠가 잠깐 생각에 잠겼다가 말했다. "그놈들은 제정신이 아니야."

"그 사람들은 왜 그런 말을 하는 거예요?"

"백인의 신을 믿으니까."

"아빠는 백인의 신을 믿어요?"

"아니, 그 신은 아무짝에도 쓸모가 없어."

"그럼 그 사람들은 왜 하늘을 보며 말하는 거예요?"

"아무 이유 없어. 그 신은 밍카예와 요웨의 언어를 쓰지 않아. 그 자들이 하는 말을 못 알아듣는다고. 그러니까 그렇게 오래 눈을 감고 얘길 하고 있지. 신이 응답해 주길 기다리는데 응답을 안 해주니까."

"레이첼은 신과 얘기할 줄 알아요?"

"알지. 레이첼은 자신의 웽공히에게 얘기할 수 있어. 그 여자에게 우리와 같이 살라고 말한 게 그 신이야. 밍카예와 요웨의 기키타족 무리가 강변에서 레이첼의 남동생을 창으로 찔러 죽였을 때 신이 그 여자에게 우리를 지배할 힘을 주었어."

'그럼 내 생각이 맞은 거네! 레이첼이 여기에 온 건 우리랑 살면서 자기 동생을 죽인 그 사람들을 신도로, 목사로 바꾸기 위해서였어.'

"레이첼의 신은 레이첼에게 어떤 힘을 줬는데요?"

"보아뱀이 혀를 날름거려 사슴의 넋을 빼놓는 것과 같은 힘이지. 그렇게 걸려든 사슴은 힘이 약해져서 빠져나가지 못하게 돼. 우리 부족 사람들에게도 그런 일이 일어났던 거야. 마을 사람들이 그 여자가 주는 물건과 그 여자가 들려주는 얘기에 홀렸다가 그 뒤에 병에 걸려 죽었어."

'아빠가 말하는 보아뱀의 혀가 뭘 뜻하는 걸까? 하늘색 원피스, 설탕, 알약이 모두 레이첼이 가진 힘에 속한다는 건가?'

"레이첼은 나쁜 사람이에요?"

"나쁜 사람인지 아닌지는 잘 모르겠구나. 그래도 우리와는 다른 사람이야."

아빠와 나는 한참이 지나도록 말이 없었다.

"네몬테, 우리가 테웨노라는 마을에 레이첼 세인트와 살러 들어가게 됐을 때 아빠는 아직 어린 나이였어. 난 그 모든 일을 봤어. 우린 그곳에 가지 말았어야 했다. 그곳은 우리가 살 만한 곳이 아니었어. 우리 일족은 그 어느 부족보다 강했어. 넨키모-니우라는 일족이었는데 대다수가 젊고 건강한 전사들이었지. 우리는 여러 달을 걷다 보카치코가 물길을 거슬러 오르는 강에 이르렀어. 그 마을에 도착했을 때 너무 배가 고팠지만 나는 입을 꾹 다물었어. 그들이 주는 음식은 먹고 싶지 않아서. 여러 날 동안 낮에는 개울에서 새우를 잡고 밤에는 불가에서 그 새우를 구워 먹으며 지냈지. 여러 달을 레이첼 세인트의 개 옆에서, 잿더미가 나뒹구는 흙바닥에서 잤어.

우리는 그곳에서 행복하지 않았어. 급기야 연장자들 사이에서 그 백인 여자를 죽이고 그곳을 아주 떠나 옛 터전으로 돌아가자는 얘기가 오갔지. 하지만 얼마 지나지 않아 병마가 우리의 뼛속으로 스멀스멀 기어들었지. 그들이 소아마비라고 부르던 병이었어. 많은 사람이 죽었어. 네네카와처럼 더는 걷지도, 창을 던지지도 못하게 된 전사들도 생겼고. 레이첼은 하늘에 대고 기도했어. 밍카에와 요웨의 그 무리도 같이 기도했어. 하지만 그들의 신은 기도를 들어주지 않았어. 그자들은 '우리의 웽공히가 화가 났다'느니 '웽공히가 자신을 믿지 않는 것에 대한 벌을 내리는 것'이라느니 떠들어댔지."

언덕 등성이에서 들려오던 울부짖음이 그쳤다. 우리는 별빛 아래에서 아무 말 없이 서 있었다. 아빠에게 멩가토웨 노인에 대해 묻고 싶었다. '멩가토웨는 내 동생을 치료하기 위해 정말 재규어로 변신했던 걸까?' 재규어 정령이 왜 우리 일족 사람들을 백인의 병마로부터 지켜주지 않았는지도 묻고 싶었다. 하지만 아빠는 이미 발걸음을 돌려 집 안으로 들어가고 있었다. 아직 해가 뜨려면 몇 시간은 더 있어야 했다.

여러 달이 지났다. 부모님은 교회에 발길을 끊었다. 엄마는 레이첼이 자신에게 화가 나 있다는 것을 알았다. 엄마가 내 동생을 치료하기 위해 멩가토웨를 불러서 온 마을 사람들이 그 모습을 보게 하고, 하느님을 믿어야 하는 순간에 마법을 썼다는 사실 때문에 화가 난 것이다.

교회 예배에는 더 이상 안 갔지만 엄마는 매주 꼬박꼬박 나를 주일 학교에 보냈다. 내가 가고 싶어 하지 않는데도. 어느 날 아침, 비가 하느님의 집 양철 지붕을 요란하게 내리칠 때 레이첼이 그림책을 펴서 우리가 볼 수 있게 들어 올렸다.

"이 자가 누군지 알아요?" 레이첼이 물었다. 머리 위에서 쾅쾅 내리치는 빗줄기 소리에 레이첼의 목소리가 잘 들리지 않았다. 곧이어 레이첼이 나에게 싸늘한 미소를 던지며 말했다. "이네스, 이 자가 누군지 알아요?"

원피스를 입고 그 자리에 앉아 있던 나는 당황스러운 마음에 몸을 비비 꼬았다. 원피스는 이제 하늘색이 아니라 푸르죽죽 탁한 파란색이 되어 있었다. 이네스는 내 세례명이었다. 우리 마을에서 가장 막강한 힘을 가진 와오라니족 여자인 다유마가 지어준 이름이었다. 아주 오래전, 다유마는 싸움을 벌이다 숲에서 도망쳐 어떤 곳에 이르게 되었는데, 어쩌면 저 위 하늘일지 모를 그곳에서 레이첼을 만났고 레이첼은 와오라니족과 살고 싶어 했다고 한다. 이제 레이첼과 다유마는 서로를 '자매님'이라고 불렀고 다유마는 레이첼이 우리 마을을 운영하는 일을 거들고 있었다. 모두가 다 아는 일이지만 다유마가 우리에게 말을 걸 때면 보통은 레이첼이 그녀를 통해 말을 전하는 것이었다.

나는 레이첼과 같이 그림책을 받쳐 들고 있던 다유마를 힐끗 쳐다봤다. 그 질문에 대답하게 도와주었으면 하는 무언의 눈빛이었지만 다유마는 시선을 피했다.

"이 자는 악마예요." 레이첼이 짜증스러운 투로 말했다. "여러분, 이 악마의 심장이 무슨 색이죠?"

"까만색이요!" 아이들이 일제히 외쳤다. "악마의 심장은 까만색이에요!"

"옳지!" 레이첼이 고개를 끄덕였다. "악마는 사기꾼이에요. 너희들의 마음에 어두운 생각을 심어줘요." 나는 그림을 보다 깜짝 놀랐다. 그 악마는 털이 덥수룩한 눈썹, 옆으로 퍼진 코, 두꺼운 입술을 하고 있고, 피부는 검고 털이 많았다. 그렇게 보니 엄마의 아버지인 도나스코와 똑 닮아 있었다. 소름이 쫙 돋았다. 나에겐 두 명의 할아버지가 있었다. 아빠의 아버지인 막강한 전사 피예모는 밤에 숲에서 포효하는 재규어였다. 그리고 또 한 명의 할아버지인 엄마의 아버지는 악마였다!

"하느님은 어떤 색이죠?" 레이첼이 우레같이 울리는 빗소리보다 큰 소리로 물었다.

"흰색이요!" 애들이 한목소리로 외쳤다. "하느님은 흰색이에요!"

며칠 후, 내가 얕은 강물에서 텀벙텀벙 물을 튀기고 있을 때 굽이진 강가에서 도나스코 할아버지가 삿대로 배를 저으며 물살을 거슬러 다가왔다.

"악마다!" 내가 크게 외쳤다. "악마가 오고 있다!"

나는 흥분과 두려움과 신기함이 뒤섞인 채로 신이 나서 외쳐대며 맨발로 뛰어 우리 오코로 돌아갔다.

엄마가 나를 꾸짖었다. "입 다물지 못해? 누가 할아버지 보고 그렇게 말하래?"

엄마는 할아버지가 찾아올 때면 늘 걱정이었다. 할아버지가 주술사라는 걸 모두가 알았기 때문이다. 하지만 할아버지는 아버지 재규어 멩가토웨나 마법사 아우아와 달랐다. 두 사람하고는 차이가 있었다. 할아버지는 와오라니족이 아니라, 점점 사라져 가는 인근 부족 사파로족이었다. 키콰족과 피가 섞여 있었지만 모든 사람이 이 부족 사람들에게 특별한 힘이 있다는 걸 알았다. 그래서 엄마는 마을 사람들이 자신의 아버지를 마법사로 여기면 어쩌나 하고 노심초사했다. 혹시 병이 생기거나, 뭐든 사고가 터지거나, 마을에 불운이라도 닥치면 할아버지의 탓으로 돌릴까 봐.

그 넓고 납작한 코, 털이 수북한 가슴, 타는 듯 검은 눈동자는 정말 할아버지를 그림책 속의 악마처럼 보이게 했다. 할아버지는 걸음걸이도 특이해 물 흐르듯, 미끄러지듯 걸었다. 엄마에게 들은 얘기로는 할아버지에겐 아나콘다의 힘이 있어서 그 힘을 통해 아나콘다를 불러내 사람들을 치료해 주고, 주문을 걸어 미래를 내다본다고 했다. 할아버지에겐 돌의 힘도 있어서 바위가 후들후들 떨며 할아버지에게 오기도 했고, 할아버지가 신기한 방법으로 바위를 옮기고 숨기고 다루기도 했다고 한다.

"누가 이 어부에게 독한 치차 좀 가져다주지!" 도나스코 할아버지가 우리 오코로 들어서며 또랑또랑하게 외쳤다. 그리고 물고기로 볼록하게 가득 찬 치그라 꾸러미를 흙바닥으로 내던졌다. 외할아버지의 첫 번째 부인인 엄마의 어머니는 강가에서 빨래를 하다 의문스러운 죽음을 맞았다. 엄마가 아주 작은 꼬맹이일 때의 일이었다. 지금 우리 오코로 들어오고 있는 두 번째 부인은 에로라는 이름의 와오라니족 여자였다. 그 할머니의 바구니 밖으로 죽은 큰부리새 두 마리의 노란 줄무늬 부리가 튀어나와 있었다. 잡은 지 얼마 안 된 것이었다.

"말해봐라, 요 녀석." 도나스코 할아버지가 나에게 말했다. "이 할 애비를 보고 강에서 왜 그렇게 도망친 게냐?"

나는 고개를 내저었다. 엄마가 누런 치차가 담긴 조롱박 그릇을 할아버지에게 건넸다. 카사바로 만든 발효주의 일종인 치차의 표면 으로 효모의 기포가 보글보글 올라오고 있었다.

"간밤에 이 녀석의 꿈을 꿨어." 할아버지가 치차를 후후 불며 엄 마에게 말했다. "그리고 옛다, 큰부리새 한 쌍과 야생 꿀이야."

나는 큰부리새나 꿀이 나랑 무슨 상관이 있다는 건지 어리둥절 했다.

"네가 지금 몇 살이지?" 할아버지가 물었다.

"몰라요."

"일곱 살이에요." 엄마가 말했다.

"달콤한 치차를 만들기 위한 혀 치료는 해준 게야?" 할아버지가 중간중간 치차를 꿀꺽꿀꺽 마시며 물었다.

잠시 후 에로 할머니가 머리를 늘어뜨리고 있는 큰부리새 한 마 리의 부리를 비틀어 벌리더니 그 날카로운 혀를 꽉 잡은 채 녹슨 칼 로 살살 잘라냈다. 이어서 잎 뭉치에서 주먹 크기의 벌집 덩어리를 꺼냈다. 까만 벌들이 황금빛의 끈적끈적한 꿀에 빠져 죽어 있었다. 할머니가 큰부리새의 혀를 그 꿀에 담갔다.

"입 벌리거라!" 할머니가 말하며 노래를 부르기 시작했다.

와오라니족 여인들이 노래를 부르면

밭에서 카사바가 쑥쑥 자라네.

큰부리새들이 야생 열매를 먹으며

하늘에서 씨를 뿌리네.

와오라니족 여인들이 노래를 부르면

밭에서 카사바가 쑥쑥 자라네.

벌들이 숲의 열매에서

달콤한 꿀을 만드네.

나는 눈을 감았다. 큰부리새의 혀에서 꿀이 뚝뚝 떨어져 내 혀를 달콤하게 적셨다.

머릿속에서 밝은 깃털들이 푸르게 우거진 숲의 잎사귀를 가로지르며 휙 지나가는 환영이 보이는가 싶더니, 마치 꿈속인 것처럼 방울방울 떨어지는 꿀이 내 입안을 가득 채웠다. 마치 달콤한 불이 내 목구멍과 가슴을 쓱 쓸고 내려가는 것 같았다.

"이제 됐다!" 도나스코 할아버지가 저음의 우렁찬 목소리로 말했다. 돌같이 단단한 콧등과 볼에 의기양양한 웃음이 스치듯 지나갔다. "이제 내 귀여운 손녀가 이 숲 전체에서 가장 달콤한 치차를 만들겠구나."

이후로 빅토르와 나는 우리의 비밀스러운 힘을 즐겼다. 나는 맛 좋은 치차를 만들었다. 그리고 빅토르는 더 이상 아프지 않았다. 우리가 자기의 새 이름으로, 그 힘 있는 이름 멩가토웨로 부르지 않으면 발끈 화를 냈다. 나는 여전히 머릿속으로는 동생을 빅토르라는 이름으로 떠올렸지만 새로운 이름을 존중해 주기 위해 애썼다. 정말 만만찮은 일이었다. 동생은 심지어 우리 앵무새들에게 그 이름을 잘 발음하게 가르치기를 무슨 임무라도 되는 듯 열심히 했다. 멩-가아-토웨에, 멩-가아-토웨에.

우리 앵무새들은 그 말을 결국 배웠다. 그것도 너무 잘 배워서 탈이었다. 동생이 오코에 들어오면 그 소식을 알리듯 새 이름을 툭 하면 불러댔다. 누나이자 단짝이자 주술사 멩카토웨를 아주 존경하는 사람인 나조차도 짜증이 났다.

그러던 어느 날 저녁에 재미있는 일이 있었다. 엄마는 얼굴을 찌푸리고, 아빠는 발기락을 잔불에 대고 꼼지락거리다 킬킬 웃게 된 그런 일이었다.

우리 오코의 흙바닥에서 치차를 만들고 있을 때였다. 가마솥에 카사바를 끓인 후에 김이 올라오는 뜨거운 물을 잿더미에 부어버리고 나무 막대기로 카사바 덩굴을 짓이겨 따뜻한 곤죽으로 만들어 놓은 상태였다. 이제는 입에 넣고 씹어서 우리의 침을 섞어 부드러운 발효주로 변신시킬 차례였다. 치차는 우리 부족의 삶에서 주식이나 마찬가지였다.

나는 혼자 해먹에 올라갈 수 있을 만큼 나이를 먹은 이후부터 쭉 카사바 곤죽을 씹어서 가마솥에 다시 뱉는 일을 해왔다. 하지만 이제는 달라졌다. 도나스코 할아버지와 에로 할머니가 나에게 비밀의 힘을 주었으니까. 나는 엄마 옆에 웅크리고 앉아 여자 어른들의 얘기에 귀를 기울였다. 헤카 고모와 위아멩케 숙모가 해먹에 기대어 쉬며 얘기를 나누고 있었다.

"학교는 시간 낭비야." 헤카 고모가 말했다. 아빠의 누나인 고모는 아빠와 꼭 닮았지만, 눈을 보면 마음속에 좀 더 뜨거운 열정을 품고 있다는 느낌이 들었다. "와오라니족 애들이 그렇게 푹푹 찌는 상자 안에 처박혀서 대체 뭘 배울 수 있겠어?"

나는 짓이겨진 따끈한 카사바를 한 덩어리 집어 입안에 넣고는 천천히 씹으면서 혀로 이리저리 문질렀다. 내 입이 그 덩어리를 야생 꿀로 변신시킨다는 상상을 했다.

"애들은 자기 엄마를 따라 밭에 나가고, 아빠를 따라 오솔길을 걸으면서 커야 해." 위아멩케 숙모가 고모의 말을 거들고 나섰다.

나는 공감의 뜻으로 고개를 끄덕였다. 내가 그냥 어린애가 아닌 것처럼 어른 티까지 내면서. 나는 밥 먹듯이 결석을 했다. 학교 건물이 작고 비좁은 데다, 우리를 가르치는 남자 선생님은 툭하면 우리에게 화를 내고 스페인어로만 말했다. 귀를 홱 잡아당겨 찰싹 때리기까지 했다. 이해를 잘 못 하는 게 진짜 문제인데도 우리가 잘 듣지 못해서 문제라는 투였다. 그는 레이첼이 하라는 대로 하는 꼭두각시였다.

그때 갑자기 앵무새 한 녀석이 날개를 퍼덕이고 꽥꽥거리며 누가 오고 있다는 걸 알렸다. 곧이어 잎을 엮어 만든 우리 오코의 출입문이 살짝 바스락거렸고 누가 왔는지 보려고 돌아본 순간 앵무새들이 평상시에 하던 대로 악을 써댔다. 멩가토웨, 멩가토웨, 멩가토웨.

엄마는 치차 덩어리를 가마솥으로 뱉으며 거북한 기색으로 몸을 꿈틀거렸다. 앵무새들이 그 재규어 주술사의 이름을 몇 번이나 거듭해서 외쳐대고 있던 그때…… 다유마가 와 있었던 것이다.

다유마는 앵무새들의 소리를 못 들은 척했다. 하지만 레이첼에게 이 모든 걸 일러바칠 게 뻔했다. 우리 오코에 찾아올 때마다 그 목적이 레이첼 때문이라는 것을 우리는 알고 있었다. 레이첼이 화가 났다는 얘기를 전하거나 우리에게 알려줄 말이 있어서였다. 레이첼을 위해 우리를 감시하러 오는 경우도 있었을지 모른다.

다유마는 고무장화를 덮는 발목 길이의 꽃무늬 원피스를 입고 있었다. 머리는 풀어서 어깨 위로 늘어뜨리고 있었는데 달랑거리는 귓불을 가리려는 의도일 터였다. 그녀가 치차를 만드는 가마솥 옆에 무릎을 굽히고 앉으며 환하게 미소를 지었다. 아름다운 여자였다. 우리와 같은 사람이었지만 레이첼과 함께 하늘에 다녀왔기 때문에 우리와는 다르기도 했다. 상상도 안 되는 그곳, 백인들이 사는 빌딩이라는 곳에 대해 이런저런 것들을 알고 있었다. 이제는 다른 와오라니족 여자들처럼 밭을 갈지도 않았다. 마을 반대편의 레이첼 옆에서, 하느님의 집 옆에서 나무판자로 지은 집에 살고 있었다. 그리고 레이첼과 함께 어떤 작은 방에 틀어박혀 있을 때가 많았다. 그곳에서 둘이 같이 '하느님의 말씀 새김'이라는 별난 일을 하고 있었다.

"지금 마을의 오코를 일일이 방문하고 있어요." 다유마가 입을 뗐다. 목소리가 부드러웠다. "얼마 후에 남자들 일행이 여기에 올 거라는 소식을 전하러 다니는 중이에요."

"그 사람들이 누군데요?" 위아멩케 숙모가 물었다.

"아주 중요한 분들이요. 석유 회사에 있는 높은 분들이에요."

그 와중에도 앵무새들이 수그러들 기색 없이 외쳐댔다. 멩가토웨, 멩가토웨, 멩가토웨. 엄마는 빅토르에게 조용히 좀 시키라면서 목소리를 깔고 힘주어 말했고 아빠는 킥킥대며 웃기만 했다. 하지만 '석유 회사'라는 말에 아빠의 귀가 쫑긋해지는 게 보였다.

"그 사람들이 여기엔 왜 오는데요?" 헤카 고모가 매섭게 물었다.

"오기로 했으니까요. 그래도 걱정할 거 없어요. 레이첼과 잘 아는 사이니까요. 우리처럼 하느님을 믿는 사람들이래요."

다유마가 자리를 뜨려 할 때 부드러운 눈빛으로 나를 쳐다봤다.

"달콤한 치차를 만들기 위해 혀를 치료받았다는 얘기 들었어, 이네스." 미소를 지으며 말했다.

나는 침으로 젖은 곤죽을 물고 있어 입안이 불룩해 고개만 끄덕여 보였다. 다유마가 그녀가 붙여준 세례명이 아니라 내 진짜 이름인 네몬테로 불러주었다면 좋을 것 같았다. 마음속으로, 나는 두 개의 세계가 있다는 것을 알았다. 한 세계가 오코에 연기 자욱하게 불을 피우고, 내 입으로 카사바를 꿀로 바꾸고, 앵무새들이 '멩가토웨'를 연거푸 외쳐대고, 우리 가족이 나를 '수많은 별'이라는 뜻의 내 진짜 이름 네몬테로 불러주는 그런 곳이었다면, 또 다른 세계는 백인들이 하늘에서 우리를 지켜보고, 악마의 심장은 까맣고, '석유회사'라는 것이 있고, 전도사들이 나를 이네스라고 부르는 그런 곳이라고.

내가 제일 좋아했던 날은 엄마가 아침에 너무 바빠서 우리에게 신경 쓸 겨를이 없을 때였다. 엄마가 갓난쟁이 남동생 에몬타이에게 젖을 먹이며 칠면조 깃털로 불에 부채질을 해주고, 석쇠에서 연기를 피우다가 익어가는 고기 주변에서 원숭이들을 쉬쉬 쫓아내느라 정신이 없는 그런 날이면 우리는 학교에 가지 않고 아빠를 따라 숲속으로 들어갔다.

아빠는 숲속의 오솔길을 죄다 꿰고 있었고, 모든 오솔길이 저마다의 이야기를 품고 있었다. 때로는 하루 종일 페커리 떼를 쫓으며 모레테 야자수 습지를 헤치고 높은 언덕을 넘을 때도 있었다. 습지는 추적을 벌이기에 무난한 길이라 어린 우리가 앞장을 서게 해줬지만 땅이 딱딱하고 건조한 언덕길에서는 아빠가 다시 앞으로 나섰다. 그렇게 나가면 언제나 쏠쏠한 수확을 해서 마을로 돌아왔다. 과일, 사냥 고기, 해먹 재료로 쓸만한 야자수 잎, 사냥용 독을 만들 쌉싸름한 덩굴줄기 등을 구해왔다.

그날 아침엔 마을에서 그리 멀지 않은 곳에 갔다. 우리는 협곡 기슭의 진흙탕 숲길에 쓰러져 있는 통나무 위에 올라서서 죽은 거대 아나콘다를 물끄러미 쳐다보고 있었다. 너무 큰 먹이를 삼킨 채 죽음을 맞은 암컷 아나콘다였다. 아마도 때를 기다리면서 혀를 날름거려 사슴이 가까이 오도록 현혹한 후 몸을 휘감아 입안으로 집어삼켰으리라.

하지만 그 순간 녀석은 크나큰 실수를 저지르고 말았다. 차가운 진흙 바닥의 으슥한 그늘에 누워 있던 채로 사슴을 집어삼켜 버린 것이다. 나이가 너무 어리기 때문에 근육질의 나이 많은 사슴을 삼키려면 먼저 햇빛이 잘 드는 곳으로 기어가야 한다는 것을 몰랐던 모양이다. 아빠가 알려준 바로는, 그렇게 차가운 곳에서는 사슴이 죽으면서 다리에 뻣뻣한 경직이 일어나고, 뱀의 몸이 차가울수록 사슴의 다리가 더 뻣뻣해진다고 했다. 그러다 결국 사슴의 발굽이 뱀의 근육을 뚫고 번들번들 윤기 나는 피부까지 터트리며 튀어나온 것이다. 녀석은 자신이 집어삼킨 먹이에게 죽임을 당한 꼴이었다. 이제는 이 뱀의 주위로 오셀롯(반점 무늬가 있는 표범 비슷한 스라소니의 일종-옮긴이), 퓨마, 개미핥기, 카피바라(중남미의 강가에 사는 큰 토끼같이 생긴 동물-옮긴이) 등의 별별 짐승들이 떼로 모여들고 있었다. 거북이 한 마리도 홀로 와서 그 썩어가는 살점을 갉아먹고 있었다.

"저기 봐! 콘도르야!" 빅토르가 우거진 나뭇가지 위쪽을 가리키며 외쳤다.

"숲의 모든 동물이 이 아나콘다에게 경의를 표하기 위해 올 거야." 아빠가 말했다. "저 콘도르도 추모를 위해 저 멀리 있는 산에서 여기까지 날아온 거야. 이 뱀의 살에 깃든 강한 에너지를 가득 채워 담으려고."

내가 나뭇가지 위쪽의 반짝이는 빛 사이로 선회하는 콘도르의 모습을 어렴풋이나마 보려 애쓰고 있을 때 하늘에서 희미하게 '휙휙, 숭숭' 하는 소리가 들려왔다.

"에보다, 에보야, 에보!" 내가 탄성을 질렀다.

아빠는 고개를 한쪽으로 기울였다가 치켜들며 조용히 하라고 일렀다.

"아니야, 비행기가 아니라 헬기야. 석유 회사의 헬기." 아빠가 말했다.

우리가 마을로 돌아와 보니 오피 오빠와 냐메 오빠가 헬기의 그늘 밑에서 다른 아이들과 쭈그려 앉아 있었고 그 헬기의 땅벌같이 생긴 큰 배를 만지고 놀았다. 활주로 아래쪽에서는 마을 사람들이 레이첼 세인트의 집 밖에서 서성거렸다. 내 친구 몇 명이 파란색과 흰색 교복 차림으로 미와고 나무의 나뭇가지에 오르며 놀고 있었다. 우리는 아빠를 따라 교회를 지나친 후 자몽 나무 그늘에 서 있었다.

"그 회사의 코오리들이 왔어요!" 와오라니족 목사 중 한 명인 파가 우리에게 말해주었다. "안에서 레이첼, 다유마와 얘기 중이에요."

"빅토르, 집 밑으로 기어들어 가보자." 내가 귓속말로 속삭였다.

나는 레이첼의 집 구조를 모조리 꿰고 있었다. 레이첼이 자는 곳, 장난감이며 원피스 등의 선물을 보관하는 곳, 설탕, 쌀, 면 따위를 저장해 두는 곳이 어디인지 다 알았다. 우리는 가끔씩 레이첼이 자기 책에 글을 끄적이며 심각한 목소리로 다유마에게 무언가를 속닥속닥 물어보는 방 바로 밑으로 몰래 들어가기도 했다. 이때 하는 질문은 주로 어떤 말들을 우리의 언어 Wao Tededo(와오테데도)로 옮길 때 가장 적절한 표현이 뭔지였다. 천국과 지옥, 양과 황소 같이 우리에겐 해당되는 말이 없는 것들이었다. 나는 글을 끄적이는 그 소리가 '하느님의 말씀 새김' 소리라는 것을 눈치챘다. 하지만 두 사람이 같이 공을 들이고 있는 그 '하느님의 말씀 새김'이라는 것이 무슨 의미인지는 잘 몰랐다.

우리는 무릎을 구부리고 축축한 흙바닥을 기어갔다. 마룻바닥의 널빤지 틈으로 탁자에 둘러앉은 백인 몇 사람이 보였다. 레이첼과 자기들 언어로 얘기를 나누며 웃고 있었다. 레이첼은 아주 나이 들고 피곤해 보이는 얼굴이었다. 기침도 많이 했다. 그 백인들은 마을에 왔던 다른 코오리와는 달랐다. 흰색에 딱딱하고 반질반질 윤이 나는 별나게 생긴 모자에 주황색 제복을 입고 있었다.

다유마는 남편인 코메와 함께 탁자에 앉아 있었다. 마을 전체에서 가장 큰 손을 가진 코메는 걸핏하면 어린 우리들을 쫓아와서 잡았다. 그리고 우리가 버릇없게 굴었다며 쐐기풀(잎의 가시털에 닿거나 긁히면 피부가 빨개지는 식물-옮긴이)로 매질을 했다. 나는 그 아저씨가 무서웠다. 다유마도 코메도 미소 띤 얼굴로 웃고는 있었지만, 코오리의 말을 잘 몰라서 백인들이 하는 말을 못 알아듣는다는 걸 나는 알고 있었다. 다유마는 레이첼에게 우리의 언어를 가르쳐 주었지만 레이첼은 다유마에게 하느님에 대한 것만 가르쳐 주었다.

"이 사람들을 따라갈 저희 부족 남자들은 몇 명쯤 되는데요?" 다유마가 레이첼에게 와오테데도로 물었다.

"아주 많이 갈 거예요." 레이첼이 대답했다.

"비행기로 멀리 가나요, 아니면 걸어서 가까운 데로 가나요?"

레이첼이 백인 남자들과 먼저 이야기를 나눈 후 다유마를 돌아보며 말해주었다. "일이 잘 풀리면 숲 전역의 곳곳으로 가게 될 거예요. 비행기로도, 걸어서도."

"간다면 기간은 얼마나 될까요?" 다유마가 물었다. 돌아가서 마을 사람들 모두에게 알려주기 위해 그렇게 꼬치꼬치 묻고 있다는 것이 뻔히 느껴졌다.

"몇 달은 걸리겠죠."

잠시 후 딱딱한 모자를 쓴 코오리들이 레이첼의 집을 나갔다. 빅토르와 나는 아무에게도 들키지 않게 조심조심 기어 나왔다. 레이첼이 하느님의 집과 학교 쪽을 가리키자 백인 남자들이 고개를 끄덕였다.

마을 사람들이 그들을 따라가며 질문을 해댔다.

"지금은 우리가 바쁘니까 나중에 얘기해요." 레이첼이 엄한 어조로 말했다.

백인 남자들은 작은 손잡이가 달린 검은 상자들을 들고 갔다. 헬기가 있는 곳에 이르자 레이첼과 악수를 나누며 고개를 끄덕거리면서 서로의 눈을 똑바로 응시했다. 그런 후 우리 모두에게 손을 흔들어 인사하며 우리는 알아듣지 못하는 무슨 말을 했다. 헬기가 굉음을 내기 시작하고 에보보다 더 큰 바람을 일으켰다. 겁이 났지만 오빠들이 두 팔을 쫙 벌리고 그 바람 쪽으로 몸을 기울이며 신나서 비명을 지르는 모습을 보자 겁나던 마음이 이내 사그라들었다. 나도 눈을 감고 바람 쪽으로 몸을 기울였다. 머리카락이 사방으로 휘날렸다. 헬기가 땅에서 뜰 때 모여 있는 사람들 사이에서 아빠가 보였다. 입을 딱 벌리고 있었다.

헬기가 일으키는 그 강풍과 굉음 속에서 순간 정적이 나를 덮쳐왔다. 가슴 아린 생각이 들면서 마음이 먹먹해졌다. '저 사람들이 아빠를 멀리 데려갈 거야.'

그날 밤, 하늘에는 별 하나 뜨지 않았다. 차갑고 습한 외풍이 오코 안으로 불어 들어왔다. 아빠는 불가에서 몸을 웅크리고 발을 뻗어 발가락을 불꽃에 닿지 않을 만큼 아슬아슬한 높이에 대고 꼼지락거리고 있었다. 엄마는 거북이 스튜를 끓이는 냄비 위로 무릎을 구부리고 앉아 연기 속에서 실눈을 뜨고 있었다.

"너희 아버지는 어렸을 때 거북이 심장을 많이 먹어야 했어." 엄마가 우리 모두에게 말했다. "그래서 역마살이 낀 거야. 거북이처럼 이리저리 나돈다니까."

엄마가 웃었다. 쌀쌀맞은 웃음이었다. 냐메 오빠만 혼자 킥킥거렸다. 나는 엄마가 아빠를 모질게 대하는 게 싫었다. 하지만 아빠는 언제나 아무 말 없이 참으며 엄마의 도발에 휘말려 들지 않았다. 아빠가 그러는 게 엄마의 화를 더 돋웠다.

"네몬테, 네가 내 배 속에 있던 내내 네 아빠가 그 회사 사람들을 따라가서 떠나 있었던 거 아니? 엄마한테 알려주지도 않고 말야! 그냥 헬기에 타고 가버렸다니까. 심지어 네가 태어나는 것도 못 볼 뻔했지."

나는 오코 구석에 쭈그리고 앉아 우리 가족이 키우는 귀여운 긴코너구리에게 석쇠에 구운 플랜테인 조각을 먹었다. 오피 오빠는 내 옆에 앉아 아빠의 칼로 발사 나무 조각을 깎아내고 있었다. 나는 아무 말도 하지 않았다. 부모님이 싸우는 건 싫었다.

"아빠, 그 회사 사람들이랑 있을 때 봤던 타가에리족과 타로메나네족 사람들 얘기 좀 해주세요." 냐메 오빠가 말했다. "그 사람들이 죽였던 코오리들 얘기도요."

나는 불가로 가서 반쯤 새까맣게 탄 카사바 하나를 끄집어냈다. 아빠가 해먹에서 몸을 일으키고 앉은 모습을 보니, 지금부터 이야기를 들려주려는 것 같았다.

"너희 엄마가 네몬테를 임신하고 얼마 안 되었을 때 백인들이 헬기를 타고 왔어. 딱 오늘처럼. 그 회사 사람들이었는데 레이첼의 집에 가서 레이첼과 얘기를 나누었어. 얼마 후 레이첼은 문가에 서서 다른 사람들 몇 명과 함께 내 이름을 불렀어. '티리, 이 사람들과 함께 가줘야겠어요! 외부 세계와의 교류를 거부하는 당신의 미접촉 친족들이 악행을 저지르고 있어요. 지난달에 회사 사람 몇 명을 창으로 찔러 죽였대요. 주님께서 당신이 회사 사람들과 함께 가서 당신 친족들에게 살인은 마귀의 짓이라는 걸 알려주길 바라세요.'"

나는 카사바를 씹으며 몸을 앞으로 기울였다. 모닥불 불빛 속 아빠의 얼굴을 빤히 바라봤다.

"그땐 가면 얼마나 오래 걸릴지 모르는 상황이었어. 아빤 그 사람들과 헬기에 올라 숲 위로 날아갔어. 아무것도 없이 달랑 몸만 갔어! 맨발에 셔츠도 입지 않고……."

이 대목에서 엄마가 말을 자르고 끼어들었다. "너희 아빤 꼭 사냥개처럼 가버렸지! 아무 생각도 없이 코오리들을 따라갔다니까."

아빠는 숨죽인 소리로 뭐라고 웅얼거리다 말을 이었다. "토로보로 강에 가까워지면서 내가 어릴 적에 살던 그 언덕들이 보였어. 할아버지가 심으셨던 복숭아야자 나무도 보였고. 헬기가 우리의 옛 터전을 관통하며 뻗은 큰길 위를 날아갈 때 보니 이제 그곳엔 수많은 코오리가 살고 있더구나. 그 코오리들은 숲을 베어내고 여기저기에서 소들을 기르고 있었어. 얼마 후 우리는 코카라는 마을에 도착했어. 어떤 남자가 우리를 기다리고 있었지. 그 회사의 대장이었어. 우리에게 옷과 장화, 모자, 마체테, 줄칼을 주었는데 우리는 그것들이 마음에 들었어. 코카에는 오래 머물지 않았어. 간 김에 위대한 전사 니우아가 그곳에 묻혀 있는지 확인하고 싶었는데 아쉽게 됐지."

"니우아요?" 오피 오빠가 물었다. 니우아는 우리가 모닥불 불가에서 들려주는 이야기로 익히 들어 아는 이름이었다. 우리 혈족은 아니었지만 우리 부족과 가깝게 엮여 있는 사람이었다.

"내가 어렸을 때 군인들이 니우아에게 총을 쏜 후 목을 베었어. 그것이 우리 부족 내에서 온갖 문제가 생기게 된 시초였지. 하지만 그때 우리가 그곳에 갔을 때는 그가 어디에 묻혔는지 알아볼 틈도 없었어. 바로 헬기로 이동해야 했거든.

턱수염을 기른 대장이랑 헬기를 타고 숲의 작은 개간지로 들어가게 됐어. 그 사람들은 그곳을 캠프라고 불렀는데 비닐 방수포로 임시 거처를 만들어 놓았더구나. 그 대장은 모든 일이 일사불란하게 돌아가길 바랐어. 사람들에게 불호령을 치며 지시를 내렸어. 우리가 원하는 것을 뭐든 받게 될 거라고도 말했는데 그 말에 우린 귀가 솔깃했어.

그러다 그 대장이 떠나기 전에 우리에게 사진 몇 장을 보여줬어. 그중 한 사진에, 오솔길에 십자형으로 가로질러 놓인 창 두 개가 있었어. 딱 보니 알겠더구나. 옛 터전에 남아 있기로 결정하면서 백인들과는 어떤 일로도 엮이고 싶어 하지 않았던 우리의 친족, 타가에리 부족의 창이라는 걸. 우리 부족의 창과 똑같이 마코앵무새 깃털을 전투 깃털로 장식한 창이었으니까. 그리고 사진 속에는 타가에리족이 그 강에서 발견한 것이 틀림없는 붉은색 플라스틱 조각들도 있었어.

그 대장은 오솔길에 그렇게 두 개의 창을 십자형으로 가로질러 놓은 것이 뭘 의미하는지 알고 싶어하는 것 같았어. 우리는 아무 얘기도 해주지 않았어. 당연히 그 의미를 알았지만 입을 다물었어. 대장은 이어서 회사 사람들이 '요리사cook'라고 부르는 백인의 사진들

64

도 보여줬어. 그 요리사는 개울에서 가슴과 목에 창이 찔린 채 썻고 있던 냄비와 팬 옆에 누워 있었어.

우리는 어떻게 해야 할지 몰라서 막막했어. 이튿날 아침엔 인부들이 숲의 나무를 베어나갔어. 전기톱을 썼는데 우리가 생전 처음 보는 신통한 물건이었어! 그 단단한 나무들을 어찌나 빠르게 잘라내던지! 돌도끼로 베려면 며칠은 걸릴 만한 나무들을 말야. 우리는 숲으로 들어가면서 단단히 마음을 먹고 있었는데 그 전기톱 소리에 동물들은 이미 다 겁을 먹고 달아났더라고. 바로 그런 점 때문에 타가에리족이 불만스러워했던 거야. 코오리들이 너무 시끄러운 소리를 내면서 모든 동물이 겁먹고 달아나게 만든다고 싫어했어.

어느 날 밤 거의 모든 사람이 잠든 시각이었어. 숲의 바닥 쪽에서 뚝뚝 잔가지 부러지는 소리가 들려왔어. 나는 일어나서 귀를 기울였지……." 불 옆으로 몸을 웅크리고 있던 아빠가 어느새 자리에서 일어나 그때 어떻게 귀를 기울이고 있었는지 직접 보여주었다.

"나는 타가에리족이 근처에 와 있다는 걸 감지하고 코오리 중 한 남자에게 조용히 하라고 일러주었어. 그자는 미치광이 같은 눈빛으로 변해서 숲 가장자리로 걸어가더니 어둠 속에 대고 권총을 쏘기 시작했어. 그러고 난 후엔 조용해졌어.

다음 번에 또 타가에리족의 소리를 들었을 땐 누구에게도 알려주지 않았어. 타가에리족은 서로 새소리를 흉내 내며 얘기하고 있었어. 나는 캠프에서 마체테와 도끼 몇 자루를 집어 들고 숲으로 걸어 들어가서 그 사촌과 삼촌들 쪽에 대고 큰 소리로 말했어. '저는 티리예요. 피예모의 아들이고, 넨케모의 손자예요. 우리는 지금 코오리들과 같이 살아요. 그들의 옷을 입고 그들의 음식을 먹고 있어

요. 그들은 우리를 죽이지 않아요. 여기에 마체테와 도끼를 놓고 갈
게요. 이것들이 있으면 사는 데 도움이 될 거예요. 밭을 많이 갈고
자식들도 많이 낳으며 잘 사세요. 저는 피예모의 아들 티리예요. 당
신들은 누구시죠?'

나는 그들이 그곳에 있다는 걸 알았지. 숨소리를 듣고 알 수 있
었어. 나중에 마체테와 도끼를 두고 갔던 곳에 다시 가봤더니 마체
테와 도끼가 없어졌더라."

잠시 침묵이 흘렀다. 그 침묵을 깬 건 냐메 오빠였다.

"저는 더 크면 타가에리족을 찾으러 가서 같이 살 거예요!"

"말 같잖은 소리 하지도 마. 순식간에 네 몸에 창을 박아 넣을
걸." 오피 오빠가 투덜투덜 말했다.

"아빠, 코오리들은 왜 숲을 베어낸 거예요?" 내가 물었다.

"우리도 그 이유를 모르겠더라! 그 사람들은 숲을 베어 큰길을
냈어. 일직선으로 쭉 뻗은 길을 내면서 중간에 덩치 큰 나무가 버티
고 있든, 모레테 나무 습지가 나오든 개의치 않았어. 동틀 녘부터 해
질 녘까지 그렇게 계속 베어내다 곯아떨어져 잤어. 다들 담배를 피
웠고 밤이면 페커리처럼 코를 골았어. 이틀마다 한 번씩 그 대장이
왔는데 그때마다 덩굴줄기처럼 두꺼운 주황색 케이블이랑 자기들
끼리 다이너마이트라고 부르는 물건을 몇 다발씩 가져왔어. 땅바닥
에 구멍을 내서 땅속 깊이에 그 다이너마이트 다발을 던져 넣었어."

"그 회사 사람들을 또 따라가실 거예요?" 내가 물었다.

그 말에 엄마가 나서서 한소리를 했다. "너희 아빠가 또 가게 되
면 이번엔 올 때 뭘 좀 가져오면 좋겠구나. 우리 집 애들은 학교에
신고 갈 신발도 없고, 갈아입을 옷도 없잖니. 집 안의 냄비들 꼴은

또 어떻고! 지난번엔 일곱 달이나 떠나 있다가 가져온 거라고는 달
랑 이야기보따리뿐이었으니!"

　아빠는 아무 말도 하지 않았다. 그냥 불 쪽으로 뻗은 발을 내려
다보며 발가락을 꼼지락거리기만 했다.

3
주술사 마을

"악마의 길은 넓고 평평해서 걷기가 쉬워요." 레이첼 세인트가 말했다. 교회 앞쪽에 서서 말하는 중이었는데 발목이 부어 있었고 허공으로 두 손을 휘저을 때 팔뚝 살이 축 늘어져 있는 게 보였다. 그 옆에 서 있는 다유마는 키가 레이첼보다 거의 머리 하나는 더 작았다. 레이첼이 얘기를 이어가는 동안 다유마가 우리를 보았다.

"이 마을의 젊은이들, 그러니까 여러분의 자식들과 손자 손녀 중에도 악마의 길로 이끌려 가고 있는 사람들이 있어요. 바로 공산주의자에게 물들고 있는 젊은이들이에요!"

레이첼이 잠깐 말을 멈췄다. 모두의 시선이 그녀에게 쏠렸다.

교회는 사람들로 꽉꽉 들어차 있었지만 그날은 일요일이 아니었다. 와오라니족 목사들이 가르마를 타서 단정히 빗어넘긴 모습으로 앞자리에 앉아 있었다. 엄마와 아빠는 뒤쪽 자리에 앉아 있었고 나는 내 친구들과 같이 구석진 자리에 끼어 앉았다. 유리 없는 창문 밖으로, 멩가토웨가 사는 맞은편 강의 언덕이 올려다보였다. 문득 멩가토웨가 그 해먹에서 이 하느님의 집 안을 볼 수 있지 않을까, 하는 궁금증이 일었다.

"다유마는 이런 일을 잘 알아요." 레이첼이 다유마를 힐끗 보며 말했다. "나와 같이 돌아다니며 세상을 봤으니까요. 추워서 엉덩이가 얼어붙을 뻔한 적도 있었죠!"

그 말에 모두가 웃었다. 다유마의 여행 사진들을 본 적이 있는데 그 사진 중에는 하얀색의 자잘한 조각들이 떨어지는 곳에서 다유마가 옷을 여러 겹이나 껴입고도 몸을 바짝 웅크리고 있는 모습도 있었다.

"다유마는 아주 아주 높은 건물들과 아주 아주 긴 다리들을 봤어요. 아주 힘 있는 코오리들도 만났죠. 나보다 훨씬 더 힘 있는 코오리들을요. 세상은 아주 넓어서 와오라니족보다 더 많은 코오리들이 있어요."

"와오라니족은 전사들이에요!" 앞쪽에 앉은 한 남자가 크게 외쳤다.

다유마가 곧바로 그 남자를 돌아보며 마주 보고 말했다.

"코오리들에겐 우리 마을 위로 날아 불 폭탄을 던질 수 있는 비행기가 있어요. 우리 모두를 멸망시킬 수 있고 심지어……."

하지만 말을 채 끝맺지 못했다. 레이첼이 목청을 높이며 말을 끊었기 때문이다.

"내 말 잘 들어요! 다유마와 나는 아주 좋은 사람을 만났어요. 우리와 같은 그리스도교인이고 석유 회사의 사장이세요. 아주 힘 있는 분이고 신자예요. 그분이 와오라니족을 돕고 싶어 해요. 그런데 그분이 나쁜 사람이라고, 석유 회사들은 나쁘다고 말하는 공산주의자들이 있어요. 잘 모르고 혼동하는 마을 젊은이들이에요. 그게 다 공산주의자들에게 속아서 그러는 거예요!"

레이첼은 이 대목에서 목소리를 드높이며 말을 이어갔다. "내가 하려는 말은, 세상에는 석유가 필요하다는 거예요. 그리고 와오라니족 땅 아래에는 석유가 많이 묻혀 있어요. 우리가 그 석유 회사를 막을 수 있는 방법은 없어요. 그들은 아주 힘이 세요. 이 나라의 대통령이 밀어주고 있으니까요. 우리는 운이 좋은 거예요. 좋은 사람인 데다 신자인 분을 만났잖아요. 그분은 땅 밑의 석유를 가져가기만 하는 게 아니라 와오라니족을 도와주려고도 해요. 하지만 그분에게도 우리의 도움이 필요해요. 석유 회사 사람들이 곧 여기에 올 거예요. 그 사람들과 얘기 나누면서 어떻게 해야 서로 잘 지낼 수 있을지를 놓고 합의할 거예요. 다들 무슨 말인지 알겠죠?"

"우우우우우우우, 우우우우우, 우우우우우." 사람들이 입을 모아 낮은 어조로 그렇다는 긍정의 말을 내뱉었다. 그 소리가 플루트 소리처럼 방 안을 메웠다. 나는 공산주의자는 뭐고, 땅 밑의 석유는 뭔지 도통 알 수가 없었다.

며칠 후, 강 하류에서 '공산주의자'라는 단어를 또 들었다. 이번엔 네네카와 삼촌이 그 말을 아주 신이 나서 외쳤다.

"공산주의자들이 나를 강으로 데려가 주고 있어! 이 젊은 공산주의자들이 나를 데리고…… 낚시를 하러 가고 있다고!"

"keuuuuuuuuu(케우우우우우우우우)!" 마을의 두 청년, 아모와 모이가 외치며 가슴이 떡 벌어진 삼촌을 휠체어에 앉힌 채로 들어 올려 진창이 된 오솔길을 지나가고 있었다. 삼촌은 오래전부터 낚시를 하고 싶어 했는데 지금 이 청년들이 삼촌을 낚시하는 데 데려가는 중이었다. 강은 얕았고 보카치코 떼가 강을 거슬러 오르고 있었다. 삼촌은 나무 작살을 어깨에 걸쳐 메서 가지고 갔다.

강둑에 이르자 아모와 모이는 삼촌을 휠체어에서 들어 통나무 카누에 태웠다. 두 사람은 웃통을 벗은 차림에, 길고 까만 머리카락을 근육질의 등까지 늘어뜨리고 있었다. 아모는 내가 아는 사람이었다. 삼촌의 집에 물고기와 야생 고기를 자주 가져와서 안면이 있었다. 하지만 모이에 대해서는 다른 마을에서 왔고, 아주 길고 탐스러운 머리카락을 가지고 있다는 정도나 알까, 제대로 잘 몰랐다. 다들 모이를 놓고 공산주의자들의 리더라고 떠들어댔고, 레이첼이 우리에게 해준 말대로라면 공산주의자는 나쁜 사람이었다. 하지만 내가 보기엔 나쁜 사람 같지 않았다. 그날도 웃으며 농담을 하는 사람 좋은 인상을 하고 있었다.

삼촌은 물살을 탄 순간 하마터면 카누를 꽉 뒤집을 뻔했다. 빅토르와 나는 꽥꽥거리며 큰 소리로 웃으면서 얕은 강물 속으로 뛰어들었다가 맞은편 땅으로 달려 올라갔다. 삼촌은 다리를 움직이진 못했지만 어찌어찌 몸을 물속으로 밀어 넣더니 위로 올라올 생각을 하지 않았다.

"네네가 아주 메기들하고 살러 갔나 본데!" 아모가 농담을 했다.

그때 삼촌이 물 위로 올라오면서 외쳤다. "나는 수달보다 빠르고 돌고래보다 강해!" 이어서 작살을 허공으로 높이 들었고 그 작살 끝에서 물고기 한 마리가 몸부림치고 있었다. 은빛 피부에 까만 점이 점점이 박힌, 메기의 일종인 모타였다.

삼촌은 자신의 기이하고 가는 다리를 질질 끌고 가서 얕은 물가에 앉았다.

"어이 공산주의자들, 어서 안 잡고 뭐해! 물고기들이 달아나고 있잖아."

아모와 모이가 물가로 사뿐히 달려가더니 깊은 물속으로 뛰어들었다.

삼촌이 나를 돌아보며 말했다. "저 물고기들 보이니, 아와메? 알을 낳으려고 상류로 가고 있는 거야."

"저 강에는 물고기가 얼마나 많아요?" 내가 물었다.

"별보다도 많지."

모이와 아모가 빈손으로 돌아와 삼촌 옆의 축축한 모래사장에 앉았다.

"그 석유 회사는 강을 오염시켜서 물고기들을 죽게 할 거예요." 모이가 말했다. "그러다 마지막 물고기가 쓸쓸히 남겠죠. 별똥별처럼요."

나는 그게 무슨 말인지 잘 이해가 안 됐다. 모이가 쓴 콘타미나르contaminar(오염시키다)라는 말은 와오라니족 말이 아니었다.

"물고기가 모두 없어지면 어떻게 되는데요?" 내가 물었다.

"우리가 코오리들 같아지겠지." 아모가 말했다. "닭고기와 쌀만 먹으며 살 거야. 그러면 신날 일도 없어질 테고, 다시는 농담도 하지 않을 거야!"

그 순간, 아침 내내 들리던 헬기 소리가 갑자기 더 요란한 굉음을 내서 우리 모두 그쪽으로 고개를 돌렸다. 헬기는 몇 시간째 착륙도 안 하고 이리저리 날아다니는 중이었다. 우리는 잠시 그 소리에 귀 기울이다 시선을 돌렸다.

"우리는 이 세상에서 가장 부유한 사람들이야, 아와메." 삼촌이 말했다.

"강과 숲에 모든 걸 다 가지고 있어." 그러더니 막대기로 모타의 머리를 내리친 후 그 막대기를 나와 빅투르 가까이로 휙 던지며 말을 이었다. "너희 어머니에게 가서 이렇게 말하거라. 티리가 없는 동안 내가 돌봐주겠다고. 너희 가족이 굶고 살 일은 없을 거라고."

"그게 무슨 말이에요? 아빠는 안 떠나요!" 내가 말했다.

"너희 아빠는 오늘 아침에 떠났어." 삼촌이 말했다. "걸어서 강 하류 캠프로 갔어. 윙윙거리는 헬기 소리가 들려오는 그쪽으로 말이다. 너희 엄마가 애들이 더는 맨발로 돌아다니지 않길 바란다면서 신발을 가지고 돌아오겠다고 말하더구나."

심장이 쿵 내려앉았다. 나는 말을 잇지 못했다.

아모가 다가와 내 옆에 웅크리고 앉아서 다정한 목소리로 말했다. "걱정하지 마, 꼬맹아. 우리 할아버지 아우아는 여기에 석유 회사들이 오는 걸 원치 않으셔. 재규어들을 풀어 그 사람들을 공격하게 하실 거야. 할아버지는 아버지 재규어, 메네멤포니까."

나는 강 하류 쪽, 여러 대의 헬기가 윙윙, 슝슝 소리를 내고 있는 곳으로 고개를 돌렸다. 엄마는 아우아가 마법사라고 했다. 아우아를 꺼림칙해했다. 멩가토웨는 치유사지만 아우아는 마법사, 즉

brujo(브루호)라고 했다. 아우아가 그 석유 회사에 주문을 걸지도 몰랐다. 나는 아빠가 숲에서 코오리들과 같이 그 딱딱한 모자를 쓰고 나무를 모조리 베고 땅에 구멍을 뚫는 모습을 머릿속에 그려봤다. '그런데 그게 다 우리에게 신발을 갖게 해주려고 하는 거라고? 나는 맨발로 다니는 게 좋은데.'

엄마는 우리에게 아빠가 집에 없으니 매일 학교에 가서 코오리처럼 말하는 법을 배우면 좋겠다고 했다. 나는 코오리처럼 말하고 싶지 않았다. 코오리가 네네카와 삼촌의 다리를 오그라들게 했고, 코오리가 숲을 베어내며 동물들을 쫓아버리고 있다는 걸 깨달았기 때문이다. 거기다 이젠 아빠까지 빼앗아 가지 않았던가.

교실은 좁고 후덥지근했다. 하지만 오늘은 분위기가 달랐다. 선생님이 소리를 지르거나 우리를 때리는 게 아니라 미소를 짓고 있었다. 레이첼과 다유마가 교실에 와 있었다. 두 사람의 손에는 종이로 가득 찬 마분지 상자 하나가 들려 있었다.

"오늘은 아주 특별한 날이에요." 교실 앞에 서 있던 레이첼이 우리에게 말했다. "컴패셔닛 원즈Compassionate Ones(직역하면 '온정 있는 사람들'-옮긴이)에서 여러분에게 보내온 편지가 있어요. 이 착한 어린이들이 여러분에게 편지를 쓰고 싶어서 이렇게 보내왔어요. 내가 온 땅에서 살고 있는 아이들이에요!"

나는 레이첼의 땅에 대해 들은 적이 있었다. 그곳이 어떤 곳인지 잘 상상이 되진 않았지만 하늘에 있는 곳이 아니라는 것은 알았다.

아주 멀리에 있다는 것도. 그리고 그곳의 진짜 이름이 미국이라는 사실은 얼마 전에야 알았다.

레이첼과 다유마는 아이들의 자리를 하나씩 돌아다녔다. 내 차례가 되자 레이첼이 내 옆의 바닥에 무릎을 굽히며 종이 한 장을 펼쳤다. 그 사이에 나는 그녀를 찬찬히 뜯어봤다. 머리카락이 회백색이었고 거칠었다. '백인들은 왜 저렇게 주름이 많을까? 나이를 아주 많이 먹어서일 거야. 사실은 영원히 사는 걸지도 몰라!'

종이에 큼지막하게 흘려 쓴 글씨가 보였다. 레이첼이 그 글을 번역해서 읽어주었다. "안녕, 내 이름은 에밀리야. 나이는 열두 살이야. 나는 친구들이랑 영화 보러 가는 걸 좋아해. 우리 가족은 일요일마다 교회에 나가. 네가 하느님을 알게 되어 너무 기뻐. 너희가 아주 오랫동안 하느님의 사랑 없이 살았고, 너희 부족들이 예전에는 서로를 죽였다고 들었어. 하지만 이제는 아니야. 너희는 구원을 받았어! 예수님은 너희를 사랑하셔! 너는 좋아하는 게 뭐야? 물가에 가는 거? 강에서 노는 거? 매일 밤 너를 위해 기도하고 있어. 너에게 소식이 오길 기대할게. 에밀리가."

사진도 동봉되어 있었다.

"이 여자애가 편지를 쓴 거야. 얘가 에밀리야." 레이첼이 말했다.

나는 그 사진을 받아 들고 물끄러미 봤다. 에밀리는 주근깨가 많은 얼굴에 머리카락이 빨간색이었고 입술도 아주 빨갰다. 이 여자애가 왜 나한테 이런 편지를 보냈는지 궁금했다. 무엇보다 궁금한 건 입술이 어떻게 그렇게 붉은지였다. '레이첼의 땅에도 아치오테가 자라나? 우리는 얼굴에 아치오테를 칠하는데 레이첼의 땅에서는 입술에 바르는 걸까?'

레이첼은 에밀리가 보낸 편지와 사진을 가지고 있으라며 주었다. 그날 오후, 그 편지와 사진을 오피 오빠에게 보여주었다. 오빠는 주변에 발사 나무 조각, 케이블, 배터리, 전선을 늘어놓고 있었다. 헬기를 만드는 중이라고 했다.

나는 에밀리가 컴패셔닛 원즈라고 말해주었다.

오빠는 별로 관심을 안 보이는 것 같았다.

"그 애가 사탕 같은 거라도 보내줬어?" 오빠가 물었다.

"아니."

"그럼 그딴 편지가 무슨 소용이 있는데?"

나는 그 말에 대답하지 못했다.

이튿날 학교에서 친구 미마에게 에밀리의 사진을 보여주면서 물었다.

"얘는 어떻게 해서 입술을 이렇게 빨갛게 만들까?"

미마는 나와 나이가 같았다. 아모처럼 바이우아 일족 출신이었다. 마을 끝 쪽의 멀리에 살았다. 강에서 멀리 떨어진, 개울과 모레테 습지 근처였다.

"나 이거 알아, 우리 언니한테도 있어." 미마가 말했다. "아치오테야, 백인들의 아치오테. 그 사람들은 입술에 그걸 칠해. 언니는 그걸 우리 오코 구석에 걸어둔 자루에 숨겨놓고 있어."

당연한 얘기겠지만 나는 그 아치오테가 보고 싶어졌다. 다만 바이우아 일족의 거주지에 들어가면 안 된다는 게 문제였다. 마법사 아우아가 그곳에 살고 있었고 엄마가 그 사람을 꺼림칙해하는 게 마음에 걸렸다. 바이우아 일족에 대해 걸리는 점은 그것 말고도 또 있었다. 그 사람들은 달랐다. '강 하류 사람들'로 불리던 그들은 교회에 발을 들여놓은 적이 없었다. 옷을 입지 않아 레이첼이 굉장히 언짢아하기도 했다. 여자들은 가슴을 늘어뜨리고 잎사귀로 음부를 덮어서 가린 채로 돌아다녔고 남자들은 페니스 밴드인 comé(코메)를 찼다. 다들 알통이 울룩불룩할 만큼 강한 다리를 가졌고 머리카락은 엉덩이까지 내려왔다. 밤이 되면 그곳 사람들이 노래하는 소리가 들려오기도 했다.

우리 마을의 다른 일족은 대부분 그런 노래를 부르지 않았다. 레이첼이 못 하게 했다. 내 생각엔, 바이우아 일족이 마을의 변두리에 사는 이유가 그 노래 때문이 아닐까 싶었다.

우리는 선생님이 쳐다보고 있지 않은 틈에 슬금슬금 교실을 빠져나왔다. 나는 내 가방에 연필, 공책, 빨간 입술의 에밀리 사진까지 다 넣어서 그 가방을 바이우아 일족 거주지로 이어지는 오솔길의 키 큰 풀 사이에 숨겨놓았다. 교복도 그곳에 놔두었다. 나는 속옷만 입고 있었다.

"나한테 바짝 붙어서 따라와." 미마가 말했다. "우리 집 페커리가 낯선 사람한테는 그다지 착하게 굴지 않거든."

우리가 주거지로 들어서자 페커리가 이를 달각달각 맞부딪혀댔고, 지붕을 잎으로 엮어 만든 전통적인 집들이 사람의 발길로 닳은 길을 따라 쭉 이어져 있었다. 두 나무의 가지 사이에 걸린 대형 아나콘다의 피부가 눈에 들어왔다. 마당엔 빈 거북이 등껍질들이 어지럽게 흩어져 있었고 주변 곳곳에 카이만, 사슴, 페커리, 원숭이의 두개골이 나뒹굴었다.

미마가 자기네 오코로 들어가자며 손짓했다. 잎으로 엮인 문을 밀고 들어가자 연기 자욱하고 어슴푸레한 불이 비치는 곳에 바이우아 일족의 여자 원로가 있었다. 불가에 앉아 나직이 노래를 부르고 있었는데 서까래에 걸려 있는 그을린 바구니에 가려져 모습이 제대로 다 보이진 않았다. 이름은 부채머리수리^{harpy eagle}를 뜻하는 히마웨였다. 실오라기 하나 걸치지 않은 맨몸이었고 귓불이 아래턱 선까지 쭉 늘어져 있었다. 그녀는 논토카 열매를 먹던 중이었다.

"네가 티리의 딸이냐?"

"네, 할머니." 내가 대답했다.

"이리 와서 앉으렴. 페네메를 만들어 주마."

그때 히마웨 할머니의 길게 자란 손톱이 눈에 들어왔다. 할머니는 플랜테인 덩어리를 조롱박 그릇 속의 물에 섞기 전에 손도 씻지 않았다. 엄마는 페네메를 만들기 전에 꼭 물로 손을 씻었는데. 미마와 같이 맛본 그 페네메는 덩어리져서 묽은 죽 같고 미지근했다.

가까운 곳에서 걸걸한 목소리의 기묘한 노랫소리가 들려왔다. 옆집에서 들려오는 것 같았다.

"저게 무슨 소리야?" 내가 미마에게 귓속말로 물었다.

"아우아야. 재규어가 또 오고 있는 거야." 미마가 귓속말로 대답했다.

엄마가 아우아를 마법사라고 불렀던 게 기억났다. 나는 그 소리가 들려오는 방향을 따라 오코의 귀퉁이로 걸어갔다.

"안 돼. 나가지 마!" 미마가 나를 말렸다. "아우아가 재규어 정령과 함께 있을 때는 보면 안 돼."

히마웨 할머니를 힐끗 봤더니 눈을 감고 숨을 죽인 채 소리 없이 입모양으로만 노래를 읊고 있었다. 그래서 발소리를 죽이며 밖으로 나갔다. 미마는 초조해하는 얼굴로 나를 따라 나왔다. 그 순간 마당 한가운데에서 시커먼 봉관조가 주황빛 부리로 가르릉 가르릉, 쉭쉭 소리를 내며 무지갯빛의 푸른 가슴 깃털을 드러내는 통에 우리 둘 다 깜짝 놀랐다. 우리는 조용조용 걸어가 그 롱하우스의 잎사귀 지붕 틈으로 안을 엿봤다.

아우아는 멀리 떨어진 구석의 해먹에 몸을 쭉 뻗고 누워 있었다. 몸이 마르르 떨리고 있었고 손과 손가락도 경련이 일어난 것처럼 움찔거렸다. 노래를 읊는 소리가 기묘했다. 멩가토웨가 그랬던 것처럼, 말소리가 아우아의 가슴과 땅 밑에서 울려 나오는 것 같았다. 나는 무슨 말인지 거의 알아들을 수 없었다. 해먹 옆에 두 남자가 무릎을 굽히고 있었다. 한 사람은 아모였다. 모이와 같이 삼촌을 휠체어에 태워 강으로 데려가 주었던 그 청년. 또 한 사람은 아우아의 아들, 바이였다.

바이가 말했다. "아버지 재규어여, 그 페커리가 어디에 숨어 있는지 알려주세요. 그 페커리 떼가 마을 가까이로 오게 해주세요. 어딘지 알려주시면 제가 그리로 가겠습니다!"

아우아가 그르릉거리고 이를 딱딱 맞부딪치면서 해먹에서 몸부림을 쳤다. 나는 오싹해져서 시선을 돌렸다.

아모의 말소리가 들려왔다. "메네멤포, 그 석유 회사에 대해 알려주세요. 그 코오리들을 쫓아버려 주시면 안 되나요, 아버지 재규어님?"

아우아는 노래를 읊고 있었다.

아모가 이어서 말했다. "아버지 재규어여, 제가 조만간 토로보로 강 쪽으로 갈 작정입니다. 코오리들이 오일 로드oil road를 내고 소를 키우면서 저희 땅을 침범하고 있는 그곳으로요."

미마가 내 팔을 세게 잡아당겨 마당 쪽으로 끌어냈다. 표정이 아주 심각했다. 나는 아우아에게 어떤 힘이 있는지, 재규어 정령과 이야기를 나누는 비결이 뭔지 궁금해졌다. '아우아가 정말로 석유 회사들을 막게 해줄 수 있을까?'

"우린 이걸 보고 있으면 안 돼. 언니가 돌아오기 전에 백인들의 아치오테나 보자."

우리는 오코로 다시 돌아가 언니의 가방을 들고 히마웨의 눈길을 피하려 조용히 구석으로 가서 앉았다. 여전히 그 롱하우스에서 아우아의 노래 읊는 소리가 들려오고 있었다.

나는 그 가방에서 분홍색 플라스틱 거울을 꺼내 내 얼굴 앞으로 받쳐 들었다. 내 모습을 보는 것은 그것이 처음은 아니었다. 강 하류 늪의 잔잔한 물이나 교회 옆의 녹슨 양철 지붕, 또 언젠가 우리 마을에 왔던 보트 바깥쪽에 달린 모터의 플라스틱 케이스에 비친 내 모습을 본 적이 있었다. 하지만 그렇게 또렷이 보는 것은 처음이었다.

나는 내 얼굴을 빤히 들여다보다 속으로 생각했다. '내가 엄마처럼 생겼네.' 연기 자욱한 불빛 속에서 까만 머리가 윤기 있게 빛나는 것도 보였다.

"이것 좀 봐볼래?" 미마가 백인들의 아치오테를 건네며 말했다. "이렇게 비틀면 툭 튀어나와. 개의 음경처럼 말야!"

우리 둘은 그 립스틱을 들고 비틀어서 나오게 하고, 또다시 반복하면서 킥킥 웃었다.

"너네 언니는 이걸 어디에서 구한 거야?"

"매일 다유마의 밭일을 도와준다고 다유마가 줬대."

"난 내 입술에 이런 거 안 바를 거야." 내가 반항조로 말한 후 골똘히 생각하며 물었다. "이걸 물에 섞으면 어떨까?"

"그렇게 해서 팔에 칠해보는 거야!"

나는 립스틱을 더 이상 돌아가지 않을 때까지 비틀었다. 그런 다음 그 빨간 부분을 떼어내 조롱박 그릇에 넣고 물에 이겼다.

"니 공책 어디에 뒀어?" 내가 물었다.

잠시 후 우리는 미마의 학교 공책에 피처럼 붉은 손바닥 자국을 가득 찍어 넣었다. 남은 립스틱 조각을 우리 팔에 가져다 대서 지그재그 모양의 선을 그리기도 하고 눈에 새빨간 줄무늬를 쭉 긋기도 했다. 나는 조롱박 그릇에서 뭉툭하고 축축한 덩어리를 꺼내 입술에 살살 문질렀다. 그 미니 거울에 내 모습을 비춰보며 내가 레이첼의 땅에 사는 에밀리라고 상상해 봤다.

꾸지람을 들을 만한 일이라는 건 나도 알았다. 그런데 가만 들어보니 주변이 조용해져 있었다. 아우아의 재규어 노래가 더는 들려오지 않았다. 거울을 보니, 옆눈으로 우리를 유심히 살펴보고 있는 히마웨 할머니의 모습이 보였다. 뿌연 연기 속에 내려앉은 부채머리수리처럼 그 눈초리가 날카로웠다. 순간 오싹해진 나는 얼른 미니 거울을 닫았고 다른 사람이 보기 전에 씻기 위해 개울로 달려 나갔다.

며칠 후, 우리 오코에서 엄마가 나를 부르는 소리가 들려왔다. 아주 다정한 목소리였다.

"네몬테, 이리 와서 불에서 이 냄비 좀 내리게 도와줄래?"

안으로 들어가자 엄마가 한달음에 내 쪽으로 오더니 내가 미처 어떻게 할 새도 없이 어떤 액체 한 사발을 내 눈에 들이부었다. 처음엔 차가웠지만 조금 지나자 화끈거렸다. 그러다 그 화끈거리는 강도가 너무 심해 바닥으로 나뒹굴며 야자수 나무 아래에서 몸부림쳤다.

"너 대체 무슨 짓을 한 거야!?" 엄마가 나에게 호통을 쳤다. "바이우아 일가에 가서 백인의 아치오테를 훔치다니! 엄마가 말했잖아. 아우아는 마법사라고. 이제 그 사람이 우리에게 해가 닥치게 힘을 쓰면 어떡할 거야!"

눈앞이 하나도 보이지 않았다. 검은색과 붉은색 얼룩이 어른거리면서 고통이 눈과 머리에 이어 코와 볼까지 거품처럼 퍼졌다. 그 와중에 내가 누워 있는 마룻바닥 가까이에서 오피 오빠와 빅토르의 발소리를 감지할 수 있었다. 둘 다 어쩔 줄 몰라 하고 있었지만, 그 숨소리에서 나를 도와주고 싶어 한다는 걸, 겁을 먹었다는 걸 느낄 수 있었다.

"그들은 내 사람들이 아니야." 엄마가 화난 투로 나직이 말했다. "그게 무슨 뜻인지 몰라? 네 엄마가 와오라니족이 아니라고. 다른 혈족이라고."

엄마의 말에 슬프고 쓸쓸하고 시린 느낌이 서려 있었다. 화끈거리는 통증 속에서도 그런 느낌이 생생히 전해졌다. 키콰족인 엄마가 다른 여자들과 다르다는 건, 나도 전부터 쭉 느껴왔다. 엄마는 꿈을 남다르게 해석했고, 식물과 약을 쓰는 비법이 달랐으며, 외모에도 차이가 있었다. 내 생각엔 광대뼈가 우뚝 솟은 엄마의 얼굴이 다른 여자들보다 훨씬 더 예쁜 것 같았다. 이런 것들이 왜 그렇게 엄마를 화나게 하는지 나는 이해가 되지 않았다.

나는 울고불고 악을 썼다. 앞도 안 보였는데, 소리를 들어보니 엄마는 아무 일도 없었다는 듯 불을 더 지피기 시작했다. 이어서 위아멩케 숙모의 목소리가 들렸지만 그 말소리가 내 고함 소리에 묻혔다. 그러다 갑자기 내 눈을 만지는 손길이 느껴졌다. 위아멩케 숙모의 손이었다. 숙모가 내 눈에 플랜테인 껍질을 덮어주고 있었다. 그런 다음 나를 데리고 마당으로 갔다.

"칠리페퍼 물이야." 숙모가 남편인, 네네카와 삼촌에게 말했다. 삼촌이 근처 어디쯤에서 휠체어에 앉아 있는 것 같았다. "마누엘라가 딸의 눈에 칠리페퍼 물을 끼얹었어."

"가여운 것. 저러면서 키콰족은 우리를 아우카라고 부르지!" 삼촌이 목청 높여 말했다.

나는 3일 동안 앞이 잘 보이지 않았다. 화끈거림이 점차 가라앉는 사이에 내 안에서는 차가운 마음이 자라났다. 나는 엄마를 쳐다보지 않았다. 엄마에게 가까이 가려고도 하지 않았다. 가끔 삼촌의 집에 갔을 때 남동생과 오빠들이 삼촌의 휠체어를 둘러싸고 있거나, 해먹이나 나무 밑동이나 흙바닥에 모여 있어도 혼자 말없이 앉아 있었다. 삼촌의 집 오두막에는 남동생과 오빠들이 구해온 전선과 케이블이 잔뜩 놓여 있었다. 다들 녹색과 노란색으로 된 전선을 짧은 길이로 자르는 중이었는데 오피 오빠만 그 일에 끼지 않았다. 오빠는 여전히 발사 나무로 헬기를 만들고 있었다.

"아와메, 이리 와봐." 삼촌이 나에게 말했다. "이거 한번 차봐. 애들용이야."

삼촌이 내 손목을 잡으며 초록색과 노란색으로 알록달록 어우러진 팔찌를 채워주었다. 블랙 페토모와 레드 페토모의 씨를 꿰어 만든 팔찌였다.

팔찌가 예뻤다. 그때껏 봤던 숲의 빛깔과는 다른 색감이었다.

"우리 귀여운 아와메, 아직도 눈이 아프니?" 삼촌이 물었다.

나는 고개를 절레절레 저으며 눈을 내리깔았다. 아직 아팠지만, 아픈 건 마음이었다. 눈이 아니라.

삼촌은 말소리를 낮춰 웅얼웅얼 키콰족에 대한 어떤 얘기를 해주었다. 나는 말없이 앉아, 남자 형제들이 바쁘게 놀리는 손가락을 지켜봤다. 위아멩케 숙모가 방해되지 않게 신경 쓰며 그 사이로 지나다녔다. 숙모는 불에 스튜 냄비 두 개를 올려놓았고 석쇠 위에서는 페커리 머리가 연기를 피우며 익어가고 있었다. 아우아의 재규어들이 그 페커리를 마을 가까이 데려와 주었을지 궁금했다. 틀림없이 그랬을 것 같았다.

오피 오빠 옆의 바닥에 앉아 있던 아모가 입을 뗐다.

"네네, 젊었을 때 창으로 소를 잡은 적이 있으세요?"

"젊은 공산주의자 친구, 그새 잊어버린 모양인데 내가 전사였던 그 시절엔 숲에서 살던 때라고! 우리가 살던 곳 근처엔 소가 없었어. 이 몸은 페커리 사냥꾼이었다고!"

아모가 심각한 표정이 되어 말했다. "코오리 식민지 이주자들이

토로보로 강을 따라 오일 로드를 내면서 저희 땅을 점점 더 침범하고 있어요. 저희의 영토를 존중해 주질 않아요. 자기들의 소에게 먹일 풀을 키운답시고 조상 대대로 이어온 저희의 과일밭을 베어내고 있어요."

다른 사람들이 투덜투덜 맞장구를 치고 있는 중에 오피 오빠가 말을 자르고 끼어들며 완성한 헬기를 의기양양하게 내보였다.

"기다렸다가 아빠도 보여드려!" 내가 말했다. 나는 아빠가 돌아올 순간을 생각하는 게 좋았다. 아빠가 있었다면 엄마가 나를 칠리페퍼 물로 아프게 하는 일도 없었을 것 같았다.

"숲에서 너희 아빠를 봤어, 꼬맹아." 아모가 어조를 부드럽게 누그러뜨리며 말했다. "우리가 이 케이블을 가져오게 도와주셨어."

"아빠가 뭐라셨어요?"

"강 하류 곳곳에 재규어가 있어서 석유 회사 인부들이 무서워하고 있대."

"집에는 언제 돌아오신대요?" 내가 속닥속닥 물었다.

"그 회사에서 귀여운 딸에게 가져다줄 물건을 주면 그때 오신다던데."

확실히 아모는 내 편이라는 느낌이 들었다. 아모가 나에게 생긋 미소를 지어 보인 후에 모두에게 말했다. "하지만 난 우리 땅에서 풀을 뜯어 먹는 그 소들을 창으로 모조리 잡을 때까진 돌아오지 않을 생각이야."

그 뒤로 얼마 지나지 않은 어느 날 아침, 교복을 입고 등교하기 전이었다. 드디어 아빠가 집에 왔다. 마당에 갑자기 '짜잔' 하고 나타난 것처럼 돌아왔다.

아빠는 노란색 고무장화에 청바지 차림을 한 낯선 모습이었다. 떠나던 때보다 더 말라 있었다. 나는 아빠에게 달려가 다리를 부둥켜안았다. 아빠가 내 정수리를 쓰다듬으며 말했다. "아빠는 숲에서 길을 만드는 코오리들과 같이 있었어. 그 사람들은 숲에 대해서는 아무것도 모르더라고. 네몬테, 어머니의 집안일을 잘 도와드리고 있었니?"

나는 대답하지 않았다. 그냥 울고 싶었다. 그때 엄마는 오코 안에 있었다. 분명히 아빠의 목소리를 들었을 텐데도 밖으로 나오지 않았다.

아빠가 말했다. "아빠가 강 하류 쪽에 새로운 마을을 세울 만한 곳을 찾았어."

나는 아빠를 물끄러미 쳐다봤다.

"강 하류 쪽 숲에 동물들이 많이 있더라. 여기보다 더 많아."

'새로운 마을? 그럼 우리가 토남파레를 떠난다는 얘기인가?' 뜻밖의 놀라운 얘기였지만 아빠는 더 설명하지 않고 가방 안으로 손을 넣었다. 부들부들한 초록색 잎사귀 다발을 펼쳐 보였는데 그 안에 아기 앵무새가 있었다. 아빠가 그 앵무새를 나에게 건네주었다.

"코오리들이 전기톱으로 이 새끼 앵무새의 집을 베어내 버렸지 뭐냐. 아직 날지 못하는 녀석이야. 배가 고플 테니 네가 데려가서 익은 플랜테인을 좀 먹이렴."

나는 아기 앵무새를 학교에 데리고 갔다. 헝겊 조각으로 싸서 셔츠 안에 넣고 교실 뒤쪽에 가서 앉았다. 아빠가 강 하류에서 석유 회사 사람들과 있으며 뭘 봤는지 궁금했다. 코오리들이 새파란색 알들을 숲의 바닥으로 떨어뜨려 박살내고 그 바람에 내팽개쳐진 새끼 새들이 여기저기서 짹짹거리는 모습이 머릿속에 그려졌다.

나는 평상시와 다를 바 없이 선생님이 무슨 말을 하는지 이해할 수 없어서 나만의 생각에 빠진 채로 앉아 있었다. '새로운 마을을 꾸리자는 아빠의 그 말이 진심일까?' 레이첼이 오기 전, 그러니까 우리가 그녀와 살기 전까지만 해도 우리 부족 사람들이 늘 숲 주변을 이리저리 옮겨 다니며 살았다는 건 나도 알고 있었다. 하지만 그건 아빠가 어렸을 때의 일이었다. 태어나서 한 번도 옮겨다닌 적이 없던 나는 토냠파레를 떠나 사는 것을 상상해 보려 해도 잘 상상이 되지 않았다.

4

장례식

어느 날 아침, 나는 분필 토막을 손에 쥐고 교실 앞에 나가 얼어붙은 채 서 있었다. 선생님은 칠판에 그어진 선들을 따라 써 보라고 했다. 글자나 모음, 숫자이니 뭐니 하는 것들이라고 했다. 나는 끼이익, 분필 긁히는 소리가 싫었다. 멀리 떨어진 하늘에서 갑자기 윙윙대는 비행기 소리가 들려오자 그 소리가 반가웠다.

선생님이 우리 모두에게 자리에 앉으라고 소리쳤지만 우리는 들은 척도 안 하고 신이 나서 학교 밖으로 뛰쳐나가 누가 오는지 보려고 활주로 쪽으로 달렸다. 비행기가 덜덜덜 진동을 일으키다 우리 앞에서 멈춰 섰다. 그런데 이번엔 이상했다. 비행기가 백인들이 아닌, 나무 상자를 실어 왔다.

숙덕거리는 소리가 퍼져가던 중에 조종사가 문의 빗장을 풀었다. 이어서 웅얼거림과 울음소리가 뒤섞여 들려오는 가운데 와오라니족 목사들이 그 길쭉한 나무 상자를 내렸다. 나는 여러 사람의 말소리에 가만히 귀를 기울이며 모두가 비통해하는 분위기를 살펴보다가, 그 상자가 죽음을 실어 온 관이라는 걸 알게 되었다. 그 안에 누워 있는 사람이 아모라는 것도. 할아버지 재규어이자 마법사에게 코오리들의 소를 죽이게 도와달라고 부탁했던 바로 그 아모. 네네카와 삼촌을 휠체어에 태운 채로 들고 강으로 데려가 고기를 잡을 수 있게 해줬던 그 아모. 아빠가 곧 집에 올 거라고 나에게 다정하게 속삭여 주었던 그 아모. 아모가 죽다니, 믿기지 않았다.

잠시 후 와오라니족 목사들이 관 옆으로 오더니 고개를 하늘로 치켜들고 기도를 읊었다. 이어서 관을 들어 올렸고 모두가 그 뒤를 따라 걸으며 교회로 향했다. 내가 죽음을 접한 건 그때가 처음이었다. 물론 동물들의 죽음은 많이 봤다. 하지만 우리 인간의 죽음은 처음이었다. 관이 교회 옆 그늘에 놓였다. 나는 마체테로 평평히 다져진 붉은 흙길을 걸어 그쪽으로 갔다. 셔츠 안에서 앵무새가 짹짹거렸다. 심장이 쿵쾅쿵쾅 뛰었다.

아모의 피부는 덜 익은 페토모 열매의 색처럼, 자줏빛 도는 녹색이었다. 단추로 채우는 셔츠를 입은 단정한 옷차림이었고 머리도 잘 빗질이 되어 있었다. 반들반들 윤기 도는 검은 머리카락이 가슴을 덮고 있었다. 코 밖으로 휴지가 튀어나와 있었고 머리 한쪽에 구멍이 하나 보였다. 나는 아모를 오래 쳐다보지 않았다. 내 친구의 죽음의 냄새를 맡고 싶지 않았다. 아모의 강인한 모습이 기억에 선했다. 삼촌을 들어 올려 진창길을 가로질렀던 그 모습이.

고개를 들어 하늘을 봤다. 콘도르가 경의를 표하기 위해 산에서 내려오지 않을까 싶어서였다. 내 옆에 있던 동생 빅토르가 말을 걸었다.

"저거 보여?"

"뭐가?"

"저 위 미와고 나무 사이에서 우릴 보고 있잖아……."

"누가?"

"아모가 미와고 나무 사이에서 보고 있다고."

나는 푸릇푸릇 우거진 나무 사이를 들여다봤지만 아무것도 보이지 않았다. 날이 바람 한 점 없이 잠잠했다. 나는 다시 빅토르를 돌아봤다. 그리고 아무 말도 하지 않았다.

아모는 해가 중천에 뜨도록 그 나무 상자에 누워 있었다. 온 마을 사람이 아모의 부모인 모이파와 에타우아네가 오길 기다리고 있었다. 두 사람은 그날 아침 일찍 숲속으로 들어갔다가 아직 오지 않았다. 아들이 죽었다는 소식을 들으면 그 마음이 어떨지 걱정되었다.

모이파가 왔다. 누구와도 눈을 마주치지 않은 채 사람들 사이로 걸어가 관 옆으로 무릎을 굽혔다. 그러고는 한 손을 가슴에 가져다 대고 말없이 머리를 숙여 보였다. 남편의 뒤를 따라온 에타우아네는 왈칵 눈물을 터뜨리고 대성통곡하면서 아들의 몸 위로 쓰러지듯 엎드렸다.

"내 아들은 우리 집 옆에 묻겠소. 여기, 교회 옆이 아니라." 모이파가 말했다.

부부는 아모를 데리고 활주로를 가로질러 갔다. 목사들이 양옆에서 따라가며 예수님께 드리는 노래를 불렀다. 모이파의 집은 우리 집 바로 옆이자, 네네카와 삼촌의 집 뒤편에 있었다. 내리쬐는 태양 아래에서 남자들이 그 롱하우스 뒤편에 무덤을 팠다.

나는 내 친구 아모가 어쩌다 그렇게 되었는지 알고 싶었다. 하지만 내가 알게 된 사실은 코오리의 총에 맞았다는 것뿐이었다. '어떤 코오리가 총을 쏜 걸까? 턱수염을 기른 그 남자? 딱딱한 모자를 쓴 그 석유 회사 사람일까?'

레이첼이 마당 귀퉁이에 서서 남자들이 무덤을 파는 모습을 지켜보고 있었다. 돌연 레이첼에게 분노의 마음이 일었다. 대체 그녀의 신은 왜 아모를 지켜주지 않았을까?

아모의 엄마, 에타우아니는 흐느끼 울며 장송 노래를 불렀다. 그러다 관 안으로 손을 뻗어 아모의 머리에 뚫린 구멍에 손가락을 넣으며 절규했다.

"총알 어디에 있어? 내가 그놈들 다 죽여버릴 거야!"

위아멩케 숙모가 에타우아니를 끌어당겨 관에서 떼어놓았다.

아모가 땅 밑으로 내려지기 전, 아모의 아버지 모이파는 관 옆에 무릎을 구부리고 앉았다. 두 손에 종이 한 다발을 쥔 채로 한참을 아무 말 없이 있다가 입을 뗐다. "이것이 네가 죽은 이유다, 아들아. 이 돈 때문이란 말이다. 가지고 가라." 그러더니 그 종이 다발을 관 안으로 던져 넣었다.

매장 후, 모이파는 우리 오코의 해먹에 앉아 조롱박 그릇으로 치차를 마시고 있었다.

"동물들이 언제나 죽음이 닥치기 전에 우리에게 경고를 해주는

데." 모이파가 말했다. "내 아들은 우리 부족 사람들에 대한 생각만 했을 뿐 그런 신호를 보지 않았어."

"ao(아오)." 아빠가 잠긴 목소리로 이해한다는 마음을 표했다.

"아들은 입만 열면 그 회사 얘기만 했어. 레이첼 세인트가 그 회사에 우리 땅을 넘길 거라고. 그자들이 우리 숲으로 소 키우는 사람들이 들어오게 해줄 거라고. 그자들이 우리의 세계를 끝장낼 거라고."

내가 야자수 잎 지붕의 틈으로 내다보니 엄마가 웅크리고 앉아 마른 잎 한 더미를 태우고 있었다. 악령이 가까이 오지 못하게 막기 위한 숲속 요법이었다. 연기가 폭풍의 먹구름처럼 짙고 어두웠다. 엄마는 나지막한 소리로 노래를 읊으며 그 연기를 마당 전체에 퍼뜨렸다. 황혼이 내려앉은 주황빛 속으로 보이는 엄마의 표정이 사뭇 심각했다.

"아들은 우리 땅에서 풀을 뜯어 먹는 코오리들의 소 떼를 창으로 죽이겠다고 나갔어." 모이파가 말을 계속 이었다. "그러다 해 질 녘에 숲에서 죽어 있는 원숭이를 보게 되었지. 그날 낮에 머리에 총을 맞은 것 같대. 죽은 지 얼마 안 된 상태였지. 그 원숭이는 전조였어. 다른 사람들은 그 원숭이를 먹지 않았지만 아들은 배가 고파서 불에 구웠어. 그날 밤, 아들은 벌 떼가 다가오는 꿈을 꿨어. 그 벌 떼도 아들에게 경고를 해주려고 나타난 거였어. 아들의 머리에 침을 쏘았으니까. 아들은 아침에 다른 사람들에게 그 꿈 얘기를 했어. 그런데 그 꿈이 전하는 의미는 새겨듣지 않았어."

내 눈이 구석에 걸려 있는 치그라 쪽으로 향했다. 아빠는 치그라 안에 코오리들의 회사에서 받아 온 돈을 넣어두었다. 그 돈이 연기 때문에 푸석푸석 오그라들고 살짝 새카매져 있다는 걸 나는 알고 있었다. 아무도 그 돈을 거들떠보지 않았다. 모두 그 돈에 관심이 없었다. 우리 말로는 돈을 tocori(토코리)라고 불렀다. 대략 '쓸데없는 종이'라는 뜻이었다. 나는 정말 알 수 없었다. 이 돈이라는 게 어디에 쓰일 수 있는 건지. 어쩌다 그런 쓸데없는 종이 쪼가리 때문에 아모가 죽게 되었는지도.

"레이첼은 내 아들이 공산주의자라고 말했어. 악마의 길을 가고 있다고. 하지만 다 거짓말이야. 아모는 전사였어. 우리 선조들과 똑같은 전사였다고. 아들은 그 회사에 맞서 싸우기 위해, 레이첼이 우리 땅으로 불러들이고 있는 코오리와 맞서 싸우기 위해 나섰던 거야. 그래서 그자들이 아들의 머리에 총을 쏘고 오일 로드에서 죽을 때까지 내버려 둔 거야."

우리는 한동안 말이 없었다. 그러던 어느 순간 아빠가 말했다. "당신 아들은 이제 재규어야." 아빠는 숲 전체를 에워싸듯 두 손으로 큰 원을 그리며 말을 이었다. "그러니 우리 땅을 지켜줄 거야."

레이첼은 챙이 넓은 밀짚모자에 주름 장식이 들어간 흰색 블라우스를 입고 큼지막한 빨간색 목걸이를 하고 있었다. 피부가 분홍빛으로 얼룩덜룩했다. 화사한 색 양산을 받쳐 들고 활주로 가장자리에 서 있었는데 옆에 있는 다유마나 와오라니족 목사들보다 머리 하나는 더 컸다.

"총을 가진 군인들이 올 거예요." 레이첼이 엄한 어조로 말했다.

"저기의 저 아우카들이 창으로 군인들을 위협하지 않도록 확실히 챙겨요. 저 자들의 눈에서 광기가 돌고 있다니 말이에요."

아침 내내 비행기가 연달아 들어오더니 어느새 사방 천지에 코오리들이 깔렸다. 어떤 코오리들은 '카메라'라는 물건을 얼굴 앞으로 들고 있었는데, 커다란 눈 하나가 달린 새까만 상자였다. 우리 아이들은 풀밭에서 뒹굴고 서로를 뛰어넘으며 낄낄거리면서 놀고 있었다. 마을의 남자들은 햇빛에 바랜 흰색 셔츠를 입고 나무껍질로 만들어 숲의 씨들로 채운 탄띠를 가슴에 두르고 있었다. 맨몸으로 나와 있는 사람이 한 사람도 없었다. 마법사 아우아조차 스커트를 두르고 있었다. 남자들은 햇볕에 바짝 마른 붉은 흙바닥을 걸어차 먼지를 일으키며 마을 전체에 울려 퍼지도록 쩌렁쩌렁 노래를 불렀다.

아빠는 이 제창에 끼지 않았다. 내리쬐는 햇볕 아래에서 셔츠를 입지 않고 통나무에 걸터앉아 가슴 앞으로 팔짱을 끼고 있었다.

아빠가 나에게 들려준 얘기로는 레이첼이 석유 회사와 무슨 합의를 하기로 해서, 오늘 그 회사에서 기념하기 위해 오기로 되어 있다고 했다. 그 사람들이 많은 토코리를 주며 우리 친족들인 타로메나네족과 타가에리족이 살았던 옛 터전에 길을 내고 그곳에서 석유 시추를 하기로 했다는 것이다.

아빠는 이 합의에 불만스러워했다. 타로메나네족과 타가에리족은 숲을 떠난 적이 없는 부족이었다. 백인들을 멀리하며 선교사들을 따르지도 않았다. 서로 만난 적이 없는 사이라고는 해도 그 부족 사람들은 여전히 우리의 친족이었다. 그들은 우리가 한때 그랬듯 거친 사람들이었다. 실수로 우연히 마주치기라도 한다면 우리를 창으로 찌를지도 몰랐다. 우리는 그 사람들을 존경하고 두려워했다. 그리고 또 한편으로는 백인들로부터 지켜주고 싶기도 했다. 아빠는 그 미접촉 부족 사람들에 대해 얘기할 때면 멍한 눈빛이 되었다. 우리도 한때는 그들과 같았기에.

"그 사람들은 지금처럼 숨어서 외지인의 손을 타지 않고 안전하게 살아야 해." 아빠가 틈만 나면 하던 말이었다. 이 말을 할 때의 아빠는, 자신도 어릴 때 선교사들에게 이끌려 오지 않고 지냈다면 좋았을 거라고 아쉬워하는 것 같아 보였다.

나는 대체 오늘 무슨 일이 일어나고 있는 건지, 왜 남자들이 옷을 입고 발을 차며 제창을 하는 건지 어리둥절했다. 그래서 알아내 보려고 레이첼 근처로 다가갔다.

레이첼이 다유마에게 말했다. "헬기가 오면 여자들에게 가서 맞이하게 해요. 저쪽의 아우카 남자들한테는 저 롱하우스 쪽으로 줄을 서라고 하고요. 아주 특별한 여성분이 올 거예요. 에콰도르 대통령의 따님이에요! 그분을 정중히 대해야 해요. 석유 회사의 사장도 올 거예요. 두 분은 와오라니족과 좋은 사이로 지내고 싶어 해요. 선한 그리스도교인이고 도와주고 싶어 해요."

숭숭거리는 소리가 더 커지는가 싶더니 언덕 등성이 위로 헬기가 나타났다. 녹색과 검은색으로 칠해진 그 헬기는 내가 그때껏 본 것 중 가장 크고 가장 무시무시했다. 헬기가 우리 머리 위로 맴돌면서 거센 바람이 몰아쳤다.

그 바람이 멈추기도 전에 헬기에서 군인들이 뛰어내렸다. 밤중의 정글 같은 색을 한 옷에 시커먼 안경과, 납작한 모양의 부드러운 빨간색 모자를 쓴 차림이었고 어깨에는 까만색 총을 메고 있었다.

마침내, 헬기의 날개가 잠잠해졌고 순간 나는 핑 현기증이 돌았다.

곧이어 아주 창백하고 가냘픈 여자가 나타났다. 곱슬거리는 짧고 까만 머리를 하고 있었고 귀에서는 보석이 반짝거렸다. 레이첼, 다유마, 목사들이 다가가 아주 귀한 사람을 대하듯 극진히 여자를 맞았다.

나는 가까이에 있는 마을 여자들 사이에 끼어들었다. 여자들은 야자수 잎 지붕의 마을 회관 밖에서 서로 팔짱을 끼고 맨발로 춤을 추고 있었다.

"우리는 당신이 누구인지, 왜 왔는지 모르지만 어쨌든 이렇게 왔습니다!" 여자들이 노래를 불렀다. "우리는 당신이 누구인지, 왜 왔는지 모릅니다!"

여자들 무리의 끄트머리에서는 남자 몇 명이 창으로 땅바닥을 찌르는 동작을 하며 또 다른 춤을 선보이고 있었다. "ba, ba, ba, ba(바, 바, 바, 바)! 말을 들어주지 않으면 당신들을 죽이겠다. 이렇게! 바, 바, 바, 바!"

코오리들은 그 외침이 무슨 뜻인지 알아듣지 못했다.

석유 회사의 사장이 안색이 창백한 여자를 따라 헬기에서 나왔다. 키가 아주 크고 나이 많은 백인이었다. 진흙색 제복 차림에 딱딱한 흰색 모자를 쓰고 있었다. 여자들 무리 중 이름이 오터 강이라는 뜻인, 옴푸레가 앞으로 나섰다. 미소를 지어 보이며, 빨간 아치오테 씨로 그 백인 남자의 볼과 이마에 점을 찍어주었다. 나는 그가 그런 응대에 기분 좋아하는 건지 어떤지 감이 잡히지 않았지만 코오리와는 말을 할 수 없으니 알 길이 없었다.

아이들은 회관에 들어갈 수 없어서 밖에 서 있었다. 여러 무리의 와오라니족 청년들이 스커트를 걸치고 왕관 장식을 쓰고 창을 든 모습으로 헬기 앞에서 사진을 찍기 위해 포즈를 잡고 있었다. 아모 생각이 났다. 아모가 석유 회사를 환영하는 이 모든 일을 봤다면 어떤 생각을 했을까? 그리고 모두 공산주의자의 리더라고 말하는 또 다른 청년 모이는 어디에 있는 걸까? 모이는 이 기념식에 오지 않았다.

주위를 둘러보니 마을 사람들이 웃는 얼굴로 춤을 추며 레이첼이 말한 그대로 행동하고 있었다. 나는 생각을 하면 할수록 더 이해할 수 없었다. 아우아는 왜 새규어들을 보내 공격하지 않았을까? 저 석유 회사가 앞으로 새의 집을 부수고 강의 모든 물고기를 죽이게 될 거라는데 우리는 왜 이 사람들을 창으로 죽이지 않고 놔두는 걸까?

나는 그 롱하우스 주위를 어슬렁거리며 벌어진 틈 사이로 안을 엿봤다. 그렇게 해서 겨우 볼 수 있었던 건 박수 소리 속에서 흰색 상의를 입은 레이첼이 아주 환하게 웃는 모습뿐이었다.

내가 다른 사람들이 있는 곳으로 돌아가고 있을 때 안쪽의 어두운 곳에 있던 사람들 사이에서 어떤 젊은 여자가 후다닥 뛰쳐나왔다. 옴푸레의 딸, 멩가레였다. 햇볕 속으로 뛰어나오는 멩가레의 손에 뭔가 들려 있었다.

"이것 봐, 이것 보라고." 멩가레가 외쳤다. "귀걸이야. 내가 그 여자의 귀걸이를 갖게 됐어! 그 여자분이 어머니에게 이 귀걸이를 줬어."

우리는 빙 둘러 모였다. 멩가레의 손바닥 위에서 귀걸이 한 쌍이 반짝거리고 있었다.

"귀걸이에 구름이 다 비치네!"

"평생 귀에 걸고 다닐 거야!" 멩가레가 신이 나서 외쳤다.

"저 안에서 다들 뭐 하고 있어요?" 내가 물었다. "박수는 왜 치는 건데요?"

멩가레는 어깨를 으쓱했다. "앞으로 우리가 서로 친구가 되어 다 같이 행복해질 거라던데."

레이첼이 석유 회사가 우리의 옛 터전으로, 아빠가 태어난 그 먼 땅으로 들어가도록 용인해 준 것에 아빠가 불만스러워하고 있다는 걸 나는 눈치챘다. 다른 무엇보다 그 미접촉 부족에 대한 걱정이 가장 앞서는 듯했다.

"그 회사가 길을 내면서 나무를 베고 땅에 구멍을 뚫으면 우리 친족들이 그 숲에서 어떻게 살겠어?" 아빠가 물었다.

엄마는 냄비를 휘저어 고기를 볶으며 아무 대꾸도 하지 않았다.

"우리는 또 어떻고?" 아빠가 말을 이었다. "사냥할 동물이 남지 않게 되면 우리가 여기에서 어떻게 살 수 있겠어?"

"레이첼 말로는 회사에서 우리에게 먹을 것을 줄 거라던데." 엄마가 말했다.

아빠는 고개를 설레설레 저었다. "우린 그 회사 사람들이 먹는 그런 음식은 안 먹어."

엄마는 말이 없었다. 그런 음식을 먹고 있는 사람들이 있다는 건 우리 모두가 아는 사실이었다. 소수의 마을 주민은 닭고기와 쌀을 주겠다는 제안을 받으면 사냥을 나가지 않아도 된다는 생각에 기쁘게 받았다.

"우린 코오리 음식은 안 먹어." 엄마가 대들고 따지기라도 한 것처럼 아빠가 같은 말을 되풀이했다.

하지만 그것으로 얘기가 마무리된 게 아니었다. 밤에 자다 깬 나는 불가에서 목소리를 낮추어 부모님이 얘기하는 소리를 들었다. 마을을 떠나는 문제로 얘기 중이었다.

"마을에서 그렇게 멀리까지 오가면서 페커리를 잡고 싶진 않아." 아빠가 말했다. "강 하류로 가면 동물이 널려 있다고."

나는 무슨 상황인지 바로 감이 잡혔다. 아빠는 토냠파레를 떠나고 싶어 했고 엄마는 아니라는 걸.

나는 엄마가 말없이 가만히 있지 않고 따지거나, 화를 낼 줄 알았는데 내 예상과는 달리 이렇게 말했다. "요즘 꿈자리가 좋지 않아."

"아오." 아빠가 작게 중얼거렸다.

"뱀이 득실거리는 꿈을 자꾸 꿔. 구설수에 오르고 있다는 얘기야. 마을 사람들이 우리를 놓고 입방아를 쩌대며 시샘하고 있어. 사람들이 우리 밭에서 몰래 작물을 훔쳐 가는 거 알고 있었어?"

"조만간 여길 떠나 강 하류에 우리만의 마을을 만들어야 해." 아빠가 말했다.

그 말에 엄마가 속삭이며 대꾸했지만 내 귀에 대고 속삭이는 것처럼 말소리가 또렷이 들렸다. "거기엔 학교가 없을 텐데."

"우리 애들은 학교가 없으면 더 잘 클 거야. 우리한테 숲에 대해 배우면 돼."

긴 침묵이 흘렀다.

"우리는 떠나야 해." 아빠가 다시 말했다.

마침내 엄마가 입을 뗐다. "아직은 때가 아니야."

나는 그때 알았다. 그게 언제일지는 모르겠지만 우리 가족은 토냠파레를 떠나게 될 거라고. 그리고 떠날 거라는 소문에 휘말린 사람이 또 있었다. 레이첼이 한동안 다른 곳으로 떠나 있을 거라는 소문이 돌았다. 레이첼이 석유 회사 사람들하고 지내기 위해 떠날 거라는 둥, 병이 나서 치료를 받기 위해 떠나려 한다는 둥, 다유마가 숲이 선사해 주는 약초를 이것저것 권했는데도 레이첼이 거절했다는 둥의 이야기가 나돌았다. 하지만 시간이 지나도록 레이첼이 떠나지 않았던 걸 보면 그 소문들은 그저 가십거리였는지도 모른다.

그러던 어느 날, 그 일이 일어났다.

그날은 시작부터 엉망이었다. 깨어나 보니 쥐 한 마리가 오코로 몰래 들어와 우리가 걸이식 새장으로 만들어 놓은 덩굴줄기를 다 갉아먹고는 내 아기 새들의 머리까지 물어뜯어 먹은 뒤였다. 내 새들이 깃털과 내장만 남아 있었다.

"아빠가 새들을 또 구해다 줄게." 내가 울음을 그치지 못하자 아빠가 달랬다.

"쥐들 미워요." 내가 흑흑거리며 말했다.

"코오리들이 비행기를 타고 오기 전까지만 해도 쥐가 없었는데. 그자들이 활주로를 만들어 발바닥과 비행기 바퀴에 풀 종자를 묻혀 들여왔어. 그러다 길쭉한 풀이 나고부터 쥐들이 생긴 거야." 아빠는 치차를 후후 불다 크게 한 모금 들이켰다. "사람들은 쌀, 설탕, 파스타, 사탕 같은 코오리 음식을 좋아하는데 그게 다 쥐들이 꼬이는 음식이라고."

아빠가 태어났을 당시는 숲에 그런 음식이 들어오기 전이었다. 그때는 교회도 선교사도 없었다. 옷과 담요 같은 것도 없었다. 타로메나네족과 타가에리족뿐만 아니라 모두가 미접촉 부족이었다.

숲에 있는 밭에 가려고 밖에 나가 있던 엄마는 내가 계속 흑흑대자 짜증이 난 모양이었다. 그만 안 그치면 쐐기풀로 맞을 줄 알라고 을렀다. 나는 그 말에도 울음을 그치지 못한 채 몸을 구부려서 내 테페냐 새의 검은색과 선홍색 깃털들을 집어 들었다. 쥐한테 공격당했을 때 크게 찍찍거렸을 텐데도 내가 구하러 가지 못했다고 생각하니 너무 속상했다.

"깃털 왕관을 만들자. 전쟁을 시작하는 상징의 빨간색 왕관을 만드는 거야." 아빠가 말했다.

나는 피 묻은 새 깃털을 한 움큼 쥐고 학교에 가면서도 계속 훌쩍였다. 그때 학교 문가에서 갑작스레 소란스러운 소리가 들려와 깜짝 놀랐다. 여러 사람의 목소리가 뒤섞여 시끌시끌했다. 곧이어 두 명의 어른이 보였다. 맨몸에 깃털 왕관을 쓰고 가슴에 탄띠를 두르고 있었다. 선생님이 제지하고 나섰지만 그중 한 어른이 우리에게 말했다.

"얘들아!" 그가 쩌렁쩌렁한 목소리로 말했다. "너희가 하루 종일 학교에서 보내봐야 여기에서 뭘 배우는 게 있기나 하니? 이 남자가, 숲에 대해서는 쥐뿔도 모르는 이 선생이 어린 너희에게 뭘 가르쳐 줄 수 있겠냐고? 아무튼 오늘 저녁에 우리가 축하 의식을 벌이기로 했단다. 지금 어른들이 오솔길을 따라 걸어오고 있으니 곧 여기에 도착할 거야. 배가 터질 만큼 페네메가 잔뜩 준비되어 있으니 남김없이 싹 다 마시면서 춤추고 노래할 거야! 지금 우리랑 같이 가면 우리 조상들이 풍년을 어떻게 축하했는지 보여주마."

선생님은 무표정한 얼굴로 지켜보기만 했다. 그 어른들이 무슨 말을 하고 있는지 알아듣지도 못했다. 우리가 학교 밖으로 우르르 몰려 나갈 땐 무기력하게 우리를 막아 세우지도 못했다. 내 남자 형제들이 풀밭에서 소리를 지르면서 뛰고 구르며 놀고 있었다. 나는 몸이 근질근질한 교복을 벗어 가방 안에 아무렇게나 밀어 넣은 다음 가방을 덤불 속에 숨겼다. 피 묻은 깃털 뭉치를 팬티 한쪽에 쑤셔 넣고 맨발로 다른 아이들과 같이 그 롱하우스로 달려갔다.

정말이었다! 그 안에 어른들이 모여 있었다. 아빠도 와 있었다. 연기 자욱한 내부를 길게 에워싼 투박한 의자 중 하나에 맨몸으로 앉아 한 팔을 모이파의 어깨에 다정히 얹고 있었다. 모두 크게 웃고 떠드는 중이었다. 젊은 여자들이 큼지막한 조롱박 그릇에 페네메를 담아 가져다주며 남자들에게 한 방울도 남기지 않고 마실 수밖에 없도록 부추겼다. 엄마가 아우아에게 페네메를 가져다주는 모습이 보였다. 엄마는 아우아를 똑바로 쳐다보지 않았지만 그렇다고 두려워하는 것 같지도 않았다.

한 무리의 여자들이 방을 빙 에워싸고 노래를 불렀다. 서로 팔짱을 끼고 단단히 다져진 흙바닥에 발을 딱딱 맞춰 부딪치고 있었다. 속 빈 씨로 만든 발목 장식을 차고 있어서 발을 움직일 때마다 마른 이파리 사이로 바람 스치는 소리처럼 살랑살랑 소리가 났다.

"우리는 잘 살고 있다네. 밭이 널려 있고 태양도 우리를 괴롭히지 않지. 우리는 와오라니족 여자들. 농사일에 손재주가 있지. 우리 아이들은 잘 산다네." 여자들이 노래했다.

그 속에서 같이 노래하고 춤추던 위아멩케 숙모가 나를 불렀고 나도 그 중간으로 가서 끼어들었다. 우리는 그 안에서 돌고 돌고 또 돌며 노래를 불렀다. 나는 위아멩케 숙모의 손을 잡았다. 중간중간에 아는 노래가 나왔지만 모르는 노래들도 있었다. 우리의 노래는 끝없이 이어졌다. 숲이 그렇듯. 또 숲이 그렇듯 계속 바뀌면서.

"cayawe cayawe cayawe cayawawe, uummp, cayawe, uump cayawe(카야웨 카야웨 카야에 카야와웨, 움프, 카야웨, 움프 카야웨)."

롱하우스 안이 우리 마을 사람들의 노랫소리로 가득 찼다. 잎 지붕 사이로 연기가 빙글빙글 피어올랐다. 나는 기운이 불끈 솟아 어느새 쥐도, 죽은 새들도, 슬픔도 잊어버렸다.

목사들 중 내가 제일 좋아하는 파 목사가 롱하우스 한가운데에 맨몸으로 서서 흥겨운 어조로 외쳤다. "keuuu, keuuu(케우우우, 케우우우), 얘들아, 내 얘기 좀 들어봐. 옛날에는 우리가 이런 식으로 추수를 축하했어! 예전엔 우리 조상들이 거닐던 오솔길을 따라가서, 친족들을 초대해 같이 페네메를 마시고 노래하고 춤추고 그랬어. '평화롭게 살며 아이들을 많이 낳고 싶다'는 말을 나누었지. 그리고……."

하지만 말을 마저 잇지 못했다. 어떤 여자 원로가 벌떡 일어나 그에게 달려들더니 음경과 고환을 꽉 쥐고는 와아, 하는 환성을 내질렀기 때문이다.

"케우우우우, 케우우우우, 그게 우리가 예전에 살던 방식이야, 얘들아! 그게 농사의 손재주를 얻는 방법이었어!"

모두가 와자하게 웃음을 터뜨렸다.

"그게 여자들이 자기 밭의 플랜테인을 크고 실하게 키우는 방법이었어!" 그녀가 외쳤다.

파가 연신 '와아, 와아' 외쳐대는 그녀를 붙잡으려고 롱하우스를 빙 돌아 쫓아갔다.

롱하우스 안이 떠들썩한 웃음소리로 활기 넘쳤다. 엄마와 여자들은 조롱박 그릇에 페네메를 담아 가져다주면서 남자들의 벗은 엉덩이에 죽처럼 뭉개진 페네메 덩어리를 던지며 까르르 웃고 소리 질렀다. 우리의 노랫소리는 점점 더 커졌다. 방 안을 빙글빙글 도는 사이에 함께하는 여자들이 점점 더 늘었고 어느 순간 나는 우리가 노래하는 벌 떼 같다는 느낌이 들었다. 다리에 감각이 없어졌다. 더는 위아멩케 숙모의 손도 잡고 있지 않았다. 몸이 없어진 느낌이었다. 이제 나는 내 부족의 여자들과 함께 방 안을 빙글빙글 도는 노래가 되었다.

노래하고 소리치는 그 모든 여자의 몸 외에는 아무것도 보이지 않았다. 내가 눈을 뜨고 있는지 감고 있는지조차 모를 지경이었다. 그러던 중 갑자기 레이첼 세인트의 목소리가 우리의 노랫소리를 가로채며 들려왔다. 페커리 뼈를 가르는 마체테의 칼날처럼. 이어서 소리가 뚝 그치며 조용해졌다.

"Waorani enani(와오라니 에나니)!" 레이첼이 꽥 소리를 질렀다. "마귀의 불을 지피고 있다니! 하느님이 지켜보고 계시는데. 알몸으로 춤을 추다니 이게 뭐 하는 짓이에요? 스커트는 어디에 있어요? 서로의 가장 은밀한 곳을 붙잡기나 하고! 오 세상에나, 마귀가 보면 좋아서 입이 찢어질 노릇이네. 당장 그만둬요, 당장!"

나는 여자들의 다리와 몸통과 길고 검은 머리칼 틈으로 레이첼을 보려고 쭈그리고 앉았다. 그때 레이첼은 막 돌아선 참이었다. 그러더니 불편한 기색으로 사람들을 밀치며 롱하우스의 문을 나섰고 롱하우스 안에는 여전히 침묵이 흘렀다. 모두가 쥐 죽은 듯 조용했다. 너무 조용해서 레이첼이 오솔길을 지나 자기 집으로 가면서 요란스럽게 쿵쿵 발을 내딛는 소리가 들릴 지경이었다.

틀림없이 레이첼 바로 옆에 서 있었을 다유마는 문가에 혼자 덩그러니 남아서 야자 잎 벽을 뚫고 들어와 번쩍거리는 햇빛을 등으로 받고 있었다. 무릎을 덮는 긴 원피스에 정강이까지 올라오는 고무장화 차림이었다.

"오늘 우리는 주님의 눈 밖에 난 거예요!" 다유마가 고래고래 소리를 질렀다. 화가 난 표독스러운 어조였고 눈이 쓸쓸해 보였다.

그 순간 갑자기 내 팬티 한쪽에 찔러 넣었던 깃털이 느껴졌다. 깃털이 내 다리를 찔러대고 있었다. 또다시 내 죽은 새들이 떠올라 그 깃털을 움켜쥐고 손가락 사이로 비비다 롱하우스의 바닥으로 내던졌다. 어른들이 고분고분히 축하 의식에서 물러나면서 깃털들이 발길에 밟혀 단단히 다져진 축축한 흙 속으로 눌려 들어갔다.

그 일이 있은 지 얼마 안 된 어느 날, 레이첼이 떠났다. 그녀가 떠나기 전까지 나는 그녀의 얼굴을 보지 못했다. 그날의 축하 의식을 끝장내던 그 순간 노여움과 충격으로 새파랗게 질려 있던 그녀의 얼굴이 기억에 두고두고 남게 됐다. 그리고 그 뒤로 마을에 서서히 변화가 일어났다.

레이첼이 없으니 일요일이 달라졌다. 마을에서 서로 다른 부족의 아이들이 하느님의 집 바로 옆의, 키다리 미와고 나무의 가지들이 만들어 낸 신기한 동굴 속에서 웃고 떠들며 다 같이 어울려 놀았다. 다유마는 우리가 교회에 오길 바랐지만 아무리 장난감과 사탕으로 구슬려도 우리는 넘어가지 않았다.

예배 시간에 우리가 그 나무에서 놀고 있을 때 레이첼이 했던 말이 떠올랐다. "교회에 안 가는 아우카 꼬맹이들한테는 선물도, 장난감도 없다!"

레이첼이 떠난 이후 한 달 한 달 지날수록 옛 방식으로 돌아가는 사람들이 늘어갔다. 사람들은 이제 모든 날이 똑같은 날인 것처럼 일요일에도 사냥을 나가고 밭을 돌봤다. 아빠는 예전부터 일요일에도 사냥을 나가며 레이첼의 금지령을 비웃었다. 숲과 강과 하늘과 별을 만드느라 주중 내내 일하다 일요일에는 그냥 낮잠을 잤다는 신이 있다는 것을, 아빠는 아주 우스워했다.

여러 달이 지나 차츰 그녀가 어떻게 생겼는지도 기억이 가물가물해지던 어느 날, 엄마 아빠가 우리 모두를 아빠가 찾아낸 새로운 밭의 부지로 데려갔다. 마을에서 멀지 않은 언덕의 숲속이었다. 그 부지는 좋은 토양이 갖추어져 있을 뿐만 아니라 덩치 큰 나무 한 그루가 이미 베어져 있어서 좁게나마 빈터가 나 있기도 했다. 나는 의아했다. 토냠파레를 떠나 강 하류 쪽에 다른 마을을 세울 계획이라면 왜 굳이 이 마을 근처에 새 밭을 일구려 하는 거지?

그날은 날이 잔뜩 흐리고 어두워 힘든 노동을 하기엔 제격이었다. 어린 나이일 때부터 마체테를 쓰는 요령을 익힌 남자 형제들은 엄마 아빠와 같이 한눈팔 새 없이 일했고 나는 어린 동생들을 맡았다. 아직도 나를 졸졸 따라다니는 빅토르와 이것저것 손길이 필요한 로이다, 그리고 데리고 다니며 살살 흔들며 얼러줘야 할 에몬타이까지 돌봐야 했다.

그날 하루를 마무리할 무렵엔 가족들 모두 완전히 녹초가 되었고 나는 바로 곯아떨어졌다. 자다가 한밤중에 악몽을 꾸며 깨어났다. 어둠 속에서 눈을 떴을 때도 그 꿈이 눈앞에 아주 생생히 펼쳐졌다.

비행기 한 대가 마을에 내려섰고 나는 그 비행기가 나를 태우러 왔다는 걸, 나를 우리 가족에게서 멀리 데려가려고 왔다는 걸 알았다. 엄마와 아빠를 불렀지만 엄마도 아빠도 보이질 않았다. 내 목에 닿는 레이첼의 손이 느껴졌다. 차갑고 부드러웠다. 레이첼이 나를 비행기 안으로 떠밀더니 눈을 번뜩이며 말했다. "이네스, 이제 가야 해. 하느님이 너에게 당신의 사랑을 보여주고 싶어 하셔."

비행기 안에 들어가 보니 조종사가 예수였다. 턱수염을 기르고 구슬처럼 푸른 눈을 한 남자가 있었다. 나는 안전벨트를 매지 않으려 몸부림쳤다. 바깥의 활주로가 추억처럼 아련하게 보였다. 그 활주로에서 빅토르가 나에게 손을 흔들어 보이고 있었다. 오피 오빠와 냐메 오빠가 풀밭으로 뛰어들었다가 비행기 바람에 날려갔다. 그러다 잠시 후 우리는 활주로를 떠나 콘도르처럼 마을 위를 날고 있었다.

그런 꿈을 꾸고 나니 마음이 시리고 슬퍼졌다. 모닥불 옆에서 엄마와 아빠가 얘기를 나누는 소리가 들리길 바랐지만, 두 분 모두 잠에 들어 자주 듣던 그 말소리가 그날은 들리지 않았다. 엄마 아빠에게 그 꿈 얘기를 해야 하나 말아야 하나 고민했다. '맞다, 엄마가 틈날 때마다 얘기했었지. 좋은 꿈은 혼자만 알고 있으라고. 나쁜 꿈과 환영은 털어놓으라고. 다른 사람에게 얘기해야 그 악몽이 힘을 잃

게 된다고.'

나는 몸을 뒤척이다 다시 잠에 들었다. 하지만 다음 날, 멀리에서 비행기의 윙윙거리는 소리가 들리자 그 시리고 슬픈 느낌이 다시 들었다. 그런 마음이 드는 와중에도 나는 평상시처럼 크게 외쳤다. "에보다, 에보야, 에보!" 그러곤 남자 형제들과 같이 활주로로 달려갔다.

비행기가 미끄러지면서 통통 뛰다 멈춰 섰다. 비행기 안에는 안경을 쓴 코오리 남자가 앉아 있었다. 머리 양쪽으로 노란색 머리칼이 있었지만 정수리 쪽은 거의 텅 비어 있었다. 전에 본 적이 있는 사람이었다.

"스티브가 왔어!" 밍카예가 외쳤다. "Babé(바베)!"

바베는 스티브 세인트의 와오라니식 이름이었다. 그는 레이첼의 남동생, 그러니까 내가 태어나기도 한참 전에 밍카예와 요웨의 무리가 강변에서 죽였던 선교사 다섯 명 중 한 명의 아들이었다. 스티브는 어렸을 때 한동안 레이첼과 같이 숲에 살았던 적이 있어서 그를 기억하는 어른들이 많았고, 지금도 여전히 자주 찾아와서 그를 알아보는 이들이 많았다.

다유마가 비행기로 다가와 차창 안을 들여다봤다. 그러더니 이내 대성통곡하며 악을 쓰기 시작했다. 나는 놀라서 심장이 멎는 줄 알았다.

"자매님, 나의 자매님!" 그녀가 부르짖었다. 그리고 그 순간 비행기 안에 레이첼이 있다는 걸 깨달았다. 레이첼이 죽었다. 내 목에서 그녀의 그 차갑고 부드러운 손이 느껴지며 부르르 몸서리가 쳐졌다.

레이첼은 여러 달이 지나도록 돌아오지 않았지만 아무도 그 이유를 모르고 있었다. 석유 회사 사람들과 같이 지내고 있을 거라는 추측성 소문이 나돌기도 했지만 이제 나는 확실히 알 것 같았다. 그녀는 죽으러 떠났던 것이다.

와오라니족 목사들이, 레이첼의 남동생을 죽였던 바로 그 사람들이 나무 상자 안 레이첼의 시신을 그녀의 집으로 옮겼다. 스티브는 그들 옆에 서 있었다. 키가 크고 빼빼 마른 체형에, 어깨가 구부정했다.

마을 사람들 모두 레이첼 집 마당의 관 옆으로 모였고 다유마는 우리 앞에 서 있었다.

다유마가 말했다. "이제 내 자매님은 저 위의 주님, 웽공히 주님 곁으로 가셨어요. 자매님은 하느님의 길을 가르쳐 주기 위해 우리와 같이 살러 오셨고 이제는 주님과 함께 계세요. 그리고 우리 중 하느님의 길을 따르는 사람들은 언젠가 하늘나라에서 레이첼을 만나게 될 거예요."

다유마는 그 뒤로 잠시 입을 다물고 있었다. 아무도 말을 하지 않았다. 우는 사람도 기도하는 사람도 없었다.

다유마가 다시 입을 떼더니 화난 것처럼 말했다. "주 하느님은 여러분이 우리 자매님을 위해 울어주는 소릴 듣고 싶어 하세요! 가장 크게 우는 사람은 누구든 레이첼의 집에서 많은 물건을 받아갈 거예요."

갑자기 사람들이 모여 있는 곳 귀퉁이에서 대성통곡하는 소리가 났다. 어떤 나이 많은 여자가 그늘에 앉아 있다가 땅바닥으로 몸을 내던지며 처절하게 울었다. "자매님, 자매님, 왜 우리를 떠나셨어요?" 몇 초도 지나지 않아 마을 여자들 모두가 목청이 터져라 꺼이 꺼이 통곡하고 있었다.

그 모습에 오피 오빠가 웃음을 터뜨렸다. 모여 있는 사람들 사이에서 엄마가 안 보였다. 엄마도 울고 있는지 보고 싶었는데. 어쩐지 엄마는 안 울 것 같았다.

다유마의 남편, 코메가 그 큼지막한 두 손을 들어 올리더니 쩌렁쩌렁 울리도록 큰 소리로 말했다. "냄비와 팬, 옷, 담요, 장난감이 모두에게 나눠 줄 만큼 많아요. 지금 레이첼이 지켜보고 있어요. 우리 모두를 아주 흡족하게 보고 있어요. 그녀의 집에는 물건들이 많이 있지만…… 그것들은 그녀를 위해 슬퍼하는 사람들만 받을 자격이 있어요."

나는 울고 악쓰고 울부짖는 소리 사이로 걸어가 레이첼의 시신 쪽으로 갔다. 레이첼은 안색이 새파랬고 입이 벌어져 있었다. 나는 슬픔이 전혀 느껴지지 않았다.

"당신은 이제 나한테 더는 대장처럼 굴지 못해." 내가 입술을 움직이지 않으면서 그녀에게 말했다. "이제 당신은 우리에게 이래라저래라 하지 못한다고."

나는 상자 안으로 손을 뻗어 그녀의 피부를 만졌다. 차가웠다. 손가락을 입안으로 넣어 이빨도 만져봤다.

다유마가 그 모습을 보고 표독스럽게 꾸짖었다. 나는 후다닥 사람들 사이로 달아났지만 코메가 쐐기풀로 혼내주겠다고 크게 윽박지르는 소리가 등 뒤로 들려왔다.

마침내 스티브와 와오라니족 목사들이 못을 박아 관을 닫았다. 무덤의 구멍이 깊었다. 요웨가 그 무덤 안으로 들어가 관이 더 잘 내려가게 붙잡아 주었다. 하지만 그러던 중 관 밑에 끼어 측면으로 기어 올라와야 했고 그렇게 기어오르다 관을 옆으로 밀치고 말았다! 관이 우당탕 떨어졌고 모두가 레이첼의 시신이 나무 상자에 부딪히는 소리를 듣고 헉 놀라면서 정적이 흘렀다.

갑자기, 밍카예가 웃음을 터뜨렸다. 거의 그 즉시, 모두가 따라 웃으며 다 같이 무덤 옆에서 웃어댔다.

이제 우리에게 벌을 줄 사람도, 이래라저래라 지시할 사람도 없었다. 나는 불현듯 행복을 느꼈다. 그동안 마음속 깊은 곳에서는 레이첼과 코오리들이 오면서 어른들의 노래가 바뀌고 사람들의 미소가 달라진 것을 싫어하고 있었다. 우리는 전사들이었다. 그런 우리가 왜 늘 코오리의 마음에 들려고 애쓰는지 이해되지 않았다. 이제 더는 레이첼이 없다. 어쩌면 코오리들도 더는 안 올지 모른다! 와오라니족 목사들이 삽으로 흙을 떠 그녀를 덮을 때 나는 활주로로 달려가 깡충깡충 뛰고 빙글빙글 돌며 머리 위로 둥둥 떠가는 구름을 향해 목청껏 노래를 불렀다. 아무도 나를 말리는 사람이 없었다.

잠시 후 사람들은 레이첼의 물건들을 분배하며 철제 수저, 컵, 사발, 면 기저귀 등을 나눠 가졌다. 돈이 가득 든 철제 상자를 찾았을 때는 잠시 논의를 가진 후에 쓸데없고 나쁜 것이니 다 태워버리기로 했다.

"저 돈은 어디에서 난 걸까?" 나무들 사이로 연기가 구불구불 피어오를 때 사람들이 궁금해했다. 레이첼이 이 종이돈을 가지고 있는 걸 본 사람은 아무도 없었다.

"우리 땅에 들어오게 해달라고 석유 회사가 레이첼한테 준 돈이지 뭐겠어." 누군가 낮은 목소리로 말했다. 아모의 관 안으로 돈을 던져 넣었던, 모이파였다. 그의 말에 모두가 침묵으로 응했다.

5
새 터전

어느 날 저녁, 우리가 불 옆의 해먹에 앉아 있을 때 아빠가 말했다. "이제 레이첼이 죽었으니 밍카예와 요웨와 케모가 스티브 세인트에게 와오라니족과 같이 살자고 부탁할 거야."

우리는 아빠가 더 할 말이 있다는 걸 눈치채고 다음에 이어질 말을 기다렸다.

"그 셋은 스티브 세인트한테 와오라니족이 코오리들처럼 비행기를 조종할 수 있게 가르쳐 달라고 부탁했어."

"우와! 나도 코오리처럼 비행기를 몰고 싶은데!" 오피 오빠가 말했다.

"나도!" 냐메 오빠가 맞장구쳤다.

아빠는 그 말을 못 들은 체하며 말했다. "새로운 마을을 세우기 위해 강 하류 쪽으로 우리와 같이 가보고 싶어들 해. 밍카예, 요웨,

케모가. 스티브 세인트도 같이 갈 거고."

두 달이 좀 더 지난 어느 날이었다. 시간은 한밤중이었고 나는 우리 집 야자수 나무판 바닥에 누워 깨어 있었다. 잠에 들고 싶었지만 잠이 오지 않았다. 칠흑 같은 어둠 속에서 내 모기장 안의 반딧불이가 내는 밝은 녹색 빛만이 반짝거렸다. 남동생 에몬타이가 배고픈 듯 엄마 젖을 쪽쪽 빨며 살짝 숨차하는 소리를 냈다. 내 옆에서는 빅토르가 잠꼬대로 신음 소리를 내며 몸을 이리저리 뒤척이고 있었다.

"모든 게 변하고 있어." 나는 혼잣말을 속삭였다. "하지만 너희는 아니구나! 너희 작은 반딧불이들은 그대로야."

캄캄한 밤이었지만 이제는 밤의 어둠이 더는 침묵이나 낯익은 숲의 소리를 데려오지 않았다. 예전에 바이우아 일족의 거주지에서 들려오던 동트기 전의 노래 대신 이제는 쾅쾅 울리는 음악 소리가 활주로 끄트머리에서 희미하게 들려왔다. 많은 어른이 이미 마을을 떠났다. 아우아는 옛 터전으로 돌아갔다. 멩가토웨의 집 야자수 잎 지붕에서는 더 이상 연기가 새어 올라오지 않았다. 멩가토웨도 떠나버렸으니까.

나는 마을 맞은편에서 나는 웃음소리와 고함 소리에 귀를 기울였다.

"아휴." 엄마가 짜증스러운 투로 낮게 투덜거리며 에몬타이에게 계속 젖을 물리려고 옆으로 돌아누웠다.

엄마가 작게 속삭였다. "더는 여기에서 못 살겠어, 티리. 이젠 떠나야 할 때가 됐어."

아빠는 잠결에 한숨만 내쉬고는 아무 말이 없었다.

"다유마는 마을 사람들을 통제하지 못해. 마을에 질서가 하나도 없어." 엄마가 말을 이었다.

이번엔 아빠가 대꾸를 했다. "와오라니족은 자유로운 사람들이야." 아빠의 어조가 엄숙했다. "우리는 서로에게 이래라저래라 하지 않아."

아빠가 그런 식으로 말하는 건 좀처럼 들어본 적이 없었다. 갑자기 엄마와 아빠의 사이가 멀게 느껴졌다. 엄마는 와오라니족과 살았고 와오테데도로 말했지만 와오라니족은 아니었는데, 지금 아빠가 엄마에게 그 점을 상기시키는 것처럼 느껴졌기 때문이다. 레이첼은 어떤 신비한 힘이 있었기에 우리를 그렇게 통제했던 걸까? 죽음으로서 깨져버린 힘이긴 하지만.

엄마가 깊은숨을 내쉬며 말했다.

"레이첼이 있었다면 상황이 이렇게 되도록 놔두지 않았을 거야. 엄한 사람이었지만 질서를 잘 지켰어. 사람들이 어떤 얘기들을 하는지 잘 들어봐, 티리. 그 사람들은 술에 영혼이 잠식당하고 있어."

"우-우-우-우-우." 아빠도 그 말에는 반박하지 못했다.

그때 어떤 여자가 한 무리의 남자들에게 호통치는 소리가 들려왔다. 그 호통 소리가 나자, 쿵쿵 울리는 음악 소리, 개굴개굴 개구리 소리, 남자들의 악쓰는 소리가 한데 뒤섞여 있던 기묘한 소음이 뚝 그쳤다.

"동물들은 저런 음악을 좋아하지 않아." 아빠가 말했다. "이젠 페커리를 쫓기 위해 점점 더 멀리까지 걸어가야 한다니까."

나는 낯설고 생소한 그 밤의 소리에 귀를 기울였다. 호통 소리가 멈추자 익숙한 소리가 들려왔다. 멀리에서 '이이-이이-티디-크룸프' 하는 봉관조 우는 소리가 그저 반가웠다.

"마을 사람들이 우리 밭에서 작물을 훔쳐 가고 있어." 엄마가 말했다. "어서 떠나지 않으면 우리 집에 코오리들처럼 문을 달아야 할거야. 다유마도 문을 잠근다고 하더라고."

동틀 녘에 아빠는 오솔길을 걸어 내려가 숲으로 들어갔다.

바구니에 장식용 창, 바람총, 엄마가 손으로 직접 엮어 만든 가방과 해먹, 깃털 왕관, 목걸이를 가득 채워서 가져갔다. 그 바구니 안에는 우리가 애지중지 아끼는 애완동물 여러 마리도 담겼다. 나는 아빠가 우리 거북이 한 마리를 바구니 바닥의 해먹 사이로 밀어 넣는 걸 볼 때 가슴이 찢어지는 줄 알았다. 어린 큰부리새 한 마리도 야자수 잎에 싸여 바구니 안에 두었는데, 바구니 구멍 사이로 툭 튀어나온 새의 부리가 보였다. 하지만 다른 무엇보다 견디기 힘들었던 건 우리 원숭이 아몽카가 야자수 섬유로 엮은 끈에 몸통이 둘려진 채 안절부절못하며 바구니 맨 위에서 이리저리 폴짝폴짝 뛰어대고, 툭 불거진 큰 눈을 사방으로 획획 굴려대는 모습이었다.

아빠가 우리 애완동물들을 어디로 데려가려 하는 건지 궁금했다. 엄마는 눈물을 참으려 애쓰고 있는 나를 알아보고 퉁명스레 꾸중했다. "입 좀 그만 삐죽대. 평생 옷도 없이 살고 싶어?"

나는 계속 고개를 숙인 채 아몽카에게 다시는 으깬 플랜테인을 먹이지 못하면 어쩌나 하는 생각을 했다.

냐메 오빠와 오피 오빠는 불가에 있는 아빠의 해먹에 앉아 자기들이 다 큰 어른 남자라도 되는 듯 페네메를 벌컥벌컥 들이켰다. 하지만 빅토르는 아침 내내 말이 없었다. 두 팔로 무릎을 감싸 안은 자세로 오코의 한구석에 앉아 있었다. 딱 보니 나처럼 슬퍼하는 것 같았다.

"아몽카는 오늘 아침에 아무 데도 가고 싶어 하지 않아 했는데." 빅토르가 조용히 말했다.

엄마가 매서운 눈으로 동생을 쳐다봤다. "뭐라고?"

"오늘 아침에 아몽카랑 얘기했는데 우리랑 있고 싶다고 했어요."

냐메 오빠와 오피 오빠가 깔깔 웃었다. "원숭이하고 어떻게 얘기를 해, 이 미친놈아!"

빅토르는 자신을 변호하지 않았다. 하지만 나는 동생이 맞다고 생각했다. 빅토르는 로이다가 조그만 갓난아기이던 때 이후로는, 그러니까 에몬타이가 태어나기 훨씬 전부터는 한 번도 아팠던 적이 없었다. 하지만 여전히 영혼을 보고 있었다. 점점 더 많이 봤다. 아빠와 엄마는 빅토르를 다르게 대했다. 좀 특별한 아이를 대하듯 했다. 아빠는 숲이 빅토르의 영혼에 스며들었다고 말하며 이때 omere(오메르)라는 말을 썼다. 오메르는 '모든 것'을 뜻하는 말로, 말하자면 우리의 온 세계를 의미했다. 숲은 우리의 모든 것이라는 걸 얘기하기 위해 아빠가 그 말을 꺼낸 것이었다.

엄마가 우리 모두에게 말했다.

"우리는 곧 이 마을에서 이사 갈 거야. 집도 없이 여러 달을 숲에서 지낼 각오를 해야 해. 마을 없이 살면서 밭을 일구고 거처를 만들게 될 거야. 아빠가 코오리들을 만나고 돌아오면서 필요한 물건들을 가져오실 거야."

나는 여전히 코오리들이 어디에 사는지 알지 못했다. 당연히 하늘은 아니었다. 꼬맹이였을 때나 그런 줄 알았지, 이제는 아니었다. 하지만 코오리들이 어디에 있건 그것만큼은 나도 알았다. 그들이 점점 더 가까이 다가오고 있다는 것. 그들이 우리를 에워싸고 있다는 것. 바로 그런 이유로 일부 이웃들이 도망치듯 옛 터전으로 돌아간 것이었다. 하지만 석유 회사들이 우리의 숲에 내고 있는 그 도로변에서 살기 위해 마을을 떠나는 이웃들도 많았다. 그곳에서는 석유 회사들이 먹을 것을 나눠 주고 남자들에게 일자리를 내주며 돈으로 임금을 주었다.

오피 오빠가 물었다. "아빠가 돌아올 때 뭘 가져오실까요?"

"소총!" 냐메 오빠가 외쳤다. "재규어가 우리를 공격할 때 쏴 죽이는 데 쏠 소총!"

오피 오빠가 말했다. "재규어는 널 잡아먹을걸. 너한테 고함원숭이howler monkey 냄새가 나니까!"

엄마가 짜증스러운 얼굴로 말했다. "조용히들 해!"

하지만 오피 오빠는 그쯤에서 끝내지 않았다. 불 위쪽에 걸려 있는, 연기에 그을린 가방을 가리키며 말했다. "돈이 필요하면 왜 저걸 쓰지 않으세요?"

엄마는 잠시 멍한 표정이 되었다. 그리고 그다음 순간 나는 엄마의 얼굴에서 순식간에 스쳐 지나간 표정을 알아봤다. 다소 당황스러워하는 표정이었다.

"너희 아빤 돈을 어떻게 쓰는 줄 몰라." 엄마가 비하조로 말했다. 하지만 나는 엄마가 그 돈에 대해 잊어버리고 있었다는 사실을 알아챘다. 우리 모두가 잊어버리고 있었다. 그 돈은 여러 달 전에 아빠가 석유 회사에서 일하고 돌아온 그날 이후부터 쭉 그 자리에서 오그라들며 그을려 가고 있었다.

엄마가 화제를 딴 데로 돌렸다. "레이첼 세인트의 조카, 스티브가 곧 올 거야. 아빠가 그 사람하고 같이 강 하류로 가서 새 마을에 비행기가 착륙할 활주로를 만들기로 했어."

나는 그 말을 듣고 궁금해졌다. 우리가 살 새 마을에 왜 비행기가 필요하지? 왜 또 다른 세인트가 필요하지? 몇 달 전에 꿨던 꿈이 생각났다. 예수처럼 생긴 남자가 비행기에 나를 태워 갔던 그 꿈이. '혹시 그게 미래를 예고하는 꿈이었을까?'

떠난 지 며칠 만에 돌아온 아빠는 묵직한 바구니를 들고 왔다. 피곤해 보이는 모습이었다. 엄마가 큼지막한 소금 자루를 들어 올려 빼냈다.

"네네카와 주려고 구해 온 거야." 엄마가 낚싯줄과 낚싯바늘이 담긴 자루를 꺼내는 것을 보고 아빠가 말했다.

"이게 다야, 티리?" 엄마가 물었다. 바구니 안을 구석구석 뒤지면서 식용유 병 하나를 들어 올렸다가 마체테, 줄칼, 고무장화를 샅샅이 살피기도 했다.

아빠는 치차 한 그릇을 숨도 쉬지 않고 쭉 들이켰다. 그런 다음 치차가 담겼던 조롱박 그릇을 바닥에 놓고 바구니 맨 밑바닥으로 손을 뻗더니 야자수 잎 다발로 감싼 시커멓고 딱딱한 어떤 물건을 꺼냈다.

모두가 그 물건을 빤히 쳐다봤다.

"이건 라디오야!" 아빠가 물건의 정체를 알려주었다. 그 사람들에게 아몽카를 주었더니 라디오를 주더라고!"

아빠가 두 손으로 라디오를 들어 올렸다.

"이 배터리를 여기에 넣은 다음 이걸 하늘 쪽으로 세우고 여기 있는 이걸 돌리면 사람들이 말하고 노래하는 소리가 나와."

"어떻게 하는 건지 보여주세요!" 오피 오빠가 크게 외쳤다.

"네, 아빠. 보여주세요!" 우리가 한목소리로 재촉했다. 아빠가 어떻게 우리의 야행성 원숭이를 라디오로 바꿨는지 신기했다.

"이건 레이첼이 가지고 있던 말하는 상자하고는 달라." 아빠가 말했다. "여기에 대고 얘기를 할 수는 없지만 아침에 이 안에서 노래하고 말하는 목소리가 나와."

"성냥은?" 엄마가 따져 물었다. 바구니가 다 비워졌고 엄마는 짜증이 난 얼굴이었다. "옷들은 또 어쩌고?"

아빠가 엄마에게 빈 조롱박 그릇을 건네며 말했다. "걱정 마. 스티브 세인트가 성냥과 옷 말고도 그 숲에서 구할 수 없는 물건을 전부 가져올 테니까. 좀만 기다리면 우리 식구가 새로운 마을에서 행복하게 지내게 될 거야. 마을 이름은 네몬파레Nemonpare로 정했어."

"정말로 이게 우리 집 지붕이 되는 거예요?" 내가 스티브 세인트가 아빠에게 건네준 반들반들한 검은색 방수천 위로 앉으며 물었다. 방수천은 우리 통나무 카누의 바닥에 반듯하게 접혀 있었다.

"그럼 넌 나뭇잎 밑에서 살고 싶어?" 오피 오빠가 따져 물었다.

당연히 그건 아니었다. 이런 검은색 방수천 아래에서 자본 적이 없어서 불안했을 뿐이다. 이건 뭘로 만들어진 거지? 모닥불의 연기는 다 어디로 나가지?

"라디오 켜면 안 돼요?" 오피 오빠가 웃으며 아빠에게 큰 소리로 말했다.

"ononke(오농케), 쓸데없는 헛소리 한다." 아빠가 투덜투덜 말했다. "강은 살아 있어. 이 강을 존중해 줘야 해. 안 그러면 우리를 덮쳐 집어삼킬 거야."

그때 아빠는 이미 스티브 세인트, 목사들과 함께 강 하류에 다녀온 뒤였다. 그다음 번에는 엄마도 같이 가서 새로운 마을에서 먹거리를 키울 밭을 일구었고 이번엔 온 식구가 카누로 이사를 떠나는 길이었다.

나는 내 풍금조들을 덩굴줄기로 엮은 작은 바구니에 담아 데려갔다. 빅토르는 자기 앵무새를 데리고 카누의 내 옆자리에 앉아 있었다. 오피 오빠는 아빠가 코오리들에게 내주지 않은, 우리의 애완 큰부리새를 오래되어 닳아빠진 천 조각에 싸서 데리고 갔다. 우리 페커리는 아빠의 창과 바람총, 엄마의 냄비와 팬 사이의 좁은 틈바구니에 밀어 넣어져 있었다. 냐메 오빠가 페커리의 등에 발을 턱 얹자 그 암컷 페커리는 털을 곤두세우고 꿀꿀거리며 이를 딱딱 부딪치다 이내 체념하고 눈을 감아버렸다. 남은 애완동물 두 마리는 네네카와 삼촌과 위아멩케 숙모에게 남겨두고 왔다. 나팔새와 사슴이었다.

"왜 같이 안 가세요?" 내가 네네카와 삼촌에게 물어봤다.

"다리가 이 모양이니! 우린 여기에서 꼼짝할 수가 없어!" 삼촌이 한탄했다.

아빠는 카누 뒤편에 서서 강둑 모래사장에 걸쳐진 배를 세게 밀어 강물로 띄웠다. 그리고 토냠파레 마을 쪽으로 뒤돌아보며 미소 지었다. 마을에 뭐라고 말하는 듯 입술을 달싹였지만 무슨 말인지 잘 들리진 않았다.

엄마는 무릎 위 길이의 검은색 원피스를 입고 카누 앞에 서 있었다. 허리까지 내려오는 머리칼이 햇빛을 받아 반짝였다. 나는 얼마 전에 엄마가 금강앵무에게 야생 열매를 먹이는 꿈을 꿨다는 걸 알고 있었다. 필히 아기가 태어난다는 걸 암시하는 꿈이었다. 엄마의 꿈은 여간해선 틀린 적이 없었다.

엄마는 뒤를 돌아보지 않았다. 뒤돌아보기는커녕 요령 있게 삿대를 밀어 배가 모래 강둑을 지나 쓰러진 통나무들을 빙 돌며 앞으로 나아가게 조종했다. 엄마가 강의 굽이진 곳을 돌아갈 때 얼마 전 카피바라가 지나가면서 내놓은 흔적이며, 연녹색 케크로피아 나무 숲의 야생 칠면조 가족이며, 대형 메기가 일으킨 잔물결을 하나하나 가리켜 보였다.

해가 하늘 높이 떠올랐을 무렵 강이 좁아지면서 숲이 구름에 닿을 것처럼 더 높이 높이 우거졌다. 나는 강 하류로 이렇게 멀리까지 와본 적이 없었고, 이렇게 가파른 언덕 등성이를 본 적도 없었다. 미와고 고목들이 우리 머리 위로 기울어져 있었다. 카누의 뱃전으로 강 수달 가족이 나타나더니 쉭쉭 소리를 내다 물속 깊이 사라졌다. 햇살 아롱거리는 통나무에 앉아 있던 강 거북이들이 강철빛의 물속으로 스르륵 미끄러져 들어갔다.

아빠가 위쪽의 언덕을 가리켜 보였다. "저 위에 폭포가 있는데 그곳이 우리 조상들이 살았던 곳이야."

아빠는 더 먼 강 하류 쪽의 능선을 가리켰다.

"저기가 헬기가 착륙하는 곳이야. 전에 석유 회사 인부들과 같이 옛 와오라니족 터전에 캠프를 세워서 아는데 페토모와 복숭아야자 나무가 지천에 널렸어."

나는 그 폭포 쪽에 가보고 싶었다. 내 눈으로 아빠가 봤던 것을 보고 싶고, 고목의 열매 맛도 보고 싶었다. 석유 회사들과 헬기들이 여기로 다시 올지 궁금했다. 여러 달이 지나도록 그 사람들에 대한 소식은 전혀 들은 게 없었다. 그 사람들이 아빠가 태어난 곳이자 우리 친족들인 미접촉 부족이 살고 있는 그 옛 터전으로 옮겨갔다는 얘기밖에는.

강이 숲 사이로 구불구불 이어졌고, 어스름이 내리기 전에 우리가 탄 카누가 다른 통나무 카누 몇 대 사이로 스르륵 미끄러져 들어갔다. 우리 카누는 다른 카누들과 살짝 맞부딪치다 쿵 소리와 함께 모래사장 강둑에 부딪혔다. 그리고 완전히 멈춰 섰다. 여기가 우리의 새로운 집이었다.

이곳은 물이 잔잔했다. 엄마가 뱃머리에서 미와고 나무의 노출된 뿌리 위로 퓨마처럼 폴짝 뛰어내려 카누의 밧줄을 굵은 나뭇가지에 둘렀다. 강에서 멀리 떨어진 내륙 안쪽에서 크고 날카로운 소리가 들려왔다. 가만히 귀 기울여 들어보니 윙윙대는 전기톱 소리와 나무가 뚝뚝 쪼개지는 소리가 습하고 바람 한 점 없는 공기 속으로 울리고 있었다.

강둑의 상류 쪽에 스티브 세인트가 서 있었다. 몇몇 사람 사이에서 여전히 바베로 불리는 그는 안색이 핏기 없이 창백해 분홍빛에 가까웠다. 붉은빛이 도는 금발 머리가 턱과 볼을 덮고 있는 모습이 고함원숭이의 별종처럼 보이기도 했다. 눈은 파랬다. 진흙색의 긴 옷에 고무장화를 신고 챙 넓은 모자를 쓴 차림으로, 한 손에는 소총을 들고 바지 허리춤에는 권총을 차고 있었다.

"티리, 이렇게 온 가족을 다 보게 되니 기뻐요! 네몬파레에 온 걸 환영해요!"그가 와오테데도로 환대해 주었다. 어렸을 때 레이첼과 꽤 오래 살았던 덕분에 우리 말을 유창하게 할 줄 알았다. 그가 오피 오빠와 냐메 오빠에게 환한 미소를 지어 보이며 말했다. "전기톱 다루는 방면으로는 너희 아버지를 따라올 사람이 없어. 벌써 그 많은 나무를 밀어내 비행기가 착륙할 수 있게 해놓으셨다니까."

아빠는 입술을 오므렸고, 나는 아빠가 자부심을 숨기려 애쓰느라 그러는 걸 알아챘다.

스티브가 아빠에게 소총을 건네며 아빠의 등을 툭툭 쳤다. 아빠는 그 소총을 쥐고 기슴 가까이 들어 올리며 파르르 떨었다. 얼른 가서 자기 먹이를 숨겨두고 싶어 하는 숲속 동물처럼.

그날 밤, 우리는 갓 베어낸 야자수 잎을 깔고 비닐 방수포를 친 잠자리에서 잠을 잤다. 숲은 사방이 살아 움직이고 있었다. 강 건너편에서 재규어가 울부짖는 소리도 들려왔다. 나는 내 담요 속에서 몸을 웅크리고 빅토르 옆에 누워 있었다. 아빠가 앉아 있는 곳에서 찰칵, 찰칵하는 소리가 낮게 들려왔다. 소총의 방아쇠를 당기는 소리였다.

새 캠프 근처의 강 상류 쪽, 목사들이 살고 있는 곳에서 그리스도교 찬송가 소리가 바람에 실려 왔다. 겨우 몇 사람이 부르는, 크지 않은 노랫소리였지만 그 멜로디가 우리를 휘감고 돌았다. 나는 눈을 감으며 생각했다. '이것이 우리가 살게 될 새로운 삶의 소리구나.'

이튿날 아침, 끔찍한 소리에 잠이 깼다. 휘몰아치는 폭풍 속에서 마른 잎들이 불타는 듯한 소리였는데 알고 보니 라디오 소리였다. 아빠가 동이 트기 전 라디오를 옆에 놓고 켜둔 채로 잠이 든 모양이었다.

그날 아침 느지막이, 나는 아빠를 따라 쓰러진 삼나무의 무지하게 큰 몸통 위를 걸어 나뭇가지들 쪽으로 올라갔다. 가지마다 죽은 녹색 잎사귀들이 미풍에 펄럭이고 있었다. 엄마는 로이다와 에몬타이를 데리고 땅바닥에서 기다렸다.

"이건 약으로 쓰기에 좋아요." 아빠가 쌉싸름한 나무껍질 한 조각을 맛보며 말했다. 테멘타에게도 맛을 보라고 건넸다. 테멘타는 마을을 세우는 데 힘을 보태기 위해 온 목사였다. 어릴 때 고아가 된 뒤로 주로 선교사와 목사 가족에게 보살핌을 받으며 자랐다. 나면서부터 줄곧 교회에 다녔고 성경을 읽을 줄도 알았다. 오랜 시간이 지나서야 알게 됐지만 레이첼과 다유마가 몇 시간씩 매달렸던 그 '하느님의 말씀 새김'은 성경을 와오테데도로 옮기는 일이었다. 두 사람이 그렇게나 애썼는데도 내가 아는 사람 중 하느님의 말씀 새김을 우리 말로 읽은 사람은 테멘타뿐이었다.

테멘타는 하느님을 따르는 사람이면서도 차분하고 능력 있는 사람이었다. 테멘타와 아빠는 활주로를 내기 위해 전기톱으로 나무를 베어내는 요령을 같이 익히면서 서로 친해졌다. 하지만 두 사람에게는 또 다른 도전과제도 있었다.

테멘타가 나무껍질을 긁으며 말했다. "이 나무를 우리 친구 스티브의 집으로 바꿔줘야 해요."

"왜요?" 내가 물었다. "스티브도 방수포를 치고 자면 왜 안 되는데요?"

아빠가 고개를 절레절레 저으며 말했다. "스티브는 와오라니족 사람들에게 비행기 조종법과 다른 여러 가지를 가르쳐 주려고 온 거야." 그것으로 충분한 이유가 된다는 듯한 어조였다.

테멘타가 덧붙여 설명했다. "활주로가 완성되면 스티브의 가족도 모두 여기로 올 거야. 자식이 넷이라서 집이 필요할 거야."

나는 반쯤 완성된 활주로 주위를 빙 둘러봤다. 나무들이 메마른 들판 여기저기에 흩어져 있었고 햇볕이 쨍쨍 내리쬐고 있었다. 저 멀리에서 와오라니족 목사 두 명이 도끼와 마체테로 나무뿌리를 마구 내리찍는 모습도 보였다.

"그 집은 아주 크게 지어서 2층으로 올릴 거야." 테멘타가 말했다.

그때 스티브가 뭔가를 가지고 나타났다.

"줄자예요." 그가 말했다.

아빠는 그 줄자를 냉큼 받아 들고는 신기해하며 들여다보다가 당겨봤다.

스티브가 설명했다. "이걸 쓰면 내 집을 지을 모든 나무판자와 들보의 길이를 알맞게 맞출 수 있어요."

아빠가 그 줄자를 놓자 뱀처럼 홱 움직이며 아빠 쪽으로 되감겼다. 놀란 아빠는 줄자를 바닥으로 떨어뜨렸다. 엄마가 큰 소리로 코웃음을 쳤다.

스티브는 숫자와 손가락이 어쩌고저쩌고하는 얘기를 하다가 줄자를 나무의 중심부에 빙 두르며 늘려 당겼다. 아빠는 슬퍼 보이는 눈빛을 지었다. 무슨 말인지 이해하지 못했다는 의미라는 걸 나는 알았다.

엄마가 소리 내 웃으며 말했다. "티리는 숫자엔 까막눈이에요!"

그건 나도 마찬가지였다. 토냠파레에서 학교에 다녔는데도 말이다. '숫자를 알아서 뭐에 쓰지? 숲에서는 숫자를 셀 필요도 없잖아. 복숭아야자 열매가 없느냐, 많으냐만 알면 되는데! 걷는 거리가 짧은지 긴지, 애들이 적은지 많은지만 알면 되는데.'

"이 끈을 여기 석유 속에 담가봐요." 스티브가 아빠에게 석유 묻은 시커먼 끈을 건네며 말을 이었다. "그런 다음 이렇게 툭 털어내서 나무에 일직선을 표시하면 돼요."

아빠의 눈빛이 환해졌다. 마음이 놓이는 표정이었다. 이번엔 어떻게 해야 하는지를 이해한 것이었다. 아빠는 큰 나무의 몸통으로 올라서서 전기톱 줄을 확 잡아당겨 전기톱을 깨웠다. 이내 아빠의 양손이 거뭇해지고 팔뚝과 목이 톱밥으로 뒤덮이는가 싶더니 소금벌salt-bee 떼가 구름처럼 몰려와 아빠 주위를 빙빙 맴돌았다. 스티브의 집을 짓는 일은 이제 시간문제인 것 같았다.

아빠가 그의 집을 짓기 위해 일하는 동안 스티브는 설탕, 식용유, 쌀, 성냥 등을 잔뜩 가져다주었다. 그 외에도 고무장화와 연장을 비롯해, 문명의 별의별 물건들을 주었다.

우리는 이제 아침마다 키콰족의 목소리를 들었다. 아빠가 새벽에 라디오를 틀면 온통 키콰족 말과 노랫소리가 흘러나왔다. 당연히 엄마는 좋아했지만, 나는 얼마 안 가 금세 싫어졌다. 내가 살아온 평생토록 우리 가족은 아침에 일어나면 서로 간밤에 꾼 꿈 얘기를 털어놓으며 그 꿈의 의미를 두고 이야기를 나누었다. 그런데 이제 대화가 뚝 끊긴 채 라디오만 듣고 있었다.

활주로가 완성된 이후의 어느 날 밤, 아빠가 우리에게 새로운 소식을 전해주었다. 그때 아빠는 해먹에 앉아 스티브가 몇 달 전에 준 줄자를 당기며 줄자가 튕겨 나왔다 되감겼다 하는 것을 지켜보던 중이었다. 엄마는 불 옆에서 무릎을 구부리고 앉아 얼마 전 나무 막대를 잘라 만든 받침대 위에서 익어가는 maito(마이토)를 획 뒤집고 있었다. 그날 오후에 늦으로 물고기를 잡으러 갔다가 잔뜩 잡아 온 비에하, 완치치, 전기뱀장어를 야자수 잎에 싸서 자체 육즙으로 지글지글 익히는 중이었다.

아빠가 입을 뗐다. "내일 스티브가 아내와 자식들을 데리고 와서 우리와 같이 살 거야."

나는 전에 사진으로 스티브의 아내와 자식들을 본 적이 있었다. 다들 금발 머리를 하고 미소를 짓고 있는 모습이었다. 스티브는 아들 셋과 딸 하나를 두었는데, 딸의 이름은 스테파니였다. 스테파니는 나보다 몇 살 더 많았고 머리 색이 노란색이었다. 정말로 태양처럼 노랬다.

어쩌면 스테파니와 내가 친구가 될 수도 있겠다는 생각이 들었다.

아빠가 줄자를 당겼다가 다시 탁 놓았다.

"그것 좀 그만하면 안 돼?" 불 위로 무릎을 구부리고 앉아 있던 엄마가 말했다. "티리, 당신이 애야? 그러다 고장 내겠네!"

아빠가 불꽃 가까이 뻗고 있던 발가락을 꼼지락거렸다.

아빠가 말을 이어서 했다. "스티브가 나한테 나무판자를 잘라서 침대를 만들어 달라고 부탁했어." 그때는 아빠와 테멘타가 집을 막 다 지은 참이었다.

"땅바닥에서 자라고 해요." 냐메 오빠가 말했다. "그래야 숲속에서 생활하는 법을 익힐 거 아니에요."

"백인들은 살이 아주 물러. 파파야처럼." 아빠가 말했다.

냐메 오빠가 자기 해먹에서 몸을 앞뒤로 흔들어대며 깔깔 웃었다. 이제 남자가 다 된 냐메 오빠는 날이 갈수록 못돼 먹어졌다. 털투성이에 독까지 있는 쐐기벌레를 내 목에 붙여놓는가 하면 나를 진흙탕 길에 밀쳐 넘어뜨리고 카누를 기울여 물속으로 떨어뜨리기도 했다.

"네모, 이제 와서 좀 도와." 엄마가 나에게 매섭게 말했다.

나는 엄마의 말이 떨어지기가 무섭게 고분고분 말을 들었다. 엄마가 칠리페퍼 물을 내 눈에 끼얹은 뒤부터 엄마의 말을 거스르거나 거역하지 않게 되었다.

나에게 기대 잠들었던 에몬타이가 넘어져서 먼저 동생부터 빈 해먹에 눕히고 난 뒤에 김이 올라오는 뜨거운 마이토를 아빠와 남자 형제들에게 가져다주었다. 나는 로이다를 데리고 불 옆 마른 땅바닥에 가서 앉아 야자수 잎을 펼쳤다. 맛 좋고 가시 없는 생선은 아들들에게 가고 미끌미끌하고 가시 많은 뱀장어는 딸들에게 왔다. 나는 손가락으로 촉촉한 흰색 살점을 집어내 가시를 골라낸 후 로이다에게 먹였다. 발로는 해먹 안의 에몬타이를 밀어주면서.

"엄마." 내가 어른이 된 듯 뿌듯함을 느끼며 말했다. "백인 여자들이 개울에서 우리랑 같이 빨래도 하고 그릇도 닦고 그러는 거예요?"

엄마는 내 질문을 마음에 들어 하며 대답해 주었다.

"다유마한테 들었는데 그 사람들은 옷을 빨고 그릇을 닦는 기계가 있대!" 들뜬 어조였다.

"어떤 기계인데요?" 오피 오빠가 물었다.

"다유마 말로는 그 안에서 옷이 빙글빙글 돌아간대. 소용돌이치는 것처럼!"

나는 그 얘기가 듣기 싫었다. 강에서 소용돌이를 일으킬 만큼 힘이 센 동물은 아나콘다뿐이었다. 아나콘다는 위험했다. 아나콘다가 일으킨 소용돌이에 빨려 들어가는 악몽을 몇 번 꾼 적도 있었다.

"백인들은 신 같아요." 오피 오빠가 골똘한 표정으로 말했다. "어떻게 그런 갖가지 물건들을 만들어 낼 줄 알까요?"

"문명 덕분이지." 아빠가 이렇게만 대꾸하더니 더 자세한 설명은 해주지 않았다.

6
세례

    나는 스티브가 옷을 빨고 그릇을 닦아준다는 그 기계들을 이곳 숲까지 가져올지 궁금했다. 오늘 비행기에서 그 기계들을 내릴지 모른다는 기대감이 들었다. 어떻게 생긴 기계인지 직접 보고 싶었다. 하지만 내가 가장 보고 싶어 한 것은 따로 있었다. 스테파니였다.

    아침에 비행기 다가오는 소리가 들렸을 때 나는 남자 형제들과 경쟁을 벌이듯 그늘진 오솔길을 내달려 활주로로 갔다.

    그 뒤로 아빠와 같이 활주로 개간지 주변부에서 내내 기다렸다. 가장 먼저 내린 사람은 스티브의 아들들이었다. 이어서 스테파니가 수줍은 미소를 머금고 비행기 밖으로 나왔다. 아주 예쁘게 생긴 아이였다. 피부는 예전에 저 위쪽 강 상류에서 봤던 반짝거리는 돌멩이처럼 하얬고 머리칼은 우거진 숲에서 떨어져 내리는 노란색 꽃

같았다. 나는 뒤쪽으로 물러나 선 채로, 세인트 가족이 활주로 한가운데에서 와오라니족 목사들과 같이 기도하는 모습을 지켜봤다. 냐메 오빠가 스테파니와 가까이에 서 있었다. 둘은 나이가 같았지만 스테파니가 오빠보다 훨씬 더 컸다. 오빠가 얼굴을 찌푸리고 있는 게 보였다. 스테파니의 얼굴에는 또 다른 차원에서 부끄러워하는 표정이 번졌다.

그 가족이 가져온 짐들이 내려질 때 가만히 지켜봤지만 내가 보기에 기계로 여겨질 만한 물건은 없었다. 아빠는 모든 짐을 길에 내려놓을 때까지 끝까지 도왔다. 나는 스테파니에게 가까이 다가가 어떤 냄새가 나는지 알아보고 싶었지만 주저하면서 앞으로 나서지 못했다.

그다음 며칠 동안 나는 할 수만 있다면 어떻게든 딸로서 해야 할 일들을 피하려 했다. 엄마는 얼마 안 있으면 또 아기를 낳을 예정이라서 툭하면 나에게 도와달라고 했다. 엄마가 강 하류 쪽 밭에 같이 가자고 카누에서 나를 불렀을 때, 나는 근처의 카사바밭 속에 숨었다. 마음속이 온통 스테파니에게 가까이 다가가 그 애를 보고 싶은 바람뿐이었다. '그 애도 나처럼 숲으로 가서 오줌을 싸고 똥을 눌까? 아니면 아빠와 다른 사람들이 그 애를 위해 만들어 준 집 안에 들어가서 볼일을 볼까? 그 애는 치차를 만들 줄 알까? 걔는 뭘 하면서 놀까?'

어느 날 아침, 우리 캠프 근처의 얕은 개울가에서 엄마와 옷을 빨고 있을 때였다.

스테파니가 엄마인 지니와 같이 오솔길을 걸어 우리 쪽으로 오고 있었다. 옷이 담긴 바구니를 같이 들고 왔다. 나는 옆눈으로 흘끗 두 모녀를 지켜봤다. 모녀는 옷들을 어디에 둬야 할지, 어디에 앉아야 할지 몰라 쩔쩔매고 있었다. 엄마가 자리에서 일어나더니 두 개의 밑동에 반들반들한 나무판자를 걸쳐놓은 후 손으로 옷을 빠는 방법을 직접 보여주었다.

스테파니와 지니는 엄마가 비누칠한 셔츠를 그 나무판자에 대고 철썩철썩 때리는 모습을 신기하게 쳐다봤다.

"이래야 때가 다 빠져요." 엄마가 설명해 주었다.

지니는 그 말을 제대로 알아듣지 못해서 고개를 가로저으며 소리 내 웃었다. 엄마도 따라 웃었다. 지니는 몸이 날씬했고 치아가 반듯반듯하고 하얬다. 머리칼은 머리 위쪽으로 모아 틀어 올리고 있었다.

개울 상류에는 새우가 있었다. 탁한 개울 바닥에서 새우들이 허둥지둥 달아나는 모습이 내 눈에 들어왔다.

"저기 봐, kongiwe(콩히웨)야!" 내가 스테파니에게 외치며 개울의 모래 바닥을 따라 서둘러 지나가는 새우를 가리켰다. 스테파니가 눈을 가늘게 뜨고 봤다.

"저 앤 아직 잘 못 알아봐." 엄마가 목소리를 낮춰 속삭였다.

"그럼 제가 보여줄래요." 내가 말했다.

나는 두 손으로 새우 한 마리를 잡아 스테파니에게 보여주었다. 스테파니가 킬킬 웃었다.

"콩히웨 더 찾아보자." 내가 그 애의 부드러운 손을 붙잡으며 말했다. 그 애가 잠시 저항하며 자기 엄마를 돌아보자, 그 애의 엄마는 괜찮다고 고개를 끄덕여 보였다.

우리 둘은 좀 멀찍이 걸어갔을 때쯤 두 엄마를 뒤돌아봤다. 지니가 티셔츠를 나무판자에 대고 손바닥으로 때리고 있었지만 힘이 턱없이 약했다.

"더 세게요. 이렇게요!" 엄마가 말했다.

이번엔 우리가 꽤 멀리 떨어져 있었는데도 티셔츠를 때리는 소리가 철썩철썩 들렸다. 둘이 같이 개울의 모래 바닥 상류 쪽으로 걸어가던 중 내가 나뭇잎 아래에 숨어 있는 새우들을 가리켰다. 스테파니는 그중 한 마리를 잡아보려고 했지만 손이 너무 느렸다. 나는 야자수 잎 한 개로 작은 카누를 만드는 방법을 보여주었다. 그런 다음 새우 한 마리를 그 카누에 실어 개울 아래로 띄밀었다. 우리는 같이 깔깔 웃으며 서로에게 물을 튀기며 장난을 쳤다.

그 애에게 전에 살던 곳에도 개울과 나무와 새우가 있는지 물어보고 싶었다. 하지만 물어봐 봤자 그 애가 말을 알아듣지 못할 게 뻔했다. '백인들은 손으로 직접 옷을 빨거나 새우를 잡는 요령도 잘 모르면서 어떻게 비행기며 라디오며 전기톱 같은 걸 만들었을까?'

스티브가 오고 나서부터 우리의 새 마을은 하루가 다르게 주민 수가 늘어났다. 그 숲 전역의 여러 마을에서 와오라니족 목사들이 가족을 데리고 왔다. 네몬파레는 오코와 취침용 오두막이 하나둘 들어서며 공동체로서 빠르게 성장해 갔다. 집들은 토냠파레에 비해 서로 더 멀리 떨어져 있었고, 대부분이 숲의 가장자리에 아늑하게 자리 잡았다. 그리고 약간 더 상류 쪽에는 캠프가 있었다. 그곳에서 몇몇 목사들이 살았고 서서히 카바나cabana라는 명칭의 롱하우스 한 채가 지어지고 있었다. 스티브의 설명으로는 그 캠프는 관광객을 위한 시설이었다. 그리스도교 신자 관광객들을 네몬파레로 초대해 와오라니족의 생활과 예배를 체험시킬 계획이고 그렇게 되면 우리 공동체에도 도움이 될 거라고 했다. 게다가 스티브는 우리 마을 남자들에게 기술을 가르쳐 주겠다고도 했다.

"저 사람은 레이첼과는 달라." 사람들이 너도나도 한목소리로 말했다.

우리 가족은 서서히 세인트 가족과 친해졌다. 엄마는 특히 지니와 친하게 지내며 늘 그녀를 도와주고 이것저것 가르쳐 주었다.

"와오라니족과 같이 살지만 와오라니족이 아닌 것이 어떤 일인지 나는 잘 알아." 엄마가 말했다.

우리 가족으로 태어난 그다음 아기는 여자아이였고 그 아기가 태어났을 때 나는 잠을 자고 있었다. 아기가 밤중에 나와서 나는 아침이 되어서야 해먹에서 엄마의 가슴 위에 평온히 누워 있는 아기를 보게 되었다. 이제 우리는 냐메 오빠, 오피 오빠, 나, 빅토르, 로이다, 에몬타이, 넹헤레 이렇게 칠 남매가 되었다.

우리 가족은 매일 저녁마다 세인트 가족의 집에 갔다. 그 집은 마을 사람 누구든 가고 싶으면 갈 수 있는 곳이었다. 넹헤레는 엄마가 동여매서 데려갔고 다른 남매들은 걸어서 갔다. 에몬타이는 두 살이라 금방 잠이 들었다. 로이다도 마찬가지였다. 하지만 나에겐 그 저녁 시간이 모험의 시간이었다. 숲을 떠나 사는 삶을 가장 근접히 접해보는 경험이었다.

그 집은 밖에 우르릉거리며 돌아가는 전기 발전기가 있어서 여러 가지 놀라운 일들이 가능했다. 흰색 전구에서 빛이 나오는 일부터 그랬다. 그 불빛에 끌려 서까래로 나방과 초파리 떼가 몰려들기도 했다. 또 그 집에선 아빠가 전기톱으로 목재를 켜서 만든 마룻바닥에 앉았고 텔레비전이라는 것을 봤다. 텔레비전에서 나오는 말들을 이해할 수는 없었지만 그건 중요한 문제가 아니었다. 그 안에서 다유마가 말했던 그런 세계가 펼쳐지고 있었다! 백인들이 사는 곳, 비행기가 오는 바로 그곳을 볼 수 있었다!

매일 밤 나는 입을 벌린 채 텔레비전을 뚫어져라 봤다. 그렇게 보다 보니 숲 밖에 사는 백인들은 밥도 잘 안 먹고 잠도 안 자는 것 같았다. 남자들은 툭하면 서로 싸우고 죽였다. 레이첼이 했던 말이 생각났다. 세상은 아주 크고 와오라니족은 숫자가 아주 적다던 그 말이.

"오늘 밤엔 예수님 이야기를 볼 거야." 어느 날 지녁, 스티브 세인트가 텔레비전 옆에 서서 양손을 깍지 끼며 말했다. "주님, 저희가 저희의 죄를 대신해 돌아가신 아드님의 이야기에 마음을 열게 하소서. 오늘 밤 예수님을 저희 가슴 속에 들어오게 하사 저희의 구세주이신 주님에 대한 믿음이 더 깊어지게 하소서. 아멘."

사람들이 예수의 무덤이 비어 있는 것을 보는 장면으로 영화가 끝났을 때 스티브가 발전기를 껐다. 그는 입 밖으로 말은 안 했지만 우리가 자기 집에서 너무 오래 있는 걸 싫어하는 눈치였다. 하긴, 그가 발전기를 끄지 않았다면 우리는 밤새도록 죽치고 있었을 텐데 이제는 촛불 하나만이 깜빡거리고 있어서 그만 집에 갈 수 밖에 없었다.

"나도 너와 같은 눈을 가졌으면 좋겠다. 파란 눈." 내가 스테파니에게 말했다.

스테파니의 방에 앉아 미니 거울로 내 얼굴을 빤히 들여다보다 나온 말이었다. 그 애는 자기 침대에 올라가 무릎에 마법의 나무 상자를 올려놓고 음악을 틀고 있었다. 돌연 창피한 기분이 들었다. 내가 왜 그런 말을 했을까?

스테파니는 미소 띤 얼굴로 나에게 고개를 끄덕여 보이며 대꾸했다. "waponi(와포니)." 우리 말로 '좋다'나 '환영한다'는 뜻이었다. 그 애가 내 말을 알아듣지 못한 것 같아 마음이 놓였다.

스테파니는 자기 방에 갖가지 물건을 가지고 있었다. 매트리스와 부들부들하고 화사한 색의 담요가 깔린 나무 침대가 있었고 서랍장에는 여러 벌의 옷이 반듯이 개어져 쌓여 있었다. 머리 단장을 위한 빗, 리본, 나비매듭 리본, 머리핀과 입술에 바르는 아치오테도 있었고 침대 주위에는 인형과 솜인형 동물이 가지런히 놓여 있었다.

'애는 이것들을 전부 자기 손으로 만들었을까?' 그 애의 화려한 색 옷들을 보면 이런 궁금증이 일기도 했다. '저 색은 뭐로 물을 들인 걸까? 뿌리일까, 아니면 나무껍질이나 잎사귀일까?'

나는 거울에 비친 내 모습을 빤히 들여다봤다. 내 코는 넓고 납작했다. 피부는 까무잡잡했고 입술은 두꺼웠다. 이빨 사이가 군데군데 많이 벌어져 있었다. 스테파니의 이는 가지런하고 하얀데.

나는 스테파니를 다시 쳐다봤다가 그 애의 두상이 거북이 알처럼 둥글게 생긴 것을 알아챘다. 고개를 옆으로 틀어 내 옆모습을 봤더니 달랐다. 내 머리는 뒤통수가 납작했다.

문득 궁금했다. '나는 예쁜 건가?'

"엄마, 스테파니의 머리카락 정말 예쁘지 않아요?" 어느 이른 아침, 오코 안에서 내가 물었다.

엄마는 야자수 잎 빗자루로 바닥을 쓸던 중이었다. 넹헤레가 아직 조그만 아기였는데 엄마는 또 임신을 했다. 지쳐 보이는 얼굴이었다. 엄마가 비질을 멈추더니 어깨 위로 둘러맨 천 싸개를 매만진 후 내 갓난쟁이 여동생을 다시 잠재우려 토닥토닥 얼렀다.

"이리로 와서 앉아 봐." 엄마가 나무 밑동 하나를 쳐다보며 말했다. 해먹으로 털썩 주저앉으며 말을 이었다. "어디 좀 보자. 네 머리에 이가 있을 거야. 그래서 스테파니의 머리에 질투가 나는 걸 테지!"

엄마가 나에게 질투한다는 말을 한 것은 그때가 처음이었다. 나는 엄마 옆의 작은 나무 밑동에 앉아 눈을 감았다. 엄마의 손가락이 내 두피 사이를 빠르게 훑어 나갔다. 이때가 엄마와 함께하는 시간 중 내가 가장 좋아하는 순간이었지만 형제자매가 늘어날수록 그런 시간이 점점 줄었다. 나는 아주 꼬맹이 때부터 이 순간을 통해, 내 머리카락을 빗질해 주며 이의 알을 골라내고 이빨로 이를 깨물어 으깨주는 그 손길을 통해 엄마의 사랑을 느꼈다.

"같이 머리 감은 지 한참 됐잖아요." 내가 기대를 품고 말했다. 엄마는 알겠다는 뉘앙스의 한숨을 내쉬었다.

며칠 후, 나는 엄마를 따라 숲속으로 들어가 끈적끈적한 잎, 거품이 나는 갈대, 기름기 많은 열매 들을 따 모았다. 숲에서 나는 샴푸와 린스였다.

"여자는 머리카락을 엉덩이 아래까지 기르려면 어떤 식물이 머리칼에 윤을 내주고 어떤 식물이 머리끝이 갈라지지 않게 해주는지 알고 있어야 해. 모근에 영양분을 주는 식물도 있어. 큰부리새의 깃털이 왜 그렇게 윤기가 돌겠니?"

"그 새들이 먹는 열매 때문에요?"

"아우우우! 동물은 우리의 스승이 되어주기도 해. 그 사실을 잊지 마." 엄마가 멀리에 있는 웅구라우아 나무를 가리키며 말했다. "저기 좀 봐봐. 큰부리새들이 깃털에 윤기를 내주는 페토모 열매를 먹고 있잖아!"

개울의 모래 강둑을 따라 요웨메 덩굴이 뱀처럼 꼬불꼬불 뻗어 있었다. 엄마는 즙이 많은 그 초록색 덩굴줄기를 얇게 썰었다. 나는 맨발로 물속에 들어가 서서 발가락을 바닥의 조약돌에 대고 꼼지락댔다. 일렁이는 물속에 비친 내 모습을 빤히 바라봤다. 마음속에서 익숙한 아픔이 일었다.

"우리는 피부가 왜 이렇게 까무잡잡해요?" 내가 물었다.

엄마는 개울의 질퍽거리는 강둑에 무릎을 꿇고 앉아 뭉뚝한 길이의 그 덩굴을 야자수 잎으로 둘둘 말아 바구니에 담고 있었다. 엄마가 그 물음을 탐탁지 않아 하는 것이 느껴졌다.

"그거야 우리가 숲에 살고 있고, 땅과 가까이에 있으니까 그렇지."

엄마와 같이 숲속을 헤치고 걸어 마을로 돌아왔을 때 나는 엄마의 말에 대해 생각했다. '그 말은 우리가 더럽다는 뜻일까? 그래서 우리 피부색이 마른 잎의 색인 건가?'

같이 머리를 감은 후에 엄마는 해먹에 앉아 내 머리끝을 무릎에 걸쳐놓고 복숭아야자 빗으로 살살 빗질해 주었다.

"어린 여자애는 남자애들이 머리를 만지게 하면 안 돼." 엄마가 말했다. "여자아이의 머리카락은 신성해. 엄마나 자매만 만질 수 있어. 이렇게 안 하면 머리카락이 빠지기 시작할 거야!"

나는 이제 내 머리카락에 아주 윤기가 돌 거라고 생각했지만 엄마가 이렇게 말했다. "다음엔 바타카웨 나무를 찾아보자. 그 나무의 기름이 바닐라 같은 냄새가 나는데, 그 기름을 쓰면 지금보다 훨씬 더 윤기가 반들반들할 거야."

"존슨즈 오일처럼요?" 냐메 오빠가 불쑥 끼어들어 말했다.

다들 오빠가 무슨 말을 하는지 몰라 어리둥절했다.

"백인들이 쓰는 병에 담긴 물건을 말하는 거예요. 저번에 보니까 스테파니가 머리에 바르고 있더라고요. 색은 꿀색이었지만 냄새는 지독했어요."

불현듯 스테파니에게 내 윤기 나는 머리를 보여주고 싶어졌다. 지금은 교회에 있을 시간이었다. 나는 몸을 꼬아 엄마에게서 떨어졌다.

"아직 안 끝났어!" 엄마가 뭐라고 했지만 이미 엄마에게서 멀리 벗어난 뒤였고 빅토르가 내 뒤에 바짝 붙어 따라왔다.

교회는 아나콘다들이 사는 U자 모양의 늪 근처에 있었다. 건물이 나무판자와 철판 지붕으로 지어졌고 바닥은 흙바닥이었다. 스테파니는 맨 앞의 자리에 엄마와 나란히 앉아 있었다. 맨발이었고 흰색 원피스를 입고 있었다.

우리 가족은 교회에 다니는 것이 익숙하지 않았다. 스티브는 레이첼이 그랬던 것처럼 우리를 교회에 나오게 만들려고 애쓰지 않았다. 나는 빅토르와 같이 구아바 나무의 그늘에서 꾸물거리다 조용히 안으로 들어갔다. 밍카예가 앞에 서서 눈을 감고 손바닥을 위로 향하게 올린 채 기도에 심취해 있었다. 뒤쪽 자리에는 엄마들끼리 서로 숙덕거리며 아이들의 머리에서 이를 찾고 있었다. 그런 모습이 보기 좋았다. 마음이 편해졌다. 레이첼은 이 잡는 걸 질색해서 교회에서 그런 모습을 보면 어김없이 낮고 화난 목소리로 명령을

139

내리며 손가락을 좌우로 흔들어댔다.

나는 스테파니 앞에 무릎을 꿇고 앉아 머리끝을 두 손으로 잡으며 바닥에 닿을세라 조심조심했다.

"우리 엄마가 감겨줬어." 내가 뿌듯해하며 속삭였다. "엄마가 요웨메 덩굴을 발라줬어."

스테파니는 나에게 고개를 끄덕여 보인 후 입술에 손가락을 가져다 대며 말했다. "쉬이잇." 나는 그게 무슨 뜻인지 몰랐다. 그 애가 내 머리카락을 두 손으로 잡더니 머리를 땋아주기 시작했다.

교회 앞쪽에는 스테파니의 아빠가 밍카예의 어깨에 한 팔을 걸치고 서 있었다. 스티브가 말을 하자 모든 사람이 아주 주의 깊게 들었다. 이제는 뒷자리에서도 숙덕거림이 뚝 그쳤다.

스티브가 따뜻한 미소를 띠며 입을 뗐다. "밍카예는 젊은 청년이었을 때 영혼이 온통 검게 얼룩져 있었어요. 웽공히의 길을 몰랐던 탓이었죠."

밍카예의 아내가 요란하게 웃음을 터뜨렸다. 예전에 토남파레에 헬기가 왔던 그날 귀걸이를 받았던 그 여자였다. 지금도 그 귀걸이를 차고 있었지만 더는 그렇게 반짝거리지 않았다. 그녀가 큰 소리로 외쳤다. "저 사람은 내 아버지를 창으로 찔러 죽이고 나를 자기 아내로 취했어요. 그때 어린아이였던 저를요!"

모두가 웃으며 야유의 고함을 보냈다.

"맞습니다. 그리고 내 아버지도 창으로 찔러 죽였지요." 스티브가 밍카예의 어깨를 장난스레 꽉 쥐며 말했다.

이제는 나도 그 선교사들의 죽음에 얽힌 얘기라면 모르는 게 없었다. 말이 나와서 하는 말이지만 조종사였던 레이첼의 남동생을 다른 네 명과 같이 토남파레 근처의 강변에서 어떻게 죽였는지는 셀 수도 없을 만큼 많이 들었다. 하지만 검은 얼룩은 처음 듣는 애기였다.

"그 죄의 검은 얼룩은 아주 깊이 물들어 있었습니다." 스티브가 말했다. "하지만 밍카예가 웽공히에게 마음을 열었기 때문에……." 이 대목에서 눈물을 글썽이며 말을 잠시 끊었다가 다시 이어 말했다. "하느님이 그를 용서하고 영혼을 희게 해주셨습니다."

스테파니는 다정한 손질로 차분히 내 머리를 땋아내려 갔다. '내 영혼에도 검은 얼룩이 있을까?' 이렇게 혼자 자문했다가 살짝 마음이 조이면서 그럴지도 모른다는 생각이 들었다. 나는 웽공히에게 말을 건 적조차 없었으니까.

스티브가 이어서 말을 하고 있을 때 커다랗고 시커먼 딱정벌레 한 마리가 메말라서 금이 간 교회 땅바닥을 소란스레 돌아다녔다. 번들번들하고 뿔이 달려 있는 그 모습이 마치 악마 같았다. 그때 갑자기 나를 따라 들어왔던 빅토르가 그 벌레를 오셀롯보다 더 날쌔게 땅바닥에서 잡아채서는 종종걸음으로 후다닥 교회 밖으로 나갔다. 나는 벌떡 일어나 뒤따라갔다. 집으로 이어진 오솔길을 달려 내려가는 사이에 스테파니가 땋아준 머리가 스르륵 풀어져 버렸다.

얼마 지나지 않아 하느님의 관광객들이 찾아오기 시작했다. 몇 명 안 되는 사람들은 비행기로 왔지만 수가 많은 일행들은 줄줄이 카누를 타고 왔다.

우리는 강가로 늘어져 내린 미와고 나무의 가지 사이에 숨어서 그 사람들을 보며 웃어댔다. 주근깨투성이의 여자애가 카누에서 내리다 진창에 허리까지 빠져서 도와달라고 소리소리 질렀을 때는 내 남자 형제들이 배꼽 빠지게 웃다 나무에서 떨어질 뻔하기도 했다. 밍카예와 테멘타가 그 여자애를 끌어당겨 빼내는 걸 보면서도 킥킥대며 웃음을 멈추지 못했다.

"하느님의 관광객들 좋아하네!" 오피 오빠가 비웃었다. "카누에서 잘 내리지도 못하면서 무슨!"

한번은 세 대의 카누가 꽉 차도록 많은 수의 관광객이 온 적이 있었다. 나는 그렇게 많은 코오리는 그때 처음 봤다. 나도 그 사람들을 따라 숙소인 강 상류의 카바나에 가보고 싶었지만 엄마가 못 가게 했다.

"엄마랑 아빠는 왜 우리한테 하느님의 관광객들을 따라가지 못하게 해?" 내가 물었다.

"백인 남자애들이 여자애들 가슴을 만지기 좋아해서 그런 거야." 냐메 오빠가 웃으며 말했다.

나도 따라 웃었지만 내 웃음은 불편한 웃음이었다. "그게 무슨 말이야?"

"백인 남자애들이 강에서 와오라니족 여자애들의 가슴을 만지는 걸 내가 봤어!"

냐메 오빠가 워낙 장난을 잘 치다 보니 오빠 말을 믿어도 될지 분간이 안 됐다.

이번엔 오피 오빠가 나서서 말했다. "와오라니족 목사들이 백인들을 자기들끼리 독차지하고 싶어 해서 그런 거야. 그 사람들은 우리 가족이 쌍안경, 칼, 옷처럼 하느님의 관광객들이 주는 물건들을 받을까 봐 싫어해. 자기들이 다 갖고 싶어 한다고."

나는 스테파니가 자기 방에 가지고 있는 물건들이 떠올랐다. 정말 그러고 보니 그 애는 원피스든 인형이든 그 외의 어떤 물건을 나에게 준 적이 없었다. 항상 보면 목사의 딸들은 예쁜 원피스를 입고 새 고무장화를 신고 있기도 했다.

아무래도 그 캠프에 직접 가서 하느님의 관광객들이 상류의 카바나에서 뭘 하는지 알아봐야 직성이 풀릴 것 같았다. 해가 지기 직전, 나는 엄마와 아빠가 강가에서 생선의 내장을 빼내고 있는 틈에 치그라에 내 담요와 모기장을 꾹꾹 밀어 넣었다. 그런 후 해먹에 있는 냉헤레를 한 번 더 밀어준 다음 살금살금 활주로로 이어지는 오솔길로 갔다.

맨발로 차가운 풀을 헤치고 달리면서, 이웃 사람 중에 밭일이나 사냥을 마치고 집으로 돌아가다 나를 보는 사람이 없길 바랐다. 늦은 시간이었다. 하늘이 색을 갈아입으며 숲 바닥으로 떨어져 썩어가는 난초꽃 같은 색을 띠어갔다. 활주로 가장자리에서 좁은 오솔길을 따라 습지를 지나고 개울을 건너니 높이 솟은 숲의 우거진 나무 사이로 빛이 어둑어둑해졌다. 어느새 밤이 저물고 있었고 가슴속에서 심장이 쿵쿵 뛰었다.

"으으으으으으흐흐흐흐, 으으으으으으흐흐흐흐흐!" 멀리에서 소리가 들려왔다.

뒤에서 난 소리 같았다. 하지만 때때로 숲이 장난을 치기도 하니 돌 튕기는 소리나 소용돌이치는 바람 소리나 정령의 웃음소리일지도 몰랐다.

나는 아름드리 케이폭 나무의 노출된 뿌리 사이로 보이지 않게 숨었다. 잠시 후 타닥타닥, 발걸음 소리가 들렸다.

"오오오오오ㅎㅎㅎㅎㅎ, 오오오오ㅎㅎㅎㅎㅎㅎ!"

"너 뭐야, 미쳤어?" 내가 꽥 고함을 질렀다.

빅토르가 천진난만하게 대답했다. "누나 따라왔지."

"그래, 알겠어! 이제 그만 집으로 돌아가!"

"싫어. 누나가 어딜 가고 있는지 몰라도 같이 갈래. 나는 재규어랑 교신하는 사람이야. 그러니까 재규어들이 누나를 공격하지 않을 거야." 빅토르는 밤중에 숲속을 걷는 것을 조금도 겁내지 않았다.

우리는 흩뿌려진 달빛 속에서 앞으로 걸어나갔다. 얼마 안 가서 작은 개간지의 가장자리가 나왔고 거세게 나부끼는 불 그림자가 보였다. 여러 사람의 뒤섞인 목소리가 들렸다. 백인 말뿐만 아니라 와오테데도도 섞여 있었다. 우리 뒤에서, 숲이 삑삑거리고 고동치며 신음 소리와 야유 소리를 냈다.

퍼뜩 스치는 생각이 있었다. '미접촉 부족인 우리 친족들이 어디에 있든, 이렇게 숲 가장자리에 서서 말없이 백인들을 지켜보고 있지 않을까?'

"숲속에서 자자. 재규어처럼 케이폭 나무뿌리 사이에서." 빅토르가 귓속말을 했다.

하지만 익숙한 사냥 노래와 야생 페커리 떼 소리처럼 땅을 쿵쿵 치는 소리가 들려온 순간 우리는 유혹을 거부할 수 없었다. 어느새 발걸음이 카바나 쪽으로 향했다.

그 롱하우스의 양쪽 끝에서 촛불과 작은 모닥불이 타오르고 있었다. 우리는 잠시 그늘 속에서 꾸물거리며 구경만 했다. 스테파니와 주근깨투성이 여자애가 맨발로 와오라니족 여자들과 팔짱을 끼고 있었다. 팔짱을 낀 여자들 대부분은 목사들의 아내였다.

우리는 롱하우스의 깜박이는 불빛 쪽으로 조금씩 다가갔다. 내가 기분이 들떠서 말했다. "다들 춤을 추고 있어! 코오리들이 우리 노래에 맞춰 춤을 추고 있다고!"

하지만 빅토르는 이미 흥겨워하는 와오라니족 남자들의 무리 속으로 자리를 뜨고 없었다. 남자들은 땅바닥에 발을 구르며 하느님의 관광객들을 이끌고 롱하우스를 빙빙 돌면서 '카야웨, 카야웨' 하며 노래하고 있었다. 야생 페커리를 뒤쫓아 창을 던지는 내용의 사냥춤 노래였다.

그때 스테파니가 나를 보고 손을 흔들어 보이며 웃었다.

"poi(포이), 포이. 이리 와." 노랫소리 때문에 들리지 않아 입으로만 말했다.

어느새 나는 스테파니, 마을의 연장자인 와토라는 이름의 할머니와 손을 서로 맞잡고 방 안을 빙글빙글 돌고 있었다. 와토라는 재규어들에게 길러진 내력 때문에 우리 마을 사람들 사이에서 유명했다.

빅토르와 내가 밤에 불쑥 나타난 것을 이상하게 여기는 사람이 아무도 없는 것 같았다.

그날 밤, 빅토르와 나는 그 롱하우스 구석에서 작은 모닥불 옆의 흙바닥에 누워 잤다.

빅토르가 물었다. "코오리들이 정말로 사람이야?"

"그게 무슨 소리야?"

"그러니까 진짜로 사람이 맞아, 아니면 다른 존재인 거야?"

"사람이지."

"동물을 사냥할 줄 알아?"

"그건 아닌 것 같아."

"그럼 사람이 아닌 거잖아."

나는 대답하지 않았다. 슬슬 졸렸다.

"그리고 코오리들은 이상한 냄새도 나."

그날 밤은 개골개골 개구리 소리와 올빼미 소리로 진동했다. 우리 근처의 해먹에서 자고 있던 백인 어른 남자가 거친 숨소리를 내고 있기도 했다.

빅토르가 갑자기 속삭였다. "백인들도 방귀를 뀌나?"

내가 웃었다.

"밤새 잠이 안 올 것 같으니까 방귀를 뀌는지 안 뀌는지 보면 되겠다!" 동생이 말했다.

아침에 우리는 강변에 앉아 있었다. 나는 무릎을 가슴 쪽으로 끌어안고 앉아 주근깨투성이 여자애가 옷을 입은 채 얕은 강물로 걸어 들어가는 모습을 동생과 같이 지켜봤다. 코오리들은 모두 강가에서 손을 잡고 반달 모양으로 둘러서 있었다.

와오라니족 목사들은 강물에 들어가 주근깨투성이 여자애를 에워싸고 있었다. 테멘타가 그 애에게 두 팔을 가슴 쪽으로 끌어안게 잡아주었다. 밍카예는 여자애의 목덜미를 잡으며 한 손으로 그 애의 입과 코를 덮었다. 그러더니 갑자기 뒤로 거꾸러뜨렸다. 다시 수면으로 올라왔을 때 그 애는 두 손으로 얼굴을 덮고 있어서 울고 있는지 웃고 있는지 분간할 수 없었다.

"웽공히!" 밍카예가 손바닥을 하늘로 향하게 올리며 외쳤다. "오래전 당신께서 아담과 이브, 숲의 모든 것과 동물들을 창조하셨는데 저희는 당신을 몰랐습니다. 그래서 저희 영혼이 검어 창으로 붉은 피를 쏟아냈나이다."

또 검은 얼룩 얘기가 나왔다. 나는 그 말이 싫었다.

밍카예가 계속 말을 이었다. "당신께서는 머나먼 곳에서 코오리들을 저희에게 데려와 주셨습니다. 그리하여 이제 저들이 당신을 가슴 속에 받아들였고 이 물이 저들의 영혼을 순결케 하여 저들이 당신을 더 가까이 느낄 수 있고, 우리가 서로 형제가 될 수 있게 되었습니다."

'밍카예가 왜 백인들의 영혼을 깨끗하게 해주는 거지?' 나는 잘 이해가 되지 않았다. '저 사람들의 영혼은 이미 깨끗하지 않나?'

백인들은 한 명씩 얕은 물로 걸어 들어갔고 와오라니족 목사들이 그 사람들의 머리를 물에 담갔다.

밍카예가 모두를 빙 돌아보며 말했다. "가슴을 열고 하느님의 사랑을 받아들일 사람 또 없나요?"

스테파니가 나를 돌아보더니 고개를 끄덕이고 미소를 지어 보내며 강물 속으로 들어가라고 부추겼다. 나는 빅토르를 돌아봤다. 동생은 귀뚜라미들을 모래 속에 묻느라 정신이 팔려 있었다. 내 머리가 바쁘게 돌아갔다. '내가 물속에 들어가면 스테파니가 나한테 자기 옷을 주고, 건반악기 치는 법을 가르쳐 줄지도 몰라. 같이 비행

기를 타고 레이첼의 땅으로 가게 될 수도 있지 않을까?'

나는 자리에서 일어났다. 빅토르가 빤히 쳐다봤다. 여러 얼굴이 나를 돌아봤다. 나는 천천히 강변으로 걸어갔다. 긴장되어 어깨가 구부러졌다. 날 보고 있는 스테파니의 시선을 느끼며 물이 가슴 높이까지 차도록 물속으로 걸어 들어갔다. 내 영혼이 검다면 그 이유는 엄마가 툭하면 나를 화나게 하기 때문일 테고, 이렇게 하고 나면 영혼이 깨끗해질지도 모른다고 생각하면서.

밍카예의 차가운 손이 내 목을 잡았다. 세 명의 또 다른 목사들인 테멘타, 파, 요웨가 물속에서 몸을 웅크린 자세로 나를 에워쌌다. 목사들에게서 따뜻한 숨결이 맡아졌다. 눈빛들이 자랑스러움으로 환하게 빛나고 있었다.

"당신의 아드님의 피로 네몬테의 죄지은 영혼이 깨끗케 되어 이 아이가 당신의 딸이 될 수 있게 하소서." 밍카예가 웽공히에게 낮고 진지한 어조로 읊조렸다.

그러곤 손가락으로 내 코와 입을 누르며 나를 물속으로 밀어 넣었다. 나는 눈을 계속 감고 있었다. 잠시 다른 세상에 들어가 있었다. 그 수면 아래는 소리가 한없이 깊고, 감촉은 차고 부드러운 세상이었다. 뒤이어 내 몸이 다시 위로 들렸고 나는 몸에서 물을 주르르 떨어뜨리며 빛과 공기에 휩싸였다.

"하늘에 계신 하느님 아버지!" 밍카예가 갑자기 갈라지는 목소리로 하느님을 불렀다. "아드님이신 예수 그리스도의 이름으로 이제 네몬테는 당신의 딸이 되었나이다. 이 아이가 다시 어둠 속에 빠지지 않게 하소서. 그 영혼이 깨끗해졌으니 당신의 어여쁜 딸로 살아갈 것입니다. 당신의 말에 귀 기울이며 당신을 섬기고 당신을 위해 힘쓸 것입니다. 오, 주여."

나는 강물 한가운데에 가만히 서 있었다. 하느님의 음성에 귀를 기울였지만 그런 음성은 들리지 않고 강가에서 외쳐대는 소리만 들려왔다. "할렐루야, 할렐루야." 스테파니를 쳐다보니 울고 있었다. 얼굴이 환하게 달아올라 있었다.

나는 모든 얼굴을 빤히 둘러봤다. 나와 가까운 곳의 목사들부터 더 멀리에 있는 코오리들까지 모두를 보다가 얼떨떨해졌다. '저 사람들은 왜 울고 있지? 나는 왜 눈물이 안 날까? 나는 왜 정말 아무 일도 없었던 것 같은 기분일까?'

빅토르가 올빼미처럼 눈을 크게 뜨고 나를 빤히 봤다. 그 눈빛이 이렇게 말하고 있었다. '대체 무슨 짓을 한 거야? 미쳤어.'

목사들이 서로 돌아가며 계속 말을 했지만 무슨 말을 하는지 잘 들리지 않았다. 멍했다. 잠시 후 나는 모든 백인과 같이 얕은 물가에 서 있었다.

"두 손을 하늘로 들어 올려 웽공히에게 기도를 올리세요." 스티브가 말했다.

'웽공히에게 소리 내서 말하라는 건가?' 나는 주근깨투성이 여자애를 쳐다봤다. 그 애는 눈을 감고 고개를 뒤로 젖히면서 두 손을 쫙 뻗고 있었다. 나도 똑같이 해보려 했지만 기분이 아주 이상했다.

"저는 이제 당신의 딸입니다." 나는 불편한 마음으로, 숨죽여 속삭였다. "저에게 언제 말을 걸어주실 건가요, 아버지?"

나는 기다렸다. 보카치코 떼가 상류 쪽으로 날쎄게 헤엄쳐 갔다. 웽공히에게선 아무 말도 들려오지 않았다.

7
도쿠멘토스

"이제 팬케이크 뒤집어야 해." 스테파니가 말했다. "이걸로 뒤집어 봐!" 미소를 지으며 주걱을 건네주었다.

나는 팬케이크를 내려다보고 서서 그 주걱을 휘두르다 살짝 얼굴을 붉혔다. 스테파니의 오빠 제시가 해먹에서 우리를 지켜보고 있었다. 스토브에 요리를 하는 건 처음 해보는 일이었다. 모닥불 위에서 스튜를 만들고 생선을 훈연하는 요령에는 훤하고 달디단 치차와 페네메도 잘 만들었지만 끈적끈적 들러붙는 흰색 반죽을 주걱으로 뒤집어 본 적은 없었다.

스테파니가 말했다. "해냈구나!" 나는 그제야 마음이 놓여서 웃었다.

제시가 해먹에서 웃으며 외쳤다. "케우우우우우우." 꼭 와오라니족 남자애처럼 소리를 냈다.

그날은 일요일 아침이었고 나는 분홍색 머리핀을 꽂고 분홍색 반바지에 앞쪽에 보라색 십자가가 찍힌 흰색 셔츠를 받쳐 입고 있었다. 그전에 아주 좋은 일이 생기기도 했다. 스테파니가 계속 교회에 다니면 언젠가 레이첼의 땅에 데려가 주겠다고 말해주었다. 사실, 세례를 받은 이후로 나는 쭉 이 가족의 일원이 된 기분이 들었다. 스테파니는 나에게 원피스와 장난감을 주었고, 지니는 나를 가족의 식사 자리에 초대했다. 스티브는 항상 가까이에 있었지만 나에겐 관심을 덜 기울이며 어른들에게 신경을 썼다.

"부모님이 교회에 나오시기로 했어?" 스테파니가 팬케이크에 달달한 시럽을 바르면서 물었다.

나는 고개를 끄덕였다.

"와포니! 잘됐다! 네가 하느님의 말씀을 전파하고 있구나."

나는 아직도 하느님에게 아무 말도 듣지 못했다. 목사들은 웽공히가 꿈에 나타날 거라고 말해주었지만 꿈에도 나타나지 않았다. 숲의 꿈만 꾸고 있었다. 꿈을 꾸면 뱀과 원숭이와 재규어가 나오고 밭과 마체테와 카누가 보였다.

엄마와 아빠는 교회의 뒷자리에 앉았다. 아빠는 어깨를 앞으로 구부리고 앉아 의심스러운 눈을 하고 있었고, 엄마는 허리를 똑바로 펴고 앉아 윤기 도는 까만 머리를 터질 듯 부풀어 오른 배 위로 늘어뜨리고 있었다. 출산이 임박한 만삭의 몸이었다.

테멘타는 레이첼 세인트와 다유마가 번역한 성경의 구절을 천천히 읽었다. 우리의 언어, 와오테데도였는데도 도통 무슨 말인지 이해하기가 힘들었다. 이따금 뒤에 있는 엄마 아빠를 돌아보면 엄마는 어린 로이다의 머리에서 이를 찾고 있었고 아빠는 여전히 구부

151

정하게 앉아 바닥을 보고 있었다.

이튿날, 아빠는 두 기둥 사이에 출산용 해먹을 매달았다. 엄마는 금이 간 흙바닥을 쓸고 한쪽 구석에 생선 뼈, 짐승 털, 재를 쌓아 올렸다. 진통이 올 때마다 우리에게서 얼굴을 돌리고 몸을 구부리며 무릎을 손으로 짚고 코를 찡그렸다.

"내가 널 부르면 뭔가 잘못된 거니까 일어나서 아무것도 묻지 말고 다와를 데려와." 내가 자려고 누웠을 때 엄마가 일러두었다.

다와는 마을의 산파 중 한 명이었다.

"우우우우우우." 내가 대답했다.

그런데 잠이 오지 않아 다른 방에서 엄마 아빠가 조용히 속삭이는 소리에 귀를 기울였다. 웽공허와 말을 해보려고도 했다.

"남동생일까요, 여동생일까요?" 내가 물었지만 늘 그렇듯 대답이 없었다. 개구리만 개골개골 울었다.

"아침에 다와를 데려와야 할 일이 없게 엄마를 무사히 지켜주실 거죠? 아기는 언제쯤 나올까요, 예수님?" 또다시 물었지만 강 건너편에서 고함원숭이의 으르렁거리는 소리만 들렸다.

나는 어둠 속에서 일어났다. 곧 해가 떠오를 무렵이라 오코 안으로 들어가 형제자매들이 마실 페네메를 만들기 위해 불을 다시 피웠다. 잘 익은 플랜테인 껍질을 벗긴 후 사 등분으로 잘라 냄비 속의 끓는 물에 넣었다. 물을 더 떠오려고 빈 냄비를 들고 개울로 갔다. 짙푸른 하늘에 달이 높이 떠 있었고 별들이 반짝거렸다. 그리고 그때 아기 울음소리가 들렸다.

나는 목과 어깨에 물을 튀겨가며 오솔길을 되돌아 달려갔다.

"네몬테!" 아빠가 카랑카랑한 목소리로 나를 불렀다. "물을 끓여

라. 엄마가 여자아이를 낳았어."

흥분이 되어 심장이 퍼덕거렸다. 여동생이 생겼다니! 엄마가 앵무새 꿈을 꾸고 난 후 딸을 낳을 것 같다고 그러더니 정말이었다.

나는 갓난쟁이 여동생 옆에 무릎을 꿇고 앉았다. 아기가 예뻤다. 머리칼이 새까맸다. 해먹 밑에 깔아둔 야자수 잎으로 피가 뚝뚝 떨어졌다. 엄마는 눈을 감은 채 고개를 뒤로 젖히고 있었다. 엄마가 손가락으로 천천히 원을 그리며 자신의 젖꼭지를 문지르자 밑에 깔린 야자수 잎으로 태반이 떨어졌다.

부엌에는 야생 고기와 생선이 잔뜩 있었다. 나는 내 형제자매들에게 따뜻한 페네메를 먹게 해준 후 훈연 받침대에 페커리 다리 하나와 봉관조 한 마리를 얹어 익혔다.

"네몬테!" 엄마가 소리쳐 불렀다. "이리 좀 와봐!"

이제 내 작은 여동생은 천에 감싸여 있었다. 아기에게서 자궁과 야생 마늘 냄새가 났다.

"이 애를 세인트네 집에 데려가." 엄마가 말했다. "지니에게 이 아기가 건강하다고 하면서, 엄마가 이 아이를 당신에게 주겠다고 전해."

순간 머릿속이 깜깜해졌다가 뒤이어 붉게 달아오르면서, 다리가 후들후들 떨렸다.

"내 말 알아들은 거야?"

나는 고개를 설레설레 저으며 말했다.

"바, 아니요."

"네몬테, 네 여동생을 지니에게 줄 거야. 그 여자가 이 앨 키워줄 거야. 백인들의 방식으로 가르쳐 줄 거라고."

나는 또다시 고개를 설레설레 저었다. 눈에 눈물이 그렁그렁 차올랐다.

"네몬테!" 아빠가 목청을 높여 말했다. "네 엄마 말 들어라!"

나한테 목청을 높여 말한 적이 없던 아빠가 그렇게 말하다니, 나는 아빠를 보며 배신감을 느꼈다. 엄마, 아빠, 아기를 번갈아 보고 있으니 갑자기 이 모든 일이 아득히 멀리에서 일어나는 일 같았다.

엄마가 나의 귀여운 여동생을 건네며 아기를 빤히 바라봤다.

"데려가!"

여동생은 깃털처럼 가벼웠다. 나는 동생을 데리고 오솔길을 걸었다. 숲 사이사이로 햇살이 갈라지며 낮게 비추었다.

"엄마 아빠는 왜 너를 남에게 주는 걸까?" 내가 속삭였다. "지니는 젖도 안 나오는데! 너 보고 뭘 먹으라고?"

나는 천을 젖혀봤다. 아기는 눈이 감겨 있었고 입술을 쪽쪽 빠는 모양으로 달싹이고 있었다. 나는 그 오솔길에서 잠시 가만히 서 있었다. 어떻게 해야 할지 몰라 막막했다. 그러다 내 귀여운 여동생에게로 몸을 기울이며 동생의 숨결을 깊이 들이마셨다가 기어이 울음을 터뜨리고 말았다.

결국 나는 세인트 가족의 집 문밖에 섰다. 안에서 이리저리 돌아다니는 발걸음 소리가 들렸다.

"우우우우우우우." 내가 풀 죽은 목소리로 불렀다.

스티브가 문을 열어주더니 나를 빤히 쳐다봤고 뭐라고 말을 하려다가 내가 아기를 안고 있는 걸 알아챘다. 나는 아기를 그에게로 내밀며 말했다.

"엄마가 이 애를 주신대요."

스티브는 전혀 놀라는 기색 없이 아기를 품에 안으며 뚫어지게 보았다. 그의 눈에 눈물이 글썽였다. 그가 지니와 스테파니를 부르는 소리가 들렸을 때 나는 이미 그 자리를 뜬 후 오솔길을 걷고 있었다.

"그 사람들이 뭐래?" 엄마가 물었다. 해먹에 기대어 누워 젖으로 축축해진 천을 가슴에 덮고 있었다.

"아무 말도 안 했어요." 나는 플렌테인의 껍질을 벗기며 우리 집 애완 마코앵무를 손을 휘저어 쫓아냈다. 엄마를 보고 싶지 않았다. 엄마에게 장작을 던지고 싶기까지 했다.

"그 사람들이 그 앨 잘 키워줄 거야. 우리 집엔 이미 아이들이 많잖아." 엄마가 말했다.

나는 매달려 있는 바구니 안에 놓인 아빠의 소총을 빤히 보다 시선을 돌려 내 샌들을, 내 분홍색 반바지를, 내 흰색 셔츠를 내려다봤다.

아빠가 나를 흘끗 봤다가 불을 응시했다. "괜찮니, 네몬테?" 아빠가 다정한 목소리로 말을 걸었다. "얼굴이 안 좋아 보이는데."

내 손바닥에서는 땀이 나고 있었다.

"엄마 아빠가 그 사람들한테 내 갓난 동생을 줘버렸어요!" 나는 그만 소리를 지르고 말았다. 눈앞에서 순간적으로 불꽃이 번쩍였다.

"데모니오demonio(악마)." 내가 오코를 뛰쳐나갈 때 냐메 오빠가 외쳤다. "쟤가 데모니오에 들린 거야."

나는 이 일을 어떻게 생각해야 할지 혼란스러웠다. '엄마 아빠가 내 갓난 여동생을 남의 집에 준 이유가 뭘까? 세인트 가족이 큰 집에 살아서? 우리보다 가진 게 많아서? 그 사람들이 백인이라서?'

어쩌면 내 탓일지도 몰랐다. 부모님은 줄곧 코오리들을 멀리해 왔었다. 예전까지만 해도 교회에는 절대 가지 않았다. 그런데 바로 내가 하느님의 딸이 되었다. 팬케이크 같은 코오리 음식을 만들기도 했다. 그리고 엄마 아빠에게 거짓말까지 했다. 하느님의 아들을, 턱수염이 난 예수를 봤다고. 사실은 본 적도 없으면서.

"오늘 엄마 아빠가 비행기에 탈 거야." 어느 날 아침, 엄마가 말했다. 맨발로 모닥불 속에 장작을 밀어 넣으며 불꽃에게 말하듯이.

"스티브, 지니, 그리고 아기와 같이."

"어디 가시는데요?" 오피 오빠가 물었다.

엄마는 단조로운 어조로 대답했다. "키토."

"오실 때 빵 많이 가져오세요." 냐메 오빠가 말했다. "큰 봉지로 잔뜩이요!"

"빵 때문에 가는 거 아니다." 아빠가 짜증스러운 투로 낮게 말했다. "도쿠멘토스documentos(서류) 때문에 가는 거지." 아빠가 스페인어를 썼다. "문명은 도쿠멘토스를 좋아하니까."

나는 그게 다 무슨 말인지 어리둥절했다. '키토는 또 뭐지?'

"거긴 왜 가시는 거예요?" 내가 쌀쌀맞은 말투로 물었다.

아빠는 엄마를 쳐다보며, 엄마에게 대답을 미뤘다.

"세인트 가족이 아기를 데려가려면 정부에서 허락을 해줘야 한대." 엄마가 말했다. 세인트 가족이 벌써 아기를 데려갔는데 그게 무슨 소리인가 싶었다. 아기는 젖을 먹기 위해 엄마 곁으로 와서 밤을 여기에서 보낸 후 세인트 가족에게 돌아가 하루 종일 그 집에 있었다.

"정부가 누군데요?" 내가 혼란스러워하며 물었다.

"코오리들." 아빠가 말해주었다. "에콰도르인들. 차를 몰고 다니고 옷은……." 아빠는 뒷말을 잇지 못하고 있었다. 에콰도르 사람들이 무슨 옷을 입는지 잘 몰랐던 것이다.

"정장을 입어요." 냐메 오빠가 대신 말했다.

비행기가 엄마 아빠, 스티브, 지니, 내 갓난 동생을 태우고 떠난 후 마을에는 뒷말들이 무성했다. 그런 말들을 듣지 않으려고 애썼지만 어딜 가나 숙덕거렸다.

"마누엘라는 그렇게 빨리 애가 또 생기는 걸 원치 않았어. 앵무새가 날아다니는 꿈을 꾸고 딸이라는 걸 알았대. 그래서 고미수피 bitter bark를 구하러 숲속으로 들어간 거지."

"지니가 그 고미수피를 먹지 못하게 말렸대. 마누엘라한테 배 속의 아기를 없애지 말라고 했대."

"스티브와 지니가 그랬대. '배 속의 아기를 죽이지 마세요. 우리가 그 아기를 가족으로 받아줄게요. 아기는 하느님이 보내주신 선물이에요'라고."

"마누엘라는 스티브와 지니의 말을 듣지 말았어야 해."

"딸이 있으면 치차를 만들게 하고 좋지!"

"하하! 그리고 마누엘라의 아버지가 사파로족 마법사라는 걸 잊지 말아야지……. 틀림없이 그 아버지가 딸에게 많은 비밀을 가르쳐 줬을걸."

"그 사람은 키콰족이야."

"그게 그거지. 키콰족은 죄다 주술사들이니까!"

나는 엄마 아빠가 언제쯤 돌아올지 몰랐다. 엄마는 며칠 분은 족히 될 만한 음식을 챙겨놓고 갔다. 카사바 한 광주리에, 플랜테인 두 다발, 몇 더미나 되는 원숭이와 페커리의 석쇠 훈연 고기, 전날 미리 끓여둔 큰부리새 스튜 한 냄비까지.

내 형제자매들은 그날 밤에 곤히 잘 자고 있었지만 나는 달빛이 비치는 밖으로 나갔다. 야행성 원숭이 가족이 강가의 우거진 숲의 우듬지를 건너뛰며 살그머니 이동하고 있었다.

"웽공히." 나는 하늘의 반달을 올려다보며 소곤소곤 말했다. 달이 반짝이는 검은 바다 위에 떠 있는 카누 같았다. "제발 제 갓난 여동생이 집으로 오게 해주세요. 제가 아침마다 일찍 일어나 동생의 담요를 개울가에서 빨게요. 엄마는 젖 먹여주는 일만 해주면 돼요. 목욕도 제가 시키고 어딜 데려가야 할 때도 제가 안고 다닐게요. 정부에게 그 서류를 주지 말라고 말해주시면 제가 갓난 여동생의 엄마가 되어줄게요."

나는 달 아래에 가만히 서서 기다렸다. 어떤 신호가 오길, 어떤 말이라도 들려오길.

구름이 달빛으로 흘러들며 오솔길이 어두워졌다.

며칠 후, 비행기가 왔고 빅토르가 가장 먼저 그 소리를 들었다.

"에보다, 에보야, 에보!" 빅토르가 외치며 오코 밖으로 쌩 달려 나갔다. 나는 넹헤레를 안고, 에몬타이를 이끌면서 뒤따라 달려갔다.

아빠는 작은 배낭과 검은색 비닐 봉투를 하나씩 가져왔는데 안에 빵이 가득 들어 있는 것 같았다. 서류 같아 보이는 건 아무리 봐도 없었다. 엄마가 안고 있는 내 갓난 여동생을 보니 빨간색의 앙증맞은 새 원피스를 입고 있었다. 양말에 말랑말랑하고 조그만 신발까지 신고 있었다!

"정부에서 서류를 줬어요?" 어른들이 다짜고짜 물었다. 다들 비행기 주위로 북적북적 몰려와 있었다.

"바, 아니요." 아빠가 말했다.

심장이 퍼드득퍼드득 뛰었다. '저 말은 이제 아기는 우리 가족이고, 스티브와 지니가 빼앗아 가지 못한다는 얘기인가? 하느님이 내 말을 들어준 걸까?'

아빠가 내 마음을 다 알고 있다는 듯한 표정으로 나를 쳐다봤다. 얼굴에 살며시 미소까지 지으면서.

"그럼…… 저 애를 레이첼의 땅에 데려가지 않을 건가요?" 나이 지긋한 와토라가 스티브에게 물었다.

스티브는 비행기에서 가방들을 끌어내느라 정신이 없던 와중에 얼굴을 찡그리며 대답했다.

"네. 정부에서 허락해 주지 않을 거예요. 그래도 우리가 저 아이의 대부모가 되어주려고 해요. 내 어머니의 이름을 따서 애나 엘리자베스라는 이름도 지어줬어요."

"애나 엘리자베스 넨키모 파우치예요." 지니가 환하게 웃으며 덧붙였다.

엄마는 한쪽 팔에 기저귀 가방과 담요를 들고 있었다. 나는 어린 넹혜레를 빅토르에게 건네고 두 팔을 뻗었다. 엄마가 나에게 몸을 기울이며 눈을 맞추려 했지만 나는 시선을 피했다. 그냥 아기 애나를 데려와 꼭 안았다.

"귀여운 원피스 입었네." 내가 아기의 코에 내 코를 부비며 말했다. "너한테 빵 냄새가 나……. 그리고…… 그리고…… 문명의 냄새도."

스테파니가 애나를 보고 방긋 웃으며 와오테데도로 말했다. "나 네 여동생이 너무 좋아. 그래도 얘는 네 동생이야. 네가 동생을 갖게 되어 기뻐."

갑자기 울고 싶어졌다. 스테파니한테 웽공히에게 기도했다고, 웽공히가 그 기도를 들어줬다고 말하고 싶었다. 하지만 나는 울지도, 그 말을 하지도 않았다. 우리는 같이 오솔길을 걸었다. 엄마가 내 여동생을 세인트 가족에게 준 이후로 나는 스테파니와 거리감을 가졌는데 이제는 다시 가까워진 기분이었다.

몇 달 후, 스티브와 지니가 눈물을 글썽이며 우리 오코에 서 있었다. 나는 해먹 안에서 앞뒤로 몸을 흔들고 있었고 애나가 내 품에 잠들어 있었다.

"멀리 떠나 있어도 당신들과 아주 가까이에 있는 것처럼 느낄 거예요." 스티브가 엄마 아빠에게 말했다. 지니가 슬픈 얼굴로 고개를 끄덕였다.

"이제 우리는 떠나야 해요." 스티브가 말을 이었다. "애들이 레이첼의 땅에서 다시 학교에 다녀야 해서요. 하지만 마음속에 당신들을 담아둘 거예요."

아빠는 무표정했다. 그냥 밑동에 앉아 모닥불만 바라봤다. 엄마의 입술이 파르르 떨렸다.

"당신과 지니가 아주 좋은 친구가 되었는데." 엄마에게 스티브가 말했다. "당신이 지니에게 이것저것 가르쳐 주기도 했고요."

지니가 미소를 머금으며 서투른 와오테데도로 말했다. "옷을 빨래하는 법부터, 바구니 만드는 법, 고기를 요리하는 법까지 다요."

"이제 비행기는 누가 조종해요?" 냐메 오빠가 큰 소리로 말했다. "그리고 와오라니족 사람들이 뱀에 물리면 누가 병원에 데려가요?"

"apokene(아포케네)! 조용히 있지 못해?" 아빠가 숨죽여 낮게 말했다.

"웽공히가 이제는 우리가 떠나야 할 때라고 밀씀하셨어요." 스티브가 말을 이었다. "그래도 여기에 와서 좋은 일들이 정말 많았어요. 그중 하나는 당신들의 딸 네몬테가 마음속에 하느님을 받아들인 일이에요. 저 아이가 너무 자랑스러워요. 스테파니도 저 앨 아주 많이 그리워할 거예요."

나는 애나의 등을 토닥이며 잠이 들게 얼러주었다.

마음이 헛헛했다. 이해가 안 됐다. '이렇게 빨리 떠나버릴 거라면 왜 우리랑 살러 왔을까?' 이런저런 생각에 머리가 어수선해졌다. '우리가 앞으로도 여전히 일요일에 예배를 드리러 갈까? 세인트 가족의 물건들은 다 어떻게 될까? 그리고 스테파니는 다시 돌아와서 나를 문명의 자기 집으로 데리고 가줄까?'

얼마 후 그들 가족이 막 떠나려 하던 날, 비행기 옆에 서 있던 스테파니가 말했다. "너를 내 마음속에 담고 항상 기억할 거야. 널 보러 다시 올게."

스테파니가 몸을 숙이며 나를 안았지만 나는 팔을 뻣뻣이 옆에 붙이고 있었다. 그때는 포옹하는 법을 몰랐고 작별 인사를 하는 법도 몰랐다. 세인트 가족이 탄 비행기가 요란한 소리와 함께 이륙하더니 점점 더 작아지고 조용해지다가 끝내 더는 아무 소리도 들리지 않았다.

내심 스테파니가 나에게 건반악기를 두고 가길 바랐지만 헛된 기대였다.

그날 밤, 나는 내 모기장 아래 누워 소곤소곤 말했다. "웽공히, 당신도 우리를 떠날 건가요?" 그런 다음 눈을 감고 웽공히가 나에게 말해주길 기다렸다. 숲은 매일 밤마다 그렇듯 끽끽 소리를 내며 고동치고 있었다. 그 사이에서 어떤 소리가 들려왔다. 하지만 웽공히는 아니었다.

"저게 무슨 소리예요?" 내가 크게 말했다.

아빠가 되물었다. "뭐가?"

"저 소음이요! 하늘에서 별들이 윙윙거리는 것 같은 소리요."

오피 오빠가 소리를 흉내 냈다. "ㅂㅂㅂㅂㅂㅂㅂㅂㅂㄹㄹㄹㄹㄹ 이런 소리 말하는 거야?"

"응!"

"포소pozo야." 아빠가 말했다.

"포소가 뭔데요?" 내가 물었다.

"유정이야. 땅속의 구멍." 아빠가 대답했다.

나는 눈을 감고 더 유심히 들었다. '땅속의 구멍에서 어떻게 저런 소리가 나지?'

8
오일 로드

.

"너희 아빠는 게으른 사람이야." 어느 날 엄마가 말했다.
방금 전에 아빠에게 소금도 넣지 않은 생선 스튜를 가져다주고 와
서 한 말이었다. "자기 누이가 석유 회사 사람들하고 살고 있는데도
거기에 다녀오려고도 안 하니 원."

나는 무슨 말인지 이해를 못 했다.

"너희 난토케 고모는 그 석유 회사를 통해 뭐든 원하는 걸 구할
수 있어. 소금이든 설탕이든 비누든 다……. 너희 아빠가 고모를 찾
아가기만 하면 되는 거라고."

"그 브르르르르 소리가 들려오는 거기요? 난토케 고모가 거기
살아요?" 내가 물었다.

"그래."

교회에서 내 또래의 여자애를 만난 적이 있었다. 흠잡을 데 없는

하얀 이를 가진 아이였는데 오일 로드에 있는 티기노에서 왔다고 했다.

"티기노에 사는 사람들은 전부 새 치아를 갖게 돼. 회사에서 그렇게 해줘." 그 애가 말했다.

그 기억을 떠올리고 나는 앞니의 벌어진 틈 사이로 혀를 밀어 넣으며 이런저런 생각을 하느라 머리를 바쁘게 굴렸다. '아빠에게 날데리고 고모를 보러 가면 안 되냐고 말해볼까? 내가 그곳에 가 있으면 그 회사가 내 이도 고쳐줄까? 하지만 괜히 갔다가 문제가 생길 수도 있어. 회사가 아빠를 헬기에 태워 멀리 데려가기라도 하면 어떡해. 그리고 그 유정이라는 게 우리를 공격할 수 있는 그런 거면 어떡해. 아무래도 그곳에 가는 건 위험한 일일 것 같아. 그래도 스테파니가 다시 올 때 하얗고 반짝거리는 이를 보여주고 싶은데.'

이튿날 저녁, 나는 갓난 동생 애나를 눕혀서 재우자마자 아빠의 해먹 발치에 무릎을 굽히고 앉았다. 하느님의 관광객들이 두고 간 빨간색 주머니칼로 아빠의 발톱을 잘라줬다.

"아빠, 절 데리고 고모를 보러 가면 안 돼요? 유정이 브르르르르 소리를 내는 그곳이요."

엄마가 내 말을 들을까 봐 소곤소곤 말했다. 엄마가 알면 안 보내줄 게 뻔했으니까. 엄마는 얼마 전에 나메 오빠와 오피 오빠가 학교에 다닐 수 있도록 예전에 살았던 마을 토냠파레로 돌아가게 허락해 줬다. 나도 가게 해달라고 말했더니 안 된다고 했다. 엄마는 내가 집에 있으면서 어린 동생들을 돌보고 엄마의 밭일을 돕길 원했다.

"너한테는 너무 먼 길이야." 아빠가 말했다.

"하지만 아빠." 나는 이번엔 단단히 굳고 못이 박힌 아빠의 발을 아주 다정히 주물렀다. "저는 숲 말고는 아무 데도 가본 적이 없잖아요. 그 회사가 어떻게 생겼는지 보고 싶어요!"

"거기 음식들이 네 입에 안 맞을 거야. 오일 로드에 사는 사람들은 코오리들의 음식만 먹어."

내가 대뜸 말했다. "상관없어요. 그리고 아빠가 소금이랑 설탕을 들고 오는 것도 도와드릴게요."

아빠는 생각하느라 뜸을 들이다 마침내 한숨을 내쉬며 말했다.

"누이를 본 지도 한참 되긴 했지."

우리는 새벽에 강에서 출발했다. 엄마가 강둑에서 지켜보고 있었다. 그 표정만 봐도 내가 아빠를 따라가면 안 된다고 걱정하는 마음이 다 드러났다.

"티리, 네몬테에게 눈을 떼면 안 돼. 이제 얘도 거의 처녀가 다 되어간다고. 오일 로드의 남자들은 짐승들 같으니까 조심해야 해."

카누 앞에 서서 내 키의 두 배나 되는 나무 막대를 잡고 있던 나는 엄마의 말이 무슨 말인지 몰랐고, 신경도 안 썼다. 그때 나는 열두 살이었고 아빠와 모험에 나서는 것이 마냥 신나기만 했다.

우리는 강의 하류 쪽으로 카누를 몰았다. 나는 고개를 높이 치켜들고 모래턱과 유목이 없나 꼼꼼히 살폈다. 혹시 금방 생긴 동물의 흔적이 있는지 강둑을 주시하고, 야생 칠면조와 큰부리새와 고함원숭이가 있는지 나무를 살폈다.

아빠는 뒤쪽에 서서 말없이 카누를 하류로 몰아갔다. 우리는 거의 아무것도 가져가지 않았다. 마체테, 창, 바람총, 몇 개의 치그라, 빈 바구니 두 개만 챙겨 갔다.

"강 아래쪽으로 가면 숲이 끝나요?" 내가 물었다. 우리는 둘 다 아침 내내 말을 하지 않았다. 평온한 침묵의 시간이었다.

아빠가 놀란 표정을 지었다. "아니야! 강 아래쪽에도 숲이 끝없이 이어져. 끝이 없어."

"그럼 우리가 숲 밖으로 걸어 나가는 게 아니에요?"

"그래." 아빠가 카누 가장자리에 걸터앉아 삿대를 무릎에 얹으며 말했다. "그 회사는 우리 숲 안쪽에 유정을 만들고 있어."

"하지만…… 전 우리가 문명으로 가는 줄 알았는데."

아빠는 멀리 떨어진 숲을 응시할 뿐 아무 말이 없었다.

내가 또 다른 질문을 했다. "도로road는 오솔길이랑 비슷해요?"

"도로는 백인들이 다니는 길이야. 그 사람들은 잘 못 걸어서 자동차와 트럭을 타고 다녀."

밤에, 우리는 잎을 지붕으로 삼은 캠프를 만들어 작은 모닥불을 피워놓고 별빛 아래에서 모래에 누워 잤다. 유정의 윙윙거리는 소리가 집에서보다 훨씬 더 크게 들려왔다.

"고모는 왜 저렇게 시끄러운 곳 옆에 살아요?" 내가 물었다.

아빠는 한동안 말이 없었다. 바람에 불이 타닥거리는 소리를 내더니 강변으로 불꽃이 날려갔다.

"딸이 바베이의 아들과 결혼했는데 바베이가 그 석유 회사 사람들과 살기 때문이야."

아빠가 하품을 했다. 강 맞은편의 습지에서 개구리들이 개골개골 울었다. "내일은 비가 올 거라더라." 아빠가 불을 후후 분 후 몸을 옆으로 돌려 누웠다.

날이 밝고 우리는 새벽에 내린 비로 옷이 축축이 젖은 채 티키노라는 마을을 향해 출발했다. 얼마 안 있어 해가 높이 떠올랐고 바람이 숲을 쓸고 지나갔다. 나는 너무 목이 말랐다. 아빠가 우뚝 걸음을 멈추며 땅바닥으로 무릎을 구부렸다. 휘어진 가지 하나가 길을 가로지르며 놓여 있었다. 덩굴줄기에 큰부리새의 붉은 깃털과 끝에 독이 묻은 바람총 화살이 대롱대롱 매달려 있기도 했다.

"한 달 전쯤에 미접촉 부족 사람들이 여기를 지나갔다." 아빠가 말했다.

그 말에 나는 오싹해졌다.

"그 사람들은 왜 이런 깃털 달린 바람총 화살을 남겨둔 건데요?"

"우리에게 메시지를 전하려는 거야. '여기는 우리 영토다'라는. 붉은색 깃털은 자기들이 화가 나 있다는 뜻이야."

나는 주위를 빙 둘러봤다. "그 사람들이 지금 여기 있으면 어떻게 해요?"

"그땐 내가 피예모의 아들이고, 위대한 전사 넨케모의 손자라고 말해야지. 이렇게 옷을 입고 있긴 하지만 여전히 그들의 일족이라고."

"그 사람들이 우리에게 창을 던지면요?"

아빠는 덩굴줄기에 매달린 큰부리새의 붉은색 깃털을 빙빙 돌렸다.

"개울이 나오려면 아직 멀었다. 거기에 가면 우리 조상들이 어떻게 물을 먹었는지 알려주마."

아빠는 말없이 그 오솔길에서 벗어나 쓱 모습을 감췄다. 나는 그 큰부리새 깃털을 만지며 햇빛 쪽으로 대놓았다. 그런 다음 오솔길에서 벗어나 나무에 등을 기대고 섰다. 그 사람들이 나를 지켜보고 있을 경우를 대비해서였다. 그때껏 나에게 타가에리족과 타로메나네족은 이야기 속의 유령 같은 존재였다. 밤에 모닥불 불가에서만 모습을 나타내는 죽은 조상들과 다르지 않았다. 숲에서 그 사람들의 흔적을 보는 건 이번이 처음이었다. 나는 장화를 벗고 그 사람들이 남긴 발자국 하나에 발을 넣어봤다. 엄지발가락이 옆으로 튀어나왔다.

아빠가 노르스름한 흰색의 작은 코코넛 다발을 들고 다시 모습을 보였다. 코코넛 물은 달콤한 맛이 나면서 사향 냄새가 났다.

아빠가 말했다. "계속 가자. 아직 갈 길이 머니까."

해가 지기 직전의 무렵, 우리는 탁한 개울물을 건너 숲 가장자리에 서 있었고, 눈앞으로 넓고 단단하면서 확 트인 길이 펼쳐져 있었다. 이게 그 도로인 게 틀림없었다. 나는 다리도 아프고 발도 아팠다. 근처의 어딘가에서 리듬 있는 철컥철컥 소리와 무시무시한 그르릉그르릉 소리가 들려왔다.

"이게 문명의 소리예요?"

그때 아빠가 외쳤다. "뒤로 물러서!"

나는 숲의 길가에 빽빽이 우거진 간질간질한 관목 사이로 뛰어들어가 사슴처럼 꼼짝없이 가만히 서 있었다. 괴물같이 생긴 덩치 큰 금속 물체가 굉음과 함께 우리를 지나가며 돌을 으스러뜨리고 흙먼지를 토해냈다. 덜컥 겁이 났다. 그 물체가 향하는 방향의 먼 곳에서 무지 크고 촛불같이 생긴, 밝은 주황색 불꽃이 깜박깜박 타오르고 있었다.

"저건 트럭이야." 아빠가 말했다.

그 트럭이 구부러진 길을 돌아서더니 더는 보이지 않았다. 그곳의 공기는 건조한 데다 먼지가 자욱했다. 저녁에 세인트 가족의 집밖에서 우르릉거리며 돌아가던 발전기에서 났던 것과 비슷한 냄새가 풍기기도 했다.

"티리! 티리 더 퓨마!"

도로 맞은편에서 어떤 남자가 먼지 폭풍 속에 숨어 있다 나타난 것처럼 모습을 드러내며 소리쳤다. 길쭉한 얼굴에 코는 맥의 코처럼 생겼고 이가 새하얬다. 옷을 입고 장화를 신은 차림이었고 모자는 밤중의 숲이 연상되는 짙은 녹색과 검은색을 띠고 있었다.

"바베이." 아빠가 방긋 웃으며 말했다. "딸과 같이 누이를 보러 왔어요. 소금이 다 떨어졌어요."

바베이라는 남자는 어깨에 엽총과 마체테를 걸치고 나를 꿰뚫어 보듯 날카로우면서 익살스러운 표정으로 히죽 웃었고, 순간 나는 발가벗겨지는 기분이 들었다.

"아, 나는 그런 정글의 눈빛이 너무 좋더라!" 남자가 아빠에게 말했지만 시선은 여전히 나를 향해 있었다. "딸이 이제 갓 숲 밖으로 나와봤나 보구먼!"

아빠는 순순히 고개를 끄덕였다.

"그 선교사들이 거기 사람들을 다 버리고 떠났다는 소식 들었네!" 남자가 웃으며 말하더니 그 두툼한 입술로 비행기 소리를 냈다. 브르르르르.

아빠는 아무 말 없이 땅바닥만 봤다.

"걱정하지 말게, 퓨마!" 바베이가 크게 껄껄 웃으며 말을 이었다. "이 석유 회사는 웽공히보다 돈이 많아. 내가 자네에게 소금을 원 없이 잔뜩 얻어다 주지!"

나는 다시 숲으로 사라지고 싶었다. 이곳은 이상한 곳 같았다. 좀 전에 봤던 것보다 더 작지만 시끄럽기는 마찬가지인 흰색 트럭 한 대가 굉음을 내며 우리 쪽으로 달려왔다.

"조심해." 바베이가 주의를 주더니 트럭을 향해 시비조로 손을 들어 올렸다. 트럭이 멈추자 바베이가 차창 안으로 몸을 숙이며 대담하게도 주먹으로 그 남자의 어깨를 장난스레 툭 쳤다. 트럭을 운전하는 남자는 눈에 시커먼 안경을 쓰고 있었다. 나는 바베이가 하는 말을 알아듣지 못했지만 그 말이 스페인어라는 것은 알았다. 트럭 운전사는 바베이에게 빵 한 봉지를 건넨 후 굉음과 함께 도로를 달려가며 흙먼지를 잔뜩 일으켰다.

"자네도 봤지!" 바베이가 손으로 아빠의 등을 탁, 치며 말했다. "웽공히가 언제 이렇게 빵을 준 적이 있긴 한가? 케우우우우우우우우!"

"아빠…… 아까 그 남자, 레이첼의 땅에서 온 사람이에요?" 내가 물었다.

"아니, 에콰도르인이야." 아빠가 말했다.

"에콰도르인이 뭔데요?" 나는 눈과 목이 따끔거렸다. 바베이가 나를 보고 웃으며 재미있다는 듯 고개를 절레절레 저었다.

"퓨마, 오늘 밤은 딸과 같이 내 집에 와서 묵고 가게." 그가 강압적인 어조로 말했다.

나는 아빠의 셔츠를 세게 끌어당기며 고개를 도리도리 저었다. 고모가 보고 싶었다. 바베이의 집에는 가고 싶지 않았다.

"스페인어 할 줄 아니?" 도로를 벗어나 축축한 길을 걸어갈 때 바베이가 와오테데도로 물었다. 생전 듣도 보도 못한 억양이었다. 말도 빨랐고 방언투성이인 데다 연신 침을 튀겨댔다.

나는 말없이 고개를 가로저었다.

"아, 그렇지." 바베이가 아빠에게 말했다. "이런 여자애들은 학교에 안 가지! 집에서 치차를 만들고 애를 키우겠구나! 진짜배기 와오라니족 정글 여자애구먼! 내 손자에게 딱 맞는 배필감이야! 케우우우우우우우!"

니는 목으로 열이 확 치밀었다. '이 사람이 지금 뭐라는 거야? 그리고 왜 아빠는 아무 말도 안 하는 거야?'

바베이의 집은 돌같이 단단한 어떤 회색의 물질로 만들어져 있었다. 숲의 나무로 만든 게 아니었다. 집 안에는 탁자와 의자, 텔레비전이 있었고 내가 처음 보는 여러 가지 물건이 바닥에 널려 있거나, 철사에 매달려 있거나, 구석에 쌓여 있었다. 나는 장화를 신은 채 벽에 기대앉았다. 바베이의 딸이 소파에서 거울을 보며 눈 위에 까만색 줄을 그리고 있었다. 흠잡을 데 없이 반듯하고 반짝반짝 빛나도록 하얀 치아를 보니 이런 생각이 들었다. '저게 진짜 자기 치아일까? 아니면 회사에서 해준 걸까?'

바베이의 손자가 팔뚝에 마코 앵무새를 얹고 뒷문으로 들어오더니 나를 빤히 봤다. 배고파 보이는 얼굴이었다. 집 안의 한쪽 구석에 꼬리감기원숭이가 끈으로 묶여 불만스레 팔다리를 마구 흔들며 꽥꽥거렸다.

바베이가 자기 아내에게 말했다. "정글에서 온 여자애야. 맨날 먹는 지겨운 정글 음식은 먹고 싶지 않을 거야. 손님들에게 레체leche (우유) 탄 코코아를 가져다줘." 그의 아내가 뚜껑 달린 까만색 쓰레기통 안으로 손을 뻗었는데 그 안에 비닐 봉투와 바퀴벌레가 그득했다.

소파에 있던 딸이 나에게 아는 체를 하느라 눈썹을 높이 치켜들었다. 그 모습이 봉관조처럼 보였다.

"오빠한테 듣기론, 이 사이가 크게 벌어진 여자는 섹스를 무지 밝힌다던데." 그녀가 킥킥거리며 말했다.

나는 마음이 차갑게 얼어붙었다.

그녀의 어머니가 나에게 철제 그릇에 담긴 칙칙한 갈색빛 음료를 건넸다. 밖에서는 유정이 우르릉거리고 트럭 한 대가 굉음을 내며 도로를 달리고 있었다. 나는 마당으로 나가 그 코코아 밀크를 땅바닥에 부어버렸다. 개들이 내 발밑으로 몰려와 내가 버린 코코아 밀크를 할짝할짝 핥아먹었다.

아침에, 바베이가 아빠에게 날이 곡선 져 있고 번득거리는 칼을 보여주었다. 그 석유 회사에서 줬다고 했다.

"마누엘라에게 말해서 참비라로 해먹을 만들어 주게. 그러면 내가 회사에서 이것과 똑같은 칼을 받아줄 테니." 바베이가 말했다.

아빠는 고개를 끄덕였다.

"내 손자가 소총을 기가 막히게 잘 쏴." 우리가 빨랫줄 밑으로 몸을 수그리고 마당의 녹슨 냄비들을 지나칠 때 바베이가 나에게 윙크를 보내고선 아빠의 등을 가볍게 툭 쳤다. "조만간 회사에서 손자한테 트럭 운전도 가르쳐 줄 테니 곧 코오리들처럼 이 도로를 부릉부릉거리며 다닐걸세!"

나는 아빠보다 앞서서 빠르게 걸어 그 집을 벗어났다. 그 손자가 나를 바라보고 있는 것이 느껴졌다. 노란색의 딱딱한 모자를 쓰고 닭, 오리, 개 들로 에워싸인 마당 한가운데 앉아 마체테를 갈고 있었다.

"명심하게." 바베이가 외쳤다. "이제는 평생을 정글 한가운데에서 살 필요가 없어, 티리!"

"우우우우." 아빠가 작은 소리로 대꾸했다.

"소금과 설탕을 구하려고 이틀이나 걷는다는 게 말이 되냐고!" 바베이가 야유조로 말했다. 그의 목소리는 오일 로드로 이어지는 오솔길의 잎사귀와 그림자 속에서 둔탁하게 울렸다. "내가 이 회사 대빵이야. 가족들을 데리고 이리로 와서 살면 자네에게 내 집 같은 시멘트 집을 지어주겠네!"

태양이 낮게 내려와 이글이글 뜨겁게 내리쬐고 있었다. 아빠와 나는 흙길의 가장자리를 따라 말없이 걸으며 우르릉우르릉, 철컥컬컥 소리가 들려오는 쪽으로 향했다. 이제는 그 소리가 아주 크게 들렸다.

"난토케 고모는 어디에 살아요?" 내가 물었다. 아까 바베이에게 야자수로 엮어 만든 치그라를 주고 대신 소금 두 자루를 받았으니 이제는 집에 가도 되지 않을까 싶었다.

아빠가 말했다. "고모가 사는 집은 석유 시추장을 지나야 나와."

저 멀리 도로 한쪽에서 흰색 장화에 파란 옷을 입고 노란 모자를 쓴 한 무리의 남자들이 몸을 구부리고서 마체테를 앞뒤로 후려치고 있었다.

"저게 뭐예요?"

"올레오둑토Oleoducto, 송유관."

그쪽에 더 가까워지자 누르스름한 주황색 관에서 '웅웅, 윙윙' 하는 소리가 들렸다. '저 관들은 살아 있는 건가?' 우리는 멀리서 보았던 그 불꽃에 가까워졌다. 불꽃이 굉음을 냈다. 매우 크고 검은 연기가 탑처럼 솟아올랐다. 독수리들이 그 위를 빙글빙글 돌았다. 철제 펜스가 도로에 기이한 그림자를 드리웠다.

"저건 뭐예요?" 내가 겁에 질려 물었다.

"저게 그 유정이야."

내가 예상했던 유정은 땅에 구멍이 뚫려 있는 모습이었는데 그게 아니었다. 목이 길고 새 같은 머리를 하고 있었다. 그 목을 계속 올렸다 내렸다 반복했다.

"저게 뭐하는 거예요?"

"땅 밑에서 석유를 빨아올리는 거야."

"왜요?"

그때 트럭 한 대가 모퉁이를 돌아 다가왔다. 아빠는 나를 도로 한쪽으로 끌어당겨 거친 손바닥으로 내 눈을 가리면서, 흙먼지 때문에 눈을 주름이 잡히도록 잔뜩 찡그렸다. "코오리들은 저 석유를 자동차와 트럭이 마시게 넣어줘."

"마시게 한다고요? 저게 뭔데 마시게 해요?"

아빠는 먼 곳을 응시했다. 송유관, 펜스, 유정에 햇빛이 반짝반짝 반사되고 있었다.

"석유는 우리 조상들의 피야."

아빠는 창과 바람총을 한쪽 어깨에서 다른 쪽 어깨로 옮겨 멘 후 멈춰 서서 나를 쳐다보고 나직이 말을 이었다.

"시초부터 우리 조상들은 뱀에 물리든 재규어에 물어뜯기든 적의 창에 맞든 마법사의 주술에 걸려 병에 걸리든 간에, 죽으면 모두 그 피가 땅의 중심으로 고였어."

니는 긴 목을 올렸다 내렸다 하는 그 거대한 기계에 놀라움을 금치 못했다. 놀랍기로는 그 기계가 빨아올리고 있는 것도 뒤지지 않았다. 그것이 아주 오래전 시초의 우리 조상들이라니. 그 기계는 우리의 과거를 빨아올리고 있었다.

아빠는 계속 걸으며 오일 로드를 벗어나서 송유관 밑으로 지나가는 좁은 길로 향했다. "고모는 이쪽에 살아."

마체테를 든 남자들이 하던 일을 멈추고 우리를 지켜봤다.

"저 남자들 와오라니족이에요?" 조금 전엔 그 사람들이 코오리가 틀림없다고 생각했지만 지금은 서 있는 모습으로 보나, 마체테를 들고 있는 모습으로 보나 우리 종족 사람들로 보였다.

"우우우우. 회사의 인부들이야. 송유관 아래쪽의 잡초를 제거하고 있는 거야."

"왜요?"

"돈을 벌려고."

"아빠도 이 회사에서 일할 때 돈을 받았어요?"

"가끔."

아빠가 송유관 그늘 속에서 잡초를 베어내는 모습은 생각하기도 싫었다. 나는 가던 길에서 벗어나 돌과 잡초가 있는 쪽으로 다가갔다. 손을 뻗어 손바닥을 그 송유관에 가져다 대봤다. 손이 불탈 것처럼 뜨거웠다.

"만지면 안 돼!" 아빠가 외쳤다.

송유관이 휙휙, 쉭쉭하는 소리를 냈다.

나는 손을 꽉 쥐었다. "손이 화끈화끈해요! 저 안에 뭐가 있어요?"

"석유야." 아빠가 시큰둥한 목소리로 대답하며 발길을 틀어 고모의 집이 있는 방향으로 갔다.

송유관에서 약간 벗어난 작은 개간지에 이르자, 난토케 고모가 집 마당의 반반하게 골라놓은 붉은색 흙바닥에 맨발로 서 있었다. 우리를 기다리고 있었던 것 같았다. 새끼 양털원숭이가 고모의 어깨에 올라타 있었는데 고모의 검고 긴 머리칼에 가려져 모습이 다 보이진 않았다. 고모의 셔츠는 숲속 생활을 대변하듯 무릎까지 늘어져 있었고 여기저기 얼룩지고 찢겨 있었다. 대롱거리는 양쪽 귓불에는 복숭아야자 열매만한 구멍이 있었다. 아빠처럼 눈빛이 따뜻하고 고요했다.

마음이 놓였다. 고모가 바베이처럼 시멘트 집에 살지 않아서. 고모의 집은 오히려 우리 집과 비슷했다. 잎으로 지붕을 얹은 오두막집이었다. 땅바닥에서는 모닥불이 타고 있었다.

"올 줄 알고 있었어, 오빠." 고모가 아빠에게 말하며, 집 안에 걸쳐진 장대에 앉아 밝은 파란색과 노란색의 깃털을 과시하고 있는 마코앵무새를 흘끗 쳐다봤다. "저 마코앵무새가 오빠가 올 거라고 알려줬거든."

"어젯밤에는 바베이의 집에 있었어." 아빠가 장화를 벗으며 말했다.

고모가 조심스럽게 주위를 둘러보며 듣는 사람이 없는지 확인한 후에 낮게 속삭였다.

"바베이는 위험해. 돈 때문에 마음이 병들었어."

'돈이라면 우리 집에 매달아 둔 바구니 안의 그 오그라들고 곰팡이 핀 종이 뭉치잖아? 그런 돈이 어떻게 사람의 마음을 병들게 하거나 아모가 머리에 총알을 맞게 할 수 있는 건지.'

"우리 친족이 오솔길에 큰부리새 깃털과 바람총 화살을 남겨놓았어." 아빠가 누이에게 조용조용 말했다. "곳곳에서 그들의 발자국도 봤어."

"맞아. 확실히 미접촉 부족 사람들이 곳곳에 나타나고 있어." 난토케 고모가 공감했다. "그 사람들은 지금 오일 로드 사이에 갇혀 사면초가에 놓여 있어. 아무래도 조만간 일이 터질 것 같아. 우리 친족들이 유정과 전기톱의 소음 때문에 화가 나 있으니 말야."

그날 밤, 나는 불가의 해먹에서 잠을 잤다. 철커덩거리는 시끄러운 소리가 쉴 새 없이 들렸다. 하지만 더 멀리서 또 다른 소음도 들려왔다. 절거덕하는 소리였다.

"군인들이야." 난토케 고모가 속닥속닥 말했다. "군인들이 밤에 총을 쏴."

"왜요?" 어둠 속을 향해 내가 물었다.

"군인들은 회사 편이거든. 우리에게 겁을 주려고 저러는 거야."

아빠가 코를 골기 시작하면서 소음이 더 늘었다. 나는 도저히 잠을 잘 수 없을 것 같아서 어둠 속에 누워 상상했다. 미접촉 부족 사

177

람들이 어두컴컴한 숲속에서 맨몸으로 서서 사방에서 들려대는 탕
탕, 뺑뺑, 절거덕, 윙윙하는 소리에 귀를 곤두세우고 있는 모습을.

"웽공히." 기도를 드렸다. "당신이 아직도 와오테데도를 알아듣
지 못할지도 모르겠지만 미접촉 부족 사람들을 지켜주고 아무도
그 사람들을 죽이지 못하게 해주시면 안 되나요? 난토케 고모 말로
는 그 사람들이 위험하대요."

트럭 한 대가 덜컹덜컹 도로를 지나갔다.

나는 속삭이는 소리로 기도를 이어갔다. "그리고 또 스테파니에
게 제 얘기도 전해주세요. 빨리 와서 저를 레이첼의 땅으로 데려가
백인의 말을 배울 수 있게 해달라고요. 그러면 당신이 저에게 답을
해주실지도 모르잖아요?"

9

통증

"이를 뽑을 때의 통증은 출산의 고통보다 더 아파." 밍카예가 원숭이 다리 고기를 씹으면서 말했다. 그때 우리는 테멘타의 오코에 모여 있었고 나는 밑동에 앉아 고개를 뒤로 젖힌 채 입을 벌리고 있었다. 테멘타가 나에게 몸을 숙이며 서 있었다.

"이보슈, 당신이 출산에 대해 뭘 안다고 그런 말을 해?" 밍카예의 아내가 그 말에 꽥 소리를 질렀다.

"느낌이 있니?" 테멘타가 내 잇몸을 가볍게 툭툭 치며 물었다.

나는 고개를 끄덕이면서 움찔하며 아픈 척했다.

테멘타가 얼굴을 찡그렸다. "마취제가 오래되어 효과가 없나 보네."

"그 애가 이가 그렇게나 아프다는데 그냥 해치워 버리는 게 낫지!" 그 집에 놀러 온 한 어른이 말했다.

테멘타가 신중한 표정으로 내 눈을 들여다봤다.

"통증이 정말로 그렇게 심하니? 이를 뽑고 싶을 만큼?"

나는 이번에도 고개를 끄덕였다. 나는 술술 잘도 거짓말을 했다. 이를 전부 뽑으면 백인들이 더 좋은 새 이빨을 줄 거라고, 절대 썩지 않을 빛나고 하얀 이를 갖게 해줄 거라는 확신 때문이었다.

"누가 앨 좀 잡아줘야겠는데." 테멘타가 구경하려고 모여든 어른들을 향해 말했다. 옆눈으로 힐끗 보니 모여 있는 사람들 사이에서 걱정스러운 표정을 짓고 있는 빅토르가 보였다.

나는 눈을 감았다. 테멘타는 목사인 데다 전기톱을 잘 쓸 뿐만 아니라 마을의 치과의사이기도 했다. 스티브의 주선으로 치과 관련 수련을 좀 받았다. 다만, 이를 뽑을 수는 있었으나 심지는 못했다. 그건 석유 회사 치과의사만이 할 수 있었다. 그래서 나는 먼저 테멘타에게 이를 뽑아달라는 부탁을 하기로 계획을 세웠다. 그중에서도 먼저 어금니부터 뽑자고. 그러면 석유 회사가 완벽한 이를 해줄 거라고.

테멘타가 내 입안에 끌을 넣었고 곧 잇몸에서 차갑고 둔탁한 느낌이 느껴졌다. 나는 옆눈으로 힐끗 망치를 봤다. 자루가 검은색이었다.

틱, 틱, 톡톡.

머릿속에서 까만색, 붉은색, 흰색 빛이 섬광처럼 번쩍번쩍했다.

"저 페커리 좀 여기에서 내보내요!" 테멘타의 아내가 손에 끌을 꽉 쥔 채로 소리쳤다. 밍카예가 테멘타의 애완 페커리를 걷어찼다. 페커리는 꽥꽥 비명을 내질렀을 뿐, 이제는 내 발밑 쪽에 웅덩이처럼 고여 있는 피에 계속 주둥이를 박고 있었다.

틱, 틱, 톡톡.

통증 때문에 파란색과 노란색 섬광이 번쩍거렸다. 목이 불개미에게 물린 것처럼 화끈화끈했다. 나는 연기 속에서 붕 떠오르기 시작했다. 그 위에서, 어린 여자아이의 입안에 쑤셔 넣어진 여러 손과 금속 펜치로 확 잡아당기는 몸동작이 보였다. 그 아이가 바닥에서 몸부림치며 울부짖었고 사람들의 팔이 그 애를 제지했다. 사방에서 원숭이들이 펄쩍펄쩍 뛰며 소리를 질렀다. 잠시 후 아이가 잠을 자는 것처럼 땅바닥에서 미동도 하지 않자 어른들이 뭐라고 말을 했다.

"소금 탄 따뜻한 물을 가져와요!" 한 여자가 외쳤다.

내 혀가 느껴졌다. 혀가 입 안쪽의 날카로운 뭔가를 문지르고 있었다.

나는 눈을 떴다. 온몸이 부풀어 터져버릴 것 같은 고통이 느껴졌다.

"이가 깨졌어." 한 남자가 말했다. 나와 아주 가까이에 있는 남자였다. 내 입안을 들여다보고 있었다. "안에 아직 깨진 조각이 하나 더 있는데……."

나는 한밤중에 우리 집의 내 해먹에서 눈을 떴다. 내가 그곳에 어떻게 왔는지도 모르는 상태에서 이런 생각만 들었다. '내 턱을 갉아먹는 뭐가 있나? 내 머릿속에 쉴 새 없이 우는 개구리들이라도 들어가 있나?'

"무슨 짓을 한 거니?"

엄마가 무릎을 구부리며 나를 내려다봤다. 울어서 눈이 빨갛게 충혈되어 있었다. 목소리는 안달 나고 화난 마음이 배어 있으면서도 부드러웠다. 나는 신경, 치근, 부어오른 입안 피부 쪽에 혀를 대고 문질렀다. 추위가 느껴져 몸이 덜덜 떨리는 그 와중에 내 얼굴을 만져봤다. 화끈화끈하고 퉁퉁 부어 엉망이었다.

저 먼 곳에서 스테파니가 건반을 치는 소리가 들렸다. 음 하나하나가 들려올 때마다 몸의 다른 부분이 아팠다. 나는 잠을 잤지만 잠에 들지 않았다.

"티리, 우리 딸이 이상해. 얘가 길을 잃고 있어." 엄마가 속삭였다.

아빠는 아무 대꾸도 하지 않았다. 아빠가 불가에서 불쏘시개를 쪼개는 소리가 들렸다.

엄마가 다시 말했다. "영혼을 치유해 줘야 해. 아버지가 그 방법을 아실 거야. 뭔가 문제가 생길 때마다 늘 방법을 아시니까."

여러 달이 지나도록 나는 깨진 이와 썩고 곪은 상처를 견뎌야 했다. 엄마는 내 입 안쪽에 쓴맛의 잎을 쑤셔 넣었다. 나는 말을 하지 않았다. 귓속말조차도. 내 호기심에 배신당한 기분이었다. 스티브가 잠깐 이곳을 방문했을 때 스테파니가 보낸 머리핀 선물을 받았을 때도 신나지 않았다. 스티브가 테멘타에게 다들 플라잉 비Flying Bee라고 부르던 경비행기의 조종법을 가르쳐 줘서 테멘타가 우리 집 위를 콘도르처럼 슝 지나갈 때도 다른 마을 사람들처럼 감탄스러워하지 않았다.

어느 날, 아빠가 테멘타가 모는 비행기를 타고 나갔다. 돌아온 아빠는 이렇게 말했다. "네 할아버지, 도나스코를 뵙고 왔어." 엄마가 벌떡 일어나서 몸을 돌려 아빠를 봤다.

"오신대?"

"오신대."

나는 아무 느낌도 들지 않았다. 그저 얼굴이 욱신욱신하고 화끈거릴 뿐이었다. 어느 날, 빨래를 하다 어쩔 수 없이 물속에 비친 내 모습을 보게 되었다. 퉁퉁 부은 얼굴, 검은 눈, 검은 머리카락. 감염이 볼 전체와 귓속, 눈 안쪽까지 일어난 상태였다.

그러다 할아버지가 오기 전의 어느 날, 그 모든 게 끝났다. 치근이 썩으면서 톱니 모양으로 쪼개진 치아 파편들이 땅바닥으로 떨어졌다. 깨진 조약돌 같았다. 따뜻한 피의 맛이 더는 나지 않았다. 이제 나에겐 네 개의 어금니가 없어졌다. 빠질 이가 더 있으니 앞으로도 그만큼의 고통이 남아 있겠지만.

할아버지가 와서 가장 먼저 부탁한 것은 내가 만든 치차였다. 하지만 내가 아직 카사바를 잘 씹지 못해 치차를 만들기엔 무리여서 엄마가 만든 치차를 순순히 받아 드셨다. 할아버지는 여전히 뱀같이 물 흐르는 듯 걷는 기묘한 걸음을 보였다. 그 까만 눈이 내 생각을 들여다보듯 날카로운 눈빛을 발하는 것도 여전했다.

"할아버지." 내가 마체테로 땅에 구멍을 파며 말했다. "사람들이 제 말을 따르게 하는 '복종'의 힘을 갖게 해주시면 안 돼요?"

그때 우리는 강 하류의 밭에서 바나나를 심던 중이었다. 애나가 이제 걸음을 뗐는데 엄마는 벌써 또 임신을 했다. 나는 무릎을 꿇고 땅 위로 몸을 구부린 채로, 아르마딜로처럼 뒤로 흙가루를 흩뿌리며 땅을 파고 있었다. 아빠는 밭의 반대편에서 플랜테인을 따고 있었다.

"이런 귀여운 녀석 같으니!" 도나스코 할아버지가 소리 내 웃었다. 할아버지의 음성에는 신령스러운 기운이 있었다. 말 한마디 한마디에 보이지 않는 혼을 불러내는 힘이 있는 것 같았다. "예쁘장한 여자애가 복종의 힘을 가져서 뭐하려고?"

나는 어떻게 대답해야 할지 막막했다. 모든 것을 꿰뚫어 보는 눈을 가진 할아버지라 마음이 조마조마했다. 나는 쌓여 있는 모종 더미에서 어린 바나나 모종 하나를 집어서 파놓은 구멍에 넣었다. 나도 알았다. 복종의 힘은 비밀스러운 힘이었다. 그 비책을 아는 사람은 극소수뿐이었다. 그 힘을 얻으려면 일종의 묘약을 만들어야 했다. 내 이가 빠지게 하려면, 또 웽공히에게 대답을 듣기 위해서도 그런 힘이 필요할지 몰랐다. 스테파니가 나를 레이첼의 땅으로 데려가게 하는 데도.

돌연 부끄러운 마음이 들었다. "모르겠어요."

"복종의 힘은 어린 여자애에겐 맞지 않아. 위험한 힘이야." 할아버지가 말했다.

나는 예전에 오빠들이 하는 얘기를 듣고 복종의 힘에 대해 알게 됐다. 주술사들이 그 힘을 끌어내는 방법을 안다고 했다. 동물의 지방과 깃털, 여러 꽃과 잎, 그리고 내가 잘 모르는 다른 재료들이 쓰이는 것 같았다. 그렇게 만들어서 땅속에 묻고 적당한 때가 될 때까지 그대로 두는데 이 묘약으로 얻은 힘을 쓰면 누구에게서든 자신이 원하는 것을 얻을 수 있다고 했다. 내가 아는 건 이 정도가 다였다.

할아버지가 나를 유심히 바라보다 눈을 감았다. "우우슈우슈우 슈우, 우슈우슈우."

담배 냄새 섞인 바람이 밭의 한복판에 있던 나를 감쌌다. 할아버지가 눈을 떴다.

"우수치." 할아버지가 내 키콰족어 이름으로 나를 불렀다. "네 엄마에게 너에 대해 들었다. 네가 마음에 병이 들었다더구나. 네 이좀 보자."

나는 입을 크게 벌렸다.

"요 녀석아, 무슨 짓을 한 거니?"

나는 땅바닥을 내려다봤다. 창피하면서도 반항심이 들었다.

"그럼 이제 이를 뽑아버리고 싶은 이유가 뭔지 말해봐라."

나는 밀하지 않고 버텼다.

"대답하거라." 할아버지가 엄하게 말했다.

"백인들 같은 이를 갖고 싶어요." 나는 할아버지의 시선을 피하고 흙을 밀치며 둥글둥글하고 반들반들한 바나나 모종의 구근을 덮었다.

할아버지가 한숨을 내쉬었다.

"보아뱀이 혀를 이렇게 날름거리면 말이다." 할아버지가 집게손가락을 섬뜩하게 떨어 보이며 말했다. "숲의 짐승은 어떤 짐승이든 다 분별력을 잃는다. 아구티(중남미·서인도 제도산 들쥐의 일종-옮긴이)는 아무 생각 없이 앞뒤로 왔다갔다 하며 날뛰고 사슴은 얼이 빠져서 뱀에게 다가가지. 재규어조차 그 덫에 걸려들 수 있어."

나는 할아버지의 실룩이는 손가락을 바라봤다.

"이 숲에 사는 우리에게 백인의 세상은 보아뱀의 혀와 같아. 우리가 분별력을 잃게 만든단 말이다, 이 녀석아."

나는 두 손으로 바나나 모종에 흙을 모아 덮어주었다.

"우수치, 내 말 듣고 있니?" 할아버지가 부드럽게 물었다.

"우우우우." 내가 유순히 대답했다. 할아버지가 내 마음속 깊이까지 들여다볼 수 있다는 건 알았다. 하지만 내 마음을 들키는 게 싫었다.

"이리 와봐라." 할아버지가 마른 잎 밑에서 축축한 흑갈색 흙을 한 움큼 퍼 올리며 단호히 말했다. 나는 할아버지 앞에 무릎을 구부리며 마체테를 무릎에 올려놓고 고개를 숙였다. 할아버지가 휘파람으로 어떤 노래를 불렀다. 나는 눈을 감았고 그러자 그늘 사이를 날아다니는 새들이 보였다. 할아버지는 정말 힘이 대단했다. 할아버지가 두 손으로 내 머리를 잡더니 두 엄지손가락에 묻은 흙으로 내 이마에 그림을 그렸다. 갑자기 졸음이 왔다. 머릿속에서 알록달록한 새들이 획획 날아다녔다.

"내 귀여운 손녀 우수치야, 네 영혼은 힘이 세지만 지금은 네가 나쁜 길로 이끌려 가고 있단다."

할아버지가 우렁찬 휘파람 소리를 내다가 내 머리에 대고 몇 번 바람을 불었다. 뱀의 입김처럼 느껴졌다.

"아직 거기에서 피를 흘린 적이 없지, 그렇지?" 할아버지가 물었다.

나는 눈을 뜨며 여전히 유순한 태도로 고개를 가로저었다.

"나는 알아. 너는 아주 어릴 때부터 영혼이 격정적이고 거센 아이였어. 내 귀여운 손녀 우수치야. 앞으로 내 말을 듣겠느냐? 이 할애비의 말을 듣겠느냔 말이다."

나는 고개를 끄덕이며 또다시 눈을 감았다.

"네가 내 말을 듣지 않으면 앞으로 큰 고통을 겪게 될 게다."

머릿속에 강철빛을 띤 어둠디어두운 물속에서 물결치듯 움직이는 아나콘다의 그림자가 보였다.

"백인들과 연관된 것들은 전부 잊어야 해. 여기 이 밭이 너의 삶이야."

나는 눈을 뜨고 옆눈으로 밭을 둘러봤다. 황량하고 칙칙해 보였다.

"옥수수, 바나나, 카사바를 어떻게 해야 잘 키우는지 배워야 해. 언젠가 네 남편과 밭을 일구고 남편을 만족시켜 줄 만한 치차를 만들면서 많은 아이를 두려면 그래야 해." 나는 얼굴을 찌푸렸다.

엄마는 계속해서 아이를 가졌고 나는 엄마가 낳은 형제자매들을 모두 다 사랑했지만 가끔은 엄마가 애를 그만 좀 가졌으면 좋겠다고 생각했다. 그리고 확실히 나는 남편을 원하지 않는 것 같았다. 나를 빤히 보던 바베이네 손자의 그 눈빛이 잊히지 않았다. 유정에 다녀온 뒤로 사람들 사이에서 그가 라디오에 출연해 내 얘기를 했다는 말을 쑥덕거리기도 했다.

"네 엄마의 말을 들어야 해." 할아버지가 말했다.

그 말을 듣자 엄마가 아기를 다른 집에 줘버리려고 했던 일이 떠올라 화가 났다. '내가 왜 그런 엄마의 말을 들어야 하는데?'

"엄마를 도와 동생들을 잘 돌보렴. 아침마다 불도 피우고 엄마가 음식을 만드는 것도 도와드려."

할아버지가 담배에 불을 붙였다. 말린 바나나 잎으로 만 그 담배를 피워 연기를 내 머리에 대고 후 불었다. 그런 후엔 구아바 잎 한 뭉치를 내 어깨와 목 위쪽에 대고 흔들며 휘파람을 불었다. 그 휘파람 선율을 듣고 있으니 숲속의 바람과, 꿈꾸는 새와, 밤의 어둠이 떠올랐다.

할아버지가 갑자기 엄마를 부르는 소리에, 나는 최면 상태에서 깨어났다. "이 애가 복종의 힘을 갖게 해달라고 하더구나. 애는 조심하지 않으면 머지않아 문제에 휘말릴 게야. 새들은 어디에나 있어. 어둠의 새들 말이다. 애를 잘 지켜보거라."

엄마는 우리 쪽을 돌아보지도 않고 턱을 앙다문 채로 계속 땅만 파고 있었다.

그로부터 한 달이 채 지나지 않아 나는 처음으로 피를 흘렸다. 밭에서의 일이었다. 나는 속옷을 벗은 후, 머리가 지끈거리도록 뜨거운 태양 아래서 바스락거리는 잎사귀들 위에 쭈그리고 앉아 내 몸에서 뚝뚝 떨어져 나가는 피를 지켜봤다. 현기증이 핑 돌면서 속이 메스꺼웠다. '내가 순수하지 않은 건가?' 나는 노릇노릇하고 부드러운 구아바 나무의 어린잎들을 모아 속옷 안에 포개 넣었다. 누가 보는 게 싫어서 밭에서 가장 먼 쪽의 구획으로 옮겨가 카사바 모종을 다듬어 주고 땅에서 덩이줄기를 뽑았다.

나는 며칠 동안 고기를 못 먹는 금지령을 받았다.

"너는 이제 여자가 된 거야." 엄마가 말했다. 밖에는 비가 내리고 있었고 바람이 차가웠다. 그때 나는 내가 몇 살인지도 잘 몰랐다. 한 열네 살 정도 되었겠거니 여기고 있었다.

"사내애들은 네 냄새를 맡을 수 있어. 남자들을 멀리해야 해. 안 그러면 임신을 하게 될 테니까."

돌처럼 굳은 엄마의 표정에는 분개심과 걱정스러움이 뒤섞여 있었다. 나는 엄마에게 묻고 싶은 게 많았다. '여자는 왜 피를 흘려요?

할아버지는 왜 내가 고통을 받을 거라고 말한 거예요? 엄마가 마을의 여자들과 같이 있으면서 웃는 것처럼, 엄마와 나는 왜 같이 웃지 못하는 거예요?'

엄마는 해먹의 애나를 발로 흔들어 주었다. 나는 내 형제자매들을 손가락으로 세어보려 했다. '일곱 명인가? 여덟 명? 아니, 아홉 명인가? 잘 모르겠어.'

"엄마는 몇 살이에요?" 내가 엄마에게 물었다.

"몰라." 엄마는 불가에서 쭈그리고 앉아 맨손으로 사슴 고기를 뒤집고 있었다.

"냐메 오빠를 가졌을 때는 몇 살이었어요?" 내가 또 물었다.

"몰라. 네 나이쯤 됐겠지. 피를 흘리고 얼마 지나지 않아서였으니까."

열네 살쯤이었다는 얘기다. 그렇다면 나에게 이제 한 가지는 확실해졌다.

"전 아이를 갖고 싶지 않아요." 내가 부드럽게 말했다. 엄마가 내 말을 어떻게 받아들일지 겁이 나서였다. 하지만 엄마는 아무 대꾸가 없었다. 봉관조의 윤기 도는 깃털로 계속해서 불에 부채질을 하기만 했다.

"전 동정녀 마리아처럼 되고 싶어요." 내가 말했다.

엄마가 이번엔 나를 돌아봤다. 재미있어하면서도 걱정스러운 마음이 뒤섞인 표정이었다. 그때 무슨 말을 하려고 했는지는 모르겠지만 엄마는 그냥 아무 말 없이 넘어갔다.

그 뒤로 얼마 지나지 않은 어느 날 아침의 일이었다. 나는 벌써 해가 중천에 뜬 시각에 통나무 카누의 진흙투성이 바닥에 혼자 앉아 마체테로 생선의 내장을 제거하고 있었다. 그날 다듬던 생선은 모타, 바르부도였다. 강물은 얕았지만 걸어서 건너도 될 만큼 얕지는 않았다.

그때 위쪽 강둑에 어떤 사내애가 나타나 나를 조용히 지켜보고 있었다. 나는 못 본 체했다. 그가 미와고 나무의 가지 사이로 올라갔을 때 내가 올려다보자 그가 미소 지으며 나를 내려다봤다.

"뭐하고 있어?" 그가 물었다. 나보다는 나이가 많았지만 그래봐야 겨우 몇 살 더 많은 정도였다. 검은 머리를 짧게 잘라 반가르마를 타고 있었고 배낭을 메고 있었다.

"생선 내장 빼내고 있어." 내가 차갑게 대답했다. 눈길조차 주지 않았다.

"네가 잡은 거야?"

"응."

"나 생선 좋아하는데. 그래도 낚싯바늘과 낚싯줄은 싫더라. 난 창을 던져 잡는 게 더 좋아."

나는 대꾸하지 않았다.

"손가락 조심해. 바르부도의 수염에는 독이 있어." 그가 말했다.

갑자기 그가 나무에서 뛰어내리더니 오셀롯처럼 잽싸게 강둑을 내려와 카누 앞쪽에 균형을 잡으며 올라탔다.

"다멘타로라는 마을에 가본 적 있어?" 그가 물었다.

"아니."

"그 마을에 세 개의 강이 있는데 강마다 고기가 엄청나게 많아. 주로 사발로와 보카치코가 살아."

둘 다 내가 제일 좋아하는 생선이었다.

"물이 아주 맑아서 마스크를 끼지 않고도 잠수할 수 있어." 그가 덧붙여 말했다.

나는 그 사내애가 어느 부족인지 감이 왔다. 동글동글한 얼굴, 날카로운 광대뼈, 두꺼운 다리를 보니 알 것 같았다. "나는 지금 다멘타모로 가는 길이야. 정글에서 긷는 요령을 알면 그렇게 먼 거리는 아니지."

"거기에 살아?" 내가 물었다.

"아니. 음, 그렇다고 말해도 되겠네. 거기에서 선교사들과 살 생각이니까."

그 순간 나는 바르부도의 톱니 모양 수염 쪽에 손가락을 찔러 넣었다. 그러자마자 겨드랑이에서 쑤시는 통증이 느껴졌다. 하지만 그 애한테는 내색하지 않고 숨기려 애썼다.

"그 바르부도는 고약한 녀석이야." 그가 재미있어하는 투로 말했다.

나는 피가 뚝뚝 떨어지는 엄지손가락을 입으로 빨았다가 창피해져서 움찔했다.

그가 카누 가장자리에 걸터앉는 바람에 카누가 뒤집힐 뻔했다.

"넌 웽공히를 믿어? 아니면 재규어를 믿어?"

'저런 질문은 처음 받아보는데. 둘 중에 하나를 선택해야 하는 건가?' 나는 대답하지 않고 가만히 있었다.

"선교사들은 재규어가 숲에 사는 다른 동물과 다를 게 없다는 식으로 말해." 그가 미와고 나무를 올려다보며 말했다. "하지만 그건 뭘 몰라서 하는 소리야."

"그러면서 왜 그 마을에 가려는 건데?"

"부모님이 내가 코오리들의 말을 할 줄 알기 바라시는데, 선교사들이 그곳에 학교를 열어 많은 아이를 가르치고 있다고 해서."

"그 선교사들도 레이첼의 땅에서 온 사람들이야?"

"아니. 다른 부류의 코오리야. 자기들을 에콰도르인이나 콜롬비아인이라고 불러."

나는 마지막 생선을 바구니에 던져 넣고 카누에서 일어섰다.

그가 입술을 적시며 말했다. "그 생선 지금 바로 요리할 거야?"

"우우우우."

"내가 배가 고파서." 그가 말했다.

나는 그를 지나치며 바구니를 이마에 줄로 매달아 늘어뜨리고 균형을 잡으며 카누의 가장자리에 올라섰다. 그리고 말했다. "와오라니족 전사들은 아무것도 안 먹고도 며칠을 걸을 수 있어."

그가 자긍심과 반항의 눈빛을 번쩍이며 대꾸했다.

"전쟁이 벌어졌을 때 우리 할아버지는 먹지 않고도 여러 달을 버티셨어. 창을 씹어먹을 수 있을 정도로 배가 고팠는데도!"

나는 생선 바구니를 매단 채로 진흙 강둑으로 껑충 뛰어올랐다. 균형을 잡기 위해 발가락으로 나무뿌리를 움켜쥐었다.

"너도 다멘타로로 와야 해." 내가 우리 집 부엌으로 걸어가고 있을 때 그가 외쳤다. "상류 쪽 오솔길을 따라가다 언덕 등성이를 넘고 넘어서 또 넘으면 돌멩이 천지에 물 맑은 개울이 나올 거야!"

나는 다멘타로에 관심 없는 척했지만 사실은 관심이 있었다. 여러 달이 지나도록 그곳에 가는 생각을 떨치지 못했다. 모래로 금속 냄비의 까맣게 탄 자국을 문질러 닦아내다가 밤에 불가에 앉아 선교사들이 부르는 노래를 상상하기도 하고 개울에 물을 뜨러 가다가 여자 선교사들이 이렇게 말하는 상상도 했다. "세상에! 너 정말 빨리 배우는구나, 네몬테! 웽공히는 너를 아주 자랑스러워하셔!"

　그러면서도 내가 가지 않았던 건 스테파니가 돌아오길 기다리고 있었기 때문이었다. 그리고 스테파니는 정말로 돌아왔다.

　내가 깊이 잠들어 있던, 칠흑같이 어두운 밤의 일이었다.

　"자, 받아, 네몬테." 스테파니가 나에게 하이힐 구두를 건네주며 말했다. "이제 나한텐 안 맞는 구두야."

　나는 그 구두를 받아 이리저리 살펴봤다. 예쁘고 신기했다. 그 구두에 감탄하고 싶었지만 또 한편으론 혼란스럽기도 했다.

　"그 구두는 정글에서 신기에는 안 맞아!" 스테파니가 웃으며 말했다. "구두가 진흙에 박혀 잘 안 빠질걸!" 그 말에 나도 같이 웃었다. 그 구두를 신고 강둑으로 기어오르려고 기를 쓰는 모습이 상상됐다!

　스테파니가 말했다. "그 구두는 레이첼의 땅에서 신으라고 주는 거야."

　나는 울음을 터뜨렸다.

　"그럼 날 데리러 올 거야?" 내가 물었다.

　스테파니가 고개를 끄덕였다. 그 파란 눈이 반짝반짝했다. 그러다 꿈에서 깨어났다. 설렘에 심장이 두근거렸다.

"스테파니가 곧 올 거야!" 나는 혼잣말로 속삭였다.

대략 하루쯤 후에, 마을로 다가오는 비행기 소리가 들렸다. 이젠 나도 나이를 먹어서 '에보다, 에보야, 에보!' 하고 외치지는 못했지만 그래도 여전히 활주로로 후다닥 달려갔다. 품에 여동생 애나를 안고서.

나이 지긋한 와토라가 빨간색 자루의 마체테를 들고 맨발로 오솔길을 걸어가고 있었다.

"누가 오는 거예요?" 내가 소리쳐 물었다.

"나도 모르겠네. 꿈을 안 꿔서!"

비행기가 마을 위를 빙 돌 때 오솔길의 빽빽이 우거진 나무에 가려 잘 보이지 않았다. 스티브 세인트의 비행기에 찍혀 있던 빨간색과 흰색이 언뜻 보였다. 다음 순간 나는 감이 왔다. 확신이 들었다.

애나를 공중으로 올렸다 내렸다 해주며 말했다. "스테파니가 오고 있어! 여기에 왔어!"

그때 와토라가 말했다. "아, 테멘타와 밍카예네. 레이첼의 땅에 갔다가 이제 집으로 돌아오는 거야!" 테멘타와 밍카예는 스티브를 따라 한참을 떠나 있었다. 스티브의 가족과 함께 지내며 레이첼의 땅을 돌아다닌 후에 웽공히와 목사로서의 삶에 대해 온 마을 사람들에게 얘기해 주는 게 어떠냐는 권유를 받고 떠난 것이었다.

비행기가 점점 낮게 내려와 통통 튀며 미끄러지다 활주로의 웃자란 풀밭에 멈춰 섰다. 이제는 내가 보기에도 확실히 비행기 안에 탄 사람은 세 명뿐이었다. 스티브로는 보이지 않는 조종사, 밍카예, 테멘타였다. 스테파니는 없었다.

"내가 부탁한 그 반짝거리는 비즈를 가져왔으면 좋겠네." 와토라가 말했다. 마을 사람 대부분이 활주로로 모여들었다. 엄마가 넹헤레를 안고 내 옆으로 왔다.

지켜보고 있는 우리의 눈앞에 비행기 밖으로 나오는 밍카예가 보였다. 그런데 우리에게 미소도 지어 보이지 않았다. 표정이 안 좋았다. 이어서 테멘타가 나왔는데 어깨가 앞으로 구부정하게 구부러진 모습이었다. 조종사는 잠시 자기 자리에 그대로 있다가 내렸다. 확실히 스티브는 아니었고, 고개를 숙이고 있었다.

퍼뜩 끔찍한 느낌이 들었다. 세 사람 모두 분위기가 심상치 않았다. 나는 천천히 다가갔다.

밍카예가 우리 모두를 보며 풀 죽은 목소리로 말했다.

"스테파니가 죽었어요."

엄마가 그 말을 듣고 흐느껴 울었다. 곧이어 다른 여자들도 통곡을 터뜨렸다. 내 귀엔 그 통곡 소리 말고는 아무 소리도 들리지 않았다. 나는, 뭐랄까, 믿기지가 않았다. 화가 나서 혼잣말을 했다. '사실이 아니야. 밍카예가 푼수처럼 그냥 거짓말을 하는 거야.'

테멘타가 말했다. "스티브의 따님이 하늘의 웽공허님 곁으로 떠났습니다. 이제는 레이첼과 함께 있어요."

나는 그 자리에서 뛰쳐나왔다. 통곡하고 있는 엄마와 함께 애나를 활주로에 그대로 둔 채로. 등 뒤에서 모든 사람이 흐느껴 울며 웽공허에게 기도하는 소리가 들려왔다. 빅토르가 나를 따라오고 있는 발소리도 느껴졌다.

나는 오솔길을 벗어나 몸을 수그리며 숲속으로 들어갔다. 예전에 스테파니와 같이 놀던 그 개울가의 축축하고 짙은 땅에 앉아 두 팔로 무릎을 감싸 안고 몸을 앞뒤로 흔들었다.

"스테파니, 약속했잖아!" 내가 작게 속삭였다.

그러다 생전 처음으로 흐느껴 울었다. 온 마음으로 울었다.

"집으로 돌아가자, 누나." 빅토르가 조용히 말했다.

나는 꼼짝도 안 했다.

"너무 우는 건 좋지 않아. 재규어가 들을 거야."

마을은 한동안 비정상적일 만큼 조용했다. 장작의 연기가 피어 오르지도, 아이들이 나와 놀지도 않고 침묵만이 감도는 것 같았다.

그 침묵은 오래 이어지지 않았다. 사람들은 스테파니의 얘기를 꺼내며 어쩌다 죽게 되었는지 듣고 싶어 했다.

스테파니는 선교 활동을 하며 멀리 떨어진 땅에 가 있었다고 했다. 테멘타, 밍카예, 스티브, 지니도 여러 달이나 얼굴을 못 봤다. 돌아오기로 예정되어 있던 날, 밍카예는 머리에 와오라니족 깃털 장식을 썼다. 그리고 스테파니의 가족과 함께 공항으로 마중을 나갔다. 그 후 다 같이 집으로 돌아와 환영 파티를 열었다. 그 파티 중 밍카예가 모든 손님 앞에서 와오라니족의 환영 춤과 노래를 보여주다가 팔꿈치로 스테파니의 머리를 쳤다고 했다.

"그래서 걔가 아프다고 울었어?" 와토라가 물었다.

"아니요……." 테멘타가 말하며 한 손을 머리에 얹고 움츠리는 모습을 흉내 냈다. "그 일에 아무도 신경 쓰지 않았어요. 스테파니가 괜찮아 보였으니까요. 그런데 얼마 안 지나서 스테파니가 머리가 아프다고 했어요. 곧이어 두통이 너무 심해져서 병원에 데려갔고요. 그리고 나서 얼마 안 있다가 죽었어요."

"밍카예의 팔꿈치에 맞아서 그렇게 된 거예요?" 엄마가 물었다.

테멘타가 망설이다 힘겹게 말했다. "그럴지도 몰라요." 언제나처럼 차분한 어조였다.

"의사는 뭐라고 말했는데요?"

"뇌에 출혈이 일어났고 그것이 부상에 의한 출혈일 수도 있다고요."

정확한 사인은 끝내 밝혀지지 않았다. 여자 어른들이 서로를 보며 고개를 절레절레 저었다. 다들 밍카예에게는 차마 묻지 않았지만, 어쨌든 대부분은 밍카예의 팔꿈치가 아니라 마법이 화근이었을 거라고 생각했다.

테멘타의 아내가 말했다. "밍카예는 스티브의 아버지를 죽였어. 그 후 스티브는 밍카예를 친구로 삼았고. 그런데 그 뒤로 한참 후에, 밍카예가 스티브의 딸을 죽이게 된 거네."

사람들이 침묵에 잠겼다.

테멘타가 말했다. "스티브는 밍카예가 팔꿈치로 스테파니를 다치게 했다고 생각하지 않아요. 웽공히의 뜻이라고 믿고 있어요."

레이첼도, 스티브도 우리에게 말했었다. 웽공히는 교회에 가고 선하게 살면 상을 주신다고. 스테파니는 좋은 아이였다. 빠지지 않고 교회 예배에 참석했다. 우리는 납득하지 못했다. 그런 스테파니를 죽이는 것이 어떻게 웽공히의 뜻일 수 있는지.

사람들은 한참 동안 그 문제를 놓고 왈가왈부했다. 나로서는 스테파니가 어떻게 죽었는지에는 관심이 없었다. 그저 그 애가 죽었고, 나를 보러 돌아오지 않을 거라는 사실에만 마음이 머물렀다. 이 슬픔과 낙담을 어떻게 억눌러야 할지 막막했다.

10
이탈

"da-wa, da-wa, da-wa(다-와, 다-와, 다-와)." 내 머리 위의 새가 날개를 퍼덕이며 지저귀었다.

"quiano(키아노)?" 내가 호기심을 갖고 그 새를 보고 물었다. "뭐라고 하는 거야?"

"다-와, 다-와, 다-와." 새가 휙 날아내려 오며 시야에서 사라졌다가 다시 나타나 또 지저귀었다. "다-와, 다-와, 다-와."

나는 그 까만 암컷 비둘기를 눈으로 좇았다. 그때 나는 다멘타로라는 마을로 이어지는 상류 쪽 오솔길을 천천히 걷고 있었다.

"무슨 말을 하려는 거니?"

나는 한 손에 마체테를 들고 갔다. 어깨에 멘 치그라에는 담요, 모기장, 성경을 꾹꾹 눌러 담았고, 다른 쪽 손에 든 노란색 플라스틱 양동이에는 낚싯바늘과 낚싯줄, 미니 거울, 복숭아야자 열매 한 움큼으로 가득 채웠다. 집을 떠나는 중이었다.

갑자기 뾰족한 것에 찔린 듯한 극심한 고통이 다리를 휙 지나가는가 싶더니 또 한 번 이어졌다. 내가 다리를 붙잡으며 쭈그려 앉는 순간 번들거리는 검은색 뱀이 잎이 마른 덤불 사이로 스르륵 들어가며 오솔길을 벗어나고 있었다. 그런데 곧 가만히 멈추더니 혀만 파르르 떨어댔다.

나는 장화를 벗고 잎 사이의 뱀을 빤히 쳐다봤다. 종아리와 정강이에 둥그런 암적색 선 두 개가 생겨났다.

"내가 날 때린 거지!" 내가 뱀에게 씩씩대며 말했다.

"다-와, 다-와, 다-와." 검은 비둘기가 협곡 사이로 날아내려 오며 또다시 지저귀었다.

"이제 안 속아!" 내가 새한테 꽥 소리를 질렀다.

다리가 화끈거렸지만 아주 심하진 않았다. 전에도 뱀에게 그렇게 맞아본 적이 있었다. 나는 다시 장화를 신고 가던 길을 계속 걸어갔다. 돌연 자신감이 떨어지면서 살짝 겁이 났다. 이렇게 숲속에 혼자 들어온 건 처음이었다. 지금까지 내가 무사히 지냈던 건 나를 짐승들로부터 안전히 지켜준 엄마 아빠가 있었던 덕분이었을 것이다. 새가 나에게 이런 식으로 말을 건 적도 없었다. 돌아가야 하나, 하는 생각이 들었다.

하지만 언덕 등성이 꼭대기에 이르자 넓은 길이 펼쳐지고 우거진 나무 사이로 햇살 줄기가 기분 좋게 쏟아져 들어왔다. 페토모 나무와 가시야자 숲이 펼쳐져 있었고 머리 위에서는 해로울 게 없는 큰부리새 가족이 요란하게 짹짹거리고 있었다. 아무래도 이곳은 예전에 사람들이 살던 터전인 것 같았다. 내 조상들이 살았던 곳이라고 생각하니 안도감과 친근감이 밀려왔다.

내가 없어진 사실을 엄마 아빠가 언제쯤 알게 될지 궁금했다. '나를 데리러 오실까?' 하지만 내 머릿속을 더 가득 채운 궁금증은 다멘타로 마을이었다. '내가 그곳에 가면 어떤 상황이 벌어질까? 선교사들이 나를 보면 웃어줄까? 내가 성경을 보여주면 틀림없이 웃어줄 거야.'

그 언덕 등성이에서는 저 멀리 뱀처럼 굽이도는 에웽고노 강이 보였다. 이제 협곡의 반대편으로 돌아가 언덕을 내려가야 할 것 같았다. 길 사방에 동물들이 다니기 때문에 언덕을 이리저리 종횡으로 교차해서 지나야 했다. 그러다 길을 잃을까 봐 걱정스럽기도 했다. '그 남자애가 뭐라고 그랬지? 언덕 등성이를 넘고, 넘고, 또 넘으면 바닥에 돌멩이들이 깔린 개울이 나온다고 했어.'

나는 쓰러져 있는 통나무에 앉아 치그라에서 성경을 꺼내 얇은 책장을 휙휙 넘겼다.

"노래를 불러볼까!" 내가 큰 소리로 말했다. "노래를 부르면 웽공히가 길을 안내해 줄 거야!"

처음엔 속삭이듯 낮게 노래를 읊조렸다. 그러다 언덕 등성이의 뒤편으로 내려가며 계속 노래를 부르는 사이에 목소리에 힘이 돋워지면서 더 우렁찬 노랫소리가 나왔다.

"예수님은 나를 사랑하시네. 나를 정말로 사랑하시네!"

내 위쪽으로는 사키원숭이 무리가 우글우글 모여 꼼짝도 안 하고 있었다. 다들 눈이 복슬복슬한 검은 털에 덮여 보이지 않았다. 갑자기 등줄기로 오싹한 한기가 지나갔다. 숲이 아주 조용했다. 아니, 너무 조용했다. 쥐 죽은 듯 조용했다. 숲이 나에게 비밀을 감추고 있기라도 하듯. 피부가 따끔거리기 시작했다.

이어서 격한 숨소리가 들려왔다. 그 소리가 가까운 사방에서 들려왔지만 눈에는 아무것도 보이지 않았다.

멀리서 하품 소리가 들렸다. 숲 전체가 하품하는 것처럼 들렸다. 나는 성경을 노란색 양동이에 넣고서 숲을 향해 눈을 가늘게 뜨고 주변의 모든 것을 보려고 했다. 갑자기 원숭이들이 나무 높이에서 폴짝폴짝 가지를 옮겨 다니며 겁먹고 불안해하는 모습을 보였다. 나는 한 손에 마체테를 움켜쥐고 다른 손으로는 노란색 양동이를 붙잡았다.

소리가 숲을 울렸다. 언덕 비탈과 나무줄기, 그리고 내 관자놀이 안쪽까지 울림을 일으켰다. 그 목소리는 나를 찾고 있었다. 내가 길을 잃었다는 듯이.

다음 순간 그 일이 일어났다.

재규어가 나타났다. 재규어가 마치 환영처럼 오솔길에 서 있었다. 느릿느릿 걷고 있었다. 눈을 감고 목을 뒤로 젖혀 코를 킁킁거리는 모습이 마치 꿈을 꾸는 동물처럼 보였다.

나는 꼼짝도 않고 서 있었다. '내가 재규어의 꿈속에서 잡히는 건가?' 나는 미동도 하지 않았다. 공포에 사로잡혀 넋을 잃었다.

'너는 누구냐?' 머릿속에서 어떤 노파의 목소리가 속삭였다. '너는 누구냐?'

'지금 재규어가 나에게 말하는 건가?' 나는 대답하고 싶었지만 아무 말도 나오지 않았다.

소리가 나에게 와락 덤벼들 만한 거리 이내에서 들렸다. 재규어의 수염에 피가 보였다. 현기증이 났다.

'너는 누구냐?'

공포에 질려 눈앞이 흐려졌다. 나는 노란색 양동이를 덜걱거리다 마체테로 어떤 나무의 몸통 측면을 쳤다.

재규어가 눈을 떴다. 나를 뚫어지게 응시하다 천천히, 아주 천천히 하품을 했다. 뒤이어 여전히 나를 쳐다보며 입술을 뒤틀어 이빨을 드러내더니 으르렁거렸다. 목 안쪽 깊은 곳에서 울려 나오는 길고 낮은 소리였다.

나는 본능적으로, 양동이를 재규어에게 거세게 내던졌다. 황금색과 검은색의 그 눈부신 털을 향해 있는 힘껏 던졌다. 잠시 성경과 복숭아야자 열매들이 허공에 떠 있는가 싶더니, 그 순간 재규어가 어슬렁어슬렁 걸어 숲속으로 살며시 사라졌다. 그러자 성경과 열매가 허공에서 떨어져 땅바닥에 부딪혔다.

심장이 세차게 고동치며 숲으로 울려 퍼졌다. 속이 메스꺼웠다.

나는 내 물건들을 챙겨서 계속 걸었다. 걷다가 얼마 안 가서 야생 페커리의 뼈와 두개골을 마주쳤다. 보고 싶지 않아 멈춰서지 않고 빠른 걸음으로 곧장 다멘타로 마을을 향해 걸었다.

"여기에서 자면 돼요." 알프레도라는 이름의 남자가 아무것도 깔리지 않은 널빤지 침대들을 가리키며 말했다. 그 침대가 있는 곳은 내가 지금껏 본 가장 큰 집의 1층에 있는 방이었다.

"여자들은 모두 여기에서 자요." 그가 내 머리를 토닥이며 알려주었다. 그의 아내, 로살리나가 환한 미소를 지으며 그의 옆에 서 있었다.

아직 어둠이 내리지 않은 시각이었다. 밖에서는 와오라니족 남자애들과 여자애들 수십 명이 풀밭에서 놀거나 강물에서 물을 튀기며 장난치고 있었다.

"세례명이 어떻게 돼요?" 로살리나가 물었다. 얼굴에서 다정함과 따뜻함이 넘쳐났다. 스페인어라 그녀의 말이 무슨 말인지 거의 알아듣지는 못했다.

"세례명." 그녀가 천천히 다시 말했다. "미국인 선교사 레이첼 세인트가 있었던 토냠파레에서 컸으면 세례명이 있을 텐데요."

"이네스요." 내가 얌전하게 말하며 손을 뻗어 로살리나가 안고 있는 갓난쟁이 여자아이를 만졌다.

"환영해요. 저 양동이엔 뭐가 들어 있어요, 이네스 자매님?"

나는 성경, 복숭아야자 열매, 낚싯바늘을 보여주었지만 재규어 얘기는 하지 않았다. 로살리나가 아이를 안고 있지 않은 쪽 손으로 성경을 들었다.

"읽을 줄 알아요, 이네스?"

내가 고개를 가로저었다.

"성경 속 얘기 아는 거 있어요?"

이번엔 고개를 끄덕였다.

"어떤 얘기를 좋아해요?"

고개를 가로저었다. 그렇게 많은 질문을 받아보는 건 처음이었다.

"혹시 아담과 이브 얘기요?"

나는 고개를 가로저으며 말했다.

"마리아요. 동정녀 마리아 얘기요."

로살리나가 남편을 보며 미소를 지었다.

"얼굴이 아주 똑똑해 보이네요, 이네스. 자매님은 여기에서 가르쳐 주는 걸 아주 빠르게 배울 것 같아요."

"우우우우우." 나는 낮은 목소리로 답하며 마룻바닥의 널빤지 틈으로 보이는 흙을 물끄러미 쳐다봤다.

"이네스." 알프레도가 말했다. "여기에서는 어두워지기 직전에 저녁을 먹어요. 저녁 식사 후에는 성경을 읽고 찬송가를 부르고요. 내 말 이해했어요?"

나는 또 고개를 끄덕이며, 속으로 두 사람이 부모님에 대해 물으며 부모님이 내가 여기에 온 걸 아느냐는 등의 질문도 던질지 궁금했다. 두 사람은 그런 얘기를 묻지 않았고 내 머리를 다시 토닥여 주고는 방을 나갔다.

침대의 널빤지에 앉아 밖에서 들려오는 아이들 노는 소리를 들으며 우리 집에 있는 가족을 생각했다. '네몬테 누나가 어디에 갔을까요?' 빅토르가 이렇게 물어댈 테지만 아무도 대답해 주지 않을 것이다. 다들 내가 어디에 왔는지 알 테니까.

빅토르에게 뱀에게 맞은 자국을 보여주고 싶었다. 아빠에게 재규어가 말을 걸어온 얘기를 해주고도 싶었다. 눈물이 차올라 뺨과 목을 타고 흘러내릴 것 같아 입술을 꽉 깨물고 참았다.

저녁을 먹은 후, 나는 이전에 강가에서 배낭을 메고 있던 그 남자애를 마주쳤다. 웽공히와 재규어 중 어느 쪽을 믿느냐고 물었던 그 애가 남자 기숙사 앞 계단에서 알프레도 옆에 앉아 있었다. 나를 보더니 짓궂은 미소를 지어 보였다. 알프레도가 기타를 치자 그 애가 스페인어로 노래를 불렀다.

"나는 한때 길을 잃었지. 이 잔인한 세상을 이해하지 못했지만 그렇게 헤매던 중 친구를 만났네. 예수 그리스도를."

알프레도가 몸을 앞뒤로 흔들었다. 나는 숨소리를 죽여 입으로만 뻥긋뻥긋 그 가사를 읊조렸다.

자려고 자리에 누웠을 때는 성경을 가슴에 꼭 안고, 어둠 속에서 서로 속닥속닥 얘기하는 엄마 아빠를 상상했다. '두 분이 나한테 크게 화가 나셨을까? 걱정을 하고 계실까? 내가 여기에 온 것을 웽공히가 기뻐하면 좋을 텐데.'

이튿날 나는 남자 기숙사의 1층에서 주눅이 든 채로 앉아 있었다. 그곳에서 매일 아침 성경 공부가 열려 아이들이 성경을 큰 소리로 읽는 중이었지만 나는 성경을 읽을 줄 몰라 의자에 움츠리고 앉아 있었다. 알프레도가 토남파레의 그 선생님처럼 자로 때리거나 귀를 잡아당기면 어쩌나 조마조마했다.

"계명이 모두 몇 개죠?" 알프레드가 물었다.

알고 보니 이름이 호셉이었던 그 배낭 남자애가 의자에서 벌떡 일어나 말했다. "열 개요!"

"예수님을 배신한 사람은 누구죠?"

"유다요!" 한 여자애가 외쳤다.

"성경의 첫 번째 책은 뭐죠?"

"창세기요!"

나는 몰래 밖으로 나와 활주로 가장자리를 쭉 걸어 개울 쪽으로 갔다. '그냥 집으로 가야 하나? 여기선 내가 있으나 마나 아쉽지 않은 존재가 아닐까?'

"이네스!" 로살리나가 멀리서 손을 흔들며 나를 불렀다. "거기에서 기다려요!"

나는 어깨를 구부정하게 구부린 채 걸음을 멈췄다.

로살리나가 미소를 지으며 다가왔다.

"우리 아기 좀 안아주지 않을래요?" 그녀가 다정히 물었다.

나는 눈을 반짝이며 방긋 웃었다. 우리는 같이 개울가까지 갔다. 아기를 안고 있으니 로이다, 에몬타이, 넹헤르, 애나를 안았던 때의 느낌과 다르지 않았다.

로살리나가 내가 내심 기다리던 얘기를 꺼냈다.

"자매님이 여기에 온 거 부모님도 아세요?"

나는 고개를 절레절레 저었다.

"그럼…… 여기에는 왜 온 거예요?"

나는 어떻게 말해야 할지 막연했다. 와오테데도로도 말하기가 막연한데, 스페인어로는 당연히 어림없었다. 나는 돌멩이들 위로 흐르는 수정처럼 맑은 물을 빤히 내려다보며 목구멍 쪽으로 혀를 말았다.

"주님이 자매님을 이리로 이끄신 거예요." 로살리나가 내 어깨에 손을 얹으며 부드럽게 말했다. "마음 불편해할 거 없어요. 다 하느님의 결정이었으니까요."

오솔길에서 만난 재규어와 함께 머릿속에 울렸던 그 노파의 음성이 떠올랐다. '너는 누구냐? 너는 누구냐?'

로살리나가 물었다. "이네스, 웽공히와 어떻게 말하는 줄 알아요?"

나는 고개를 가로저었다.

"해봤어요?"

나는 고개를 끄덕였다.

"내가 기도하는 법을 가르쳐 줄까요?"

내가 이번에도 고개를 끄덕였다. 로살리나의 눈이 너무 예뻤다. 물에 비치는 햇살 같았다.

"자, 이렇게 손을 모아봐요." 그녀가 두 손을 깍지 껴서 모으며 말했다.

"사랑하는 아버지 하느님……." 그녀가 말을 멈추며 나에게 고개를 끄덕여 보였다.

"사랑하는 아버지 하느님." 내가 내 품에 인은 그녀의 아기를 흔들어 주며 따라 말했다.

"하늘에 계신 사랑하는 아버지 하느님, 주님이 저에게 베풀어 주신 삶, 먹을 것과 마실 것에 감사드리고, 주님의 아드님이시며 저희의 죄를 대신해 죽으신 예수 그리스도를 통해 깨우침을 얻을 기회를 주셔서 감사드립니다……. 웽공히여, 부디 제 가족이 저를 걱정하지 않아도 되게 해주시옵소서. 제발 제가 주님의 길을 따라 걷는 동안 제 가족을 안전하게 지켜주소서. 아멘."

나는 그 기도가 좋았다. 웽공히가 내 가족을 안전하게 지켜주고 내 걱정을 하지 않게 해줄 수 있다는 식의 생각이 마음에 들었다.

그날 밤, 나는 혼잣말로 소곤소곤 기도하며 웽공히의 응답을 기다렸다. 하지만 언제나처럼 아무 응답이 없었다. 들려오는 소리라곤 위층 여자애들의 킥킥거리는 소리, 가르릉 가르릉 돌멩이 위를 흐르는 먼 곳의 물소리, 밤공기를 진동시키는 귀뚜라미 소리뿐이었다.

이튿날 아침엔 기도만 드리고 수업은 없었다. 호셉이 활주로에서 나에게 손을 흔들어 보이며 외쳤다.

"이리 와서 우리랑 같이 놀자!"

나는 잡초와 흙으로 덮인 길을 맨발로 걸어 그가 있는 쪽으로 갔다. 로살리나가 자기 집 계단에서 나를 보고 있었다.

"축구 할 줄 알아?" 그가 공중으로 공을 차올리며 물었다.

나는 고개를 가로저었다.

"넌 재규어야, 사슴이야?"

"재규어." 내가 살짝 쑥스러워하며 대답했다.

"그래, 좋아! 그럼 넌 나와 같은 팀이야!"

난 뭘 어떻게 해야 할지 몰라서 무조건 공이 굴러가는 방향을 따라 이쪽저쪽으로 달리기만 했다. 가끔 공이 나에게 오면 무작정 발로 찼다. 마을 어른들이 긴 의자에 앉아 야유와 고함을 외쳐댔다.

그러던 어느 순간, 좀 떨어진 거리에서 익숙한 목소리가 들려왔다. 엄마였다. 엄마의 목소리에 이어 우물우물 말하는 또 다른 사람의 목소리도 들렸다. 아빠였다. 엄마 아빠가 마을 어른들과 이야기를 나누고 있었다. 그러니까, 두 분이 나를 찾아왔다는 얘기였다.

엄마가 가시 돋친 말을 내뱉을까 봐 겁나서 몸이 얼어붙었다. '엄마가 날 꾸짖겠지? 나한테 쓸모없는 애라고 하진 않을까?' 돌연 눈이 화끈거리기 시작했다. 내 몸이 그 칠리페퍼를 기억하고 있었다. 나는 움찔하며 정신을 차렸고 그 순간 공이 나에게 굴러오자 있는 힘껏 세게 차며 공을 쫓아 달렸다. 엄마 아빠가 온 것을 알아차리지도 못한 체하고, 재규어보다는 사슴처럼 굴면서.

얼마 지나지 않아, 나는 알프레도와 로살리나의 집 현관에서 엄마 아빠와 같이 앉아 있었다. 엄마는 그곳에 온 이후로 나에게 거의 눈길조차 주지 않았다. 화가 나서 광대뼈가 굳어 있었다. 아빠는 쓸쓸하게 눈을 내리깔고 있었다.

"따님은 아주 특별한 아이입니다." 알프레도가 엄마 아빠의 눈을 들여다보며 말했다. "하느님이 이 아이를 주님의 길을 따르도록 선택하셨어요."

아빠가 알프레도를 멍하니 멀뚱멀뚱 쳐다봤다. 엄마는 심각한 표정을 지은 채 주먹을 꽉 쥐었다.

"얘는 글을 읽고 쓰는 법을 배울 거예요." 로살리나가 끼어들며 말했다.

"얘가 아주 똑똑한 네나 배움에 굶주려 해요."

아빠는 스페인어를 거의 알아듣지 못했고 엄마라고 해서 더 나을 것도 없었다.

"얘가 여기에서 굶을 거라는 얘기야?" 아빠가 와오테데도로 소곤소곤 말했다. "암브레^{hambre}?" 이어서 선교사들에게 스페인어로 물었다.

두 선교사가 어리둥절한 얼굴로 서로를 쳐다보다 얼마쯤 지나서야 로살리나가 대답했다. "아니, 아니, 그 말이 아니라 배움에 굶주려 있고, 하느님의 사랑에 굶주려 있다고요."

아빠는 못 알아들은 채 가슴 앞으로 팔짱을 끼며 또다시 말이 없어졌다.

"저희가 이 아이를 딸처럼 돌보겠습니다." 알프레도가 박력 있게 말했다. "저희의 가족으로 삼겠습니다."

엄마는 자신이 얼마나 무기력한지를 이제 막 깨달은 듯한 표정이었다. 눈에 슬픔이 차올랐다.

"웽공히의 딸이라니." 엄마가 갑자기 씩씩대며 와오데테도로 말했다. 절망에 못 이겨 눈이 붉어져 있었다. "그럼 이제 너는 코오리의 딸이구나!"

엄마가 거칠게 몸을 일으켜 계단을 내려갔다. 아빠도 그 뒤를 따라갔다. 엄마가 우뚝 멈춰 서더니 우리가 앉아 있던 현관 쪽을 돌아봤다.

"넌 할아버지 말을 듣지 않는구나. 네 엄마 말도. 하지만 이 말은 해주고 가마, 네몬테. 계속 네 꿈을 꾸었어. 그런데 이 길은 너에게 이로운 길이 아니야!"

그 후에 나는 부모님과 함께 자갈 개울을 건너고 오솔길을 걸어 첫 번째 언덕 등성이의 어느 밭에 이르렀다. 그곳에서 엄마는 마체테로 나무껍질을 벗겨냈다. 아빠는 우물우물 말을 꺼냈다가 감정에 복받쳐 목이 메는 소리를 냈다.

"너는 내 첫딸이야." 아빠가 말했다. "넌 어린 꼬맹이였을 때부터 틈만 나면 우리 몰래 어디로 잘 돌아다녔지."

나는 미소가 나오는 동시에 울컥했다.

"어른들을 따라 밭에 가기도 하고 이웃 사람들과 같이 고기를 잡으러 가기도 했어. 그렇게 나갔다 하면 늘 작은 꾸러미로 열매와 생선을 가지고 돌아왔어……."

나는 눈물을 감추려 시선을 떨어뜨리며 그 언덕을 줄지어 구불구불 오르는 절엽개미leaf-cutter ant 대열을 지켜봤다.

"지금은 네가 코오리들을 따라가고 있구나. 그래, 이번엔 우리에게 뭘 가지고 돌아오려고 그러니, 내 사랑하는 딸아?"

엄마가 가시 돋친 웃음을 내뱉으며 말했다. "문제거리겠지!"

아빠의 눈빛이 순간적으로 멍해졌다.

"우리는 이 숲에서 난 사람들이야." 아빠가 손짓으로 주변을 빙 가리키며 말했다. "너는 여기 이 숲에서도 더 배워야 할 게 있어. 그 사실을 잊지 마라, 네몬테."

침통하고 마음 아픈 정적이 내려앉은 그 숲속에서 나는 부모님 이 오솔길의 오르막을 오르다 더는 보이지 않을 때까지 그 모습을 지켜봤다. 언덕 등성이를 넘어가는 엄마 아빠의 발걸음 소리와 목소리라도 들으려 귀를 기울였지만 얼마 지나지 않아 그 소리마저 들리지 않았고 바람에 나뭇잎만 바스락거렸다. 나는 선교사들과 함께 살 새집으로 돌아가기 위해 그만 발걸음을 되돌렸다.

"성경에서는 왜 이브가 아담의 갈비뼈로 만들어졌다고 말하는 거예요?" 내가 성경을 무릎에 내려놓고 내 흉곽을 손가락으로 훑으 며 로살리나에게 물었다.

로살리나는 재미있다는 듯 고개를 한쪽으로 기울였다.

"이 숲의 여자애들 중 너처럼 글을 빨리 배우는 애는 없었어, 이 네스! 하느님이 너에게 큰 계획이 있으신 거야!"

그때 나는 여자 기숙사의 현관에서 다리를 꼬고 앉아 있었다. 아이들이 축구를 하려고 활주로에 모이는 중이었다. 나는 쑥스러운 내색을 보이지 않으려고 내 발을 내려다봤다. 로살리나는 나에게 특별하다는 말을 자주 해줬다. 그런 말을 들으면 너무 좋긴 했지만 익숙하지 않았다. 지금까지 나에게 그런 식으로 말해준 사람이 아무도 없었으니까.

로살리나가 생각에 잠긴 표정으로 숲 위로 높이 떠 있는 주황빛 조각구름들을 응시했다.

"여자는 자기 남자 곁을 지켜야 해." 잠시 후 나를 돌아보며 말했다. "하느님은 이브가 아담의 보필자이자 이상적인 동반자가 되도록 이브를 아담의 갈비뼈로 만드신 거야."

그 무렵엔 내가 부모님을 못 본 지 여러 달이 지나 있었다. 원숭이가 살이 오르는 계절이 이미 지나 있었다. 가끔씩 내가 몇 살인지 궁금했다. '아직 열다섯 살인가? 이제는 열여섯 살이 되었을 수도 있고.'

내가 말했다. "저희 집에서는 엄마가 아빠를 휘어잡고 있는데요."

"부모님이 웽공히를 믿지 않으시나 보구나?"

내가 고개를 가로저었다. "아빠는 웽공히가 숲에 대해 아무것도 모른다고 그러셔요."

"웽공히가 이 숲을 만드신 거야, 이네스. 모든 만물을 그분이 다 만드셨어. 당신 자신이 만든 것에 대해 어떻게 모르시겠니?"

나는 어깨를 으쓱했다.

"재규어도요?"

"그래, 이네스. 재규어도 그분이 만드신 거야. 너희 부족은 전 세계에서 웽공히에 대해 배워야 할, 얼마 남지 않은 마지막 사람들이야. 우리가 여기 오기 전까지 너희 부족은 정말로 자신들의 조상이 재규어가 됐다고 믿었어!"

나는 어떻게 대꾸해야 할지 난감했다.

"그래서 웽공히께서 너를 선택하신 거야, 이네스."

알프레도가 경쾌하고 가벼운 걸음으로 우리 쪽으로 다가왔다.

"아모르 데 미 비다Amor de mi vida(내 평생의 사랑)." 그가 로살리나에게 속삭이며 그녀의 입술에 키스했다.

나는 누가 키스하는 모습을 보는 게 처음이었고 어리둥절했다. 우리 부모님은 그런 식으로 입술을 맞댄 적이 한 번도 없었다.

"하느님의 딸이 오늘은 뭘 배우고 있나?" 알프레도가 내 머리를 쓰다듬으며 물었다.

로살리나가 나에게 미소를 지으며 두 팔로 다정히 알프레도의 어깨를 안았다. "여자는 자기 남자 곁을 지켜야 한다는 얘기."

지평선이 구름이 검붉은 빛으로 변해갔고 저 멀리에서 마을 아이들이 꽥꽥 악을 쓰며 신나게 노는 실루엣이 어른거렸다.

"이네스한테 당신이 어디 다녀온다는 얘기는 했어?" 알프레도가 로살리나에게 물었다.

"우리 사랑스러운 이네스, 내가 얼마 뒤에 잠깐 쉘에 갔다가 키토에까지 다녀올 예정이야."

"우우우우우." 나는 그녀가 그 일을 왜 그렇게 중요한 얘깃거리로 여기는지 이해가 되지 않았다. 나에겐 두 곳 다 알지도 못하는 곳인데.

"올 때 아주 좋은 소식을 가져올 수 있으면 좋겠어."

"좋은 소식이요?"

로살리나가 기쁜 표정으로 말했다. "너를 위한 하느님의 길이 열릴 기회를 말하는 거야, 이네스."

비행기가 도착하던 그 아침에는 사방이 자욱한 안개 속에서 흰색 빛이 비치는 신비한 분위기에 에워싸여 있었다. 그 모습을 보며 나는 천국을 연상했다. 스테파니가 나를 보고 있는 게 아닐까 싶어

213

졌다.

"새 신발과 새 옷을 가져다줄게." 로살리나가 비행기에 오르며 말했다.

해 질 녘에 걸어서 개울가로 갔더니 내 친구 다보카가 바위 위에서 머리카락을 정강이 위로 내려뜨린 채 다리 사이에 머리를 박고 움츠려 있었다.

"다보카, 다보카?" 내가 불렀다.

그녀는 대답 없이 몸을 파르르 떨었다.

내가 물었다. "같이 목욕 안 할래?"

그녀는 반바지에 티셔츠 차림이었는데 온몸이 흠뻑 젖어 있었다. 나는 작은 초록색 잎에 싸인 비누를 꺼낸 후 물속에 들어가 무릎을 구부렸다. 그녀가 무슨 일 때문에 저러는지 궁금했다.

"난 셔츠 입고 목욕하는 거 싫더라." 내가 그녀의 주의를 다른 데로 돌려보려 큰 소리로 말했다. "그런데 로살리나는 가슴은 남편에게만 보여줘야 한다고 그러잖아."

그 말에 다보타가 오히려 더 슬퍼진 모양인지 울음을 터뜨리며 몸을 들썩거렸다.

나는 보다 못해 물었다. "무슨 일인데 그래?"

다보카가 이번엔 대꾸를 했다. "저리 가."

나는 가지 않고 그대로 있었다. 몸에 비누 거품을 칠하며 슬퍼하는 친구를 옆눈으로 흘끗흘끗 봤다.

"나 어제 알프레도와 로살리나가 키스하는 거 봤다." 내가 가볍게 말을 꺼냈다. "너네 부모님도 그런 식으로 입을 맞춘 적 있어?"

다보카가 처음으로 나를 쳐다봤다. 순간 그 표정에서 두려움이 느껴져 놀랐다. 다보카가 소곤소곤 말했다. "난 로살리나가 어디에 가는 게 싫어."

나는 이렇게 저렇게 열심히 생각해 봤지만 그게 무슨 뜻인지 도통 이해되지 않았다.

그날 밤, 스페인어로 창세기 몇 장을 천천히 읽은 다음 성경을 베개 옆에 놓은 후 로살리나가 가르쳐 준 대로 두 손을 깍지 껴 모으고 속삭였다.

"사랑하는 아버지 하느님, 주님이 저에게 베풀어 주신 삶과 저희 가족을 안전하게 지켜주시는 은혜에 감사드립니다. 저를 주님의 길로 인도하시어 알프레도와 로살리나의 곁으로 이끌어 주셔서 감사드립니다."

나는 눈을 뜨고 장식물 없이 휑뎅그렁하게 목재로 지어진 그 방을 마지막으로 빙 둘러본 후 촛불을 후 불어 껐다.

"아버지 하느님, 제발 제 친구 다보카를 보살펴 주세요. 무슨 일이 있는지 오늘 아주 슬퍼했어요. 제발 다보카의 기분이 나아지게 해주세요. 아멘."

나는 얇은 면 담요를 덮고 잠이 들었다. 그러던 어느 순간 문가에 뱀이 나타났다. 나는 그 뱀이 미끄러지듯 사르륵 내 방으로 들어오는 모습을 지켜보며 꼼짝도 하지 않았다. 그러다 배에서 그 뱀이 느껴졌다. '내가 아직 꿈을 꾸는 중일까? 왜 꼼짝할 수가 없지?' 나는 계속 눈을 감고 있었다. 뱀이 내 가슴 위에서 똬리를 틀며 머리를 실룩이는가 싶더니 내 젖꼭지를 간질였다. 나는 눈을 뜨고 손으로 그 뱀을 탁 쳤다.

"쉬이이." 남자의 목소리였다. 그 남자가 내 손을 꽉 움켜잡고 있었다. "너는 지금 악몽을 꾸고 있는 거야." 어둠 속에서 시커먼 형체를 한 남자가 침대 가장자리에 걸터앉으며 말을 이었다. "나는 널 달래주러 온 거고." 그가 내 손을 잡아당겨 가슴에서 떼어내 옆구리 옆으로 내려놓았다. 나는 몸이 덜덜 떨려왔다. '내가 아직도 꿈을 꾸는 건가?'

"다 괜찮아." 그가 손바닥으로 내 가슴을 문지르며 젖꼭지 주위로 빙빙 돌렸다. 그러다 "쉬이이"라고 하면서 손을 내 배로 쓱 내리며 손가락으로 내 음부를 문질렀다. 나는 공포에 질려 벌벌 떨었다. 숨을 가쁘고 거세게 내뱉고 있는 저 남자가 누군지 알아차렸다. 알프레도였다.

'다른 여자애들은 어디에 있지? 내가 비명을 지르면 어떻게 될까?' 하지만 몸을 꼼짝할 수가 없었다. 나 자신의 안에 갇힌 기분이었다. 나는 헉 숨을 내쉬며 소리를 내보려고 했다. 그때 알프레도가 손으로 내 입을 막았다. 손이 축축하고 땀 냄새가 났다.

"이제는 악몽을 꾸지 않을 거야." 그가 속삭였다. 떨리는 목소리였다. "다시 잠을 자렴. 나는 널 달래주러 왔던 거야. 그게 다야, 나의 소중한 이네스."

그가 문밖으로 나가 옆 방으로 들어갔다. 그의 거친 숨소리가 아직도 귓가에 선했다. 심장이 쿵쿵 뛰어댔다. 아직도 몸이 움직여지지 않았다. '방금 무슨 일이 있었던 거지?' 나는 그 캄캄한 밤의 어둠 속에서 팽팽히 긴장되어 쿵쾅대는 가슴을 부여안고 꼼짝도 못한 채 누워 있었다. 그가 내 몸을 만진 것을 웽공히가 봤을지 알고 싶었다.

"무슨 일 있어?" 호셉이 내 어깨를 살짝 밀며 물었다.

나는 몸을 꼼짝도 하지 않았다. 나에게 무슨 일이 있었던 건지 나도 얼떨떨했다.

나는 코를 찡그리며 황혼 녘의 긴 그림자를 물끄러미 쳐다봤다. 내 안으로 들어와 꾹 누르던 그 손의 느낌이 여전히 떨쳐지지 않았다.

한 할머니가 발가락으로 진흙을 움켜쥐며 느릿느릿 개울의 강둑을 걸어 다가오고 있었다. 흠뻑 젖은 채로 생선 담긴 바구니를 등에 걸쳐 메고 있었다.

"제가 도와드릴게요!" 알프레도가 격앙된 목소리로 외치며 남자 기숙사를 뛰쳐나가 단숨에 그쪽으로 달려갔다.

"에고…… 딱 보니 근육이 닭보다도 물러터졌구먼!" 그 노파가 와오테데도로 말하고서 콧바람을 뿜으며 웃더니 오솔길에 바구니를 내려놓았다. "저런 몸으로는 이 바구니를 들고 마을 절반도 못 가지."

"저분이 선교사님은 닭보다 약하다고 하시는데요!" 호셉이 통역해 주며 몸까지 들썩이며 웃었다. 나는 웃을 기분이 아니었다. 하지만 얼굴이 내 의지에 반해 비틀리더니 뻣뻣하고 얼빠진 웃음이 픽 나왔다.

"이거나 받으슈." 노파가 말하며 알프레도에게 은빛 무지개색 광채를 뿜어내는, 탐스러운 사발로 두 마리를 건넸다.

"아니, 아니, 이러지 마세요!" 알프레도가 말했다. "포르 바포르

Por favor(제발요), 저에겐 너무 과해요. 제가 지금 혼자라서요. 저 혼자예요. 제 아모르가 도시로 나가서요!"

노파는 웅크려 앉아 바구니 끈을 이마에 두르고는 그 무거운 바구니를 두 손으로 움켜잡고 끌어 올려서 등에 걸쳐 멨다.

"네몬테." 노파가 오솔길에서 나를 지나가며 말을 걸었다. "이 선교사 양반이 생선 내장 제거하는 것 좀 도와주거라. 혼자 하다 괜히 손가락이라도 잘릴라."

호셉이 또 웃음을 터뜨리며 어슬렁어슬렁 그 자리를 떴지만 나는 미동도 없이 가만히 선 채 자기 오두막으로 느릿느릿 걸어가는 노파를 빤히 바라봤다. 생선의 내장을 제거해 주고 싶지 않았다.

"이 근사한 녀석들 좀 봐." 알프레도가 무릎 높이의 풀을 헤치고 다가오며 말했다. 우리는 여자 기숙사의 그늘에 있었다. "이네스, 성경에 나오는 것 같은 그런 물고기야! 넌 그런 생각 안 들어?"

나는 계속 고개를 숙이고 있었다. 물고기는 아직 살아 있었다. 숨을 헐떡이며 가까스로. 내가 흘끗 올려다보니 알프레도가 나를 빤히 보고 있었다. 눈에 눈물이 글썽글썽했다. 나는 그가 들고 있는 물고기를 한 마리씩 거칠게 움켜잡은 후 꼼짝없이 서 있었다. 뭘 어떻게 해야 할지 판단이 안 섰다. 그가 손을 뻗어 내 얼굴을 만졌다. 나는 움찔했다. 그가 초조한 얼굴로 주위를 둘러보더니 내 옆으로 쪼그리고 앉았다.

"이네스." 그가 속삭였다. 낮고 허기진 목소리였다. "넌 정말 착한 애야."

나는 개울에서 동글동글한 돌로 물고기를 죽이고 마체테를 문질러 그 피부에서 무지갯빛 광채를 벗겨냈다. 등을 구부리고 앉아 발을 물속에 담그고, 젖은 잿빛 바위로 까만 머리카락을 내려뜨린 채였다.

"엄마." 내가 생선의 배를 가르며 속삭였다. 가슴과 목구멍에서 울컥 아픔이 치밀어 올라 울먹이는 소리가 나왔다. "그 사람은 내 머리카락을 만진 게 아냐, 엄마⋯⋯. 정말이야. 내 머리카락을 만진 게 아니라고."

나는 기어이 눈물이 터져 물고기와 마체테를 돌 위로 내던지며 머리를 다리 사이로 푹 숙였다.

그때 개울을 가로질러 오는 발소리가 들렸다. "네모, 네모!" 여자 아이의 목소리였다.

"저리 가." 내가 숨죽여 낮게 말했다.

그 아이가 개울을 건너와 내 옆에 웅크리고 앉았다. 다보카였다.

"왜 울고 있어?"

나는 고개를 내저으며 입술을 깨물었다.

"잠을 자고 있었는데⋯⋯." 내가 그 애를 돌아보며 입을 뗐다.

다보카가 헉하며 기겁했다. 내가 무슨 말을 하려는지 이미 알고 있었다. 우느라 얼굴이 엉망이고 말도 제대로 나오지 않았다. "그 사람이⋯⋯."

"아포케네." 다보카가 떨리는 목소리로 말했다. "말하지 마."

나는 다리 사이로 고개를 묻고 몸을 앞뒤로 흔들며 울지 않으려고 기를 썼다. 다보카는 잠시 내 옆에 서 있다가 강둑으로 가버렸다.

하늘이 어두운 보라색으로 변하고 달이 낮게 떠 있었다. 나는 말없이 돌 위로 일렁이는 잔물결을 바라봤다. 남자 기숙사 현관에서 알프레도가 기타를 튕기기 시작했다. 나는 생선 한 마리를 뒤집어

살을 가른 후 손가락으로 심장과 폐와 내장을 잡아 뜯어냈다.

저녁 식사 후에 침대에 앉아 성냥을 켰을 때 내 방 문가에서 알프레도가 나를 지켜보며 서 있었다.

"어젯밤에 네가 겁먹었던 거 알아." 그가 나에게 아주 부드러운 어조로 속삭였다. "하지만 난 네가 겁먹지 않았으면 좋겠어."

놀란 사슴처럼 몸이 뻣뻣해진 나는 더듬더듬 초를 찾아 똑바로 세웠다. 그가 성경을 펼쳐 책장을 휙휙 넘겼다.

"너에게 가르쳐 주고 싶은 게 아주 많아, 이네스. 날 따라오면 내가 좋아하는 성경 구절을 읽어줄게."

나는 고개를 내저으며 입술을 깨물었다. 그가 내 침대 옆으로 무릎을 구부렸다.

"잘못된 거 하나도 없어, 이네스." 그가 속삭이며 손을 뻗어 내 손을 잡았다. "너는 순결해. 아주 순결해."

그가 손가락으로 내 손등을 살살 문질렀다. 나는 움직일 수가 없었다.

"겁먹을 거 하나도 없어." 그가 내 손을 앞으로 끌어당기며 말했다. "나쁜 일은 없을 거야."

이어서 나를 더 세게 끌어당겼다.

"금방 끝날 거야." 그가 속삭이며 어둠 속에서 나를 잡아끌고 앞장서 갔다.

"싫어요." 나는 울음을 터뜨리며 반항했다.

"쉬이이." 그가 나를 데리고 밖으로 나가며 문을 닫았다. "내가 성경 읽어줄게."

내 방으로 돌아왔을 때는 이미 촛불이 다 타서 꺼진 뒤였다. 나는 침대에 앉아 어둠 속을 멍하니 응시했다. 옷이 찐득거리고 음부가 화끈거리는 것을 느끼며 속으로 생각했다. '나는 여전히 웽공히의 딸일까?'

로살리나가 탄 비행기가 들어왔을 때 나는 그녀를 맞으러 활주로로 달려가지 않았다. 개울에서 옷을 빨며 나에게 주님의 벌이 내려실까 봐 겁먹고 있있다. 구역질이 치밀이 속이 울렁거렸다. 내장 안에 잿빛 진흙이라도 들어차 있는 느낌이었다. 가슴이 묵직하게 조여왔다. 심장이 시커먼 돌로 변하고 있는 것 같았다.

엄마 아빠에게 돌아가면 어떨까 하는 상상을 해봤다. '이 모든 일을 엄마 아빠에게 숨길 수 있을까?' 화가 나서 험악한 얼굴로 변해 호통치는 엄마의 모습이 그려졌다. '너는 우리 집안에 먹칠을 했어. 너는 이제 내 딸이 아니야!'

해가 지기 직전, 로살리나가 여자 기숙사의 현관으로 와 내 옆에 앉았다. 음부의 긁힌 상처들이 화끈거렸다. 내 옆에는 나에게 주는 선물들도 있었다. 나는 검은색 슬리퍼 옆에 놓인 스커트와 블라우스 위에 성경을 내려놓았다.

"이네스, 나는 너를 딸처럼 생각해." 로살리나가 내 얼굴로 흘러내린 머리칼을 뒤로 넘겨주며 말했다. "너의 머릿속엔 지금 무슨 생각이 있을까?"

나는 그 말을 못 들은 체했다.

"이네스, 내 말 듣고 있니?"

아무 말도 하지 않았다.

"무슨 일 있었니, 이네스?"

나는 움찔 놀랐다.

"혹시…… 혹시 누가 네 몸에 손을 댔니?" 그녀가 묻더니 나를 쳐다보지 않고 먼 곳을 응시했다. 비참하고 허탈한 표정이었다.

나는 우물쭈물하며 불편하게 몸을 뒤척였다. '내가 다 털어놓으면 어떻게 될까? 안 돼. 로살리나에게 그 얘길 할 순 없어. 단단히 화가 나서 나를 집으로 보내버릴 거야.'

"바, 아니에요." 내가 반항조로 말했다.

그녀는 나를 빤히 쳐다보다 심호흡을 하더니 내 손을 만졌다. 나는 손을 빼냈다.

"좋아, 이네스. 그럼 내가 다른 얘기를 해줄게. 그 얘길 들으면 네가 기운을 차릴지도 모르겠다! 너에게 전해줄 좋은 소식이 있거든!"

나는 겁에 질려 고개를 숙였다.

"키토에 선교단이 있어." 그녀가 미소를 지으며 말했다. "훌륭한 복음주의 선교단이야. 그런데 있잖아, 그 선교단에 하느님의 딸인 너 같은 여자아이한테 맞는 자리가 있지 뭐니!"

로살리나가 나에게 너무 잘해주는 게 싫었다. 그녀의 미소가 싫었다. 이 모든 게 속임수 같았다. 내가 속고 있는 것 같았다.

"그런데 아직은 아니야." 그녀가 이어서 말했다. "먼저 우리와 지내면서 더 배워야 할 게 있어서 당장은 안 되고 몇 달 정도 걸릴 거야. 그보다 더 걸릴 수도 있고. 하지만 네가 준비되면 아메리카 대륙 곳곳에서 온 인디언 소년 소녀와 같이 그 산악지대에 살면서 하느님의 길을 걷게 될 거야."

"바." 내가 고개를 절레절레 저으며 낮고 강경한 목소리로 말했다.

"부모님이 허락해 주시면 우리가 비행기로 너와 같이 가줄 거야, 이네스!"

어떤 뜨거운 기운이 내 목을 움켜쥐는 기분이 들었다. 내 몸 안에서 뱀이 사르륵거리는 것 같았다.

"바, 바, 바!" 내가 악을 써대자 그녀의 얼굴이 하얗게 질려갔다.

내 얼굴은 벌게졌다.

"난 하느님의 딸이 아니에요!" 내가 울며 다리 사이로 고개를 묻었다.

"너는 하느님의 딸이 맞아. 그분이 주님의 길을 따르도록 너를 선택하셨어." 그녀가 내 등을 어루만져 주며 말했다. "안 되겠다. 우리 같이 기도하자, 이네스."

몸에 경련이 일어났다. 이제는 검은 새들이 퍼덕거리며 나를 에워싸는 환영이 보였다. 눈앞에 이런저런 모습이 아른거렸다. 안개 자욱한 백색의 숲에서 건반을 치는 스테파니. 까만색 깃털에 대고 연기를 후후 부는 할아버지. 혀를 파르르 떨어대는 보아뱀. 미끄러지듯 사르륵 움직이는 뱀들.

여자와 남자의 목소리가 연이어 들렸다.

여자: "진정해! 진정해!"

남자: "무슨 일이야?"

여자: "몰라. 발작을 일으킨 것 같아."

남자: "이 애한테 무슨 얘길 했기에?"

여자: "별 얘기 안 했어. 그냥 선교단 얘기만 했어. 산에 있는 그 선교단 말야."

남자: "주 하느님, 저희가 주님께 기도드리오니……."

내 몸이 앞뒤로 흔들렸다. 그 남자가 내 몸에 손을 댔다! 그 손이 어깨에, 목에 닿자 부들부들 떨렸다.

"주 하느님, 주님의 딸 이네스를 지켜주시고 빛을 비춰주소서. 이 아이에게 악령이 다가오지 못하게 막아 주시옵시고……."

나는 몸을 빼낼 힘도 없었다. 아니, 움찔할 힘조차도 없었다.

"엄마." 나는 울음을 터뜨렸다. 할 수 있는 게 그것밖에 없었다. "엄마가, 엄마가 필요해요."

11
선교단

"저희가 이 아이를 맡아 돌보겠습니다." 알프레도가 엄마 아빠에게 말했다. "앞날이 아주 밝은 아이예요!"

나는 우두커니 내 발을 내려다봤다. 작은 딱정벌레가 마룻바닥 틈에 끼어 빠져나오지 못하고 있었다. 엄마 아빠는 말이 없었다. '왜 아무 말도 안 하시지?'

"이 애만큼 읽고 쓰는 법을 배우는 속도가 빠른 여자애는 처음 봤어요." 로살리나가 방긋 웃으며 말했다. "그리스도교 찬송가를 와오테데도로 번역하기도 했다니까요!"

어느덧 내가 이 선교단에서 지낸 지 1년이 넘었다. 아니, 어쩌면 2년이 다 되어갔는지도. 나는 그럭저럭 해내고 있었다. 적어도 로살리나가 자리를 비우지 않는 동안에는, 알프레도가 현관 계단을 올라서는 삐거덕 소리가 들려오지 않는 동안에는 그랬다. 그리고 가끔씩 그 소리가 들려왔다.

부모님의 모습을 살펴보니 내가 집을 떠나 있는 사이에 늙어 있었다. 아빠는 여전히 움직임이 동물처럼 가뿐하고 유연했지만 좀 더 굼떠졌다. 엄마는 얼굴이 굳어 있었다.

아빠가 한쪽 입 끝만 달싹이며 말했다. "너, 너무 말랐다."

나는 입술을 깨물었다.

"영혼이 슬픔에 잠겨 있구나. 왜 저 사람들을 따라가려 하니?"

나는 대답하지 않았다. 하지만 부모님이 알았으면 싶었다. 어떤 일이 있었는지, 어떤 끔찍한 일이 있었는지를. 알고 나서도 나를 안아주길, 나를 사랑해 주길 바랐다. 내 잘못이 아니라고 말해주길. 나를 끝까지 지켜주길.

"얼마나 오래 있다 오나요?" 엄마가 스페인어로 나직이 물었다.

"자주 올 겁니다." 알프레도가 멈칫멈칫 말했다. "저희가 그렇게 하도록 챙기겠습니다."

이어서 로살리나가 밝게 말했다. "저희가 산에서 지내는 데 필요한 따뜻한 옷도 잘 챙겨줄 거예요. 그렇게 높은 곳에 올라가면 추울 테니까요, 브르르르르."

"고생 좀 하게 놔두세요." 엄마가 와오테데로로 작게 말했다. "고생을 해봐야 뭘 좀 배울 테니."

얼마 지나지 않아 내가 다멘타로를 떠나는 날이 되었다.

"이상 무인가?" 조종사가 크게 외쳤다.

온 마을 사람들이 활주로 한쪽에 서 있었다. 어른들은 개, 페커리, 원숭이가 못 오게 막고 있었고 엄마들은 어린 자식들을 붙잡고 있었다. 호셉이 조종사에게 두 엄지손가락을 치켜들며 말했다.

"이상 무!"

로살리나가 나에게 안전벨트를 매줬다. 찰칵, 버클 잠기는 소리가 났다. 그녀가 손가락으로 내 머리칼을 어루만져 주었다.

"오늘은 중요한 날이야." 다정히 미소를 지으며 말했다.

사람들 사이에서 다보카가 비행기 안을 멍하니 보며 서 있었다. 두 팔을 옆으로 뻣뻣이 늘어뜨린 채로. 지금 그 애의 심정을 나는 잘 알았다. 한동안 로살리나가 다멘타로에서 떠나 있을 걸 생각하면 얼마나 비참할지를. 알프레도의 모습이 눈에 들어온 순간 나는 손을 창문에 가져다 대며 입술을 깨물었다. 그가 손을 흔들며 미소를 지어 보였다. 나는 고개를 돌렸다. 이제 이 비행기 안에서 나는 안전했다. 그가 옆에 없으니까.

"하늘에 계신 아버지 하느님." 로살리나가 손을 깍지 껴 잡으며 기도했다. "오늘 저희를 지켜주사 쉘까지 안전히 도착하게 해주세요……. 또한 이네스에게 이 새로운 거처에서 모든 일이 더 형통하리라는 믿음을 주소서. 아멘."

우르르, 덜걱덜걱 소리와 함께 비행기가 속도를 올렸다. 이제 잎으로 엮어 지은 집들이며, 밭과 숲이 전부 흔들거리며 흐릿해져 갔다. 나는 손톱이 쿠션으로 파고들도록 좌석을 꽉 움켜잡았다. 발아래의 사람들이 점점 흐릿해지고 작아지다 더는 보이지 않게 되었다. 나는 맨발로 다니던 꼬맹이 때부터 하늘을 나는 꿈을 꿨다. 백인들과 새들처럼 위에서 숲을 내려다보는 상상을 했다. 몸이 떠 있는 느낌을 상상했다. 비행기 안이 아니라 내가 날고 있는 것처럼. 지금의 느낌은 내가 상상했던 것과는 달랐다. 몸이 떠 있는 느낌이 아니라 안전벨트에 붙잡혀 있는 데다 창문은 작고 머리가 어지러웠다. 남동생 빅토르가 내 옆에 있으면 좋겠다는 생각이 들면서 갑자기 그리움에 마음이 아려왔다.

용기를 내서 꿈에서 봤던 것처럼 창밖으로 아래를 내다보니 정글의 우거진 나무가 눈에 들어왔다. 그 재규어를 만났던 언덕 등성이와 물고기를 잡는 짙은 색 물가가 보였고, 저 멀리 뱀처럼 굽이굽이 돌며 장대하게 흐르는 에웽고노 강과 백사장에 닿으며 느릿느릿 흘러가는 굽이진 강줄기들도 보였다. 그 강을 마주 보며 높이 솟은 숲이 무수한 색조의 초록색을 이루며, 무수히 다양한 실로 엮인 한 폭의 천처럼 펼쳐져 있었다. 장대하고 끝없이. 그곳은 수백 년 동안 존경의 마음을 품고 그곳을 거닐었던 나의 조상들 외에는 그 누구도 접근하기 어려운 곳이었다. 그렇게 높은 곳에서 보면 과연 그 숲을 그렇게 사랑할 수 있을까, 하는 의문이 들었다.

"난 가고 싶지 않아." 내가 나무들에게 속삭였다. 기복을 이루는 언덕과 들쭉날쭉한 능선 사이로 헛되이 부모님의 마을을 찾아보면서.

하지만 얼마 지나지 않아 숲의 풍경이 달라졌다. 차츰 나무들이 드문드문 줄더니 풀밭, 가냘픈 복숭아 야자수들, 말라빠진 흰색 동물들의 무리가 보였다. 내가 창문을 가볍게 톡톡 치며 물었다.

"키아노예요?"

"바카스야!" 로살리나가 말해주었다.

나는 소를 그림책으로만 봤다. 소들은 아주 멀리 사는 줄 알았

다. '저 소들이 숲에 무슨 짓을 한 거지? 숲을 다 먹어 치우기라도 한 거야?'

비행기가 일시적으로 무중력 상태가 되면서 속이 울렁거렸다. 멀리 거대한 산들이 보였다. 땅 전역이 갈색 도로, 회색빛 도로, 시커먼 도로로 구불구불 이어져 있었다. 내가 또 한 번 창문을 톡톡 쳤다.

"저긴 쉘이라는 도시야." 로살리나가 눈썹을 치켜올리며 말해주었다.

"저건 군 기지고."

나는 도시가 뭐고, 군 기지가 뭔지도 몰랐다. 그곳엔 야자수 잎 집들이 하나도 없었다. 그 어디에서도 장작 연기가 피어오르지 않았다.

비행기가 노란색 줄이 그어진 검은색 활주로 위로 미끄러지며 멈췄고 우리는 밖으로 나왔다. 땅이 딱딱하고 평평했다. 처음 걸어보는 생소한 느낌이었다. 이쪽은 햇빛이 더 뜨거웠고 저쪽 너머에는 나무가 거의 없었다. 하지만 공기에서 기억 속의 익숙함이 느껴졌다. 숨을 들이쉴 때마다 우리 마을의 세인트 가족네 집 뒤편에 있던 발전기 냄새가 났다.

나는 로살리나 뒤에 바짝 붙어 걸었다. 때 묻은 옷을 입은 남자들이 나를 빤히 쳐다봤다. 손들이 시커먼 얼룩 범벅이었다.

"여기는 비행기가 사는 곳이야." 로살리나가 말했다. 이어서 맞은편 길을 가리켰다. "저쪽에 있는 저 빨간색 집 보여?"

"우-우-우-우." 내가 말했다. 긴장으로 온몸이 뻣뻣해졌다. 내가 야생 짐승처럼 느껴졌다.

"그 선교단에 갈 준비가 갖춰질 때까지 이곳에서 잠깐 지낼 건데, 저 집이 네가 지낼 새집이야!"

트럭들이 우리를 지나쳐 언덕을 내려가며 부릉부릉, 철거덕하는 요란한 소리를 냈다. 타이어가 나보다도 컸다. 나는 신경이 곤두서 숲의 야생 설치류처럼 옆구리를 파르르 떨며 도로를 빠르게 가로질렀다. 로살리나는 그 넓은 빨간색 집의 2층에 있는 방으로 나를 데려갔다. 안에는 침대와 탁자가 놓여 있었고 작은 창이 하나 보였다.

"들어와. 여기가 네 방이야." 그녀가 문을 열며 말했다.

나는 그게 무슨 말인지 몰랐다. 거울 속에 비친 내 모습을 보니 눈이 무언가로…… 두려움과 흥분과 생존본능으로 검게 번득였다. 옆으로 퍼진 내 코가 미워 보였다.

로살리나가 어떤 손잡이를 돌리자 물이 콸콸 나왔다. 나는 깜짝 놀라며 속으로 생각했다. '저 물은 어디에서 나오는 거지?'

"여기는 소변과 대변을 보는 곳이야." 그녀가 말하며 흰색 뚜껑을 열어 올리자 둥글고 오목한 사발 같은 게 보였고 그 안에 물이 고여 있었다. 이어서 그녀가 그 물건에 달린 어떤 손잡이를 밀어 내리자 그 물이 사라져 버렸다. 나는 고개를 내저으며 말했다.

"숲속으로 갈래요."

"안 돼, 이네스. 너는 지금 문명에 온 거야. 이게 문명이야. 화장실에서 일을 보고, 이 휴지를 쓰면 돼. 자 봐봐, 어디에서도 이보다 부드러운 잎사귀는 못 찾을걸!"

다유마가 예전에 우리에게 백인들은 자기들이 먹고 자는 곳 바로 옆에서 소변과 대변을 본다고 그러더니, 정말 그 말이 맞았다.

"이네스, 내가 다른 인디언 애들과 같이 너를 그 산의 선교단에 데려가려면 네가 먼저 문명에서 사는 법부터 배워야 해."

오후에 우리는 도로 가장자리를 따라 걸었다. 어딜 가나 트럭들이 먼지와 자갈을 날려대며 지나갔다. 어떤 상점에서 빵 냄새가 풍겨 나왔다.

"여긴 제과점이야." 로살리나가 말하면서 지갑에서 돈을 꺼냈다. "빵을 어떻게 사는지 가르쳐 줄게."

우리는 그 제과점으로 들어갔다. 나는 재규어처럼 코를 킁킁대며 그 안의 달콤한 공기를 들이마시다 진열대에서 빵 하나를 집어들었다. 고향의 우리 오코에 다발로 매달려 있는 바나나 하나를 잡듯 아무렇지 않게. 로살리나는 그런 나를 꾸짖었고 나는 기가 죽어 고개를 숙였다.

"'안녕하세요!' 하고 인사부터 해야 해." 로살리나가 귀에 대고 작게 알려주었다.

나는 내 발을 빤히 쳐다봤다. '카운터 뒤의 저 알지도 못하는 남자에게 말을 걸라고? 왜?'

그 제과점을 나온 후에는 여러 집과 상점이 드리운 그늘 속에서 모르는 사람들 천지인 인파 속을 걸었다. 사람들이 나를 이상하게 쳐다봤다. 나는 로살리나의 손을 꽉 잡았다.

"여기는 농산물 시장이야." 그녀가 알려주었고 나는 의욕적으로 고개를 끄덕였다. 잘하고 싶어졌다.

"자, 저 친절한 아주머니에게 '안녕하세요' 하고 인사를 해보겠니?"

나는 다채로운 색의 온갖 과일과 채소를 동그랗게 뜬 눈으로 말똥말똥 쳐다봤다. 파파야, 레몬, 라임, 플랜테인, 카사바는 알아보겠는데 그 외에는 모두 처음 보는 것들이었다.

"안녕하세요." 나는 내 손을 빤히 내려다보며 작게 말했다.

로살리나가 만족스러운 표정으로 말했다. "아주 잘했어! 다음엔 눈을 보면서 말해봐. 알았지?"

나는 순순히 고개를 끄덕였다.

"이건 양파야." 그녀가 보라색에 단단하고 동그랗게 생긴 덩어리를 건네줬는데 겉껍질이 부스스 잘 떨어졌다. "그리고 이건 마늘이고, 이건 딸기인데 아주 맛있어."

나는 전부 다 냄새를 맡아보고 싶었지만 그래도 되는지 모르겠어서 주저했다. 그러다 축축한 암녹색 식물 다발을 가리켰다. 그 식물에는 뭔가가 있었다. 어쩐지 끌렸다.

"그건 루(운향풀)예요." 파란색 앞치마를 두른 가게 주인이 알려주었다. "약으로 써요."

나는 그 식물 다발로 손을 뻗어 멈칫멈칫 줄기 하나를 끌어당겨 빼내서 코에 가져다 댔다. 아무런 기억을 불러내지 않는 냄새였다.

로살리나가 물었다. "그게 마음에 들어?"

내가 고개를 끄덕였다. 루가 숲에서 본 것이 아니었는데도 정말 마음에 들었다.

"제 방에 둘래요."

밤이 되자 산 위로 별들이 반짝거렸고 차가운 바람이 넓은 빨간색 집을 쌩쌩 세차게 휘갈겨댔다. 나는 루로 벽을 탁탁 치고 다녔다. 몸이 얼어붙을 것처럼 추웠다. 불가에 둘러앉아 해먹에서 흔들거리고 있는 부모님과 형제자매들의 모습이 떠올랐다. 숲의 냄새가 너무 그리웠다. 내 방에는 루와 디젤유 냄새뿐이었다.

복도에서 발소리가 났다. 순간 공포로 몸이 뻣뻣해졌다.

"이네스, 이네스…… 자니?"

로살리나가 방 안을 빼꼼히 들여다봤다.

"기도드렸니?"

나는 기도를 하지도 않았으면서 고개를 끄덕였다. 루의 부스러기가 바닥 여기저기에 널려 있었다.

"불 끄는 법 알아?" 그녀가 물었다.

나는 고개를 기로저었디.

"이렇게 하면 돼!" 딸칵. 방이 칠흑같이 어두워졌다. "내일은 네가 입을 새 옷을 사러 가자. 잘 자렴, 우리 이네스."

이튿날 해가 이미 높이 떠 솟아있던 무렵, 나는 큰 이빨을 가진 털북숭이 설치류들이 들어 있는 우리 안으로 손을 넣어 안절부절못하고 있는 녀석들을 어루만져 주었다. 처음 보는 동물이었다.

"너 지금 뭐 하니?" 땅딸막한 체형에 펑퍼짐한 코를 가진 앞치마 차림의 여자가 소리쳤다. "기니피그를 만지면 사야 해."

나는 우리에서 손을 빼내며 땅바닥을 내려다봤다.

로살리나가 내 팔을 세게 잡아당겼다. "네 것이 아닌 것들은 만지면 안 돼." 이렇게 말하고는 나를 끌고 인도를 쭉 걸어갔다.

'그 동물들은 왜 우리 안에 들어가 있는 거지?' 엄마가 아빠에게 우리 집에서 애완동물로 키우는 야행성 원숭이, 아몽카를 백인들에게 데려가 소금과 설탕으로 바꿔오라고 했을 때 아빠가 라디오와 바꿔왔던 일이 기억났다. '아몽카도 지금 우리에 갇혀 있을까? 그게 백인들이 동물을 대하는 방식인가?'

"저기 봐봐!" 로살리나가 감탄에 겨워 외쳤다. "저 예쁜 원피스들 좀 봐!"

그러더니 나를 데리고 문을 열고 들어갔다. "여기는 옷 가게야."

나는 살면서 그렇게 많은 옷을 본 적이 없었다. 색깔도 정말 다양했다! 진열대에 쭉 걸린 원피스, 선반 위에 개어져 있는 티셔츠, 상자 안에 쌓인 양말이 눈에 들어왔다.

로살리나가 파란색 원피스를 내 어깨 쪽에 가져다 댔다.

"이 색깔 마음에 드니?"

나는 궁금해하는 표정으로 그녀를 올려다봤다. '내가 이 색깔을 마음에 들어 하면 이 원피스가 내게 되는 건가?'

"이네스!" 로살리나가 그 원피스를 진열대에 되돌려 놓았다. 나에게 화가 난 건지 아닌지 분간이 안 됐다. "내가 오늘 너한테 옷을 사주려고 하는 거니까 어떤 옷이 마음에 드는지 말해줘."

"돈을 주고 사는 거예요?" 내가 물었다.

"그래, 돈을 주고 사는 거야."

배가 유별나게 동글동글한 어떤 할아버지가 구석에서 우리를 지켜보고 있었다. 나는 주눅이 들었다.

"저분이 이 옷들의 주인이야." 로살리나가 말했다.

"저분은 옷을 왜 이렇게 많이 가지고 있어요?"

"그걸로 장사를 하니까."

나는 무슨 말인지 이해가 안 됐다.

"저분이 이 옷들을 다 만든 거예요?"

로살리나는 짜증 나는 표정을 지었다.

"그러면 돈을 받고 우리에게 옷을 주는 거예요?" 내가 계속 물었다.

우리 오코에 걸려 있는 그 바구니 속 연기에 그을린 채 구겨져 있던 돈뭉치가 떠올랐다. 레이첼이 죽었을 때 태워진 그 곰팡내 나던 낡은 돈도. 또 모이파가 아모의 무덤 속에 던져 넣었던 그 돈도.

"그래, 이네스! 그게 문명이 돌아가는 방식이야."

나는 내 앞의 녹색 원피스를 만지다 내 코에 가져다 대고 킁킁 냄새를 맡아봤다. 퀴퀴한 냄새가 났다. 또 다른 냄새도 맡아졌다. 쉰내 같은 냄새였다.

"옷 냄새는 안 맡아도 돼." 로살리나가 재미있어하며 말했다.

"이런 색깔들은 어떻게 만들어 내요?" 내가 물었다.

그녀가 잠시 사이를 두었다가 말했다. "염료로 내지."

"뿌리나 잎이나 나무껍질로요?"

"그건 나도 잘 모르겠네. 아마 화학제를 쓸 거야."

퍼뜩 모든 걸 다 이해하지 못해도 괜찮은 거구나, 하는 생각이 들었다. 내 마음에 드는 걸 고르면 그것이 내 것이 되는 거라고. 뭐든 내가 원하는 걸 고르면 된다고.

나는 진열대의 원피스들을 쭉 보며 하나씩 어깨에 가져다 대고 거울에 비춰봤다. 신나서 심장이 콩닥콩닥 뛰었다. 내가 이렇게 많은 옷을 가질 수 있을 거라곤 생각해 본 적도 없었다. 그렇다면 웽 공히가 이제는 나에게 화나 있지 않다는 의미가 아닐까 하는 생각이 들었다.

우리가 그 옷 가게를 나왔을 때 나는 무릎 높이의 흰색 양말에, 검은색 구두, 파란색의 롱 원피스를 차려입고 머리에 빨간색 머리핀도 꽂고 있었다. 로살리나가 어깨에 메고 나온 쇼핑백 안에는 내

옷 여러 벌이 더 담겨 있었다.

그 넓은 빨간색 집 앞의 초록색 잔디밭을 가로질러 걸을 때 그녀가 나에게 애정 어린 미소를 지어 보이며 말했다. "너무 예쁘다, 이네스! 진짜 그리스도교인 소녀네! 이젠 그 선교단에 갈 준비가 거의 다 됐어."

난 그 선교단이 어디에 있는지 아직 잘 몰랐지만 멀리 보이는 큰 산으로 이어지는 길의 어디쯤일 것으로 추측했다.

로살리나는 비행기가 착륙하는 건너편의 길을 바라보며 말을 이었다. "일단 알프레도가 오면 우리가 주님과 얘기해 보고 네가 새 삶을 살 준비가 되어 있는지 확실히 정할 거야!"

그럼 알프레도가 우리가 있는 여기로 온다는 얘기였다. 그 사실이 내 뱃속에 돌처럼 내려앉았다.

그날 밤, 나는 새 옷들을 요리조리 들여다보고 새로 배운 단어들을 연습하기도 했다.

그때 계단을 올라오는 발소리가 들렸다. 나는 베개 위에 놓여 있는 흰색 원피스를 집어 들어 무릎에 올려놓고 허둥지둥 개기 시작했다. 새 옷들이 이렇게 흐트러져 있는 걸 보면 로살리나가 싫어할 것 같았다.

"이네시타." 문가에서 남자의 목소리가 들렸다.

나는 몸이 얼어붙으며 가슴이 미친 듯이 뛰었다. '저 사람이 언제 왔지?'

알프레도가 방으로 들어와 문을 닫았다. 침대의 내 옆으로 앉았다. 그에게서 장작 연기와 샴푸 냄새가 났다.

"어디 옷을 얼마나 잘 개는지 볼까?" 그가 말했다. "하느님은 모든 것을 단정하고 깔끔하게 해놓는 걸 좋아하서.”

나는 손이 덜덜 떨렸다. ‘로살리나는 어디에 있지?’ 내가 흰색 원피스를 개기 시작하는데 그가 내 머리카락 끝을 만졌다.

나는 꼼짝할 수가 없었다. 너무 무서워서 몸이 움직여지지 않았다.

그가 입을 내 목 쪽으로 기울이며 나를 뒤로 끌어당겼다.

“주여, 이 아이는 너무 순수합니다.” 그가 자신의 아내가 나에게 사준 팬티를 다급히 벗겼다. “저를 용서해 주세요, 주님.”

이튿날 아침, 나는 로살리나가 내려와서 아침을 먹으라고 부를 때까지 내 방에서 문을 잠그고 있다가 숲의 옷을 입고 맨발로 주방에 들어갔다.

“이네스!” 로살리나가 숨넘어갈 듯 기겁했다. “너 지금 이게 뭐하는 거야?”

나는 식탁 옆에서 미동도 없이 서 있었다.

“네 방에 다시 올라가서 새 옷 입어.” 그녀가 엄하게 말했다.

나는 집에 가고 싶었다. 숲에서 내 가족들과 같이 있고 싶었다.

“이리 앉아, 이네시타.” 알프레도가 다정하게 말하며 의자 하나를 당겨 뺐다. 그러더니 미소를 지어 보이며 말했다. “이게 네가 맨발로 먹는 마지막 아침이겠구나.”

나는 그의 옆자리인 그 의자에 앉았다. 속살이 아팠다. 화끈거리고 욱신욱신했다.

“어젯밤에는 뭐 읽었어?” 알프레도가 물으며 은밀한 눈빛으로 나를 뚫어지게 보았다.

나는 손가락으로 접시에 담긴 스크램블드에그 한 조각을 집어 들었다.

"이네스, 내가 어떻게 하라고 가르쳐 줬지?" 로살리나가 짜증 나는 표정을 지었다. "제발 포크로 먹어. 그곳에서는 그래야 해."

"어젯밤에는 뭐 읽은 거 없어?" 알프레도가 또다시 물었다.

나는 대답하지 않았다. 로살리나가 말 없는 나를 걱정스러워하며 조용히 물었다.

"괜찮니, 이네스? 부모님이 보고 싶어서 그래?"

나는 고개를 끄덕이며 눈물을 보였다.

"우리, 이네스를 위해 기도해요." 로살리나가 알프레도에게 말한 후 내 한쪽 손을 깍지 껴 잡으며 식탁 위로 올렸다. 알프레도가 다른 쪽 손을 깍지 껴 잡을 땐 몸이 움찔했다.

그녀가 기도의 말을 이어갔다. "하늘에 계신 하느님 아버지, 오늘 이네스가 새로운 집으로, 그 산의 선교단으로 갑니다. 이 아이의 부모님인 티리와 마누엘라가 어떠한 해도 입지 않도록 지켜주시고 이네스가 키토에서 주님의 사랑을 느끼게 해주시옵소서. 주님, 이네스에게 주님의 길을 걸어갈 용기를 내려주세요. 아멘."

아침 식사 후 내가 로살리나를 도와 설거지를 하는 동안 알프레도가 거실에서 기타를 치며 노래를 불렀다.

"신도들이여, 예수님을 따르세요! 등 돌리지 마오!"

그 산길은 길고 구불구불했다. 우리가 탄 차는 눅눅하고 돌투성이인 터널과 페커리처럼 보이는 짐승들이 꼬치에 꿰어 구워지고 있는 삭막한 정착지 여러 곳을 지나쳤다. 차가 알파카라는 이름의 목이 길고 별나게 생긴 동물 떼를 쏜살같이 지나며 옥수수밭과 감자밭으로 뒤덮인 가파른 능선 사이로 방향을 바꾸어 달리는가 싶더니, 얼마 안 가서 온통 잿빛 콘크리트 천지인 곳에 도착했다. 우뚝 솟은 봉우리들 사이의 계곡 전역에 다층 건물과 도로가 끝없이 펼쳐져 있었다.

"저기가 키토라는 도시야!" 차가 으스스한 황무지에 둘러싸인 널찍한 도로를 달릴 때 로살리나가 알려주었다.

"저기로 들어가는 거예요?" 내가 물었다. 그곳에서 길을 잃을까 봐 걱정스러웠다. 건물들이 나를 삼킬 것만 같고, 차들이 나를 짓밟고 지나갈 것 같아 불안한 마음이 들었다.

로살리나가 나를 안심시켜 주려 했다. "네가 살 새집은 도시 외곽의 언덕에 있어."

목적지에 도착했을 때 나는 주님과 문제가 좀 있겠다는 직감이 들었다. 그곳의 태양은 희박한 공기 속에서 타들어 갈 듯 눈부신 흰색으로 빛나고 있었지만 내 마음은 어둡고 추웠기 때문이다. 알프레도와 로살리나는 손을 흔들어 작별 인사를 한 뒤에 차를 돌려 쉘로 돌아가는 장거리 여정에 올랐다. 나는 두 사람이 탄 차가 언덕을 내려가 보이지 않을 때까지 지켜보다가 무릎 높이의 흰색 양말과 검은색 구두를 멀뚱히 바라봤다.

"여기가 너의 새로운 집이야, 이네스." 바바라라는 선교사 아주머니가 레이첼 세인트를 떠올리게 하는 억양으로 말했다. "그리고 내가 너한테 말할 때는 나를 보도록 해!"

퉁명스러운 목소리로 말하며 살찌고 창백한 손으로 내 턱을 꽉 움켜잡았다. 어릴 때 살던 마을에서 레이첼이 짓던 그 표정처럼 사람을 업신여기는 듯한 인상을 썼다. 얼음처럼 차가운 파란색 눈이며 부스럼투성이 피부와 파르르 떠는 입술까지도 똑같았다.

남자아이 두 명이 언덕의 사면을 깎아내 만들어 놓은 회색 계단을 달려 내려왔다. 내가 본능적으로 그 애들을 눈으로 좇자 바바라가 내 볼을 세게 꼬집었다.

"넌 여기에 남자들이나 보려고 온 게 아니야." 그녀가 턱을 부르르 떨며 말했다. "넌 하느님의 종이 되기 위해 온 거야. 정글 계집애가 또 임신을 하는 일은 용납 못 해. 내 말 알아들었니, 이네스?"

사실은 무슨 말인지 못 알아들었다. 하지만 그녀의 말이 무섭고, 그녀에게 척 보면 아는 능력이라도 있을까 봐 겁나서 고분고분 고개를 끄덕였다.

우리는 양쪽으로 회색 건물이 늘어선 탁 트인 마당을 가로질러 걸었다. 내 또래나 나보다 나이가 많은 수많은 애들이 창밖에서, 발코니에서, 문가에서 나를 빤히 쳐다보고 있었다. 그렇게 각양각색의 얼굴을 한 수많은 아이들을 보는 건 생전 처음이었다.

여자 기숙사는 언덕 꼭대기에 가까운 계단식 풀밭에 자리했다. 작은 방에 들어서니 네 개의 침대가 보였고 구름과 산이 내다보이는 작은 창문들이 있었다. 바바라가 흰색 침대 시트에서 성경을 집어 들었다.

"이게 네가 여기에 온 이유야." 그녀가 성경을 흔들어 보이며 말했다. "여기에서의 과정을 마칠 때쯤엔 말이다, 이네스. 넌 이 책 속의 말씀을 모조리 다 머릿속에 외우고 있을 거야."

나는 고개를 끄덕였다. 그녀가 이제 그만 가주었으면 했다. 춥고 머리가 지끈거렸다. 그때 갑자기 바람이 획 스쳐 지나가며 창문이 덜컹거렸다.

"얼마나 알고 있니?" 그녀가 고갯짓으로 성경을 가리키며 물었다.

나는 눈살을 찌푸리며 바닥을 봤다.

"시편 중에 암기하고 있는 구절 없어?"

내가 고개를 가로저었다.

"그럼 로살리나와 알프레도는 그 정글에서 너한테 뭘 가르친 거니?"

그 말에 내 가슴에 거무스름한 거미줄이 쫙 퍼지는 듯한 기분이 들었다. 그 사람의 이름을 듣는 것도 싫었다.

"갈비뼈요……." 내가 절박한 마음에 기어들어 가는 목소리로 겨우 대답했다.

"뭐라고?"

나는 고개를 가로저었다.

"방금 뭐라고 말한 건지 말해봐."

"여자는 남자의 갈비뼈로 만들어졌다고요." 그녀를 올려다보고 말하며 몸을 앞뒤로 꼼지락거렸다. 다리 사이의 그곳이 아팠다.

그녀의 얼굴에 재미있어하는 듯한 묘한 미소가 번졌다.

"가방에 뭐가 있는지 보자." 그녀가 내 옷들을 하나씩 빼내 내 옆의 침대에 올려놓았다.

241

나는 방 안을 빙 둘러봤다. 옷장에 여자 옷들이 걸려 있었고 침대 옆 탁자에 놓인 사진들과 작은 꽃병들도 보였다.

"긴 원피스만 입도록 해라." 그녀가 그렇게 말하며 파란색 원피스를 창문의 빛 쪽으로 들어 올렸다. "그래, 아주 좋네. 이것들은 입어도 되겠다. 이 원피스들은 손목과 발목까지 내려오니 입어도 돼."

그녀가 서랍을 열더니 작은 공책과 펜을 건네주었다.

"이게 뭔지 아니?"

내가 고개를 가로저었다.

"신앙고백서야." 그녀의 말소리가 갑자기 부드러워졌다. "매일 밤, 기도 후에 이 공책을 펴서 하느님에게 편지를 써라. 글은 쓸 줄 아니?"

내가 고개를 끄덕였다.

"잘됐구나. 하느님은 글을 읽을 줄 아신단다."

내가 놀라서 그녀를 올려다보니 억지웃음을 띠고 있었다.

"이제 허리를 똑바로 펴고 앉아. 그리스도교 소녀처럼." 그녀는 나를 두고 문가로 걸어가 복도로 나서며 말했다. "종소리가 들리면 식당으로 내려와라. 늦으면 안 돼."

그런 후 문을 닫았다. 그녀의 발소리가 더 이상 들리지 않자 외로움이 밀려왔다. 마음속에 구멍이 크게 뻥 뚫린 것 같은 사무치는 외로움이었다. 창밖으로 풍경을 훑어보다 얼떨떨해지기도 했다. '대체 나무들은 다 어떻게 된 거지?'

나는 식당에서 길쭉한 탁자의 맨 끝자리에 앉아 음식이 담긴 접시를 멀뚱멀뚱 쳐다봤다. 축축한 녹색 잎과 흰색의 찐득거리는 것, 기름진 누런색 고기가 담겨 있었다. 주방에서 나는 냄새에 구역질이 돌았다.

어떤 여자애가 내 옆으로 앉았다. "너는 뭐야?"

내가 고개를 가로저었다.

"키콰족이야?"

나는 또다시 고개를 가로저었다.

"와오라니족이야." 내가 소곤소곤 말했다.

그 애가 웃음을 터뜨렸다.

"그런데 왜 홀딱 벗고 있지 않아? 너희 부족은 벗고 다녀야 하는 거 아니야?"

나는 내 흰색 원피스를 내려다봤다. 흰색 양말을 신은 부분의 살이 간질거렸다.

"어떻게 스페인어를 말할 줄도 알아?"

나는 속으로 못난 생각이 들었다. 마음속의 작은 검은 씨들이 싹을 틔우고 있었다. 식당 안에 접시 부딪히는 소리, 수저 긁는 소리, 귀에 거슬리는 잡담 소리가 한꺼번에 울려대 가뜩이나 정신이 없었다. 그 애가 나한테 일부러 못되게 구는 건지, 그냥 성격이 그런 애인 건지 분간이 잘 되지 않았다.

내가 그 애에게 물었다. "넌 숲에서 왔어?"

"왜 그렇게 생각해?" 그 애가 대꾸했다. 피부가 나처럼 까무잡잡했고 광대뼈가 날카롭게 불거져 있었으며 머리카락이 길고 까만색이라 그렇게 물은 것이었다.

"난 수아르족이야." 그 애가 말했다.

나는 고개를 끄덕여 보였다. 사실, 수아르족에 대해서는 잘 몰랐다.

"내 조상들은 예전엔 압축 머리(적의 머리를 베어 골을 꺼낸 후 주먹 크기로 압축해 만드는 전리품-옮긴이)를 했었어. 하지만 우리는 이제 더는 그러지 않아."

나는 그게 무슨 말인지 잘 몰라, 일종의 마법인 모양이라고 짐작했다.

밤에 그 수아르족 여자아이가 내 옆의 침대에 앉아 머리를 빗고 있었다. 알고 보니 내 룸메이트였다.

"왜 가족사진이 하나도 없어?" 그 애가 물었다.

그때 나는 떨고 있었다. 밖에서 그의 발소리가 들리는 것 같아서. 정말로 그가 오고 있는 것 같았다.

"복도에 누구 있어?" 내가 마음 졸이며 물었다.

"아니, 없어! 그런데 난 와오라니족은 뭐든 무서워하는 게 없는 줄 알았는데!"

나는 좋은 생각을 떠올려 보려고 했다. 따뜻한 주황빛 모닥불 옆의 아빠. 오코 안을 휘휘 감도는 연기와 이야기와 웃음소리. 하지만 좋았던 옛 순간들을 떠올려 봐도 순식간에 지나가 버렸다.

"너네 엄마랑 아빠는 널 보러 오시긴 한대?"

나는 고개를 가로저었다. 그 애가 묻는 말들은 날카로운 가시 같았다.

"우리 부모님은 내가 어디에 있는지 몰라." 내가 말했다.

"집에서 도망 나왔어?"

내가 고개를 내저었다.

"선교사들이 널 너희 가족에게서 억지로 떼어내서 데려왔구나, 맞지?"

나는 또다시 고개를 내저었다.

"침구를 정돈할 줄은 알아?" 그 애가 물었다.

나는 침대 옆 탁자 위에 놓여 있는, 작은 빈 공책을 집어 들었다.

"침구를 정돈해 놓지 않으면 그 할망구가 널 때릴걸! 나무 회초리를 들고 다니잖아."

나는 눈을 감았다.

"그런데 있지, 네가 거기에 쓰는 거 그 사람들이 다 읽어. 그 신앙고백서 말야. 네가 뭘 써놓든 다 읽는다고."

나도 알고 있었다. 내가 어둠 속에서, 악마의 손아귀에서 태어났다는 걸. 내 부족 사람들은 길 잃은 양이었다. 인도해 줘야 하는 마지막 양. 하느님의 자비로운 사랑의 빛으로 이끌어야 하는 마지막 양. 나는 근질근질한 침대보를 머리 위까지 끌어당겨 덮고서 흐느껴 울었다.

12
웽공히

하느님은 그날 밤에도, 그 어떤 밤에도 나에게 아무 말이 없었다. 여러 달이 지나고, 심지어 1년이 가도록 그분은 여전히 묵묵부답이었다. 나는 갈수록 내면이 흐릿해져 그림자 같아졌다. 시키는 대로 하는 말 잘 듣는 그림자. 하느님은 내가 특정한 방식을 따르길 원했다. 내가 당신을 기쁘게 해주길 원했고, 그러길 거부하면 회초리의 가르침이 뒤따랐다. 하느님은 내 신발이 바닥에 가지런히 정리되어 있고, 내 옷이 서랍에 반듯반듯하게 개어져 있고, 침대보 자락이 주름 없이 말끔히 정리되어 있길 원했다. 까만 머리카락 뭉치가 배수구에 막혀 있는 걸 싫어했다. 내 마음은 딱 내 방만큼만 깨끗하고, 내 생각은 내 침대보만큼만 단정한 것이었다.

하느님은 성경 공부 시간에 가장 먼저 손을 들 때 나를 가장 사랑했다. 악마는 하느님의 말씀을 암송하는 아이를 두려워했다. 하느님은 일요일마다 교회의 스테인드글라스로 나를 지켜보고 있었다. 천을 뒤집어쓰고 고개를 숙인 채로 중앙 통로 건너편의 남자들에게 눈길을 돌리지 않도록 조심시켰다.

나는 밤마다 스페인어로 기도했다. 이제는 하느님이 내 부족 사람들의 언어를 이해하지 못한다는 것을 알았다. 나는 바람이 창문을 덜거덕덜거덕 때리는 소리를 들으며 용서를 빌기도 하고, 내 꿈에 나타나 달라고 간청하기도 하고, 이제는 나의 갈 길을 인도해 달라고 호소하기도 했다.

하지만 하느님은 끝내 나타나지 않았다. 단 한 번도. 그 선교단에서 보낸 시간이 1년이 넘자 나는 하느님에게 이유를 물었다. 나는 방을 깔끔하게 정리하며 지냈다. 살을 다 가리는 긴 원피스를 입고 다녔다. 남자들도 피했다. 십계명과 시편도 다 외웠다.

기도가 아무 소용이 없자 나는 신앙고백서에 내 의문을 써넣었다. 매번 쓸 때마다 하느님에게 내가 꾸는 꿈들이 악마의 꿈인지를 꼬치꼬치 찬찬히 물어봤다. 원숭이들이 나뭇가지를 흔들고, 카누가 강물 위를 미끄러지듯 흘러가고, 열매가 숲으로 떨어지고, 내 발밑에 뱀이 나타나고, 짐승들이 말을 하는 그 모든 꿈이 악마가 심어놓은 꿈이기 때문이냐고.

그러던 어느 날 아침, 바바라가 식당에서 나를 부르더니, 주방 소리와 포크로 접시 긁는 소리가 울리는 그곳에서 나오라고 했다. 긴 나무 탁자에 앉아 있던 모든 아이의 시선이 일제히 나에게 쏠렸다. 내가 무슨 잘못을 저질러서 바바라의 사무실 책상 위에 엎드려 회초리로 맞게 생겼다는 눈빛들이었다. 그 회초리는 하느님의 손이었다.

그런데 바바라는 때리기는커녕 내 볼을 꽉 움켜잡았다. "믿음이란다, 요 녀석아." 그녀가 푸른 눈을 반짝이며 말했다. "하느님이 너에게 말이 없으신 건, 네 꿈에 나타나지 않으시는 건 너에게 주님에 대한 믿음이 부족하기 때문이야."

바바라가 내 신앙고백서를 읽었다는 걸 눈치챈 나는 고분고분고개를 끄덕였다.

"애야, 나를 보렴! 내 눈을 피하는 건 무례한 일이야."

내가 고개를 들어 그녀의 눈을 봤다.

"너는 곧 집으로 가게 될 거야." 그녀가 말했다.

"거기에 살러요?"

그녀가 고개를 내저었다. "살러 가는 게 아니야. 하느님의 말씀을 가지고 너희 부족 사람들에게 돌아가는 거야."

나는 내 발목을 덮은 원피스 자락을 흘끗 내려다봤다.

"하느님이 널 인도하실 거야. 너희 부족 사람들의 마음에 감화를 줄 적절한 말을 알려주실 거야. 하지만 그렇게 되려면 하느님을 향한 믿음이 있어야만 해."

비행기의 윙윙대는 엔진 소리가 워낙 시끄러워서 로살리나는 크게 소리를 질러야만 했다.

"마침내 오늘 같은 날이 오길 기도드렸어!"

나는 초조한 마음에 발로 금속 바닥을 톡톡 쳤다. 수평선 쪽으로 숲이 어른어른 보였다. 나는 창틀에 이마를 가져다 댔다. 아래로 어린 시절의 익숙한 그 강이 보였다. 초록색 숲 사이로 뱀처럼 굽이굽이 흐르며 반짝거리는 갈색 물줄기가 눈에 들어왔다.

"너희 부족 사람들이 널 봐도 못 알아보겠는걸!" 로살리나가 손으로 내 흰색 원피스를 훑다가 애정 어린 손길로 내 다리를 꽉 쥐었다.

내가 가장 두려운 일이 바로 그거였다. 내 부족 사람들이 날 못 알아볼까 봐, 내 친구들이 날 비웃을까 봐, 어른들이 나를 이방인처럼, 코오리처럼 멀뚱멀뚱 쳐다볼까 봐 두려웠다.

"너 지금 꼭 동정녀 마리아처럼 보여." 로살리나가 말을 이었다. "아마존의 동정녀 마리아!"

나는 고개를 끄덕여 답하며 입술과 볼을 달싹여 살며시 미소를 지어 보였다. 선교단에서 배운 미소였다.

그 미소는 제법 쓸모가 있었다. 백인들에게 아무 문제 없다는 것을, 내 방이 깔끔하고 내 마음이 깨끗하다는 것을 보여줄 필요가 있을 때 쉽게 쓸 만한 가면이었다.

나는 크게 심호흡을 한 후 눈을 감고 나직이 속삭였다.

"요한 1서 5장, 자녀들아 너희 자신을 지켜 우상에서 멀리하라."

비행기가 갑자기 비스듬히 급강하하며 방향이 바뀌었다. 내려다보니 오래전 밍카예와 요웨와 케모가 창으로 선교사들을 찔러 죽였던 바로 그 강변 위쪽이자, 빅토르가 '할렐루야, 할렐루야, 할렐루야'라는 외침 속에서 경련을 일으켰던 그 모래사장 위쪽이었다.

심장이 죄어왔다. 울컥 울음이 나올 것 같아 입술을 꽉 깨물었다. '엄마 아빠가 여기에 계실까? 내가 온다는 걸 알고 계실까? 알고 계신다면 네몬파레에서 상류로 카누를 저어와 내 어린 시절 기

억 속의 그 활주로에서 나를 기다리고 계실까?'

비행기가 통통 미끄러지며 토냠파레 마을에 들어섰다. 흐릿한 창문 밖으로 맨발의 아이 두 명이 스타애플 나무의 밝고 무성한 잎사귀들 사이로 숨는 것이 보였다. 순간 기억이 떠오르며 몸이 떨려왔다. 빅토르와 내가 저 나무 사이에서 기다리고 있던 그때가, 아몽카가 빅토르의 머리 위에서 몸을 말고 있던 그때가 오래전 일이 아니라 바로 어제 일 같았다. 비행기가 멈추며 고요함이 내려앉았다.

조종사가 문을 열자 장작 연기와 축축한 잎사귀에서 뿜어지는 따뜻하고 달콤한 냄새가 훅 밀려들어 왔다. 여자 몇 명이 창문에 코를 박고 있었다.

"이네스가 왔어!" 그중 한 명이 외쳤다. "옷을 코오리처럼 입고 있어!"

로살리나가 내 이마를 어루만져 주었다. 나는 그녀에게서 몸을 빼냈다.

"악마가 다가오지 못하게 지켜주세요, 주님." 나는 숨이 가쁘도록 빠르게 말을 내뱉으며, 조용히 기도했다. "저는 주님의 딸입니다. 제 부족 사람들에게 주님에 대해 알려주기 위해 고향에 돌아왔나이다."

마을 사람들 몇 명이 더 비행기 안을 빼꼼히 들여다봤다. 얼굴들이 호기심에 반짝반짝 빛이 났다. 돌연 모든 것에 대해 확신이 들지 않았다. '다멘타로에서의 삶이, 또 그 뒤의 삶이 모두 다 꿈이었다면 어쩌지? 내가 정말로 이 숲을 떠났던 걸까? 엄마가 여기에 있고 이렇게 입고 있는 나를 본다면 어떤 일이 벌어질까? 나를 자랑스러워하실까? 나한테 크게 화를 내실까? 그 발소리가 들려왔던 그 꿈

찍한 밤마다 내가 엄마의 사랑을 갈구했다는 걸 아실까?'

로살리나가 내 손을 자기 무릎으로 끌어당겼다. 나는 이번엔 그대로 있었다.

"주님, 오늘 저희를 이곳으로 안전하게 인도해 주셔서 감사합니다. 부디 저희에게 와오라니족 사람들의 마음에 가닿을 지혜를 내려주소서……."

로살리나가 기도하다가 나를 다정히 바라봤다.

"그리고 또 저희에게 이렇게 훌륭한 그리스도교도 아가씨를 보내주셔서 감사합니다……. 이네스는 부족 사람들에게 진정한 귀감이 되어줄 아이입니다. 이 아이에게 힘을 베풀어 주세요. 아멘."

나는 안전벨트를 푼 후 나에게 너무도 익숙한 풀밭 활주로로 내려섰다. 아무리 둘러봐도 내 부모님과 형제자매들은 보이지 않았다. 당혹스러움에 심장이 쿵 내려앉았다. 슬펐다. 그러다 다음 순간 위안을 얻었다. 웃옷을 입지 않은 맨발의 여자아이가 스타애플 나무에서 펄쩍 뛰어내려 비행기 쪽으로 달려오고 있었다. 윤기 도는 까만 머리칼이 빨간색 팬티까지 흘러내렸고 반짝반짝 빛나는 까만 눈 위로 앞머리를 일자로 반듯하게 자르고 있었다.

정오 무렵에 우리는 마을의 그 익숙한 교회 안에 있었다. 서까래 여기저기에서 타란툴라 거미들이 허둥지둥 달아나며 구석의 어두운 틈으로 사라졌다.

"여러분 모두에게 하느님이 선물을 보내주셨어요." 로살리나가 희열에 찬 표정으로 아이들의 머리 바로 위쪽을 응시하며 두 손을 높이 치켜올리면서 말했다. "여러분 모두에게 하느님이 보내주신 선물은 이 작은 봉투에 담겨 있는 게 아니에요. 알겠어요?"

그녀가 선물 봉투 가운데 하나를 집어 들어 흔들어 보였다가 다시 내려놓았다.

"웽공히가 우리 모두에게 보내주신 진짜 선물은 그분의 아드님이신, 예수님이에요!"

아이들은 교회 바닥에 앉아 로살리나를 지루한 표정으로 멀뚱멀뚱 보고 있었다.

"예수님은 우리의 죄를 대신해 십자가에 못 박혀 돌아가셨어요." 로살리나가 설교를 계속 이어갔다. 땀이 흘러, 몸에 바른 향수에서 쉰내가 돌았다. 나는 그녀 옆에 서 있었다. "예수님은 우리 마음속의 모든 어둠을 대신해 돌아가셨어요. 바로 그것이 주님이 우리에게 베풀어 주신 선물이에요."

그녀가 잠시 말을 끊고 나를 돌아봤다. 꿈꾸는 듯 멍한 눈이 번득였고, 그 눈빛이 레이첼 세인트를 떠오르게 했다.

"내가 한 말을 통역해 주겠니, 이네스?"

나는 마지못해 고개를 끄덕이며 아이들을 바라봤다. 아이들은 맨발이었다. 옷은 여기저기 찢겨 있었고 이빨은 썩어 있었다. 지금 아이들이 원하는 것은 옷과 장난감과 설탕이었다. 탁자 위의 봉투 안에 뭐가 들어 있는지 보고 싶어 했다.

"웽공히가 레이첼의 땅에서 이 모든 선물을 보내준 이유는 와오라니족이 이 숲에서 잘 살기를 바라시기 때문이야." 나는 그다음엔 어떻게 말을 이어야 할지 잘 모르겠어서 잠시 말을 끊었다.

벽 쪽의 긴 의자에 조용히 앉아 있는 다유마를 쓱 살펴봤다. '내 번역이 틀렸다고 지적하지 않을까?' 다유마는 머리카락이 이제 회색이었고 눈매가 촉촉했다. 옛일을 기억하고 있지 않은 듯 평온한 모습으로 참비라 실을 허벅지 안쪽에 대고 침착하게 꼬고 있었다.

"예수님 얘기를 해야지!" 로살리나가 나지막이 힘주어 말했다.

"예수님은 와오라니족이 웽공히의 길을 따라 걸을 수 있게 해주려고 돌아가신 거야. 너희 모두가 백인들에게 선물을 받을 수 있게 해주려고 돌아가셨어!"

그때 어떤 여자의 목소리가 교회 안으로 흘러들어 왔다.

"우리 동생의 딸, 네몬테가 왔다는 게 진짜야?"

나는 그게 어디에서 들리는 목소리인지 확인하려고 말을 끊었다.

"코오리처럼 입고 왔다고?"

나는 문가로 고개를 돌렸다. 아빠의 누나, 헤카 고모였다. 오래전 내가 엄마와 치차 만드는 모습을 지켜봤고, 아이들이 밭과 숲에서 활동할 수 있게 우리를 학교로부터 지키고 싶어 했던 바로 그 고모였다.

"그 예수 얘기 다 끝나면 나를 보러 와!" 고모가 크게 소리쳤다.

"우우우우." 내가 초조해하며 대답했다.

고모가 불만스러운 투로 말했다. "페네메를 마지막으로 마신 게 언제냐? 거미원숭이보다 더 바짝 말라서 쓰겠니, 젊은 여자애가! 케우우우우우!"

교회 안에 킬킬거리는 웃음소리가 퍼졌다. 로살리나조차 고모의 말뜻도 모르면서 웃었다. 나도 웃고 있었다. 하지만 마음에 없이 겉으로만 웃는 웃음이었다.

우리가 컴패셔닛 윈즈에서 가져온 편지를 읽고 선물을 개봉할 시간이 되었을 때 로살리나가 속상해했다.

"이 선물들은 애들이 갖고서 그냥 집으로 달려간 뒤에 다시는 교회에 나오지 않아도 되는 그런 선물이 아니야." 그러더니 퉁명스러운 목소리로 말했다. "너희 부모들은 다 어디에 계시니?"

그 자리에는 그 빨간색 팬티를 입은 여자아이도 있었다. 나는 그 아이의 옆으로 가서 무릎을 굽혔다. 아이가 손으로 쓴 편지의 뒷면에 테이프로 붙여진 사진을 빤히 보고 있었다. 노란색 머리를 한 백인 소녀의 사진이었다.

"얘는 누구예요?"

"레이첼의 땅에 사는 하느님의 신도야."

"얘가 날 알아요?"

"아니. 하지만 널 알고 싶어 해."

"왜요?"

나는 뭐라고 답해야 할지 막막했다. 그러다 나에게 편지를 보냈던 여자아이가 생각났다. 빨간색 머리에 미소를 짓고 있던 그 모습과, 나를 위해 기도하고 있다던 그 애의 말이 떠올랐다.

"이네스." 로살리나가 날카로운 어조로 나를 불렀다. "이 아이들 모두에게 내가 방금 했던 말 좀 통역해 줄래?"

나는 소심하게 물었다. "뭐라고 말씀하셨는데요?"

"부모님이 교회에 나오지 않으면 앞으로 더는 선물이 없을 거라고!"

마음속으로 기분이 좋지 않았다. '애들을 행복하게 해주면 안 되나? 그게 하느님이 원하시는 게 아닐까?'

나는 아이들이 새 칫솔과 플라스틱 컵과 티셔츠를 서로 흔들어 보이며 신나서 떠드는 소리에 묻히지 않게 큰 소리로 말했다. "오늘 저녁에 엄마 아빠를 보면 이 선물들을 보여드리면서 웽공히가 좋다고 말씀드려."

그날의 오후 내내 나는 아이들이 레이첼의 땅에 사는 컴패셔닛 윈즈에게 편지를 쓰도록 도와줬다.

"저 나무에는 왜 빨간색 잎이 달려 있어요?" 빨간색 팬티를 입은 여자아이가 사진 속에 있는 노란색 머리 소녀 뒤의 나무를 가리키며 물었다.

나는 그 답을 몰라서 뜸을 들이다 이렇게 말했다. "답장을 써서 물어보자."

"너는 이가 하나도 없구나!" 헤카 이모가 손가락으로 내 머리를 빗질해 주다 실망스러운 투로 크게 말했다.

나는 잎으로 지붕을 얹은 고모의 오코에 들어가 나무 밑동에 앉아 있었다. 황혼 녘의 따스한 빛이 휘감아 도는 연기와 재 사이로 비스듬히 비쳐 들었다. 나는 들떠 있었다. 불 위에서 익어가는 생선 스튜도 좋았고, 이야기와 웃음, 정글의 달과 별도 좋았다.

"전 큰부리새가 아니잖아요. 항상 이를 달고 사는 건 큰부리새뿐이라고요." 내가 웃으며 말했다.

"네가 어렸을 때처럼 머리에서 이를 골라줄 수 없으면 우리가 어떻게 이야기를 나누겠니!"

나는 기분 좋은 반항의 의미로 고개를 절레절레 저었다. 고모가 손톱으로 내 두피를 긁어주는 그 느낌이 너무 좋았다.

"신께서는 이를 좋아하지 않아요, 고모! 우리가 깔끔하고 깨끗하

255

길 원하세요."

고모가 큰 소리로 웃음을 터뜨렸다.

"네가 비행기를 타고 와서 머리가 어떻게 된 모양이구나. 어떤 신이 이를 싫어한다니? 머리의 이가 가족들의 관계를 끈끈하게 해 주는데!"

"선교단에서는 이가 있으면 안 돼요. 그건 신의 규칙에 어긋나는 일이에요."

고모가 나무토막을 냄비 손잡이 사이에 넣어 검게 그을린 스튜 냄비를 불에서 들어내 흙바닥에 놓았다.

"우리에겐 이미 신이 있다." 고모가 조용히 말했다. "말해봐라, 네 몬테. 너는 지금 어떤 신을 말하는 거니?"

"웽공히요." 내가 확고한 목소리로 말했다.

"웽공히는 우리가 저 늪에서 잡는 잔가시투성이의 끈적끈적한 생선 이름이야. 그런데 먹기에 그다지 좋은 생선도 아니야. 우리 조상들은 웽공히를 배가 너무 고파 어쩔 수 없을 때만 먹었다."

"그렇지 않아요. 웽공히는……."

"웽공히를 본 적은 있니?" 고모가 목청을 높이며 물었다. "웽공히 가 너에게 말을 한 적은 있어?"

나는 성경을 내려다보다 아주 작게 말했다. "저에겐 믿음이 있어 요……."

"믿음? 믿음이 뭔데? 웽공히의 음성을 들은 적이 있냐고?" 고모 가 따져 물었다.

나는 고개를 내저으며 말했다. "웽공히의 아들이 예수님이에요. 동정녀 마리아에게서 태어났고 웽공히가 그 아들을 보내 우리의 죄를 대신해 죽게 했어요."

헤카 고모는 눈빛이 환해지면서 크게 소리 내 웃었다. "무슨 죄? 이 숲이랑 죄랑 무슨 상관이 있다고? 그리고 말이다, 처녀의 몸에서 어떻게 아기가 태어난단 말이냐!"

나는 모닥불을 빤히 쳐다봤다. 뭐라고 대꾸하고 싶었지만 할 말이 없었다. 그렇게 잠시 뜸을 들이다 생각이 났다.

"웽공히를 믿지 않으면……." 이번에는 목소리에 힘을 주면서, 심지어 살짝 분노가 실린 어조로 말했다. "……죽어서 지옥의 불에 들어가게 돼요!"

심장과 관자놀이가 쿵쿵 뛰면서 핑 현기증이 돌았다.

"불은 바로 여기에 있는 게 불이란다, 얘야." 고모가 차분하게 말하며 장작을 쑤석거려 불씨가 위로 오르게 했다. "다른 불은 없어."

곳곳에 바구니, 야자수로 짠 가방, 냄비가 걸려 있었다. 나는 일어서서 오코의 구석으로 걸어갔다. 정글 속에서 닳고 해진 큼지막한 바구니가 보였다.

"그 사람들이 너에게 잘해주니?" 헤카 고모가 부드럽게 물었다. "백인들이 너를 잘 대해주는 거니, 아가?"

나는 그 물음에 뭐라고 대답해야 할지 난감했다.

고모가 김이 모락모락 나는 수프 한 사발을 건넸다. "숲이 너에게 말을 건 적은 없었어?"

나는 고개를 가로저었다. '알프레도 얘기를 하면 뭐라고 하실까? 고모는 그게 다 내 잘못이라고 말하실까? 선교사들을 따라가기로 선택한 사람은 나였다고. 나에게 그러라고 강요한 사람은 아무도 없다고. 자업자득이라고!'

"단 한 번도?"

다멘타로로 가던 길에 만난 재규어가 떠올랐다. '너는 누구냐? 너는 누구냐?'라고 묻던 노파의 목소리도. 나는 뭐가 옳고 그른 건지 분간이 되지 않았다. 하지만 하느님이 듣고 있다면 내가 그 재규어 얘기를 꺼내는 걸 싫어하실 것 같았다.

"우리가 와오라니족인 이유는 숲에서 살고 있기 때문이야." 고모가 생선 한 마리를 입으로 가져가 번들거리는 강철빛의 머리에서 뇌를 쪽쪽 빨아먹으며 말했다. "백인들에 대해 배우는 건 괜찮다만, 마을 사람들에게 신이 누구인지를 말하려고 여기로 돌아오지는 말 거라. 알겠니?"

나는 사발을 입 쪽으로 들어 올려 뜨거운 수프를 말없이 홀짝홀짝 마셨다. 이윽고 고모가 다시 입을 뗐다.

"네 할머니, 웨몽카에 대해 알고 있니, 네몬테?"

나는 고모를 바라보며 이어서 얘기해 주길 기다렸다.

"네 할머니는 큰 키에 늘씬하고 예뻤어. 통찰력도 있으셨지. 돌아가시기 전에 할아버지에게 백인들을 따르지 말라고 신신당부하셨어. 백인들이 병을 가져올 거라고. 우리의 몸과 우리의 영혼을 병들게 할 거라고."

내가 교회로 돌아가려고 걸어 나왔을 때 오코 안에서 고모가 불렀다.

"그리고 네몬테야." 그러더니 신이 난 목소리로 외쳤다. "문명으로 돌아가서 두피가 가려워지면 그건 숲이 너를 부르는 거야……! 너의 사람들이 고향으로 돌아오라고 부르는 거라고."

이튿날 아침, 나는 비행기 쪽으로 천천히 걷고 있었다. 비행기가 활주로에서 기다리는 중이었다.

"아와메, 아와메!" 오솔길에서 어떤 목소리가 크게 울려 나왔다.

심장이 흥분으로 폴짝폴짝 뛰었다. 어린 시절 나에게 이야기를 들려주던 네네카와 삼촌에게 달려갔다. 삼촌의 다리는 오그라든 덩굴줄기 같던, 내 기억 속의 모습 그대로였다. 크고 강한 손도, 광채와 유머로 가득한 눈도 그대로였다.

"그럼 이제 너는 공산주의자인 거냐, 복음주의자인 거냐?" 삼촌이 소리 내 웃으며 나를 잘 살펴보려 고개를 비스듬히 기울였다.

나는 삼촌의 휠체어 옆으로 무릎을 굽혔다. 이 휠체어는 내가 어린 꼬맹이였을 때나 지금이나 여전히 무거웠다.

"저는 복음주의자예요." 내가 행복해하는 목소리를 내려 애쓰며 말했다.

삼촌은 고개를 내저으며 자신의 발가락을 빤히 바라봤다. 이제 삼촌은 혈혈단신이었다. 위아맹케 숙모가 오일 로드 근처에서 독사에 물려 세상을 떠났다는 걸 나도 소식을 들어 알고 있었다.

"이제 습지의 논토가 열매가 다 여물었어." 삼촌이 빈 바구니를 들고 숲으로 이어진 오솔길을 내려가는 한 무리의 여자들을 고갯짓으로 가리켰다. 다들 어깨에 도끼와 마체테를 걸쳐 메고 있었다. "네가 입은 원피스가 그렇게 새하얗진 않은 걸 보니 좋구나. 그래도 모레테 습지에서 좀 찢기고 얼룩이 좀 더 묻어야 쓰겠는데."

여자들이 행복하게 까르르 웃었다. 고무장화를 찍찍거리고 반짝이는 까만색 머리를 등 뒤로 찰랑이며 걸어갔고 그러다 어느새 그 모습이 더는 보이지 않았다. 나도 그 사이에 끼고 싶어 몸이 근질근질했다.

"이네스!" 로살리나가 활주로 중간쯤에서 크게 외쳤다. "이제 그만 가야 해!"

나는 고개를 끄덕인 후 네네카와 삼촌을 흘끗 보며 재미있는 말을 생각해 봤다. 삼촌을 기분 좋게 해줄 만한 그런 말을 찾고 싶었다.

"이거 받거라." 삼촌이 가져온 치그라에서 빗살이 촘촘한 나무 빗을 꺼냈다.

나는 그 빗을 말없이 받아 들었다. 심장이 돌처럼 무겁게 내려앉았다.

"내 생각엔 문명에 나가 있으면 아주 외로울 것 같은데. 네 머리에서 이를 골라줄 사람도 없을 테고, 안 그러냐?"

나는 침을 꿀꺽 삼키고 입술을 깨물면서 비행기가 있는 쪽으로 급히 몸을 돌렸다.

"아와메." 삼촌이 다정하게 불렀다. "비행기에 너무 가까이 가면 안 돼! 널 집어삼켜 갈가리 찢어놓을지 모르니 조심해야 해!"

로살리나가 나를 데리고 비행기에 올랐다.

"그 원피스를 좀 깨끗이 닦았으면 좋겠는데." 그녀가 나를 위아래로 보며 말했다. 나는 그녀의 눈을 피했다. 우리가 각자의 자리에 앉자 그녀가 이번엔 명랑한 목소리로 말했다. "알프레도가 집에서 우리를 기다리고 있을 거야!"

"이네시타, 이쪽으로 와서 편지 쓰는 것 좀 도와주면 안 될까?"
로살리나가 물었다.

나는 쉘의 공항 옆에 있는 그 넓은 빨간색 집에서 일주일간 지낸 후 키토의 선교단으로 돌아가기로 되어 있었다. 바바라와 다른 교사들에게 숲에 갔다 온 일에 대해 얘기하는 일은 로살리나가 다 알아서 하기로 했다. 그때 나는 부엌의 바닥을 청소하는 중이었다. 그리고 알프레도가 그런 나를 지켜보고 있었다. 창백하도록 하얀 안색과 매부리코를 한 그 얼굴로.

"이 사진들 너무너무 사랑스럽지 않니?" 로살리나가 몇 장의 컬러 사진을 건네며 말했다. "방금 인화해 온 거야!"

밖에는 비가 보슬보슬 내리고 있었다. 하늘은 칙칙한 연회색이었고 어둑어둑해지기 직전이었다. 나는 어둠이 두려웠고 자는 게 무서웠다. 자면서 발소리와 철컥, 열쇠 돌리는 소리에 신경을 곤두세우는 게 싫었다.

그는 전날 밤에도 내 방에 들어왔다. 나는 언제나처럼 몸이 얼어붙었다. 그렇게 몸이 얼어붙어 버리는 나 자신이 싫었다. 비명을 지르지도, 도망치지도 못한 채 내내 가만히 누워 마음속으로만 비명을 지르고 있었다.

"얘 좀 봐봐. 재미있는 악동이야." 로살리나가 소리 내 웃으며 몸집이 작은 와오라니족 소년의 사진을 내밀어 보였다. 소년은 두 손으로 자기 눈을 가리고 있었다.

나는 그 탁자에서 로살리나 옆자리에 앉아 사진을 봤다. 그 사진을 찍을 때의 로살리나의 목소리가 기억에 선했다. "이네스, 애들 좀 웃게 해봐……. 간지럼을 태우든 뭐든 해봐. 컴패셔닛 원즈에 보내려고 찍는 거니까."

나는 아이들의 사진들을 말없이 넘겨봤다. 아이들은 몸이 뻣뻣하게 경직된 모습이었다. 손은 주먹을 꼭 쥐었고 입술은 다물고 있었다. 카메라를 보고 있는 게 아니라 카메라를 살펴보고 있었다. 웃음을 짓고 있을 때조차 눈은 까만 돌 같았다.

"아이들이 정말 순진하지 않니?" 로살리나가 생각에 잠기며 말했다.

나는 사진을 넘기다 빨간색 팬티의 그 여자아이가 나오자 멈칫했다. 그 아이가 의심스러워하는 듯한 눈빛으로 나를 빤히 보고 있었다.

로살리나가 그 사진을 봤다. "그래, 이거야. 딱 이런 사진이 필요했어! 그 애의 편지 뒤에 그 사진을 풀로 붙여줄래?"

로살리나가 그 편지를 건네주었다. 나는 편지를 보자마자 어리둥절해졌다. 내가 기억하기론 이 여자아이는 연필로 편지를 썼는데 지금 이 편지는 푸른색 잉크로 써 있었다.

"전능하신 하느님께 기도드립니다……." 편지는 이렇게 시작되었다.

내가 로살리나를 돌아보며 말했다.

"그 애는…… 그 애는 이런 편지를 쓰지 않았어요. 빨간색 잎에 대해 알고 싶다고 하면서, 그런 얘기를 썼는데." 나는 목소리가 떨렸다.

로살리나가 거만한 표정을 지었다.

"그래, 나도 알아, 이네시타. 깜찍한 얘기이긴 한데 컴패셔닛 원즈가 듣고 싶어 하는 얘기는 아니야."

나는 화가 난 채로 손을 뻗어 편지를 잡았다. 그 편지를 할퀴어 뜯고 싶었다. 잡아 찢고 싶었다. 로살리나가 내 손을 꽉 잡았다.

"안 돼, 그러지 마." 얼음같이 차갑게 내 눈을 응시하며 말했다. "너 왜 이러니?"

나는 온몸이 부들부들 떨리고 있었다.

"이네스, 우리 이네스. 얘가 너에게 실제로 이런 말을 하진 않았더라도 마음속으로 이런 말을 한 기야…… 중요한 건 그거리고."

편지의 다음 대목은 이렇게 이어졌다. "나의 구세주여…… 저는 하느님을 위해 살고 있습니다."

나는 손을 세게 확 당겨 빼내며 자리에서 일어났다.

"우리 기도하자." 로살리나가 단호한 목소리로 말하며 내 팔을 움켜잡았다. 하지만 나는 고개를 내저었다. 내 안에서 악마가 느껴졌고, 로살리나도 그것을 눈치챈 듯했다. 그녀에게서 조금 겁먹은 기색이 느껴졌기 때문이다. 그녀가 알프레도를 힐끗 쳐다봤다. 그는 나를 지켜보고 있었다. 나는 그 방에서 뛰쳐나왔다.

얼마 후, 나는 부엌 싱크대 앞에 서서 설거지할 그릇 위로 물을 틀었다. 손이 거품이 잔뜩 묻은 채 젖어 있었는데 두피가 근질근질 가려웠다. 밖에는 온통 어둠이 내려앉았고, 언제나 저 멀리 보이는 기묘한 주황색 빛만이 깜박거리고 있었다. 트럭들이 젖은 도로를 마구 내달리며 우르릉, 쉭쉭 소리를 냈다. 나는 창밖을 멍하니 응시하며 유리잔을 헹궜다.

그런데 그때 그가 내 어깨에 손을 얹는 것이 느껴지면서 귓가에 그의 숨결이 훅 닿았다.

"쉬이이이……." 그가 속삭이며 내 목을 만졌다.

내가 몸을 어찌나 심하게 떨었는지 손에 들고 있던 유리잔이 와장창 깨져버렸다. 그 소리가 밤공기를 가르며 울려 퍼졌다. 내 손에서 난 피가 거품 묻은 유리 파편들 위로, 컵과 접시들 쪽으로 뚝뚝 떨어졌다.

알프레도가 화들짝 놀라며 나에게서 떨어졌다.

"이네스!" 그가 큰 소리로 말하며, 유리잔 깨지는 소리를 듣고 로살리나가 오고 있지는 않은지 확인하느라 눈알을 굴렸다. "괜찮니?"

나는 손을 흐르는 물 아래로 가져다 댔다. 등에 아주 무거운 짐이 지워져 있는 것처럼 어깨가 앞으로 푹 숙여졌다.

"무슨 일이야?" 로살리나가 부랴부랴 부엌으로 들어오며 물었다.

그녀가 내 어깨를 만졌다. 나는 화난 인상을 지은 채 움찔했다.

"왜 그래? 무슨 일이야?"

나는 그녀에게로 거칠게 휙 돌아섰다. 모든 걸 얘기하기로 마음먹었다. 검은 돌처럼 굳어 있던 심장이 가슴속에서 폭발할 것처럼 쿵쾅쿵쾅 뛰었다.

"당신의……." 내가 입을 열었다가 용기를 끌어내리고 숨을 혁 들이쉬었다.

그녀가 입술을 꽉 앙다물었다.

"당신의 남……."

내가 할 말을 마치기도 전에 그녀가 내 말을 막더니 알프레도의 팔을 확 움켜쥐며 크고 단호한 목소리로 말했다.

"이네스! 그만!"

시선을 나에게 고정한 채 알프레도를 붙잡고 있었다. 그동안 그녀가 이 사실을 모르게 하려고 그렇게 애써왔지만, 그 순간 깨달았다. 그녀는 이미 알고 있었다.

알프레도가 허둥지둥하며 말했다. "이네스, 바닥으로 피가 떨어지고 있잖아!"

"가서 상처를 닦자, 이네시타." 로살리나가 갑자기 부드럽고 애원하는 어조로 바뀌면서 말했다. "너는 하느님의 특별한 아이야. 우리가 내일 선교단으로 다시 데려다 줄게."

"싫어요! 전 아무 데도 안 가요!"

어느새 나는 악을 쓰며 발을 구르고 있었다. 손가락이 오므려지며 주먹을 쥐었고 그 주먹 쥔 손에 힘이 꽉 들어갔다.

"나는 아무것도 아니에요." 내가 꽥 소리 지르며 그 넓은 빨간색 집의 식당을 가로질러 달려갔다. "죽고 싶어요!"

칠흑 같은 밤의 어둠 속으로 도망쳐 나와 도로의 쉭쉭대는 노란색 불빛을 향해 몸을 내던졌다. 여러 음성이 뒤섞여 울리며 몸이 후들후들 떨렸고 관자놀이가 욱신거렸다. 성경 구절, 찬송가, 백인 여자, 재규어의 음성이 정신을 혼미하게 했다. 내 안에서 타닥타닥 모닥불 소리가 들려왔다. 목에서는 두드러기가 돋아났다. 그리고 그 순간 깨달았다. 이젠 혼자라는 걸. 길을 잃었다는 걸. 그 넓은 빨간색 집으로도, 로살리나와 그녀의 남편 곁으로도, 선교단과 선교사들에게도 돌아가고 싶지 않다는 걸. 나는 그 모두로부터 떠나려 하고 있었고 어디로 가야 할지 막막했다.

265

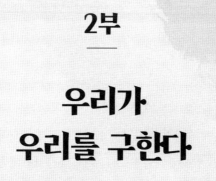

2부

——

우리가
우리를 구한다

13
집으로

"이것 좀 봐!" 오피 오빠가 무릎을 굽히고 앉으며 김이 올라오는 진창에 손가락을 가져다 댔다. "오셀롯 발자국이야!"

나는 오빠의 앞쪽에서 무른 통나무에 올라서서 중심을 잡고 있었다. 그곳은 쉘의 외곽에 위치한 습지대 잡목 숲 한가운데였다. 달팽이들이 진흙에 흠뻑 젖어 있었다. 줄줄이 찍힌 왜가리의 옅은 발자국과 뱀이 미끄러져 지나간 자국도 보였다.

오피 오빠는 이제 어엿한 성인 남자였지만 그렇게 발자국 위로 몸을 구부리고 감탄하며 들여다보고 있으니 절로 오빠의 어릴 적 모습이 떠올랐다.

어느덧 내가 선교단을 떠난 이후 7년이 지나 있었다. 나는 그들의 흰색 원피스와 기도 없이 지냈지만 내 영혼의 얼룩, 수치심, 고통 없이는 지낼 수가 없었다. 쉘은 나에게 잔인한 경험을 안겨준 도시였고 나는 비밀을 품고 있었다. 내 내면을 썩게 하는 트라우마를. 절대 털어놓고 싶지 않은 이야기를. 나는 여전히 잘 웃었지만 나 자신의 이야기에는 웃을 수가 없었다. 여전히 사랑할 수 있었지만 사랑을 느낄 때면 가슴이 아려왔다. 그 몇 년 사이에 내가 잃었던 모든 것이 떠올라 내 안에서 피가 흘렀다. 보아뱀의 혀가 나를 현혹하며 나에겐 발붙일 곳이 없다고, 내가 숲과 도시 사이의 아찔하고 위태로운 세상에 끼어 있다고 불안감을 부추겼다. 그 오일 로드에서는, 내 부족 사람들이 석유 회사에서 하루 벌어 하루 먹는 생활을 하며 근근이 생계를 이어가고 있었다. 그리고 여기 쉘의 외곽 지대에서 나는 마침내 내 길을 찾은 척하려 애쓰고 있었다.

"가자." 갑자기 짜증이 난 내가 오피 오빠에게 말했다. "너무 더워서 습지 한복판에 서 있기도 힘드네."

나는 앞쪽으로 계속 걸음을 떼었다.

"다시 원주민 땅에서 살겠다고?" 오빠가 통나무에서 잡초 덤불로 사뿐히 뛰어내리며 물었다.

"그러면 안 돼?"

"음, 원주민 땅에서 안 지낸 지 몇 년이나 됐잖아."

"아니, 지낸 적 있지! 티기노에서 교사로 일할 때."

"그래도 티기노는 오일 로드에 있잖아!"

석유 회사가 비아 아쿠아의 끄트머리에 지은 그 푹푹 찌던 학교에서의 기억이 떠올랐다. 덜커덩거리는 트럭 소리와 쉭쉭대던 송유관 소리. 술에 취한 아버지들. 숲에서는 그렇게도 눈이 초롱초롱 빛나고 호기심에 차 있더니 그 학교에서는 맥없는 눈빛이 되어 있던 아이들.

오빠가 얼굴을 찡그리며 말했다. "나는 깊은 숲을 말하는 거야. 예전 네몬파레의 집 같은 곳 말야."

나는 말이 없어졌다가 잠시 후 입을 열었다. "그런데 오빠도 원주민 땅에서 안 산 지 몇 년이나 되지 않았나, 이 대학 중퇴자 씨!"

오빠가 부드러우면서도 슬픈 눈빛을 띠었다. 아빠처럼. 오빠는 키토의 사립 대학교에 장학금을 받고 들어간 몇 안 되는 와오라니족 중 한 명이었다. 하지만 술로 문제를 겪었다. 오빠가 그 일에 대해 얘기한 적이 없어서 무슨 일이 있었던 건지 제대로 아는 사람이 없었다. 오빠에게도 절대 말하고 싶지 않은 이야기가 있었던 것이다.

'그럼 내 동생 빅토르에겐 어떤 이야기가 있었을까? 털어놓지 않기로 마음먹은 비밀이 뭐였을까?' 그 답은 영영 알 길이 없었다. 빅토르는 죽었으니까. 내가 가장 사랑하는 형제였고, 내 어린 시절의 단짝이었으며, 병을 이겨내고 신비로운 힘을 얻어 멩가토웨가 되었던 그 특별한 동생이 이제는 세상을 떠나고 없었다. 동생을 잃은 상실감이 내 몸의 일부를 잃은 것처럼 사무쳤다. 혼돈에 빠져 길을 잃었던 그 수년간 언제나 내 손을 잡아준 것은 동생의 손이었다. 동생이 어쩌다 죽었는지는 아무도 몰랐다. 그저 중독 때문이라는 얘기만 들었다. '그게 대체 무슨 말일까? 어떻게 그런 것이 내 동생의 생명을 앗아갈 수 있는 걸까?' 빅토르는 달처럼 흔적도 남기지 않고 사라져 버렸다.

오피 오빠가 나를 뚫어지게 보고 있었다. 슬픈 표정이었고 오빠의 그 표정이 곧 내 표정이라는 것을 나는 알았다. 나는 눈물을 참으려 눈을 깜빡이며 오빠를 바라봤다.

"여기가 내 땅이야." 내가 바람 한 점 없이 작열하는 태양 아래에서 구워지고 있는 넓이 30제곱미터의 진흙땅을 가리켰다.

오빠는 잡초 무성한 습지대에 인접한 그 울창한 이차림(토지 본래의 자연식생이 재해나 인위적 행위에 의하여 파괴되어 그 대신 군락으로 발달한 산림-옮긴이)을 응시하며 말없이 주변을 눈여겨 둘러봤다.

"너무 슬프다. 무슨 뜻인지 알지?" 오빠가 한숨을 내쉬며 말했다.

눈이 툭 튀어나온 밝은 녹색의 파리 떼가 우리 주위로 윙윙거렸다. 나는 그 진창에서 자라고 있는 발사 나무에서 잎이 많이 달린 가지 하나를 뚝 꺾어 그 파리들을 찰싹찰싹 쳤다. 이 정착지가 다 지어지고 나면 어떤 모습이 될지는 나도 잘 가닥이 잡히지 않았다. '마을이 될까? 아니면 판자촌? 도로가 생길까? 전기는 들어올까?'

"얼마나 줬어?" 오빠가 물었다.

"2천 달러. 교사로 일하며 모은 돈이야." 내가 오빠에게 윙크를 하며 말했다.

오빠가 깔보는 투로 고개를 까딱였다. 그러더니 잔가지 하나를 집어 들어 진창으로 던졌다.

"이만한 크기의 땅을 몇 개나 모아야 와오라니족 영토로 딱 좋을까!" 오빠가 갑자기 절규하듯 외쳤다.

나는 어깨를 으쓱했다. 나는 아직도 수학 쪽으로 소질이 없었다.

"우리 땅이 100만 헥타르쯤 되니까." 오빠가 고개를 숙이고 눈을 가늘게 뜬 채로 혼자 중얼거리며 손가락을 세었다.

나는 오빠를 지켜보며 재미있어했다.

오빠가 고개를 들며 말했다. "이런, 존나 많이 있어야 하잖아. 게다가 여기 땅은 개떡 같아. 진흙, 개미, 겨풀 말고는 없어. 우리 숲은 지상의 어느 곳보다도 생물이 다양한 곳인데 말야!"

밝은 푸른색의 모르포 나비 한 마리가 우리 앞을 팔랑팔랑 날아가 그 땅의 구석에 있는 말뚝으로 내려앉았다. 오빠도 나도 그 나비를 흥미로운 마음으로 쳐다봤다. 숲에서는 모르포 나비가 행운의 징조였다. 하지만 도시에서는 모든 것이 숲과는 다르다. 문명이 숲의 메시지를 뒤죽박죽 뒤섞어 놓고 숲의 징조를 왜곡시킨다. 나는 어느새 그런 메시지와 징조에 더 이상 주의를 기울이지 않게 되었다.

"나무로 작은 오두막집을 짓거나 콘크리트 블록을 쌓을 생각인 거야? 아니면 다른 구상이 있어?"

나도 어떻게 할지 잘 몰랐다. 돈이 별로 없어서 더 이상 구상을 진전시키지 못했다.

"이 습지대에는 땅이 얼마나 돼?"

"40이나 50헥타르쯤 돼."

"여기에서 살 사람들은 대부분 와오라니족이고?"

나는 건성으로 고개를 끄덕였다.

"정말 희한해." 오피 오빠가 한쪽 부분이 시든 발사 나무 잎사귀로 그늘을 만들며 말했다. "우리한테는 영토가 있는데도 도시에 살거나…… 아니면 도시 외곽의 진창에 사는 것을 선택한다는 게 말이야!"

나는 그 말에 움찔 놀랐다. '이게 정말로 선택일까? 이젠 정말 모르겠어. 여러 세계 사이에서, 여러 언어 사이에서, 과거와 미래 사이에서 사는 게 가능할까?'

"문명은 우리에게 이상한 힘을 미쳐." 오빠가 한숨을 내쉬었다.

문득 도나스코 할아버지가 생각났다. 할아버지도 지금은 돌아가셨다. 나는 할아버지에게 작별 인사조차 못 했다. 어릴 때 그 밭에서 할아버지의 손가락이 보아뱀의 혀처럼 흔들리던 모습이 떠올랐다.

"가족 누구나 지내기 좋은 오두막을 지을 거야." 내가 말했다. "엄마와 아빠가 놀러 올 수도 있게. 애나와 로이다…… 누구든 도시에 나오면 들를 수 있게."

그때 오피 오빠가 말했다. "맥주!"

"뭐?"

"나한테 맥주를 사면 내가 일자리를 얻게 해줄게. 이 진창에 오두막집을 세우려면 돈이 필요하잖아. 그 그링가gringa(미국 여성)가 도와줄 사람을 찾고 있어."

"난 그링가를 위해 일할 마음 없어." 내가 개미로 드글거리는 겨풀 덤불을 밀치고 나가며 말했다. 나는 내 삶의 대부분을 백인들을 따르며 살았다. 그들을 따르려 망치로 이를 깼고, 그들을 따르려 집을 떠났다. 그들은 나에게 희망과 꿈을 잔뜩 품게 했다가 나를 무너뜨렸다.

"코니는 그 선교사들하고는 달라." 오빠가 포기하지 않고 설득했다. "그 여자에겐 도움이 필요하다고."

"그 사람들은 다 도움이 필요하다고 해놓고서는 나중에 상처를 주지."

도시 끝에 있는 그 길은 흙과 돌로 깔려 있었다. 물을 실은 트럭이 덜컹덜컹 달려와 우리 얼굴로 자갈과 흙먼지를 날리며 지나갔다.

"우와, 저기에 시원한 맥주를 파는 가게가 있어." 오빠가 길 아래쪽을 가리키며 외쳤다.

햇빛이 우리를 무자비하게 강타하고 있었다. 나는 몸이 축축 처지는 느낌이었지만 오빠는 발걸음이 경쾌했다.

우리는 가게의 그늘 쪽에 있는 나무 벤치로 가서 앉았다. 오빠는 뿌연 녹색 병에 담긴 세르베사 클럽Cerveza Club을 따서 투명 플라스틱 컵에 거품이 넘칠 듯 가득 따라 나에게 건넸다. 나는 맥주 거품에 손가락을 넣고 빙빙 돌렸다. 나는 맥주를 잘 마시지 않았다.

"우리가 어렸을 때는 우리 땅이 영원할 것 같았는데, 그치?" 오빠가 말했다.

나는 맥주를 한 모금 홀짝였다. 맛이 좋았다.

"아빠와 네네카와 삼촌이 들려준 모든 이야기도, 그 숨겨진 폭포, 거대한 케이폭 나무, 어두운 동굴, 물고기로 넘쳐나던 개울도……."

"그런 얘기는 왜 꺼내는 건데?"

"그 모든 걸 기록으로 남기고 있어. 우리 부족 연장자들의 이야기를…… 코니와 같이."

나는 고개를 절레절레 저었다.

"그 여자는 언어학자야." 오빠가 변호해 주듯 말했다. "우리가 우리 이야기와 언어를 지킬 수 있게 도와주고 싶어 해. 연장자들이 들려주는 이야기를 듣다 보면, 그런 이야기가 숲을 영원히 지속시켜 주는 힘처럼 느껴져. 내 생각엔……."

"무슨 소릴 하려는 건데, 오피 오빠?"

"우리가 우리 조상들의 기대를 저버리고 있는 것 같다고."

나는 오빠를 올려다봤다.

오빠는 그림자와 햇빛에 양다리를 걸치고 앉아 호주머니 속의 동전을 짤랑짤랑거렸다. 다음 순간 등줄기를 타고 소름이 쫙 흘렀다. 그제야 오빠의 말뜻이 이해되었다. 우리 조상들은 석유 회사의 인부들을 창으로 찔러 죽이며 숲에서 쫓아냈는데 지금 나는 그들의 도시 외곽에 있는 진창에 작은 오두막이나 지으려 생각하고 있다니.

오빠가 술을 더 사러 가게로 들어갔다. 잠시 뒤 오빠가 병을 따서 술을 꿀꺽꿀꺽 들이키는 소리가 들려왔다. 그 독이 오빠의 영혼으로 곧장 들어가고 있는 것 같았다.

"오피 오빠, 이제 그만 마셔!" 내가 눈을 가늘게 뜨며 목청을 쥐어짜 소리 질렀다. "이리 와 앉아서 그 이야기와, 오빠가 하는 일에 대해 좀 더 얘기해 보는 게 어때?"

오빠가 맥주를 한 번 더 벌컥벌컥 들이켰다. 벌써 살짝 취한 것 같았다.

"코니한테 네몬파레에서의 이야기를 모아서 정리하고 싶다고 말할 거야." 오빠가 눈썹을 장난스럽게 치켜들며 말했다. "와토라 할머니가 재규어에게 자란 이야기 같은 거. 그러면 코니가 웨스턴 유니온Western Union(미국에 본사를 둔 금융통신회사-옮긴이)을 통해 우리한테 돈을 좀 보내줄 거야. 그 돈으로 소금, 설탕, 식용유, 비누를 살 수 있어. 알겠지만 그 정도면 엄마가 우리에게 흐뭇해할 테고, 그러면 우리가……."

나는 아직도 집에 가기가 망설여졌다.

"엄마와 아빠가 널 보고 싶어 하셔." 오빠의 목소리는 부드러웠지만 꾸민 어조였다. "그리고 동생들도 보고 싶어 하고. 언니랑 누나를 좀 더 자주 보면 걔들한테도 좋을 거야!"

나는 한숨을 내쉬었다.

"거북이 알을 마지막으로 먹은 게 언제였어?" 오빠가 물었다.

그 말에는 넘어가지 않고 버티기가 힘들었다. 생각만 해도 얼굴

한가득 즐거움이 번졌다.

"무지 오래됐지." 내가 말했다.

"그거 잘됐네!" 오빠가 남은 맥주를 비우고 나서 말을 이었다. "지금쯤이면 강 거북이들이 강변에 알을 낳을 때니까. 몇 주간 비도 안 왔고!"

엄마와 아빠는 우리가 온다는 걸 알 방법이 없었다. 이제는 라디오도 가지고 있지 않았다.

세인트 가족이 레이첼의 땅으로 돌아간 이후 밍카예, 요웨, 케모, 파를 비롯한 복음주의자 어른들 대부분에겐 더는 그곳에 붙어 있을 이유가 없었다. 이제는 자기들에게 선물을 가져다줄 백인들이 없었으니까. 일부는 토냠파레로 돌아갔고 또 다른 일부는 숲에 새로운 마을을 세우러 떠났다.

이제 네몬파레는 주민 수가 얼마 되지 않는, 깊은 숲속의 조용하고 작은 마을이 되어 있었다.

해가 질 무렵, 우리는 좁은 오솔길을 터벅터벅 걷고 있었다. 수년 전 밍카예, 테멘타, 스티브 세인트, 하느님의 관광객들에게 세례를 받았던 그곳으로 갈 때 빅토르와 같이 걸었던 그 길이었다.

나는 피곤했다. 이렇게까지 먼 거리를 걷기는 몇 년 만에 처음이었다. 오피 오빠와 나는 새벽에 길을 나섰다. 냐메 오빠가 처자식들과 살고 있는 다유노라는 마을 근처의 먼지 자욱한 오일 로드에서 출발해 수십 개의 능선과 개울을 가로지르며, 위아멩케 숙모가 독사에 물려 돌아가신 곳을 지나 나이 많은 재규어 주술사 멩가토웨가 살았던 언덕마루에 이르자 토냠파레의 녹슨 오두막집들이 내려다보였다. 그렇게 걷고 걸은 끝에 마침내 습지의 겨풀을 헤치고 나오니 네몬파레의 활주로 끄트머리에 다다랐다.

"좀 쉬었다 가자." 내가 설탕과 소금, 식용유, 묵직한 파란색 비누로 꽉꽉 채운 배낭을 내려놓으며 말했다.

하늘은 짙은 붉은 빛을 띠었지만 이미 어둑어둑 어둠이 내리며 별들이 하나둘 나오고 있었다.

"활주로에 풀들이 무성하게 자랐어!" 오피 오빠가 외쳤다.

나는 사방에서 숲이 벽처럼 둘러막고 있는 개간지를 멀뚱멀뚱 바라보다 아빠와 테멘타가 전기톱 사용법을 익히던 그 시절을 떠올렸다.

"여기에 비행기가 얼마나 자주 올 것 같아?" 내가 생각에 잠기면서 물었다.

"선교사들이 아직도 컴패셔닛 윈즈의 선물을 가지고 와. 이따금씩 정부에서도 학교에 줄 점심 도시락 같은 걸 가지고 오는 것 같고."

우리는 사람들의 발길로 닳은 활주로 옆길을 걸어갔다. 기분이 아주 좋았다. 몸은 피곤하고 고무장화를 신고 오느라 뒤꿈치에 물집이 생겼는데도 정신은 평온했다. 역시 숲이 최고의 약이었다.

부모님은 이제 강가에 살지 않았다. 강이 점점 예측 불가한 상태가 되고 홍수가 빈발한 데다 모래파리(흡혈성 파리)가 갈수록 극성을 부렸다. 그 탓에 가족 거주지를 에웽고노 강에서 걸어서 멀지 않은 거리의, 숲속 안쪽 좁은 경사면으로 옮겼다. 우리는 꼬불꼬불한 숲길을 헤치고 나간 후 나와 스테파니가 새우를 잡으며 놀았던 개울을 건넜다.

숲 한가운데에서, 부모님의 롱하우스가 희미한 불을 깜빡이는 램프처럼 눈에 들어왔다. 잎으로 엮은 지붕 사이로 연기가 새어 올라오고 있었다.

"개들이 말을 잘 안 듣고 사나워." 오피 오빠가 말하며 나뭇가지를 주워 들었다.

"몇 마리나 있는데?"

"글쎄, 전부 다 이름조차 없다고 말해주면 대충 감이 잡힐걸!"

개들이 나와 사납게 짖어댔다. 엄마가 부엌에서 개들에게 소리쳤다.

"밖에 누구야?" 엄마가 큰 소리로 물었다.

"타로메나네족이에요!" 오빠가 나뭇가지를 개들에게 던지며 외쳤다. "넨키모 일족이 숲에서 잘 지내고 있는지 보러 왔어요!"

어두워서 부엌으로 이어지는 길이 잘 보이지 않아, 우리는 라임 나무의 가시 많은 가지 아래로 몸을 획 수그리고 가다가 닭장에 부닥치고 짐승 뼈, 썩어가는 플랜테인 껍질, 파파야 껍질, 카사바 조각 들이 어지럽게 쌓인 더미를 밟고 말았다.

"어떤 타로메나네족이기에 롱하우스 입구도 못 찾는데?" 엄마가 깔깔대며 웃었다. "반대쪽으로 와야지!"

나는 아치오테 나무의 가지들 아래로 몸을 낮게 구부린 채 그 어둠 속에서 싱긋 웃었다. 다리가 덜덜 떨렸다. 집에 오니 마음이 설렜다.

"여동생들, 안에 있니?" 오피 오빠가 크게 외쳤다. "이 오빠에게 큼지막한 조롱박 그릇에다 치차 좀 주면 좋겠는데!"

"우우우우우우우우." 여동생들이 떨리는 목소리로 다 같이 대꾸했다.

우리는 야자수 잎 문을 지나 내가 몇 년 전에 떠났던 삶 속으로 들어섰다.

들어서서 안을 보자마자 가장 먼저 와닿은 느낌은, 내 마음을 두 동강 내놓는 상실감이었다. 이 안의 해먹에서 몸을 흔들거리며 연기 사이로 히죽히죽 웃고 있어야 할 내 동생 빅토르가 없다는 상실감이 또다시 마음을 깊이 베어놓았다. 빅토르는 내가 키토의 선교단을 떠난 후 홀로 추운 하루하루를 보내던 그 몇 년 동안 내 비밀을 함께 나눈 유일한 사람이자, 내가 고통을 잊을 만큼 자지러지게 웃게 해주었던 단 한 사람이었다. 내가 모든 것을 뒤로 하고 세상을 등지려 했을 때 내 목 안으로 손가락을 넣어 약을 토해내게 해준 사람도 빅토르였다. '지금 여기에서 빅토르를 보면 좋겠다는 생각을 하다니, 어떻게 그런 희망이 슬며시 고개를 드는 걸까? 내 영혼이 마음에 어떻게 그런 속임수를 걸 수 있을까?'

장난꾸러기 빅토르는 이제 여기에 없었다. 하지만 아빠는 긴 의자에 앉아 여전히 불가에서 발을 따뜻하게 데우며 발가락을 꼼지락거리면서 그 슬픈 눈에 넓은 마음을 그렁그렁 담고 있었다. 나는 땅바닥에 배낭을 내려놓으며 아빠에게 애정 어린 미소를 지어 보였다. 아빠에게는 내 영혼이 건강하다는 걸 보여주고 싶었다. 사실은 그렇지 않더라도.

"그 페커리 조심해." 에몬타이가 모닥불의 재 근처에서 코로 땅을 파고 있는 새끼 짐승을 가리키며 오피 오빠를 놀렸다. "문명에서 온 외지인 냄새를 맡으면 발광하거든!"

나는 깔깔 웃음을 터뜨렸다.

그 페커리가 이빨을 딸각거리며 털을 곤두세웠다.

오피 오빠가 히죽히죽 웃으며 고갯짓으로 우리가 도시에서 가져온 음식 봉투를 가리켰다. "그런 식으로 나오면 너한테는 빵 안 준다!"

에몬타이는 어느새 키 크고 건장한 젊은 사냥꾼이 되어 있었다. 볼과 턱선이 엄마를 꼭 닮아, 조각처럼 윤곽이 뚜렷했다. 해먹에 앉아 대나무를 깎아서 피리를 만들고 있는 그 모습을 보니 빅토르 생각이 났다.

여동생들은 대부분 처음 봤다. 냄비와 팬이 놓인 곳 근처의 구석에 옹기종기 모여 있었는데, 냄비들이 검게 그을려 있는 건 내가 어릴 때나 지금이나 똑같았다. 넹혜레가 루시의 도움을 받아가며 흙먼지, 생선 뼈, 짐승 털을 쓸어 흙바닥 위로 말끔히 모으고 있었다. 앙히에와 에로가는 낄낄 웃으며 냄비에서 스튜를 뜨고 있었고 나탈리아는 포켓원숭이에게 바나나를 먹이는 중이었다. 로이다는 석유 회사 일꾼과 결혼해서 집을 떠나고 없었다. 애나도 안 보였다. 가족 중 아무도 만나본 적 없는 어떤 남자와 에콰도르 해안의 판자촌 어딘가에서 동거하고 있다고 했다.

엄마는 불의 연기 속에 쭈그리고 앉아 카사바를 끓이고 있는 커다란 가마솥의 뚜껑을 들어 올리는 중이었다. 내가 온 것을 알고 있었다. 좀 전에 나를 힐끗 쳐다봤다가 불을 살피느라 바빠 바로 눈길을 돌렸다. 나는 엄마가 나에게 어떤 눈빛을 보이는지 알고 싶지 않았다. 엄마는 한 번의 눈빛으로도 모든 걸 엉망으로 망칠 수 있는 사람이었으니까.

"와서 이것 좀 받침대에서 들어 내리게 도와주지." 엄마가 가마솥에 뚜껑을 다시 덮으며 아빠에게 말했다.

"제가 할게요." 내가 말하며 대들보의 못에 걸린 꾀죄죄한 넝마 조각을 움켜쥐었다.

엄마가 목을 씰룩였다. 그러자 아빠가 긴 의자에서 벌떡 일어나 다정하게 고개를 내저으며 나에게서 넝마 조각을 가져갔다.

"우리 큰딸이 집에 돌아왔구나!" 아빠는 감탄스럽게 외치며 부산스러운 오코 안을 빙 둘러봤다. 마코앵무가 파란색과 노란색으로 어우러진 날개를 퍼덕거리며 꽥꽥 울었다. "네 여동생들에게 달콤한 치차 만드는 요령을 가르쳐 주기 딱 좋은 때에 맞춰 왔구나!"

여동생들이 킥킥 웃었다. 엄마는 말이 없었다.

"미구엘, 해먹에서 내려오거라." 아빠가 내 막내 남동생에게 엄하게 말했다. 부모님이 낳은 열세 명의 자식 중 마지막 자식이었다. "누나가 먼 길을 걸어왔는데 좀 쉬게 해줘야지!"

미구엘은 들은 체 만 체했다. 빼빼 마르고 새까만 머리에 순한 얼굴을 한 그 다섯 살배기 아이는 새끼 아르마딜로를 안고 해먹을 마구 흔들어댔다.

나는 장화와 양말을 벗어 롱하우스 바로 바깥쪽에 놓았다. 심호흡한 후 하늘을 물끄러미 올려다봤다. 별빛이 밝았다. 공기가 상쾌했다. 개들이 흔들거리는 나무 문을 긁으며 낑낑대고 있었다. 오피 오빠는 안에서 농담을 하는 중이었다. 솔솔 부는 바람에 야자수 잎이 살랑였다. 자기들도 같이 웃고 있는 것처럼.

집에 돌아오니 이상하면서도 좋았다.

모닥불이 잔불로 사그라들고 바깥의 개들이 남은 음식(사냥 고기

스튜와 페네메의 찌꺼기)을 놓고 으르렁거릴 때 나는 땅바닥 위의 커다란 삼나무 접시 위로 무릎을 구부리며 으깨기용 막대로 손을 뻗었다.

"치차 만드는 거 돕고 싶어요." 내가 엄마에게 조용히 말했다.

엄마는 웃옷을 입고 있지 않았는데 팔뚝이 햇빛에 시커멓게 그을려 있었다. 그래도 얼굴은 거의 나이가 들지 않았다. 반짝반짝 윤기가 흐르고 주름도 없었다. 머리도 윤기 도는 까만색이었고, 흰머리가 단 한 가닥도 없었다. 하지만 눈은 내 기억 속의 모습보다 더 지쳐 보였다. 엄마는 나에게 다정히 고개만 끄덕여 보일 뿐 아무 말이 없었다. 우리 사이에는 거리가 벌어져 있었지만 나는 어떻게 그거리를 메워야 할지 막막했다.

나는 부모님이 그 선교사들에게 나를 다멘타로에서 선교단으로 데려갈 수 있게 동의해 준 기억을 되새기며 얼마나 많은 밤을 고통으로 지새웠는지 모른다. 자꾸 엄마의 그 말이 떠올랐다. '고생 좀 하게 놔두세요.'

어쩌면 치차가 우리에게 도움이 될 수도 있겠다는 생각이 들었다. 나는 엄마처럼 웃옷을 벗고 다시 숲의 여인이 된 기분을 느꼈다. 으깨기용 막대 쪽으로 몸을 숙이며 아직도 김이 올라오는 카사바 위로 리듬을 타며 몸을 움직였다.

"갈비뼈가 다 보이는구나." 엄마가 짓이겨진 그 노란 곤죽으로 손을 뻗으며 말했다. "백인 여자보다 더 말랐어."

엄마가 곤죽이 된 카사바를 입안에 넣고 씹기 시작했다. 나는 계속 고개를 숙인 채로 이를 악물고는 곤죽을 필요 이상으로 세게 쳐댔다. 그런 후 곤죽 한 줌을 떠서 씹기 시작했다. 엄마는 씹던 곤죽을 삼나무 접시에 다시 뱉고 곤죽을 한 줌 더 떠서 입안에 넣었다.

갑자기 머리 정수리 쪽에 살짝 긁히는 느낌이 드는가 싶더니 킬킬거리는 웃음소리가 들렸다. 아직 일곱 살밖에 안 된 나탈리아였다. 마모셋(중남미에 서식하는 작은 원숭이-옮긴이)을 내 머리에 올려놓았던 것이다. 그 마모셋은 내 머리카락을 움켜잡았다가 단숨에 어깨로 내려와 내 목에 바싹 들러붙었다.

나는 웃음이 터져 씹던 치차를 접시로 내뱉었다.

"큰언니." 나탈리아가 낮게 속닥였다. "이제는 우리랑 같이 살려고 온 거예요?"

엄마가 궁금해하는 표정으로 나를 올려다봤다.

나는 어떻게 말해야 할지 난감했다. '돌아오기엔 너무 멀리 갔다고 해야 하나? 이제는 촌락 생활을 하기가 힘들다고? 엄마처럼 자식을 열세 명이나 낳고 싶지 않다고? 세상에서 길을 잃었다고?'

"아니, 아니, 아니야." 오피 오빠가 장난기 가득한 목소리로 외쳤다. "못 보여주는 게 아쉽지만 얘는 쉘 외곽 습지대에 작은 진창 땅을 사뒀어."

나는 오빠에게 입 닥치라는 의미의 눈빛을 매섭게 쏘아 보내며 내 머리카락 안으로 파고든 마모셋을 끌어당겨 떼어냈다. 녀석은 툭 불거진 눈을 하고 있었다. 나는 녀석을 다시 내 머리 위로 얹고 나탈리아에게 생긋 웃어 보이며 말했다.

"언젠가는 그러겠지만 지금은 아니야."

다들 아침으로 프라이 브레드fry bread를 먹고 싶어 했다. 불 위에 걸린 바구니에 훈연 사냥 고기와 페커리가 있어도, 냄비에 생선 카사바 스튜가 아직 반이나 남아 있어도 상관없었다. 오피 오빠와 내가 밀가루, 소금, 설탕, 식용유를 마을로 가져오긴 했지만 이 재료들로 튀긴 빵을 만들려면 수고를 들여야 했다.

나는 어릴 때 쓰던 무거운 주철 팬을 불 위에 올렸다. 아빠는 마당에서 맨발로 장작을 쪼갰다. 엄마는 야자수 잎 문을 밀고 나가 차를 우려놓은 듯한 빛깔의 개울 물을 냄비에 퍼담아 머리에 이고 왔다. 앙히에와 에로가는 엄마 뒤에 바짝 붙어 따라가 금방 씻은 냄비와 팬을 철컥철컥거리며 들고 왔다.

식용유가 지글지글 끓어올랐다.

"조심해." 옆에 쭈그리고 앉아 내 일거수일투족을 지켜보는 중인 미구엘과 나탈리아에게 주의를 주었다. "기름이 튀면 데어서 눈이 멀 수도 있어."

나는 금속 사발에 밀가루를 넣고 물과 소금 한 꼬집을 섞어 반죽해서 뜨거운 기름 속에 부었다. 미구엘과 나탈리아가 입술을 핥으며 더 가까이 몸을 기울였다.

에몬타이는 해먹에 들어가 있었다. "오피 형, 동물을 어떻게 사냥하는지 아직 기억은 해?" 한 발을 땅에 내딛고 살짝 몸을 밀며 형을 놀려댔다. 오피 오빠는 고개를 끄덕였지만 자신이 없는 표정이었다. 오피 오빠는 사냥꾼이 아니었다. 냐메 오빠나 빅토르나 에몬타이와는 달랐다. 끈기, 격렬함, 허세 같은 사냥꾼으로서의 기질이 없었다. 어렸을 때도 엄마를 도와 밭일하기를 더 좋아했다.

"저게 무슨 소리야? 노랫소리야?" 내가 뜨거운 기름 속에 반죽을 더 부어 넣으며 남는 손으로 불쾌한 냄새가 나는 애완 페커리를 밀어내다 돌연 물었다. "지금 사람들이 교회에서 노래하고 있는 거야?"

"맞아, 일요일이잖아." 에몬타이가 조롱박 그릇으로 치차를 홀짝이며 말했다. "노래하다 지치면 테멘타가 성경을 읽어줄걸. 그러다 다들 잠이 들 테고!"

아빠가 불 옆에 불쏘시개 한 무더기를 와르르 던져놓고 통나무에 앉았다. 평온하고 만족스러운 표정이었다.

"있지, 이제 아빠는 일요일엔 사냥을 안 해!" 에몬타이가 웃으며 말했다.

"오눙케. 쓸데없는 소리한다." 아빠가 말했다.

"그래도 아빠와 엄마는 이제 교회에 안 가시잖아요, 아니에요?" 내가 조용히 물었다.

내가 괜히 말을 잘못 꺼낸 것이었다. 아빠가 고개를 내저으며 엄마를 흘끗 봤다. 엄마는 턱을 꽉 앙다문 채 발뒤꿈치로 페커리를 거칠게 떠밀었다.

나는 선교단을 나온 뒤로 이따금씩 부모님을 봤지만 내가 겪었던 일에 대해서는 제대로 얘기한 적이 없었다. 복도의 발걸음 소리도, 알프레도가 한 짓도, 내가 나온 이유도 말하지 않았다. 부모님도 듣고 싶어 하지 않는 눈치였다. 내가 그런 얘길 꺼내려 하면 엄마의 얼굴이 돌처럼 굳어졌으니까.

내가 한 개 더 부어 넣은 프라이 브레드를 뒤집었다.

"오피 오빠." 내가 쾌활한 척하며 화제를 바꿔보려고 했다. "와토라 할머니에게 드릴 빵을 따로 남겨두는 거 잊지 않았지?"

"당연하지! 한 봉지 다 드릴 거야!" 오빠가 크게 외쳤다.

"늙은 과부의 마음을 얻으시려고!" 에몬타이가 놀렸다.

"우리가 그분의 이야기를 기록할 생각이라서." 오피 오빠가 녹음 장비가 든 배낭을 가리키며 말했다.

"내가 매주 그 할머니한테 페커리 다리, 원숭이 고기, 메기를 가져다드린다고." 에몬타이가 픽 웃으며 말했다. "그런데 1년 만에 찾아와서 겨우 빵 한 봉지!"

"와토라는 이가 없으셔." 오피 오빠가 투덜투덜 말하며 문밖으로 걸어 나갔다. "그런 사람에게 빵은 틀니 다음으로 문명이 선사해 줄 수 있는 최고의 선물이야."

엄마가 크게 코웃음을 치며 퉁명스럽게 말했다. "네가 뭘 모르는구나. 문명은 토코리지."

나는 엄마의 표정을 어떻게 읽어야 할지 혼란스러웠다. 엄마가 토코리, 그러니까 돈에 대해 그런 식으로 말하는 건 처음 들었다. 돈이 필요하다는 말처럼, 숲속에 사는 것도 돈이 있어야 한다는 말처럼 들렸다.

"마을의 다른 사람들은 전부 다 모터 달린 배와 라디오가 있고 애들에게 입힐 옷들도 있더구만." 엄마가 말을 이었다. "나는 자식을 열세 명이나 낳았는데 어떻게 도시에서 뭘 가져다주는 자식이 하나도 없나 몰라?"

아침을 먹은 후 오피 오빠와 나는 잎으로 뒤덮인 넓은 오솔길을 걸었다. 활주로에서부터 교회까지 쭉 일직선으로 이어진 길이었다. 걷다 보니 노랫소리가 웅성거리는 소리로 바뀌었고 이어서 희미한 한숨 소리가 들리는가 싶더니 조용해졌다. 오피 오빠는 디지털 녹음기, 건전지, 헤드폰, 노트가 담긴 작은 위장 천 가방을 들고 있었다. 이제는 그 안의 물건들이 오빠의 도구였다.

"이제 노래 안 부르세요?" 신도들에게 가까워졌을 때 내가 침묵을 깨려고 쾌활한 어조로 물었다.

"부를 노래가 다 떨어져서." 한 어른이 쓴웃음을 지으며 말했다.

그 말에 오피 오빠가 웃음을 터뜨리며 우스갯소리를 했다. "와오라니족 여자들은 치차나 노래가 떨어지면 안 되잖아요! 그런 일이 일어나면 세상이 끝나는 거 아닌가요?"

교회 뒷자리에서 와토라가 아이처럼 킬킬 웃었다.

그 어른도 웃었다. "하느님의 노래가 떨어졌다고. 우리가 아는 웽공히의 노래가 더 없으니까."

모닥불가에서 부르던 그 노래들과 함께 유쾌한 기타 소리와 백인들의 행복해하던 푸른 눈이 떠올랐다. 그 모든 것이 별거 아닌 것들로 느껴졌다. 우리 마을 연장자들에게 그런 노래가 다 떨어졌다는 것이 다행스러웠다.

테멘타가 긴 의자에서 일어났다. 나를 보고도 놀라지 않았다. 내가 마을을 떠난 적이 없었던 것처럼 아무렇지 않게 말을 걸었다.

"간밤에 사냥하는 꿈을 꿨어." 그가 신이 나서 말했다.

"그런데 왜 사냥을 안 가고 이러고 있어요?"

"일요일이니까!"

와토라가 긴 의자에서 천천히 몸을 일으켜 느릿느릿 통로를 걸어갔다.

"빵을 좀 드리려고 가져왔어요." 오피 오빠가 와토라의 팔을 붙잡으며 말했다.

"잘됐구나. 그럼 빨간색 자루가 달린 마체테도 가져왔고?"

오피 오빠가 익살스럽고 능글맞게 눈썹을 치켜올려 보이며 말했다. "아뇨."

"에휴." 와토라가 의미심장한 한숨을 내쉬었다. 자신의 꿈이 틀리기라도 한 것처럼.

우리는 말없이 슬렁슬렁 오솔길을 걸어 교회에서 멀어졌다.

오피 오빠가 정겹게 말을 꺼냈다. "와토라 할머니, 같이 집에 가서 할머니 이야기를 듣고 싶어요."

"무슨 이야기?" 와토라가 재미있어하며 낄낄 웃었다.

"뭐든 아무 이야기나요!"

우리는 한때 세인트 가족의 집이 있었던 곳을 지나쳤다. 스테파니가 건반악기를 쳤고, 내 손으로 갓난쟁이 여동생 애나를 넘겨주었던 그 집이 이제는 온데간데없이 사라져 있었다. 숲은 그런 추억들에는 마음을 써주지 않았다.

와토라가 울타리처럼 쭉 늘어선 보랏빛 꽃의 식물들 사이로 좁은 틈을 헤치고 들어갔다. "이제는 어린애들도 한낮에 이야기를 듣고 싶어 하지 않는데!"

와토라는 늙은 과부였다. 집은 방이 한 칸뿐인 작은 오두막이었고 엎어지면 강과 코 닿을 거리에 있었다. 지붕은 비닐 방수포라 바람에 펄럭대고 휘둘렸다. 흙바닥은 오랜 세월 그녀의 맨발에 밟히고 밟히며 단단히 다져져 있었다.

안으로 들어가 보니 아침에 피워둔 불이 아직도 타고 있었다. 와토라가 작은 스툴에 앉으며 야생 칠면조의 검은색 꼬리 깃털로 만든 부채로 불길을 더 살렸다. 하얀 재가 구름처럼 방 여기저기로 날렸다.

"오피 오빠는 저희 아버지처럼 과묵하다니까요." 내가 오빠를 쳐다보지 않으며 말했다. "우리 부족 사람들의 이야기를 왜 모아 정리하려고 하는지 아직도 얘길 안 해줬어요."

"이야기들을 모은다고?" 와토라가 방긋 웃으며 재투성이 물이 담긴 냄비를 모닥불 위에 얹었다. "이야기는 마코앵무 깃털과는 달라."

오빠가 디지털 녹음기를 꺼냈다.

"이것 좀 보세요, 할머니. 코오리들이 만들어 낸 장치예요."

"챠, 챠, 챠, 챠⋯⋯." 와토라가 그 오두막의 어질러진 물건 사이에 조용히 숨어 있던 양털원숭이를 불렀다.

"이 장치는 우리가 하는 말을 다 들어요." 오피 오빠는 불 쪽으로 소리 없이 다가오는 양털원숭이를 보며 말을 이었다. "그리고 들은 얘기를 전부 다 기억해요. 그래서⋯⋯."

"그래서 우리는 기억하고 있지 않아도 된다는 게로구나." 와토라가 뒷말을 대신 맺었다.

나는 불 옆에 웅크리고 앉아 있었다. 그렇게 웅크리고 있으니 기분이 좋았다.

오빠가 디지털 녹음기를 장작 나무에 올려놓았다.

"나는 어렸을 때 재규어 손에 컸어." 와토라가 다짜고짜 이야기를 시작했다.

오빠는 불안한 기색으로 녹음기에 손을 뻗으며 중얼중얼 말했다. "왜 녹음기가 안 켜지지?"

"건전지 때문 아냐?" 내가 안달을 내며 물었다.

"몇 달이 가도록 밤마다 재규어의 품에서 몸을 웅크리고 있었어." 와토라는 태연히 이야기를 이어갔다.

"잠깐만요." 오빠가 자기 가방으로 손을 넣으며 말했다.

하지만 와토라는 말을 멈추지 않았다. "아버지는 죽었고 어머니는 도망쳐서 죽음은 피했지만 나를 놔두고 가셨어. 처음엔 무서웠어. 나 혼자였으니까. 그때는 아직 젖니가 빠지지도 않았던 때였으니 내가 얼마나 어린 나이였겠어. 그 재규어의 눈이 손전등처럼 번뜩였어. 땅바닥에는 피가 고여 있었고. '그 해먹에서 내려오거라, 아가야.' 재규어가 말했어. 그 재규어는 내 할아버지였어. 내 할아버지 음성이었어. 할아버지가 나를 잡아먹으려고 하나 보다 싶었지."

오빠가 건전지를 녹음기에 이렇게 저렇게 밀어 넣으며 건전지를 제대로 끼우는 법을 알아내려 안간힘 썼다.

"그런데 그 재규어가 밤마다 고기를 가져다줬어. 나는 고기를 날것으로 먹었어. 머리가 다 빠졌지. 내 머리가 그렇게 빠진 건 재규어의 숨결 때문이었을 거야. 그 숨결에서 페커리 피 냄새가 났는데 밤새 나에게 그런 숨결을 내뱉었거든. '걱정 말거라, 아가야. 네 어미가 너를 찾을 때까지 내가 돌봐줄 테니.' 재규어가 이렇게 나를 달래주었어."

"이제 알겠다." 오빠가 이제야 마음을 놓으며 말했다. 디지털 녹음기에서 빨간 불이 깜빡였다. 오빠는 불 옆의 통나무에 녹음기를 올려놓았다.

와토라가 불에서 냄비를 내려 땅바닥에 놓았다.

"이제는 빵을 먹고 싶은데." 와토라가 말했다.

오빠가 실망스러운 얼굴로 불이 깜빡이는 디지털 녹음기를 쳐다봤다. 그러다 흰색 비닐 봉투를 건네주었다. 와토라는 빵 하나를 꺼내 원숭이에게 한 조각 떼어주고는 나머지를 입안에 넣었다.

"재규어 이야기 다시 이어서 해주세요." 오빠가 말했다.

"빨간색 자루가 달린 마체테는 언제 사서나줄 건데?" 와토라가 물었다.

"왜 빨간색 자루여야 하는데요?"

"내가 빨간색 자루를 좋아하니까. 노란색 자루보다 낫잖아." 와토라가 덤덤하게 말했다.

그때 멀리에서 고함 소리가 들려왔다.

"테멘타 목소리 아니야?" 오빠가 들뜬 목소리로 말했다. "'ore, ore, ore(오레, 오레, 오레)!'라고 소리치고 있어. 야생 페커리가 강을 건너고 있나 봐!"

와토라가 제일 먼저 벌떡 일어나더니 문밖으로 휙 나가며 어린아이처럼 왕성한 기운을 내보였다. 우리도 뒤따라 강가로 갔다. 테멘타와 에몬타이와 아빠가 창과 소총을 챙겨서, 미친 듯이 카누의 삿대를 저으며 강을 가로지르고 있었다.

나는 너무 행복해서 눈물이 나올 뻔했다.

"너희 동생 에몬타이는 훌륭한 사냥꾼이야." 와토라가 말했다. "꼬박꼬박 고기를 가져다줘. 내가 아직도 혼자 힘으로 거뜬히 장작을 패는 게 다 그 덕분이지. 이제 잡은 고기를 잘라야겠구나."

"지금요?" 내가 물었다.

"그럼. 나는 여기에서도 냄새가 나는데." 와토라가 코를 킁킁거리며 희미하게 풍겨오는 야생 페커리의 퀴퀴한 냄새를 맡았다. "곧 사냥꾼들이 돌아오겠구먼."

나는 큰 소리로 웃음을 터뜨렸다.

"왜 웃는데?" 와토라가 물었다.

"일요일이 사냥하기에 멋진 날 같아서요!" 내가 크게 외쳤다. 안도, 기쁨, 내 부족 사람들에 대한 애정이 뒤섞이며 감정이 벅차올라 눈물이 핑 돌았다.

와토라가 낄낄 웃다가 나를 가만히 보았다. 재규어에게 길러진 여인의 눈빛으로. 그녀도 언젠가 죽을 테고, 그날이 그리 멀지 않을 것이다. 그러면 그 뒤로는 그녀의 걸음과 말투, 그리고 그 눈빛이 그녀를 알았던 이들의 꿈속에서만 나타날 것이다. 그런 생각이 들자 오빠가 그링가와 하려는 그 일에 대해 더 자세히 물어보자는 마음이 들었다. '그 여자는 와토라의 중요한 무언가를 영원히 보존할 방법을 찾았을까?'

14
오일 라운드

부엌의 희뿌연 연기 속에서 며칠이 지났다. 마을 사람만이 아니라 개들조차도 잘 먹었다. 설익은 플랜테이션을 넣어 만든 페커리 스튜, 튀긴 페커리와 튀긴 카사바, 훈연 페커리, 페커리 뇌 요리, 페커리 골수 요리.

나는 엄마와 같이 고기를 해체해 염장하는 일을 했다. 불이 꺼지지 않게 살피기도 하고, 개와 원숭이가 훈연 받침대의 고기를 훔쳐 먹지 못하게 밤늦게까지 안 자고 살피기도 했다. 집을 떠나 있던 그 오랜 세월을 만회하듯 좋은 딸 노릇을 하려고 애썼다.

오피 오빠가 하려는 일에 대해 알아보고 싶었지만 그럴 기회가 없어 우리는 그 뒤로 또 이야기를 수집하지 않았다. 적어도 디지털 기계로는. 부끄럽게도 오빠가 녹음기를 와토라의 집 안의 밑동에 놓고는 깜박 두고 나와서 몰래 들어가 다시 가지고 나왔다. 건전지

수명이 다 됐지만 방전되기 전에 탁탁거리며 타는 불소리와 할머니가 키우는 양털원숭이의 수수께끼 같은 독백이 몇 시간 녹음되어 있었다.

나는 강의 별미로 꼽히는 거북이 알이 너무 먹고 싶었다.

엄마가 유쾌하게 말했다. "음, 강이 낮고 모래가 말라 있으니 그것도 괜찮지."

"페커리 고기도 거의 다 떨어졌고." 아빠가 말했다. 아빠 나름의 동의하는 표시였다.

그래서 그다음 날 아침 동이 트자마자 거북이 알을 사냥하러 우리 가족의 카누를 타고 하류로 갔다.

"내가 제일 먼저 거북이 둥지를 찾을 거야!" 미구엘이 좁은 나무 카누의 선수 쪽에 쪼그리고 앉아 두 손으로 배의 측면을 꽉 잡은 채 외쳤다. 수위가 얕고 맑은 강에는 생기가 돌고 있었다. 은빛 피부의 보카치코 떼가 수면에 잔물결을 일으켰고 강의 굽이진 지점에서는 메기 한 마리가 물속으로 자맥질하며 강철빛의 거품이 올라왔다.

"에보다, 에보, 에보야!" 나탈리아가 갑자기 신나서 소리쳤다.

그 순간 맞은편 강둑에 있던 야생 칠면조 가족이 흩어지며 소리도 없이 숲속 깊이 들어갔다.

"저 비행기는 어디로 가는 걸까?" 넹헤레가 생각에 잠긴 얼굴로 말했다.

"다멘타로야." 아빠가 삿대를 저어 카누를 모래톱에서 떨어뜨리며 말했다.

"선교사들이 타고 있겠지." 오피 오빠가 코웃음을 쳤다. "레이첼의 땅에 사는 백인 애들이 쓴 컴패셔닛 윈즈의 그 한심한 편지들을 가지고 가고 있을 거야."

얼마 후 솔솔 불던 미풍이 그치고 햇빛이 이글이글 불타올랐다. 나는 강물로 머리를 적셨다. 멀리 황금빛 모래사장에서 복잡한 미로 같은 거북이의 이동 흔적이 보였다. 찍힌 지 얼마 안 된 발자국이었다. 미구엘과 나탈리아가 카누에서 폴짝 뛰어내리더니 맨발로 물을 튀기며 얕은 물가를 신나게 헤쳐나가 그 거북이 발자국 쪽으로 뛰어갔다.

"거북이 알 잡는 법 잊지 않았어?" 에몬타이가 나에게 조용히 물었다. 이번에는 놀리거나 농담하는 투가 아니었다. 나로선 치리리 그런 투였으면 싶었는데 진중한 어조로 말해서 그 진지함이 내 마음을 아프게 했다.

"난 네가 태어나기도 전부터 거북이 알을 찾아냈어, 이 애송이야." 내가 대꾸했다.

모래는 숯보다 뜨거웠고 나는 맨발이었다. 하지만 샌들을 가지러 카누로 돌아가고 싶지 않았다. 그랬다간 문명에서 내 발이 얼마나 약해졌는지 보여주는 꼴일 테니까. 엄마는 거북이들이 간밤에 남긴 패턴, 윤곽, 이야기를 찾아내려 언제나처럼 눈을 가늘게 뜨며 시야를 흐리게 했다.

문득 빅토르가 보고 싶어졌다. 생각도 못 했던 순간에 자주 그러듯, 선교사들이 죽임을 당했던 강변에서 우리 둘이 같이 놀 때 종횡으로 찍혀 있던 그 거북이 발자국이 떠올라 또다시 그리움이 밀려왔다. 빅토르 생각에 마음이 아파와 미구엘과 나탈리아를 가만히 바라봤다. 시간의 흐름이 야속하게 느껴졌다.

"저기야." 엄마가 목소리를 낮춰 말하며 멀리에 있는 좁은 모래 구역을 가리켰다. 발자국이 쓸린 데다 엄마 거북이가 아주 조심조심 걸어서 눈에 잘 띄지 않는 곳이었다. 엄마가 정글의 눈으로 그렇게 척척 찾아내는 모습을 보니 감탄스러웠다. 나는 그런 정글의 눈을 잃어버렸다는 깨달음이 뒤이었다. '도시에서의 삶이 내가 미처 감지하지도 못하는 사이에 서서히 빼앗아 간 것은…… 뭐였을까? 유대감? 능력? 본능?'

미구엘과 나탈리아가 털썩 무릎을 굽히더니 아주 들떠서 모래를 퍼내 뒤로 던져댔다. 그 모습이 구멍을 파는 귀여운 아르마딜로들 같았다.

강변의 반대쪽에서는 에몬타이 역시 거북이 둥지를 찾아냈다. 그곳으로 빛이 기묘하게 비추었다. 선명하면서도 흐릿해 형체가 굽어져 보였다. 그곳에서 무릎을 굽히고 있는 에몬타이가 시간을 초월한 공간에 있는 것 같아 보였다. 무언의 경외감에 잠겨 있는 젊은 사냥꾼의 모습이었다. 나는 에몬타이를 찬찬히 보았다. 길고 까만 머리칼. 물과 모래와 하늘에서 쏟아지는 눈부신 하얀 빛 속에서 반짝이는 갈색 몸. 동생은 흙에서 하나씩 거북이 알을 빼내 모래를 후후 털어낸 후 너덜너덜해진 셔츠에 감싸 고이 안았다. 볼수록 빅토르를 정말 많이 닮았다. 그래도 빅토르처럼 난데없이 갑자기, 뭔지도 모르는 독으로 의문스럽게 사망할 일은 없을 것이다. 빅토르는 너무 빨리 죽었다. 그 슬픔이 두고두고 오래 남았다.

늦은 아침 무렵, 다시 비행기 소리가 들렸다.

"네몬파레에 착륙하고 있어." 아빠가 놀라며 말했다.

"누가 오는 걸까?" 엄마가 물었다.

나는 그 비행기의 느낌이 안 좋았다. 코오리들은 자기들이 내킬 때마다 나타났다. 우리를 구원하기 위해. 우리를 속이기 위해. 우리의 것을 빼앗아 가기 위해.

"마을로 돌아가요." 내가 다급히 말했다.

에몬타이는 돌아가고 싶어 하지 않았다. "정부에서 학교에 점심 도시락을 가져다주려는 거겠지."

"정부가 우리 땅에서 석유를 시추하고 싶어서 오거나." 오피 오빠가 한마디 거들었다.

내가 오빠를 멀뚱멀뚱 쳐다봤다. "그게 무슨 말이야?"

"정부에서 우리 땅을 석유 회사에 팔고 싶어 해." 오빠가 고갯짓으로 강 상류를 가리켰다.

돌연 강 맞은편에서 기묘한 소용돌이 바람이 일어나 강둑에 서 있는 사탕수수가 살랑거리는가 싶더니 멀리 있는 케이폭 나무에서 씨를 가득 품은 목화솜 덩어리들이 휘몰아쳐 왔다.

"빨리빨리!" 에몬타이가 미구엘과 나탈리아에게 말했다. "저 날리는 솜 잡아! 바람총 화살을 만들려면 저게 있어야 해!"

미구엘이 카누에서 급히 뛰어내렸다. 나탈리아는 서두르다 뒤로 넘어져 얕은 물가로 빠졌다. 그 동그란 솜덩어리들이 작은 구름 조각처럼 우리 쪽으로 빙빙 돌며 떠왔다. 우리는 그 하얀 솜뭉치를 잡으려고 손을 뻗으면서 손뼉을 치고 고함을 지르며 즐겁게 까르르 웃다가 어느새 비행기에 대해 까맣게 잊어버렸다.

카누를 상류로 다시 저어 마을로 돌아왔을 때는 오후가 다 지나서였다. 남은 둥지들을 보호하기 위해 강변에서 거북이 발자국을 다 덮고 오다 보니 시간이 그렇게 되었다.

황금빛 황혼 속에서 와토라가 강가에 맨발로 서 있었다. 우리를 기다리고 있었던 듯했다.

"비행기로 코오리들이 왔어." 와토라가 알려주었다.

"비행기 소리는 들었어요." 엄마가 카누의 젖은 밧줄을 나무의 가지에 묶으며 말했다. "어떤 사람들이었는데요?"

"코오리." 와토라에겐 세상을 보는 관점이 그렇게 단순했다. 세상은 와오라니족과 코오리로 나뉘었다. 숲에서 사는 사람들이 아니면 숲 밖에서 사는 이방인들로 봤다.

"하느님의 사람들이었어요, 정부 사람들이었어요?" 오피 오빠가 물었다.

"웽공히 얘기는 안 하던데." 와토라가 낄낄 웃으며 말했다. "그냥 빵하고 콜라만 줬어."

오피 오빠가 인상을 썼다. "그럼 정부와 석유 회사에서 온 사람들이네요."

나는 폴짝 강둑으로 올라서서 엄마처럼 나무뿌리를 발가락으로 움켜쥐었다. 와토라의 아들인 가바가 넓은 대나무 군락의 그늘 속에 엉거주춤하게 서 있었다. 웃옷을 안 입고 맨발에 빨간색 반바지만 입고 있었다.

"당신 가족도 그 자리에 있었어야 했는데 아깝게 됐네!" 그의 목소리에서 별스러운 흥분의 기색이 묻어 나왔다. "정부에서 좋은 소식을 가져왔어."

"어떤 소식인데요?"

"와오라니족 사람들을 도와주고 싶대! 정부가 우리에게 카누와 선외 모터(작은 보트 꼬리 부분에 다는 모터-옮긴이)를 주고 새 학교를 지어 주고…… 우리가 원하는 걸 뭐든 해주겠대."

"뭘 해주면요?"

가바가 마른 잎사귀들 사이에 발을 대고 질질 끌며 아무 말도 안 했다.

"뭔가에 서명한 건 아니죠, 가바?" 오피 오빠가 심각하게 물었다.

"그 사람들은 우리에게 도시락을 줬어. 우리는 서류에 서명했고 그 사람들은 우리에게 도시락을 줬다고."

오피 오빠의 눈이 멍하고 흐릿해지더니 슬픈 기색을 띠어가며 아빠와 닮은 눈빛이 되었다. 이어서 고개를 절레절레 저었다.

"그 사람들한테 속으신 거예요." 오빠가 낮은 목소리로 가바에게 말했다. 모욕은 전혀 담기지 않은 채, 그저 슬픈 목소리였다. "정부는 우리 땅에 묻힌 석유를 원하는 거예요. 그게 그 사람들이 노리는 거예요."

"그게 어때서?" 엄마가 불쑥 끼어들었다. "석유 회사가 일자리와 돈을 줄 거 아니야. 난 더는 타로메나네족처럼 살고 싶지 않아."

내가 엄마를 쏘아봤다. "지금 무슨 말씀을 하시는 거예요?" 갑자기 분노가 폭발해 씩씩대며 말했다.

"넌 입 다물어. 숲에서 살지도 않는 주제에!" 엄마가 쏘아붙였다.

나는 온몸이 후들후들 떨려왔다. 핑 현기증이 돌았다. 엄마는 성큼성큼 오솔길을 걸어 집으로 향했다. 아빠는 괴로운 듯 가만히 서서 어깨를 구부정하게 움츠리고 눈을 축 늘어뜨리고 있었다. 강의 한 구석에서 외로운 그림자처럼 그렇게.

오피 오빠는 와토라에게 금방 씻은 거북이 알들이 담긴 야자수 잎 뭉치를 건네주고는 오솔길로 사라졌다.

"나 내일 떠날 거야." 내가 에몬타이에게 말했다. 속에서 열불이 났다.

그날 저녁은 어둠이 하늘에서 모든 색을 빨아들였다. 마른 잎사귀와 가지로 뒤덮인 오솔길이 캄캄했다.

"뱀 조심해." 에몬타이가 내 뒤를 따라오며 말했다. "독사들은 화나 있는 사람을 잘 무니까."

내가 그 말에 웃음을 터뜨리며 마음을 가라앉히려 깊은숨을 내쉬었다.

에몬타이가 말했다. "엄마는 몇 달 전부터 오일 로드에 나가 일하는 얘길 하셨어. 변화를 바라셔. 누나는 엄마가 석유 회사에서 일하는 거 어떻게 생각해?"

"우리 엄마가 어떻게! 엄마는…….'

나도 내가 무슨 말을 하고 싶어 하는지 몰랐다.

"우리 엄마는 석유 회사 인부들의 속옷을 빨면 안 돼?"

"안 되지!"

"왜?"

"엄마는…… 엄마는…… 엄마는 약초사니까." 내가 크게 외쳤다. "그냥 함부로 굴려먹는 여자가 아니니까!"

내 말에 벌레들조차 잠잠해졌다. 에몬타이는 어둠 속에 대고 침을 탁 뱉었다.

그날 밤, 나는 잠을 이루지 못했다. 어렸을 때처럼 숲의 소리에 귀를 기울이고 있어 보니 달라진 게 별로 없었다. 그저 유정이 좀 더 가까워져서 더 시끄러워졌으며, 과실수 사이에서 닭들이 자고 있고 마당에서 개들이 코를 골고 있다는 차이만 있을 뿐이었다.

나는 아롱진 달빛이 비치는 밖으로 나갔다. 배에서 꾸르륵 소리가 났다. 거북이 알을 너무 많이 먹은 모양이었다. 롱하우스 안에서 속닥거리는 소리가 들려와 들어가 봤다. 아빠의 얼굴에 모닥불의 불빛이 어른거렸다. 오피 오빠는 찢기고 너덜너덜해진 해먹에서 몸을 살살 흔들고 있었다.

"왜 안 자고 있어?" 내가 통나무 위로 앉으며 물었다.

"전사는 길을 떠나기 전에 안 자." 오빠가 엄숙한 어조로 속삭였다.

"열 개도 넘게 거북이 알을 먹어서 못 자는 건 아니고?"

"지금 엄마 얘기를 하는 중이야."

"엄마가 뭐?" 내가 냉랭한 목소리로 물었다.

"아빠는 마법 때문이라고 생각하셔. 엄마가 마법에 걸려서 석유 회사에서 일하고 싶어 하시는 거라고." 오피 오빠가 말했다.

인정 많은 사냥꾼이자, 조용히 단순함을 옹호하고 겸허히 옛 방식을 지키는 내 아버지는 모닥불을 말없이 응시하고 있었다.

오피 오빠가 말했다. "이곳은 석유 회사들이 침범하지 않은 우리의 마지막 영토야. 제대로 영속되고 있는 마지막 보루라고."

"가바가 뭐에 서명한 것 같아?" 내가 물었다.

"정부에서는 석유 시추권 경매 절차에 착수하고 있어. 론다 페트롤레라Ronda Petrolera, 그러니까 오일 라운드Oil Round(석유 협상)라는 명칭을 붙여서 말야."

나는 무슨 말인지 이해가 안 되었다.

"그런데 가바는 뭐에 서명했을까?"

"나도 모르겠어." 오빠가 답답해하며 한숨을 내쉬었다. "확실한 건 정부가 여기에 왔고 사람들과 협의를 했다는 거야. 그러니 시추권을 팔려는 속셈이 아니었을까?"

아빠가 갑자기 뒤쪽에 걸려 있는 때 묻은 치그라에 손을 뻗어 넣더니 뭔가를 꺼냈다. 쭈글쭈글해진 달러 지폐였다. 그 지폐를 멍하니 쳐다봤다.

"이 남자는 누구야?" 아빠가 그 지폐를 불 쪽으로 기울여 눈을 가늘게 뜨고 지폐에 찍힌 백인의 얼굴을 보며 물었다.

오피 오빠가 깔깔 웃었다. "그링고gringo(미국 남자)예요."

"이 사람 죽었어?"

"모르겠어요. 아마 그럴걸요." 내가 키득키득 웃으며 말했다.

"이게 너희 엄마를 사로잡은 요물이야." 아빠가 나직이 말했다. "이게 사람들의 마음을 사로잡고 있다고. 이게 바로 코오리들이 쓰는 주술이야."

아빠가 그 남자의 얼굴을 혀처럼 날름거리는 황금빛 불길에 살며시 가져다 댔다. 지폐는 금세 오그라들어 활활 타면서 파래졌다가 다시 검게 그을리더니 이내 재로 변했다.

"독사의 머리를 태울 때와 비슷한데요." 오피 오빠가 말했다. "똑같은 색을 내면서 타요."

아빠가 오빠와 나를 번갈아 힐끗 보며 말했다. "도시로 가면 석유회사들에 전해라. 우리는 그들이 여기에 오는 걸 바라지 않는다고."

"그게 그렇게 쉬운 일이 아니에요."

아빠는 해먹에서 등을 기대고 눕더니 하품을 하며 태연히 대꾸했다.

"그리고 또, 다시 올 때 마체테와 고무장화를 좀 가져다 다오. 38 사이즈로. 나에게 필요한 도시 물건은 그것뿐이야."

이튿날 새벽, 오피 오빠와 나는 길을 나서서 안개와 활주로의 축축이 젖은 풀을 헤치며 걸어 나왔다. 우리는 거의 말을 하지 않았다. 우리를 에워싼 숲이 반짝거리며 노래를 불러주었다.

첫 번째 언덕 등성이에 이르렀을 때 우리는 바람에 쓰러진 나무의 몸통에 기어올랐다. 둘이 같이 그 위에 나란히 서서 쓰러진 나무가 만들어 준 자연 창을 통해 우리의 고향인 광대한 숲의 보기 드문 진풍경을 바라봤다.

"석유 회사들은 모든 걸 파괴할 거야." 오빠가 말했다. "우리 이야기, 우리 가족, 우리의 숲, 우리의 폭포까지……."

"우리는 뭘 해야 할까?" 내가 물었다.

한참이 가도록 침묵만이 흘렀다. 우리가 뭘 어떻게 해야 할지 막막했다.

도시로 나온 뒤로 오피 오빠는 소식이 끊겼다. 문명이 바로 오빠를 삼켜버렸다. 보아뱀의 혀가 오빠의 눈을 사로잡았다.

마음 같아선 오빠에게 화를 내고 싶었지만 그럴 수가 없었다. 오빠는 세상에서 내가 차마 화를 낼 수 없는 사람 중 한 명이었다. 나는 오빠를 이해했다. 그동안 오빠의 마음과 정신에 어떤 일이 일어났는지, 숲이 도로, 대농장, 도시에 백기를 들 때 오빠의 눈이 어떻게 흐릿해졌는지를 보았기에.

여러 달이 지난 후, 밤하늘에 나선형 구름이 희미하게 떠 있던 날이었다. 나는 모아둔 돈이 바닥나 가고 있었다. 더는 집세도 낼 수가 없었다. 내 안에서 목소리가 들려왔다. 고향으로 가라고, 숲으로 돌아가라고, 마체테와 고무장화를 사 가서 마을에서 밭을 가꾸라고, 다른 모든 것은 잊어버리라고.

하지만 그 무렵 나는 자주 끔찍한 악몽을 꾸었다. 꿈속에서 엄마와 말로 할 수 없을 만큼 지독한 싸움을 벌이기도 하고, 검은색 연기를 뿜는 불이 마을을 태우는가 하면 녹이 덮인 유정에서 맥들이 소금을 핥아먹고 비루한 몰골의 재규어들이 먼지 자욱한 도로를 가로지르고 독수리들이 우리 마을 연장자들의 시신을 물어뜯기도 했다.

나는 이제 고향으로 돌아갈 수가 없었다. 그러기엔 너무 늦었다. 수년 전에 내가 숲을 떠나온 이유는 백인들을 믿었던 탓이었다. 나는 그들을 믿었고, 그들이 우리보다 더 뛰어나다고 생각했다. 그들의 피부, 치아, 옷, 비행기, 약속에 마음을 주었다. 하지만 이제는 알았다. 그들에겐 한계라는 게 없다는 걸. 모든 것을 다 가지려 한다는 걸. 그들은 우리의 영혼을 구원하고 우리의 이야기를 바꾸고 우리의 땅을 빼앗고 싶어 했다. 한밤중에 우리 마을에서 멀리 떨어진 유정에서 우르릉거리는 소리가 들리고 있었고, 그 유정들이 슬금슬금 더 가까이 다가오고 있었다. 나는 그 일에 대해 어떻게 해야 할지 여전히 막막했다.

그러던 어느 토요일 아침의 늦은 시각, 오피 오빠에 대한 소식을 듣게 되었다. 오빠가 푸요의 시장을 비틀거리며 걸어갔다는 얘기였다. 또 떡이 되도록 술을 마신 모양이었다. 얼굴엔 긁힌 상처가 있었고 셔츠는 찢긴 상태였다는데 휴대폰은 꺼져 있었다.

내가 시장에 갔을 때는 시커먼 비구름이 몰려오고 있었다. 습기 머금은 바람이 불어와 돌이 깔린 주차장에 먼지와 목탄 재가 날려 댔다. 과일 가판대의 비닐 방수포들이 덜걱덜걱 휘날렸고 우리 안의 짐승들은 안절부절못하며 들썩거렸다. 나는 빈 테이블의 벤치로 가서 앉았다. 배가 고팠다.

"뭐로 드릴까?" 나이 많은 키콰족 여자가 물었다. 파란색 앞치마를 두르고 검은색 샌들을 신은 차림에 이마와 볼에 위토 페이스 페인트를 칠하고 있었는데 칠한 지 몇 주는 된 듯했다. "아르미딜로 스튜가 있는데……."

"카라차마 마이토 있나요?" 내가 물었다. 갑자기 아주 옛날에 먹었던 볼락의 그 포슬포슬 맛 좋은 흰살이 너무 먹고 싶었다.

"틸라피아 마이토밖에 없는데."

"그럼 틸라피아 마이토하고 와유사 차 주세요."

부슬부슬 내리는 비가 바람에 날렸다. 나는 오빠를 찾아 계속 바깥쪽을 살펴보며 내 옆 테이블에서 소리 죽여 얘기를 나누는 키콰족 여자들의 두서없는 수다를 엿들었다.

얼굴은 알지만 잘 모르는 사람들이었다. 다들 예쁘고 멋졌다. 사라야쿠라는 마을 출신이었고 석유 회사들에 맞서 싸우고 있는 사람들로 유명했다. 모두 파란색 자수가 놓인 흰색 블라우스 차림이었고 스페인어가 아주 유창했다. 목과 손은 얼마 전에 푸른빛이 도는 까만색 위토 잉크로 물들인 모습이었다.

"론다 페트롤레라를 막는 일은 우리 여자들에게 달렸어." 그중 한 사람이 스페인어와 키콰족 말을 섞어가며 말했다.

하나같이 오일 라운드에 대한 얘기를 하고 있었다. 나는 이 현안에 대해 잘 모른다는 게 부끄러워 그 여자들에게 묻고 싶어도 묻지 못했다. 그래도 어느 정도는 이해하고 있었다. 틀림없이 우리 마을을 찾는 비행기들이나 서명을 했다는 서류들과 상관이 있는 문제였다. 다만, 오일 라운드가 뭔지는 아직 감이 안 잡혔다.

"정부에서 중남부 아마존강 유역 전체를 경매에 내놓으려고 하고 있어." 다른 여자가 말했다. "다음 주에 모든 석유 회사가 키토에 온대."

틸라피아가 숯불에 검게 그을린 야자수 잎에 감싸여 나왔다. 나는 얇게 썬 야자심과 함께 조리된 육즙 풍부한 그 흰살생선을 손가락으로 집어 먹었다. 와유사 차는 따뜻하고 달콤쌉싸름했다.

비가 더 세차게 내리며 양철 골판 지붕을 후두두 요란하게 때려댔다. 이제는 사라야쿠 여자들의 말소리가 들리지 않았다. 다시 주차장 쪽을 훑어봤지만 어디에도 오피 오빠는 보이지 않았다.

지평선에서 번개가 번쩍하더니 곧이어 천둥소리가 울렸다. 비가 억수같이 쏟아졌다. 내가 생선을 머리 쪽으로 해서 입으로 가져간 순간, 눈앞에 마치 환영 같은 모습이 보였다. 오피 오빠가 두 팔을 쫙 펼치고 머리를 뒤로 젖힌 채 입을 벌려 떨어지는 빗물을 혀로 핥고 있었다. 목마른 마자마 사슴처럼. 좀비처럼. 고주망태가 된 와오라니족 남자처럼.

"오피 오빠!" 내가 크게 외쳤다. "오빠, 이쪽으로 와!"

오빠가 눈을 가늘게 뜨고 천천히 나를 돌아봤다. 뺨 여기저기에 긁힌 상처가 있었다.

"내가 폭풍을 불렀어." 오빠가 더듬더듬 말하며 두 손가락으로 한쪽 눈꺼풀을 들어 올려 눈을 떴다. 나를 보고도 전혀 놀라지 않았다. 머리를 꼴사납게 까딱거리며 몸을 비틀대고 있었다. 그러더니 같은 말을 또 했다. "내가 폭풍을 불렀어. 모두에게 이 오피의 힘을 보여주려고 내가 부른 거라고!"

오빠는 다시 얼굴을 하늘 쪽으로 젖히며 눈을 감고 입을 벌렸다. 나는 지붕 밖으로 쏟아지는 하얀 빗줄기 사이로 냅다 뛰어가 오빠를 끌고 와 피를 피하게 했다.

오빠가 고양이처럼 구운 생선 냄새를 킁킁 맡았다.

"너희 키콰족 여자들은 자기들이 모든 걸 다 안다고 생각하지." 오빠가 옆 테이블로 껄렁껄렁하게 기대며 말했다. "그런데 오피의 힘은 몰라!"

그러다 몽롱한 눈을 사납게 뜨며 씩 웃더니 손을 바지 안으로 넣어 재빨리 음모 하나를 잡아뽑아서 연기로 뿌연 빛 속에 기괴하게 들어 올렸다.

"내가 음모 하나로 폭풍을 멈출 수 있어." 그 여자들에게 찡긋 윙크를 날리며 혀 꼬인 발음으로 말했다. "내가 이걸 후 불면 비가 멈출 거야!"

그 여자들이 깔깔대며 웃었다. 내가 끌어당겨 그 테이블에서 떨어뜨리려 했지만 오빠가 뿌리쳐 냈다.

"비는 괜찮아요." 한 여자가 조롱조로 말했다. "비 말고 오일 라운드를 멈춰보지 그래요!"

오빠는 말을 우물우물하더니 비를 돌아보며 같은 말을 반복하다 곱슬거리는 까만 머리카락을 훅 불었다.

"아, 맞다!" 다른 여자가 조롱에 끼어들었다. "난 와오라니족이 전사들인 줄 알았는데요. 술주정뱅이가 아니라!"

"남자들은 다 술주정뱅이야." 또 다른 여자가 말했다. "우리 여자들이 석유 회사들을 막아내자고!"

"개망나니처럼 이게 뭐 하는 짓이야, 오빠." 내가 나서서 말했다. "여기 앉아서 입 좀 다물어."

오빠는 머리를 테이블에 쿵 박으며 카누 바닥에서 죽어가는 물고기처럼 나를 올려다봤다. 나는 오빠의 등에 손을 얹었다.

"나는 오피야." 오빠가 들릴 듯 말 듯 작게 말했다.

"알아."

"우리 조상들은 창으로 싸웠어." 오빠가 한숨을 내쉬었다. 그러더니 의식이 흐릿해지며 눈을 감았다. "우리가 가지고 싸워야 할 무기는……."

"말을 끝까지 해야지." 내가 다그쳤다.

"머리야." 오빠가 웅얼웅얼 말하고 나서 완전히 곯아떨어졌다. 비가 그쳤다. 갑자기, 기적처럼. 나는 영수증을 가져다 달라는 신호를 보내고 나서 키콰족 여자들을 돌아봤다.

"석유 회사들은 어디에 있어요?" 내가 스페인어로 드세게 말했다. 오빠가 창피해서 세게 보이고 싶었다.

"그 회사들이 어디로 온다고요?"

여자들이 놀란 얼굴로 나를 돌아봤다.

"키토요." 한 여자가 말했다.

"언제요?"

"다음 주에요."

"우리는 시위를 준비하고 있어요. 당신 와오라니족이에요?" 다른 여자가 말했다.

"맞아요. 우리 영토 사방으로 비행기가 날아다녔어요."

그 여자가 또 말했다. "그럼 당신도 시위에 나와요."

"갈 거예요."

"우리 여자들은 숲의 목소리예요." 그 여자가 말을 이었다. "우리가 나서서 우리 어머니를 대변하지 않으면 아무도 하지 않을 거예요."

그 여자가 자면서 웅얼거리고 있는 오빠를 흘끗 쳐다봤다.

"나는 재규어처럼 말할 거예요. 그 회사들이 덜덜 떨게 만들겠어요." 내가 말했다.

그 도시의 바람은 금속처럼 차갑고 불쾌했고, 나는 가장 거칠고 가장 유명한 와오라니족 여자로 꼽히는 알리시아 카위야와 함께 번잡한 교차로의 모퉁이에 서 있었다.

"당신이 와오라니족인 걸 세상 사람들이 알게 얼굴에 색을 칠해요." 그녀가 자동차, 교통신호, 경찰, 양복 차림의 백인 남자들을 유심히 지켜보다 나에게 말을 걸며 마른 갈색 아치오테 깍지와 미니 거울을 건네주었다.

알리시아는 시리푸노 강 쪽에서 아우카 오일 로드 끝트머리에 살았다. 그 오일 로드는 내가 태어나기도 전에 미국의 석유 회사가 우리 땅에 들어와 구멍을 내놓은 첫 번째 도로였다. 바로 이 도로에서 그들은 우리의 기억과 우리 조상 대대의 과수원들을 불도저로 밀어 없앴고, 우리 부족 이름 아우카를 따서 야만인이라는 뜻으로 쓰기도 했다.

알리시아는 자칭 '미접촉 부족의 수호자'였다. 얼마 전에 페이스북에서 보고 안 사실이었다. 알리시아는 페이스북에 수많은 동영상을 올려놓았다. 나는 겁이 없는 그녀의 대담함이 존경스러웠다. 석유 회사들과 정부에 맞서서 할 말을 하는 그 모습을 보면 나도 그녀에게 배우고 싶었다.

신호등이 녹색으로 바뀌었다. 고층 건물에서 드리워진 짙은 그림자가 우리의 몸을 비스듬히 지나며 인도를 감쌌다. 그 건물의 시커먼 유리에 구름이 둥둥 떠 있었다.

"얼굴에 색을 칠하지 않으면 눈에 띄지 않아요." 그녀가 말하며 자기 치그라에서 파란색과 노란색의 마코앵무 깃털로 만든 머리 장식을 꺼냈다.

내가 건물의 안마당 가장자리 쪽의 콘크리트 바닥에 앉아 지켜보고 있으니 머리를 매끄럽게 빗어 넘긴 혈색 좋은 남자들이 시커먼 건물의 유리문을 쉽게 통과해 안으로 사라졌다. 남자들이 입은 양복 색이 인도나 비둘기의 색과 같았다.

아치오테 씨에서 숲의 냄새가 났다. 나는 눈 위쪽에 빨간색 줄을 획 그었다.

"우리는 언제 들어가요?" 내가 고개를 까딱해 건물 쪽을 가리키며 물었다.

"우리는 안으로 들어가지 않아요."

"그게 무슨 말이에요?"

"경찰들이 왜 저기에 저렇게 서 있겠어요?" 알리시아가 코웃음을 치며 비아냥거렸다. "원주민들을 백인의 세계로 에스코트해 주

310

려고 저러겠냐고요?"

나는 코를 가로질러 빨간색 줄 하나를 더 그었다. 나는 시위 참여가 처음이라 뭘 몰랐다. 건물 안마당을 쭉 훑어보니 미친 듯이 경적을 울려대는 자동차들, 떨어진 부스러기들을 쪼아먹고 있는 비둘기 떼, 북을 치고 있는 한 무리의 학생들, 큰부리새 깃털 왕관을 쓰고 창을 허공에 대고 찌르며 전투의 춤을 추고 있는 슈아르족 남자들, 다닥다닥 붙어 있는 그 시장에서 본 키쾨족 여자들이 눈에 들어왔다. 그 키쾨족 여자들은 나를 알아보지 못했다.

"나는 들어갈래요." 내가 반항조로 말했다.

알리시아가 깃털 왕관을 머리에 쓰고 재규어 이빨 목걸이를 입쪽으로 올렸다. 목걸이가 그녀의 이에 긁히며 찰칵거렸다. 그녀는 내 말을 못 들은 척 무시했다.

"알리시아 카위야 아니세요?" 얼굴이 카피바라처럼 생긴 남자가 다가와 물었다. 축 처진 눈을 한 그 남자는 어깨에 큰 카메라를 메고 있었다. "아우카 로드에서 온 와오라니족 리더 맞으시죠? 저희와 인터뷰 좀 해주시겠어요, 미스 카위야?"

알리시아는 나에게서 거울을 잡아채 가며 와오테데도로 말했다.

"내 말 잘 들어요. 카메라 앞에서 말하는 건 세상 사람들에게 말하는 거예요."

나는 카메라 앞에서 말해본 적이 없었다. 어릴 때 카메라를 무서워하기도 했었다.

"곧 온 세계가 알리시아 카위야의 목소리를 듣게 될 거예요. 숲의 재규어를요!" 그녀가 감탄에 겨워 외쳤다. 눈에서 반짝반짝 광채가 났다. 처진 눈의 남자는 그녀를 안마당의 가운데로 데리고 갔다.

나는 두 사람을 따라갔다. 알리시아는 검은색 헬멧을 쓴 경찰관들 앞에 고양이처럼 섰다.

"좋습니다." 남자가 말했다. "선생님이 누구이고 여기에 오신 이유가 뭔지 말씀해 주세요."

"제 이름은 알리시아 카위야입니다." 그녀가 말을 시작했다. "숲에서 온 와오라니족 여자입니다. 그들이 우리 땅에 들어오길 바라지 않는 저희의 의지를 석유 회사들에 전하기 위해 아주 먼 길을 왔습니다."

"오늘 이 자리에는 많은 와오라니족 사람들이 와 있습니다." 처진 눈의 남자가 중간에 끼어들었다. "모든 와오라니족 사람들이 오일 라운드에 반대하고 있나요?"

"바, 바, 바, 바, 바!" 알리시아가 감정이 폭발해 대답했다. "석유는 모든 것을 죽입니다. 우리의 숲, 우리의 강, 미접촉 부족 사람들까지 다요!"

"하지만 경제 문제는 어떻습니까?" 처진 눈을 한 남자가 물었다. "석유를 시추하지 않으면 에콰도르가 무슨 수로 발전을 하겠습니까?"

"그럼 숲이 없으면 와오라니족 사람들은 무슨 수로 생존하죠?" 알리시아가 맞받아쳤다. "사냥할 짐승이 없으면 우리 친족들인 타로메나네족과 타가에리족이 어떻게 먹고 살라는 건가요?"

나는 이를 악물었다. 나도 이 문제에 대해 뭔가를 말하고 싶었다. 그런 진실한 말들이 내 가슴에서 치밀어 올라 목과 입을 거쳐 나오길 바랐다.

"많은 와오라니족 사람들이 일자리를 원한다는 게 사실이 아닌

가요? 많은 사람이 도로, 전기, 학교를 원하고 있지 않나요? 아니면 계속 가난하게 살고 싶어 한다는 건가요?"

지금이 내가 말할 기회라는 생각이 들었다. 나는 알리시아와 처진 눈의 남자에게서 돌아서며 머리를 분주히 굴렸다. 꼭 카메라 앞에서 말하지 않아도 될 것 같았다. 석유 회사들에 그들이 우리 땅에 들어오는 것을 원하지 않는다고 그 면전에 대고 말하고 싶었다. 나는 시위 군중을 헤치며 뛰쳐나갔다. 슈아르족 남자들이 으르렁거리듯 함성을 내질렀다. 학생들은 노래를 부르고 있었고 키콰족 여자들은 춤을 추고 있었다.

"나는 네몬테 넨키모입니다." 나는 혼잣말로 속삭였다. "티리 넨키모의 딸이고 위대한 전사 피예모의 손녀입니다!"

가다가 잠깐 멈춰 서서 손으로 건물의 측면을 쭉 훑었다. 경찰이 나를 주목하지 않게 걸음을 천천히 떼며 걸었다. 유리문이 열리는 방식을 지켜봤다. 나에겐 이런 일을 해낼 만한 요령이 있었다. 내 조상들은 살금살금 다가가는 기량과 용기가 뛰어났다. 나무에 잘 숨었고 눈에 띄지 않게 강을 건넜다. 새소리를 흉내 낼 줄도 알았다. 코오리들을 매복 공격할 때 바로 이런 방법을 썼다. 장소가 숲이 아닌 도시였지만 나도 똑같이 해보기로 작정했다.

내가 가까이 다가가자 시커먼 유리 건물에 비친 구름이 기묘한 모양으로 지나갔다.

"내가 우리의 열대 우림 영토에서 여기까지 온 것은 당신들에게 이 말을 전하기 위해서입니다……."

그러다 백인의 세계로 통하는 두꺼운 유리에 얼굴을 세게 부딪히고 말았다. 심장이 멎는 느낌이 들며 모든 것이 슬로우 모션으로 움직였다. 건물 안에서 남자 몇 명이 눈을 가늘게 뜨고 나를 힐끗 봤다가 하던 대화를 계속했다. 별일 아니라는 듯이. 나를 유리에 부딪힌 비둘기쯤으로 여기는 것처럼.

"당신 거기서 뭐 해?" 한 경찰관이 소리쳤다. 샛노란 조끼를 걸친 그 경찰관은 화난 얼굴로 호루라기를 불었다. 나는 뒤로 물러섰다. "멍청한 인디언." 그가 씩씩대며 말했다.

허둥지둥 그곳에서 물러선 뒤 안마당을 지나 시내로 나올 때까지도 내내 그 말이 뇌리에 맴돌았다. 노랫소리는 이내 잦아들었다. 어느새 나는 운동복 상의에 두 손을 쑤셔 넣고 고개를 푹 숙이고 있었다.

갈 만한 곳이 생각나지 않아 작은 광장 구석의 금속 벤치에 앉아 지나가는 사람들 사이에서 혼자 외로이 있었다.

"당신 맞죠, 네몬테?" 어떤 여자의 탄성 소리가 들렸다. "네몬테 넨키모? 오피의 여동생?"

나는 그 여자를 쳐다봤다가 무안해졌다.

"네몬테, 나 코니예요. 당신 오빠랑 일하는 사람이요. 오피는 지금 당신하고 있나요?"

오피 오빠가 말한 그링가였다. 생각해 보니 이 미국인 여자를 전에 만난 적이 있긴 했는데 그때 본 그 여자가 이렇게 나이가 들어 있었는지, 머리가 이렇게 짧은 곱슬머리였는지는 잘 기억나지 않았다.

"아니에요, 오빠는 여기에 없어요." 내가 조용히 말했다.

"시위를 하러 온 건가요?"

내가 고개를 끄덕였다. 아까 부딪힌 코가 아팠다. 혹시 이마에 무슨 자국이 나 있지는 않을지 걱정스러웠다.

그녀가 담배에 불을 붙였다. 복음주의 여자들은 절대 하지 않는 행동이었다. "기막힌 일이죠! 어떻게 정부가 당신들의 땅을 최고가의 입찰자에게 경매로 넘길 생각을 할 수 있을까요?"

내가 고개를 절레절레 저었다.

"당신의 오빠는 대단한 사람이에요." 그녀가 입 한쪽으로 담배 연기를 후 내뱉으며 말했다. "나한테 여기에 올 거라고 말했는데!"

나는 힘없이 웃었다.

"오피는 똑똑해요. 정말로 똑똑한 사람이에요! 술이 좀 들어가기 선사시는요. 술만 마시면 실없는 말이니 헤데는 멍청이가 되어버리니까요!"

그 말에 내가 웃음을 터뜨렸다. 그녀의 스페인어 발음은 형편없었다. 그래도 오빠를 그런 식으로 욕하는 게 마음에 들었다. 진실하고 애정 있는 사람처럼 느껴졌다.

"오빠와 네몬파레에 갔었죠, 맞죠?" 그녀가 물었다.

"잠깐 다녀왔어요." 이렇게 대꾸할 때, 와토라의 오두막에 갔다가 코니의 디지털 녹음기를 그 집 불가의 나무 밑동에 놔두고 왔던 일이 기억났다.

"당신과 오피가 아버지와 나눴던 인터뷰는 아주 특별한 것 같아요."

나는 놀란 마음을 감추려 애썼다. '어떤 인터뷰를 말하는 거지? 오빠가 아빠와의 얘기를 녹음했다는 얘긴가?'

"오피가 당신에 대해 아주 칭찬하던데요. 정말로 우리가 하는 일에 대해 알고 싶어요?"

정말 알고 싶었다. 그 마음은 다른 어느 때보다 바로 지금 더 절실했다. 코니는 벤치의 내 옆자리로 앉았다.

"당신이 지금 정부나 석유 회사들과 싸우느라 바쁠 것 같긴 한데." 그녀가 머뭇머뭇 말하며 담배를 툭툭 쳐서 껐다. "그래도 혹시 와보고 싶다면……."

"가고 싶어요." 내가 간절한 마음으로 말했다.

"그래요, 잘됐네요!" 그녀가 들뜬 어조로 외쳤다. "사실, 당신이 이 프로젝트를 하는 데 흥미를 가질 만한 몇 가지 일이 있어요. 시간이 되면 오늘 저녁을 먹으러 와줘요. 내가 자세히 얘기해 줄게요. 그리고 당신 아버지와의 인터뷰도 들어보고 싶을 것 같은데."

"당연히 들어보고 싶죠." 내가 말했다.

"당신 오빠가 일전에 아주 인상적인 얘길 했어요. 사람들의 이야기가 열대 우림을 살아 있게 해주는 힘이라고요. 그리고 와오라니족 사람들이 자신들의 이야기를 잃으면 숲이 석유 회사들에 넘어가게 될 거라고요."

15
전쟁

코니가 사는 2층짜리 시멘트 집은 키토 외곽의 계곡 지대였다. 쿰바야라는 곳이었는데 그곳에 사는 사람들은 모두 부자들로, 피부가 하얀 에콰도르인들이었다.

"비법은 마늘과 양파를 아주 잘게 다지는 거예요." 그녀가 칼을 도마에 대고 박력 있게 꾹 누르며 말했다. 나는 그녀의 옆에 서서 구경 중이었다.

"이 요리 이름이 뭐라고 했죠?"

"이탈리아 사람들은 스파게티 볼로네제라고 부르지만 미국 사람들은 그냥…… 음…… 미트볼 스파게티라고 해요."

"저도 배워보고 싶어요." 내가 말했다.

나는 그녀가 서 있던 주방 창 근처의 싱크대 옆자리로 가서 섰다. 해가 산 뒤쪽으로 가라앉고 있었다. 펄럭이는 유칼립투스 나뭇가지 밑으로 자동차들이 부르릉거리며 지나갔다.

"어머나, 세상에!" 그녀가 감탄스러워했다. "와오라니족 여자가 이렇게 양파를 다지는 건 어디에서 배운 거예요?"

"선교사들에게 배웠어요." 내가 으쓱해하며 말했다가 곧바로 그런 어조로 말한 걸 후회했다. "열일곱 살쯤 되었을 때 여기 근처의 선교단에 있었는데 그곳에서 우리에게 매일 양파를 다지게 시켰어요."

코니가 와인의 코르크를 땄다. 얼마 지나지 않아, 해가 산 뒤쪽으로 깊이 내려앉으면서 밖이 어두워졌다. 부드러운 주황색 가로등이 주방 창문으로 환하게 비쳐 들었다. 와인이 들어가니 가슴 속이 따뜻해졌다.

"뭐 좀 물어볼게요." 코니가 와인 잔을 허공에서 휘휘 돌리며 말했다. "당신 부족의 언어에 단어 수가 얼마나 많은 것 같아요?"

그런 건 한 번도 생각해 본 적이 없었다.

"모르겠는데요. 백 개? 천 개?"

"아니, 아니, 아니에요!" 코니가 열띤 어조로 말했다. "선교사들이 그런 생각을 심어줬겠죠! 하지만 그건 말도 안 되는 엉터리 소리예요. 선교사들은 예수 이야기를 얘기해 줄 딱 그만큼만 와오라니족 단어가 필요했던 거라고요!"

나는 와인을 한 모금 더 마셨다. 이제는 이마에도 열기가 올라왔다.

"성경에는 재규어가 안 나와요." 코니가 말을 계속 이었다. "사냥길, 숲의 약, 남미수리도 없어요. 선교사들은 당신들의 문화, 당신들의 정체성과 세계관을 죄다 폐기해 버렸어요! 레이첼 세인트 얘기를 하는 거예요. 나는 정말 이해가 안 돼요. 당신들이 왜 그 여자의 말을 그렇게 따랐는지."

그 의문이 모든 문제의 핵심에 있었다. 우리 마을 연장자들은 왜 레이첼 세인트를 창으로 찌르지 않았을까? 아우아와 멩가토웨는 왜 그녀에게 주술을 걸지 않았을까? 아빠는 왜 레이첼이 시킬 때마다 순순히 비행기를 탔을까? 우리는 왜 응답도 없는 하느님에게 계속 기도를 한 걸까?

"그건……." 내가 조심스럽게 말했다. "그건…… 물건들 때문이에요."

"물건들이요?"

"네, 물건들이요……. 그리고…… 이야기들도요. 그러니까 그런 이야기에 끌리게 하는 어떤 것이요. 백인들에게 하느님이 그 모든 물건을 주었다면 그들의 이야기는 사실이 틀림없는 게 아닐까요?"

"말도 안 돼요." 코니가 중얼거렸다. 그녀의 발음이 너무 허술해서 웃음이 나오려고 했다. "처음엔 선교사들이 그러더니 이제는 석유 회사들까지. 나쁜 새끼들!"

나는 석유 회사들에 대해서는 어떤 말을 하고 어떤 행동을 해야 할지 막막했다. 엄마가 석유 회사에서 일하고 싶어 하고 있었다. 분노해 봐야 무슨 소용인가 싶어 답답하기도 했다. 그날 오전에 유리문으로 달려들었던 것도 그런 마음 때문이었다.

"저희 아빠와의 인터뷰를 녹음한 게 여기 있나요?" 내가 물었다.

그녀는 나를 위층으로 데려갔다. 창가의 책상에 컴퓨터가 놓여 있었다.

"오빠의 생각이 어떤 것 같아요?" 그녀가 헤드폰을 건네주며 물었다. "당신들이 당신들의 이야기를 잃으면 숲이 무너질 거라는 그 생각 말이에요."

나는 말없이 헤드폰을 썼다. 어떻게 대답해야 할지 난감했다. 너무 답하기 힘든 질문이었다. '코오리들은 왜 이런 것들을 거리낌 없이 물을까? 대답할 말이 딱히 없는 것들을? 이제 더는 코오리들을 믿지 않겠다고, 거리를 두겠다고 그렇게 다짐했던 나인데 그런 내가 지금 코니의 집에 와 있다니.'

"주방에 내려가 있을 테니 필요하면 불러요." 그녀가 말했다.

디지털 녹음기의 잡음 너머로 숲의 고동 소리와 타닥거리는 모닥불 소리가 들렸다. 이어서 오빠의 목소리가 들려왔다. 내가 거북이 알을 먹고 뱃속이 꾸르륵거리는 채로 잠에 들려고 애쓰고 있을 때 오빠는 녹음기의 건전지를 바꿔 끼고 롱하우스에서 아빠와 인터뷰를 한 모양이었다.

"우리 조상들은 지금의 우리를 어떻게 생각할까요?" 오빠가 아빠에게 물었다.

"우리가 왜 옷을 입고 다니고, 왜 코오리들 냄새를 풍기고, 왜 그렇게 약해졌는지 기막혀하겠지."

"우리가 왜 그렇게 되었을까요?"

"우리가 레이첼 세인트를 따라가 살아서겠지."

"그 여자가 우리를 약골로 만들었다고요?"

"아들아, 새끼 마코앵무를 둥지에서 데려와 빵을 먹여 키우면 어떻게 될까?"

"그 빵만 먹으려고 하겠죠." 오빠가 들릴락 말락 작게 대답했다.

아빠가 하품을 했다. 해먹이 흔들거려 대들보가 삐걱거리는 소리가 들렸다.

"타로메나네족은 앞으로 어떻게 될까요?" 오빠가 물었다.

"곧 전쟁이 일어나겠지. 그들은 재규어 같은 사람들이야. 우리가 예전에 그랬던 것처럼."

"코니." 내가 다시 아래층으로 내려가며 불렀다. "제게 맡길 일이라는 게 뭐예요?"

"음, 당신 오빠가 아버시와의 인터뷰가 아주 좋았다고 그러던데 당연한 얘기지만 난 그 말을 하나도 알아들을 수가 없잖아요!"

"그럼 제가 어떻게 하면 될까요?"

"당신 부족 사람들의 이야기를 잘 듣고 글로 옮겨줘요." 그녀가 진지하게 말했다.

"그 글로 뭘 하려고요?" 내가 듣기에도 의심스러운 어조가 나왔다.

"사전을 만들 거예요. 당신 부족 언어의 단어를 모두 담은 사전이요."

"저희 부족을 위해서요?"

"맞아요. 날 믿어도 돼요, 네몬테." 그녀가 미소를 지으며 말했다.

"그럼 이야기들은요?"

"그것도 당신의 부족을 위한 일이에요. 잃지 않도록 기록으로 남기는 거죠."

나는 주방 바닥을 내려다봤다. 바로 이것이 나에게 필요한 일인 것 같았다. 어렸을 때처럼 사람들의 이야기에 귀를 기울이는 이 일이. 거기에 나의 답이, 우리의 답이 있을지도 몰랐다.

"당신과 같이 일하고 싶어요." 내가 말했다. 이번엔 진지하고 확신에 찬 목소리였다.

알고 보니 오빠가 벌써 많은 이야기를 녹음해 놓아서 놀랐다. 여러 사람의 이야기가 코니의 컴퓨터에 저장되어 있었다. 내가 잊고 있었던 일을 기억나게 해주는 이야기들이었다. 나는 코니의 집에서 지내며 아침마다 헤드폰을 쓰고 눈을 감았다. 글로 옮기기 전에 먼저 해당 녹음분을 끝까지 귀 기울여 들었다. 우리 부족 연장자들의 목소리에 나를 내맡겼다.

그중엔 네네카와 삼촌의 이야기도 있었다. 마을에서 휠체어에 앉아서 말한 그 음성이 삼촌이 바로 내 헤드폰에 대고 이야기하는 것처럼 들려왔다. 처음으로 비행기가 숲 위를 선회하며 하늘에서 물건들이 떨어지기 시작하던 그때 삼촌은 젊고 건장한 남자였다. 어느 날 숲의 바닥에 이상하게 생긴 자루가 떨어져 있었다고, 삼촌은 떠올렸다. 그 안에서 꽥꽥대는 생명체의 소리가 들렸고 뭐가 들어 있는지 궁금한 마음에 삼촌과 다른 사람들이 그 주위로 모여들었다. 그게 주술이나 병마나 덫일까 봐 경계심을 거두지 않은 채였다. 그리고 처음으로 보게 된 그 닭을 죽여 애완 남미수리에게 먹이로 주었다. 삼촌은 코오리들의 정복 초반기 얘기를 하다 포복절도하기도 했다. 내가 너무 좋아하는 그 웃음소리로!

그 비행기는 하늘에서 설탕 자루도 떨어뜨렸다. 전사들은 그 설탕이 백인들의 강변에서 채취한 모래라고 생각했다. 바람총 안쪽을 닦는 데 쓰면 괜찮겠다고. 그러다 일이 재미있게 돌아가, 설탕이 물에 녹으면서 땅 밑에서 개미들이 꼬여들게 되었고 결국 그 일이 설탕 때문에 이가 썩게 되는 발단이 되었다. 케우우우우우우!

어느 날 오후, 나는 헤드폰을 쓰고 밍카예가 숲에서 웃고 있는 소리를 듣고 있었다. 우리의 창에도 나름 얽힌 이야기가 있다고 말하던 중이었는데 그 얘기를 할 때 그의 매부리코에 모닥불 불빛이 비치는 모습이 머릿속에 그려졌다. 복숭아야자 나무들과 우리 조상들이 협정을 맺었다고 했다. 당신들의 다리가 허락하는 한 자신들을 멀리 데려가 달라고. 강 상류와 하류에, 또 능선과 계곡에도 자신들을 심어달라고. 그러면 이제 자신들은 우리의 아들과 딸이므로 우리에게 창을 내어주겠다고.

구름이 안데스산맥을 가로질러 이동하던 어느 날 아침에는, 다유마가 에웽고노 강을 따라 떠났던 이야기를 들려주었다. 몇 년이 지나 자신이 하느님을 뜻하는 모국어 이름으로 새처럼 날아서 돌아올 줄 그때는 미처 몰랐다면서.

"숲을 떠나지 않았다면 나는 아무것도 몰랐을 거야." 그녀가 말했다.

생각해 보니 어렸을 때도 그녀에게 들었던 얘기였다. 어쩌면 숲은 나에게 충분한 곳이 아니라고, 언젠가는 숲을 떠나야 한다고 내가 믿게 되었던 것도 다유마의 그 얘기를 들은 영향이었는지도 모른다.

"그 동영상 봤어?" 오피 오빠가 물었다. 휴대폰 통화음이 뚝뚝 끊어졌다.

"지금 어디야?"

"우리 어른들에게 일어난 일 봤냐고?" 오빠가 다급한 어조로 또 물었다. "아빠 말이 맞았어. 전쟁이 일어났어!"

"대체 무슨 소릴 하는 거야?"

"페이스북 봐봐! 동영상이 내려가기 전에 빨리."

"어디냐고?"

"심야 버스에 탔어. 아침에 코니의 집으로 갈게."

오빠가 전화를 끊자, 나는 페이스북 비밀번호를 입력했다. 어머니 재규어, 메네라였다.

그 동영상이 있었다. 오솔길에 있는 마을 연장자들의 모습이 담긴 흐릿한 영상이었다.

부가네라는 이름의 할머니가 고통스럽게 몸부림치고 있었다. 그 할머니의 몸통 밖으로 튀어나와 있는 암갈색 복숭아야자 창이 보였다. 그 옆에는 할아버지가 미동도 없이 있었다. 할아버지의 이름은 옴푸레였다. 여러 개의 창이 가슴과 목과 복부에 박혀 있었다. 그 창에 붉은색 깃털이 달려 있었고 할아버지는 이미 사망한 상태였다. 광분한 마을 사람들이 뭐라고 말하고 있었지만 말소리가 제대로 들리지 않았다. 다급한 외침과 소리 죽여 속닥거리는 소리도 들렸다.

"타로메나네족이야, 타로메나네족이야." 그 할머니가 울부짖었다. "매복하고 있다가 우리를 공격했어."

내가 다시 돌려보려 했지만 그전에 동영상 게시물이 내려가 버렸다.

오피 오빠에게 다시 전화를 걸어봤지만 휴대폰이 꺼져 있었다.

그날 밤은 잠들기가 힘들었다. 나에게 타로메나네족은 줄곧 환상 속의 존재였다. 내가 태어나기 한참 전까지 그들은 우리의 가족이자 친족이자 혈육이었다. 서로 같은 언어를 썼고 같은 복숭아야자 나무로 창을 만들었다. 하지만 그 이후, 우리에게 그들은 유령과 그림자 같은 존재가 되고, 모닥불가에서 듣는 이야기가 되었다. 그들은 숨어서 모습을 보이지 않았다. 비행기, 도로, 병마를 피해 숨었다. 우리는 그들을 '오솔길을 걷는 자들'이라고 불렀다. 그들이 남기는 흔적은 발자국 아니면, 오솔길에 놓인 창이나 석유 회사 인부들과 벌목꾼들의 몸에 꽂힌 창이 유일했기 때문이다.

우리는 잘 알고 있었다. 그들이 우리보다 더 크고 힘세고 빠르다는 것을. 우거진 나무 그늘 속에 살아서 피부색이 옅다는 것도. 그들의 창이 우리의 창보다 더 크고 무겁다는 것도. 우리는 그들이 무서웠다. 그들이 숲에서 우리를 지켜보며 우리의 밭을 약탈하고 마체테를 훔쳐 간다는 것을 알았다. 우리의 고무장화, 옷, 올챙이배를 비웃고, 우리가 변해가는 모습에 코웃음친다는 것도.

하지만 왜 우리를 죽이려고 하는지 이해가 안 됐다.

아침에 코니가 토마토와 양파를 넣어 스크램블드에그를 만들었다. 오피 오빠가 왔는데 배를 곯고 흐트러진 몰골에 흐릿한 눈을 하고 있었다.

"계속 알아보는 중이긴 한데 어떻게 된 일인지 확실히 모르겠어." 오빠가 말했다. "옴푸레와 부가네이는 타로메나네족이 접촉을 가진 유일한 와오라니족 연장자들이었어. 여러 달 전부터 타로메나네족이 이 부부의 숲속 작은 오두막을 찾아왔대."

"그래서……?"

"타로메나네족이 이 어른들에게 이것저것 요구를 했다네. 처음엔 석유 회사에서 쉽게 구할 수 있는 간단한 것들이었어. 마체테, 도끼, 냄비와 팬 같은. 그러더니 나중엔 그 석유 회사를 꺼달라고 했다는 거야."

"그 소음을 꺼달라고?"

"맞아. 타로메나네족은 이 연장자들이 스위치를 탁 꺼서 산업 문명을 끝내주길 원했던 거야." 오빠가 정색을 하며 말했다. "하지만 그건 너무 무리한 요구잖아."

나는 달걀을 한 입 먹은 후 창밖을 응시했다. 수년 전, 선교단을 나온 뒤의 나는 마음도 영혼도 건강하지 못했다. 내 이야기가 내 안에서 썩고 있었다. 결국 오일 로드 끝의 마을에서, 나는 내 이야기를 끝내려 약과 독성 식물과 칼에 손을 댔다. 그리고 그곳엔 개울이 있었다. 그곳에서 석양이 지기 전에 목욕을 했다. 혼자 가는 게 좋았다. 사방에서 전해오는 숲의 고동 소리가 기분 좋았다. 때로는 그들이 지켜보는 느낌이 들어 타로메나네족에게 큰 소리로 말을 걸며 내 이름을 알려주었다. 나를 데려가 달라고, 이 오일 로드에서 좀 데려가 달라고 부탁도 했다.

"그 타로메나네족이 숨을까?" 내가 물었다.

"상황이 심각하게 치달을 거야. 무지개가 안 보여."

등줄기로 소름이 쫙 돋았다. 옴프레와 부가네이는 전통을 따르는 연장자들이라 숲 깊은 곳에서 단순하게 살았다. 하지만 자식들과 손자들은 석유 회사에서 일하며 오일 로드에 살고 있었다. 그 도로는 석유 회사가 레이첼 세인트의 축복을 받으며 세운 도로였다. 옛날에는 무지개가 평화의 징조였다. 창을 내려놓고 그만 피를 흘리라고 숲이 보내는 메시지였다. 이제 밭을 가꾸고 아기를 키우고 열매를 모을 때라는 암시였다.

"그 옛 땅에서 큰일이 일어날 거야." 오빠가 말을 이었다. "안 그래도 타로메나네족을 치우고 싶어 하던 석유 회사 입장에서는 지금이 기회니까."

나는 입이 바싹바싹 타서 오렌지 주스로 손을 뻗었다.

"회사에서 옴푸레와 부가네이의 자식들에게 타로메나네족을 찾아서 복수하라고 무기를 주겠지." 오빠가 암울하게 말했다. "대학살이 벌어질 거야."

나는 머리가 어질어질했다. 나의 부족 사람들이 미접촉 부족 친족들과 전쟁을 벌이기 직전이라니, 그게 다 석유 회사 때문이라니, 정신이 아득했다. 나는 타로메나네족을 만난 적이 없었지만 그들에게 애정을 가지고 있었다. 그들은 나의 일부였다. 백인의 세계에 물들어 타락하지 않고, 모욕당하지 않고, 약해지지 않은 일부.

"할 수 있는 게 아무것도 없어." 오빠가 작은 소리로 말했다.

그날 늦게, 오빠는 간다는 말도 없이 떠났다. 무슨 일이 생기기 전에는, 내가 필요해지기 전에는 또 연락이 없을 게 뻔했다.

나는 여전히 아침마다 헤드폰을 썼지만 집중이 되지 않았다. 갑자기 우리의 이야기들이 아득하게 다가왔다. 강 건너로 흩어진 메아리처럼, 사라질 운명인 것처럼 느껴졌다.

페이스북에서 최근 소식을 알려왔다.

석유 회사에서 준 것으로 추정되는 무기로 무장한 숲의 전투대 소식이었다. 그들은 오솔길을 걷는 자들을 추적하고 있었다. 현재는 아무 흔적도 찾지 못한 채 숲에서 길을 잃고 허기져서 오일 로드의 마을로 돌아온 상태였다.

하지만 조만간 또다시 추적에 나설 터였다.

어느 날 저녁, 코니의 집 위로 비구름이 무겁게 내려앉으며 하늘이 어둑어둑해졌다. 나는 촛불을 켜놓고 눈을 감았다.

창에 비친 내 모습을 가만히 보고 있으니 내가 엄마를 닮았다는 생각이 새삼 또 들었다. 돌을 깎아놓은 듯한 넓적한 얼굴. 순간 분노가 치밀어 마음이 비뚤어졌다. '엄마와 나 사이에 뭐가 있다고? 석유 회사들이 남길 수 있는 그 어떤 상처보다도 더 깊이 베인 상처밖에 더 있냐고.' 나는 엄마가 내뱉었던 뱀 같은 독설을 생각했다. 내 눈에 칠리페퍼 물을 부어 앞이 안 보일 만큼의 고통을 줬던 그 일을 떠올렸다.

가슴속에서 나비의 미미한 진동처럼, 노래가 시작되었다. 그러더니 그 진동이 점점 빨라져 목구멍에서 벌새의 날갯짓처럼 울렸다. 촛불이 환하게 깜박거리고 내 몸이 사라지며 창문에 환영이 나타났다. 어린 소녀였다. 넓적한 얼굴에 들쭉날쭉 자른 까만색 앞머리를 내렸고 눈썹이 하나도 없었다. 선명한 검은색 씨앗 같은 눈으로 소녀가 나를 빤히 보고 있었고 나는 노래를 불렀다. 소녀의 피부는 옅은 색을 띠어, 마른 잎의 색이었다.

나는 창문의 소녀에게 손을 뻗었다. 손을 뻗자마자 소녀가 사라졌다. 그리고 이제는 엄마의 딸인 나 자신만 보였다. 무거운 빗방울이 유리창을 때리며 줄줄 흘러내렸다.

아침에 눈을 떴을 때 시트는 축축했고 내 휴대폰이 울리고 있었다. 침대에서 몸을 뒤집어 보니 침대 옆 탁자에 물이 담긴 유리잔과 과일 접시가 놓여 있었다.

"페이스북 안 봤어?"

눈을 가늘게 뜨고 침대에서 일어나 앉자, 간밤의 일이 어렴풋이 떠올랐다. '꿈이었나?'

"아직 안 봤어, 오빠."

"찾았어. 그 사람들이 타로메나네족을 찾아냈다고. 살고 있는 롱하우스를 찾아내서 다 죽였어."

나는 전화기를 떨어뜨리며 시트를 움켜쥐었다. 흐느낌이 터져 나왔다. 그 흐느낌은 내 안의 노래였다. 울음으로 토해내야 하는 노래였다.

"네몬테, 네몬테." 오빠가 불렀다.

침대 구석에서 오빠의 목소리가 작고 멀게 들렸다. 나는 내 몸을 감싸 안고 앞뒤로 몸을 흔들었다.

"그 사람들이 어린 여자애 둘을 포로로 잡았어." 오빠가 말했다.

나는 전화기를 집어 들었다.

"어떤 여자애들인데?"

"그 와오라니족 전사들은 거기에 있는 사람들을 전부 다 죽였는데, 숲에서 붙잡은 타로메나네족 어린 여자애들은 오일 로드 끝의 마을에 데리고 있어."

나는 '헉' 하고 놀랐다. "내가 그중 한 애를 봤어."

"뭐?"

"내가 한 애를 봤다고." 나는 작은 소리로 같은 말을 되풀이했다. "앞머리를 일자로 자르고 눈썹이 없는 애였어."

오빠가 이번엔 놀란 듯 거친 숨소리를 냈다.

"동생아……." 이어서 걱정스럽게 속삭였다.

"오빠, 내가 그 애들을 보러 가야겠어."

오빠가 엄한 목소리를 내며 말렸다. "안 돼. 거기에 가면 안 돼."

"그 애들이 나를 찾아왔었다니까."

"거짓말."

"어젯밤에 폭우가 내릴 때 한 여자아이가 내 창문에 나타났어. 기껏해야 여섯 살이나 됐을 만한 애였어."

"그 마을에 가면 안 돼! 너무 위험해. 대학살 이후 곳곳에 군인이 지키고 있어서 강을 못 건너게 막을 거야. 석유 회사들에서도 막을 테고."

"난 무섭지 않아, 오빠."

"네가 거기에 들어간다 해도 와오라니족 남자들이 지금 피 끓는 분노에 복받쳐 있는 상태야. 널 죽일 거야."

"와오라니족 여자는 절대 무서워하지 않아."

나는 전화를 끊고 창을 물끄러미 바라봤다.

나는 지금까지 도망치고 피하며 살기 일쑤였지만 이제 더는 아니었다.

"너는 누구냐?" 내가 작게 중얼거리며 그 재규어의 음성을 따라 했다. 창문에서 그 소녀를 다시 보고 싶었지만 창에 비치는 건 내 모습뿐이었다.

16
어린 포로

크림같이 걸쭉한 갈색의 강물이 따갑게 내리쬐는 푸른 하늘 아래를 느릿느릿 흘러갔다. 강물에 누리끼리한 거품 덩어리가 떠다녔고 수면에는 무지갯빛 기름띠가 소용돌이치며 반짝반짝 반사됐다. 녹슨 바지선 여러 대가 하얀 물을 튀기며 시커먼 연기를 내뿜어댔다. 그 강의 가장자리에서 카누에 앉은 노인이 바지선이 지나가며 일으킨 물살에 따라 몸을 까닥이고 있었다.

"여자가 계속 고집을 부립니다." 군인이 공회전 중인 군용차에 기댄 자세로 무전기에 대고 크게 말했다. "자기가 야렌타로라는 마을에서 왔다고 합니다. 오버."

"알겠다. 여자에게 아무도 들어올 수 없다고 말해라. 그 여자 부족 사람들이 완전히 발광해 있어서 들어오면 누구든 죽일 기세야."

"알겠습니다." 군인이 눈썹을 치켜들며 말했다.

"저 땅이 내 고향인데 왜 못 가요?" 내가 강 건너편을 가리키며 바락바락 따졌다. "내 할머니가 저 숲에 묻혀 있다고요."

"당신도 명령을 들었잖아. 모든 게 다 마비 상태야. 석유 회사들조차 지금은 작업을 중단했다고. 당신 부족 사람들이 회사며 정부며, 모든 사람과 전쟁을 벌일 기세란 말이야!"

나는 그 군인을 차갑게 쳐다봤다. 그가 안경 너머로 나를 보며 추파를 던지는 표정을 지었다.

"우리가 지금 딱히 할 일도 없어서 말인데." 그가 속닥였다. "나는 거침없는 아우카 여자가 좋더라."

그가 쪽, 키스하는 소리를 냈다. 나는 보고 있기가 역겨워 돌아섰다.

강 주변에 있는 시장은 먼지가 자욱했다. 녹슬고 보기 흉한 바지선 한 대가 항구의 콘크리트판에 탕 부딪히면서 끼익 긁혔다. 나는 강둑을 걸어 카누에 탄 노인 쪽으로 갔다. 노인은 생선 내장을 발라내느라 바빴다.

"얼마면 강을 건너주시겠어요?"

노인이 나를 올려다봤다. 눈이 유리처럼 번들거렸다. 늙은 사냥개의 눈처럼.

"2달러."

나는 카누의 선수로 올라탔다.

"하류 쪽으로요. 군인들의 눈을 피해서요." 내가 말했다.

노인이 나를 이상한 사람 보듯 흘끗 봤다.

"어느 부족 사람이야?" 그러더니 키쾨족 말로 물었다.

나는 고개를 가로저었다. 나는 키쾨족 말을 알아듣긴 했지만 말을 하지는 못했다.

"키콰족이 아니야?"

"아니에요. 와오라니족이에요."

노인이 끈을 홱 잡아당겨 선외 모터에 시동을 걸었다.

"아, 그렇군." 이어서 카누를 후진시켜 강의 물살을 탔다. "핏속에 불이 흐르는구먼."

나는 선수에 앉아 하류 쪽을 응시했다. 카누가 강물을 가르며 살짝 튀었다.

"이세는 물고기가 별로 없어." 노인이 선외 모터의 윙윙거리는 소음 때문에 크게 소리쳤다. "저 망할 놈의 바지선들 때문이야!"

나는 정신이 딴 데 팔린 채 고개를 끄덕였다. 강의 물살이 소용돌이치고 거품을 일으키며 카누의 나무를 찰싹찰싹 쳤다. 내 조상들에게 이 강은 위대한 강이라는 뜻인 토로보로라는 이름으로 익숙했다. 하지만 이제는 나포 강으로 통했다. 나는 내 전사 조상들이 이 강을 건너는 모습을 상상해 봤다. 복숭아야자 창 뭉치를 어깨에 걸쳐 메고, 길고 검은 머리카락이 수면에 닿아 떠 있는 모습을.

카누가 진창의 강둑으로 미끄러져 들어갔다. 붉은 진흙 위로 숲이 두꺼운 벽처럼 솟아 있었다. 내가 노인에게 2달러를 건네며 물었다.

"오일 로드 쪽으로는 어떻게 가야 하나요?"

노인이 놀란 얼굴로 쳐다봤다. "여기에 처음 와보는 거야?"

나는 처음 와봤다는 의미로 고개를 저었다. 내가 생각해도 별일이었다. 내 할머니가 묻혀 있고 아주 오래전에 우리의 이야기가 태어난 곳을 이제야 처음으로 들어가 보려 하다니.

"나는 그쪽이 이 지대 출신의 와오라니족인 줄 알았는데."

"아니에요. 다른 마을에서 살았어요. 여기에서 아주 먼 곳에서요."

"에휴." 노인이 한숨을 쉬었다. "딱 보니 지금 무슨 일을 벌이려는 것 같은데, 젊은 아가씨."

나는 눈길을 피하며 고개를 내저은 뒤, 진창인 강둑으로 올라가 숲으로 들어섰다.

"로드 끝에 있는 마을에서 문제가 생긴 것 같더라고." 내 뒤에서 노인이 소리쳤다. "그쪽으로는 가까이 안 가는 게 좋을 거야."

"그 마을이 제가 가려는 곳이에요." 내가 큰 소리로 대답한 후 빳빳한 사탕수수를 헤치고 시원한 초록 숲으로 들어갔다.

어디에도 오솔길이 보이지 않았다. 나는 조금 걷다가 걸음을 멈췄다. 숲이 떨리는 소리를 내며 고동치고 있었다. 며칠 전에 찍힌 오셀롯의 희미한 발자국이 눈에 들어왔다. 절엽개미 대열과 말벌 둥지도 보였다. 현기증이 났다. '항구의 매연 때문인가? 아니면 물살에 흔들려서? 그것도 아니면 혹시 내 조상들의 혼을 느끼고 있어서 그런 걸까?

나는 야생 마늘 잎 하나를 손에 쥐고 꾸깃꾸깃 뭉친 후 숨을 깊이 들이마셨다.

멀리 떨어진 상류 쪽에서 덜컹거리는 트럭 소리가 들렸다. 나는 그 소리가 들려온 쪽으로 걸어갔다. 그쪽 숲길은 온통 눈부신 하얀 빛에 뒤덮여 있었다. 내가 그늘 속에 서 있을 때 흰색 트럭이 먼지구름을 피우며 곡선 길을 돌았다. 나는 그 도로 가장자리로 기어 올라가 손을 흔들었다. 트럭이 속도를 줄였다.

"어이 아름다운 나비, 어딜 가시게?" 운전사가 말을 걸었다. 석유 회사 인부였는데 억양을 들어보니 해안 출신의 에콰도르인이었다. 까만색 선글라스를 끼고 파란색 유니폼에 하얀 헬멧 차림이었다.

"나는 나비가 아니에요. 난… 타로메나네족이에요!" 내가 씩씩대며 말했다.

남자가 재미있어하면서 한쪽 팔을 차창에 받치며 밖으로 뻗었다.

"그럼 옷을 벗어야지, 나비야."

나는 말없이 그를 노려봤다.

"어딜 가고 싶은 건데, 예쁜아?" 그가 물었다.

"야렌타로 마을이요."

"아니, 아니, 안 돼! 거긴 못 가. 도로 끝에 있는 데잖아."

"왜 안 돼요?"

"알면서 왜 그래, 나비야. 너희 와오라니족이, 너네 사람들이 지금 야만인처럼 굴고 있잖아. 완전히 돌았다고."

"그럼 걸어가죠, 뭐."

나는 뜨겁고 먼지 자욱한 도로를 걸어 내려갔다. 남자가 트럭을 아주 천천히 출발시키더니 말했다.

"짐칸으로 올라타."

나는 뛰어올라 트럭 뒤칸에 탔다.

"내 옆에 앉히면 안 돼." 그가 차창 밖으로 몸을 빼내며 소리쳤다. "회사 정책상 그러지 못하게 돼 있어."

트럭이 앞으로 굴러가며 타이어에서 먼지가 뿜어 나왔다.

"사장은 지도 예쁜 여자라면 환장하면서 말이지!" 그가 우두둑우두둑 돌 밟히는 소리에 묻히지 않게 또 소리를 질렀다.

얼마 안 가서부터 숲이 뿌옇게 흐려지고, 철판에 기대고 있던 내 몸이 요동쳤다. 송유관이 도랑 속에 묻혀 구불구불 이어졌고 가스 분출구에서 쉭쉭 소리가 났다. 트럭이 철제 다리를 건넜다. 개울물은 거품투성이인데다 기름이 떠서 번들거렸다.

도로 가장자리에 한 무리의 와오라니족 여자들이 가시 철조망까지 쳐진 철망 울타리 앞에 서 있었다. '석유 회사 출입문 앞에서 뭐 하고 있는 거지?' 나는 궁금한 마음에 여자들을 찬찬히 살폈다. 찢겨진 옷, 맨발, 길게 늘어진 귓불, 비어 있는 물 단지가 눈에 들어왔다.

'설마 그럴 리가?'

설마가 아니었다. 여자들은 석유 회사에 물을 받으러 온 것이었다. 그리고 그 이유가 쉬이 짐작되었다. 오염 때문이리라. 예전엔 오염이란 게 무슨 말인지 몰랐지만 이제는 알고 있다. 저 여자들이 일상처럼 써왔던 개울물이 유독 물질에 더럽혀졌다는 얘기였다.

석유 회사의 경비원이 울타리 사이로 호스를 밀어 넣었다. 호스에서 뿌연 색의 물이 콸콸 나와 여자들의 빈 물 단지로 들어갔다.

트럭이 다시 속도를 높이며 굽은 길을 돌면서 여자들이 더 이상 보이지 않았다.

그 석유 회사는 우리 숲에서 석유를 가져가고 우리의 식수원을 오염시키고 있었다. 도시로 옮겨진 석유로 백인들은 자동차를 몰고 비행기를 탈 수 있었지만 정작 와오라니족 여자들은 가시 철조망 밑에서 먼지를 뒤집어쓰며 물을 구걸하는 신세로 전락했다.

나는 도로에 침을 탁 뱉었다. 우리 숲을 휘감고 구불구불 침투하는 백인 세계에 뱉는 침이자, 사냥꾼과 수확자와 주술사로 살던 내 부족 사람들을 자기 땅에서 맨발로 구걸하는 처지로 내몬, 문명의 보아뱀 같은 혀에 내뱉는 침이었다.

나는 상황이 어쩌다 이렇게 됐는지 그 이유를 알고 있었다. 레이첼 세인트가 초래한 일이라고 해도 과언이 아니었다.

헬기가 내려앉던 그날, 나는 토냠파레 마을에 사는 어린 소녀였다. 그리고 어떤 영향력 있는 여자의 반짝거리는 귀걸이에 정신이 팔려 있었다! 그 롱하우스 안에서 레이첼 세인트가 자신의 마지막 활동을 계획하면서 성경을 들고 다니던 파란 눈의 석유 회사 사장에게 우리 숲을 넘겨주려 조장하고 있는 줄은 까맣게 몰랐다.

그것이 20년 전의 일이었다.

그리고 지금 내 부족 여자들은 석유 회사에 물을 구걸하는 지경에 이르렀다. 게다가 내 부족 사람들과 타로메나네족이 서로 싸우고 있었다. 본연의 우리와 변한 우리 사이의 싸움이었다.

나는 그곳에서 모든 것을 보고, 모든 냄새를 느끼고, 모든 소리를 들었다.

트럭은 떠났고 나는 혼자였다. 마을의 심상치 않은 분위기가 뼛속 깊이 느껴졌다. 지나치게 조용하고 인적이 없었다. 내 뒤에 있던 자갈길 도로는 이제 빽빽한 수목으로 가려져 있었다. 나는 야자수 잎 지붕을 얹은 롱하우스로 천천히 걸음을 뗐다. 여러 냄새가 풍겨왔다. 피, 녹, 소금, 장작 연기, 석유.

그늘 속에서 쉬고 있다 슬슬 몸을 일으키는 개들이 눈에 들어왔다. 그 롱하우스의 문으로 밖을 내다보고 있는 여자의 얼굴과, 그녀의 뒤로 어둠 속에서 나를 응시하는 남자도 얼핏 보였다.

먼저 개들, 그 다음에 여자와 남자, 또 그다음에 소녀들. 이런 순서로 해결하면 될 것 같았다.

갈비뼈가 드러날 만큼 깡마른 개들이 마체테로 긁어 평평하게 다져진 마당으로 나와 미친 듯이 으르렁거렸다. 나는 개들을 향해 나무토막을 들어 올렸다. 개들이 슬슬 그늘 안으로 뒷걸음질 쳤다.

여자는 고통스럽게 부릅뜬 눈을 하고 있었으며 얼룩지고 햇빛에 바랜 셔츠를 걸치고 있었다. 그녀가 잎으로 엮은 문을 밀고 햇빛으로 나와 소리쳤다.

"너 누구야?" 그녀가 손에 들고 휘두르는 마체테가 먼지 속에서 반짝거렸다.

나는 마당 가장자리에서 걸음을 멈추며 개에게 물어뜯긴 고무장화와 빈 석유 드럼통 옆에 섰다.

"저는 네몬테예요." 내가 진지하게 말했다. "티리의 딸이고 피예모의 손녀예요. 평화의 목적으로 왔어요."

"평화 따윈 없어!" 여자가 소리쳤다. "여기에 와서 평화를 들먹거리지 마!"

내가 걸어서 다가가자 나에게 돌을 던졌다. 나는 눈도 깜짝 안 했다.

"이 집엔 아무도 들어올 수 없어." 그녀가 또 소리를 질렀다. "내 남편이 널 죽일 거야! 나가!"

"그 아이들을 보려고 왔어요." 내가 나긋나긋하게 말했다. "평화를 끌어내리려고 온 거예요."

그때 안에서 남자의 고함 소리가 들려왔다. "한 발짝만 더 오면 내가 널 죽일 줄 알아!"

"나는 당신이 무섭지 않아요." 나는 동시에 넓은 시야로 보려 시선을 가누었다.

"누가 보내서 온 거야?" 남자가 크게 소리 질렀다.

"제가 혼자 온 거예요. 환영을 봤어요. 그 여자애들을 봤다고요."

"거짓말 하지 마! 당장 여기에서 나가지 않으면 널 창으로 찌를 거야."

롱하우스 옆의 판잣집에서 속닥이는 소리가 들렸다. 그 여자아이들이있다. 널빤지 틈으로 내다보고 있는 아이들의 눈이 보였다.

"당신이 옴푸레와 부가네이의 아들인 카기메 맞죠?" 내가 모습은 보이지 않고 목소리만 들리는 그 남자를 향해 물었다.

남자가 롱하우스의 잎으로 된 문을 밀고 나왔다.

눈이 붉게 핏발이 선 채 멍했고 옆구리에 여러 자루의 창을 차고 있었다. 와오라니족 창이 아니었다. 더 길고 두꺼웠다. 붉은색과 노란색 깃털로 장식된 것으로 보아, 미접촉 부족 사람들의 창이었다.

"누가 보내서 온 거야?" 그가 또 같은 걸 물었다. 피곤함과 상처와 아픔이 배어 있는 목소리였다. "정부? 선교사들? NGO(비영리단체)들?"

나는 고개를 내저었다.

"누가 보내서 온 게 아니에요. 당신들을 속이려고 온 게 아니에요. 평화로운 목적으로 왔어요."

"당장 떠나. 안 그러면 내가 널 죽인다!" 그가 고함을 지르며 창을 어깨 위로 들어 올렸다.

"평화의 목적으로 온 여자를 죽이는 건 겁쟁이나 하는 짓이에요."

그가 창에서 붉은색 깃털 하나를 뽑아 햇빛 쪽으로 들어 올렸다. 나는 그게 무슨 의미인지 알고 있었다. 붉은색은 곧 전쟁을 뜻했다.

"당신의 어머니와 아버지를 죽인 건 석유 회사들이에요." 내가 화난 어조로 나직이 말했다. "타로메나네족이 아니라고요."

그가 처참한 울부짖음을 토해내며 나에게 창을 던졌다. 나에게 보내는 경고였다. 창이 휘면서 햇빛 사이로 날아왔지만 나는 움찔하지 않았다. 창이 내 다리 사이의 땅을 뚫고 박혔다.

카기메가 두 번째 창을 움켜쥐었다.

"당신이 전사라면." 내가 그에게 다가가며 말했다. "창을 던져야 할 상대는 석유 회사 사람들 아닌가요? 우리 숲을 도둑질하는 자들이요."

그가 손으로 창을 쓸었다. 파르르 떨고 있었다.

"석유 회사들이 당신들에게 뭘 줬나요?" 내가 소리쳤다. "그자들은 개울을 오염시켜 놓았어요! 동물들이 겁먹고 도망가게 했어요! 우리 친족들을 분노하게 했어요!"

"땅에 흘러내린 피가 아직도 다 마르지 않았어." 그가 부르르 떨며 말했다. 입술이 갈라져 있었다.

나는 창 하나만큼의 거리에서 멈췄다.

"지금 날 죽여요! 그럴 게 아니라면 그 여자애들을 만나게 해줘요!"

그는 나를 쳐다보지 못했다. 안절부절못하는 눈빛이었다. 나는 눈을 부릅 떴다.

머릿속에서 어떤 음성이 들려왔다. 오래전에 들었던 그 노파의 음성이었다. 환영처럼 나를 덮쳤던 그 재규어.

'manamaino, manamaino(마나마이노, 마나마이노). 그래, 바로 그거야. 그렇게 해야지.'

카기메가 창에서 노란색 깃털을 뽑아 허공으로 휙 튕겼다. 깃털이 먼지 자욱한 햇빛 속에서 빙빙 돌았다. 노란색은 평화를 뜻한다.

"저 안에 애들이 있어." 그가 창을 떨어뜨리고 창문도 없는 그 판잣집을 향해 고개를 까딱해 보였다.

문에서 뒤로 물러서는 소녀들의 숨소리와 발자국 소리가 들렸다. 판잣집 안은 어두웠고 퀴퀴한 냄새가 새어 나왔다. 땅바닥에는 기름통, 전기톱, 어망, 케이블이 널브러져 있었다.

카기메의 아내가 내 옆으로 서며 작게 속삭였다.

"좀 진정시키려고 여기에 둔 거야. 애들이 야생 짐승 같아."

그녀가 문의 걸쇠를 풀었다.

"쟤들은 남편을 무서워해."

"당신의 남편이 저 아이들의 부모를 죽였으니까요." 내가 대답했다.

그녀가 나를 노려봤다.

"저 쬐그만 것들이 꼭 짐승 같다고." 이렇게 속닥거리고 다른 곳으로 걸어갔다.

나는 문가에 서서 호흡을 가라앉혔다. 이전까지 나에게 타로메나네족은 유령이었다. 모닥불 앞에서 듣는 이야기였다. 숲속에 찍힌 발자국이었다. 오솔길에 놓인 바람총 화살과 마코앵무 깃털이었다. 그런데 이제 그들이 내 앞에 있었다. 어린 소녀들이 숲을 찢고 나왔다.

나는 심호흡을 한 후 문을 열었다.

"다-다-다-다-다-다!"

둘 중 더 어린 아이가 방구석에서 펄쩍펄쩍 날뛰며 두 팔을 새처럼 퍼덕거렸다. 많아 봐야 네 살 정도 되어 보였다. 앞머리를 일자로 잘랐고 눈썹이 없었다.

"다-다-다-다-다-다!" 아이가 나를 향해 꽥꽥 소리를 질렀다.

그 아이의 언니가 바로 내가 창문에서 본 아이였다. 그 애는 구석에 말없이 웅크린 채 옆눈으로 나를 지켜봤다. 나이는 여섯 살쯤 되어 보였다. 알몸이었고 피부가 개울의 모래 바닥 같은 색이었다.

나는 좀 떨어진 거리에서 무릎을 구부렸다.

"나는 네몬테야." 내가 동생인 아이에게 다정하게 고개를 끄덕여 보이며 말했다. "너는 이름이 뭐야?"

"다-다-다-다-다-다!"

그 말소리가 큰부리새의 목구멍에서 달각거리는 페토모 씨앗 소리 같았다. '자기 부모님을 죽인 총알의 소리를 내는 건가?'

나는 이번엔 언니인 아이를 올려다보며 부드럽게 말했다.

"내 이름은 네몬테야. 내 조상들이 바로 너희 조상들이야. 우리는 같은 피를 가지고 있어. 나는 너를 해치려고 온 게 아니야."

아이가 벌벌 떨며 말했다. "우리를 여기에서 데려가 줘요. 저 남자는 나쁜 사람이에요. 우리 엄마 아빠를 죽였어요."

나는 두 아이를 구해주고 싶었다. 둘 다 데리고 가서 키워주며 엄마가 되어주고 싶었다. 아니면 숲에 풀어주는 방법도 있었다. '하지만 풀어주면 애들이 어디로 갈까? 남아 있는 부족 사람들이 있기나 할까?'

"무슨 일이 있었는지 말해줘." 내가 작게 말했다.

342

"그 사람들이 천둥과 번개를 가지고 있었어요."

"너희 가족은 살았어? 도망친 거야?"

"다들 죽었어요."

"너희 엄마도?"

"우리가 엄마 다리를 붙잡고 있었어요. 엄마는 도망치지 않았어요."

"그럼 어떻게 하셨는데?"

"그 나쁜 남자한테 말했어요. 그랬더니 그 사람이 엄마 몸에 번개를 던졌어요."

나는 두 아이에게 팔을 벌리며 속삭였다.

"poi, poi(포이, 포이). 이리 와, 이리 와."

언니인 아이가 몸을 잔뜩 긴장시켰다. '이 아이는 지금 어떤 기분일까? 날 어떤 사람으로 보고 있을까?' 아이가 더 가까이 몸을 기울이더니 킁킁거리며 내 냄새를 맡았다.

"나는 코오리들의 옷을 입고 있어." 내가 수치심이 배어 있는 목소리로 말했다. "하지만 나는 숲의 사람이야. 너희처럼."

순간 퍼뜩 깨달았다. 나에게 코오리들에게서 나는 냄새가 난다는 걸. 내 땀과 숨결과 옷에서 설탕, 튀긴 생선, 비누, 석유 따위의 문명 냄새가 진동한다는 걸.

하지만 그건 중요한 게 아니었다.

아이가 절박한 얼굴로 내 무릎으로 와락 달려들며 내 가슴에 머리를 묻었다. 나는 눈을 감고 두 팔로 안아주었다. 아이는 울지 않았다. 불안해하며 덜덜 떨고 있었다. 몸이 팽팽히 긴장되어 힘줄이 덩굴줄기처럼 드러났다. 나는 아이의 등에 내 머리를 얹었다.

아이에게선 숲 냄새가 풍겼다. 뿌리 덮개 잎의 냄새와 앵무새 깃털의 냄새가 났다. 내 조상들의 냄새가 느껴졌다.

우리는 같이 울었다. 우리 모두 마음속에서 울음의 노래를 토해냈다. 나무의 뿌리에서 들썩이며 아파하는 바람처럼.

마음 같아선 언제까지고 한없이 안아주고 싶었지만 그럴 수가 없었다. 마당에서 개들이 캥캥 짖어댔고 카기메가 험악한 목소리로 버럭버럭 욕을 해대고 있었다.

"다-다-다-다-다-다!" 동생인 아이가 또다시 고통에 빠져 소리쳤다.

"동생이 뭐라고 말하는 거야?" 내가 귓속말로 물었다.

언니인 아이가 내 품에서 몸을 뺐다. 그 아이는 나처럼 바닥에 앉지 않고 웅크리고 앉아 있었다. 아이의 동생이 언니 옆에 쭈그리고 앉았다.

"그 여자는 그냥 가버릴 거라는 말이에요." 언니인 아이가 알려주었다.

나는 고개를 끄덕여 보이며 계속 밝은 눈빛을 보이려 애썼다.

"내 영혼은 너희와 가까이 있어." 내가 속삭였다.

밖에서 발소리가 들렸다. 이어서 누군가 벽판을 거세게 두드렸다.

"이제 그만 가." 카기메가 말했다. "안 그러면……."

나는 아이들에게 손을 내밀었다. 눈물이 차올랐다. 손을 내밀어주는 게 내가 해줄 수 있는 전부라서. 그것만으로는 부족해서.

"이제 갈게." 내가 나지막이 말했다.

카기메가 벽을 또 두드렸다. 더 세게.

"숲에 흘러내린 그 피를 아직도 나비들이 핥고 있어."

"다시 올게." 내가 아이들에게 속삭였다.

하지만 마음속으로는 막막했다. 그냥 같이 있어주고, 내 힘이 닿을 때까지 계속 다정함과 사랑을 보여주는 것 말고 더 큰 도움이 되어줄 방법이 뭐가 있을지.

카기메의 얼굴은 넋 놓을 지경의 고통스러움과 믿기 힘들 만큼의 분노로 가득했다. 그가 위협하듯 마체테를 자기 가슴 앞으로 휙 내보였다.

"저 애들을 보내주세요." 내가 말했다.

그가 고개를 내젓다가 눈물이 글썽해졌다. 그의 입장에선 자신의 부모가 창에 찔려 죽어서 복수에 나섰는데 이제는 자신의 행동으로 인해 또 다른 궁지에 갇힌 셈이었다. 내 경우엔 이 아이들의 곁에 있어주기 위해 누구보다 먼저 찾아왔지만 정작 그의 마음을 바꾸기 위해 내가 할 수 있는 일은 없었다. 하지만 이제 곧 군인, 경찰, 장관, 선교사, 언론, 비영리단체가 카기메를 찾아올 터였다. 죄다 몰려들 것이다.

나는 석유의 도시 코카에 있는 호텔 돈 윌슨의 4층에서 깜짝 놀라며 잠에서 깨어났다. 땀을 많이 흘리고 있었다. 도시 위로 떠 있는 구름이 붉은색 핏빛을 띠어, 목의 상처에 덮인 솜처럼 보였다.

'내가 왜 여기에 있지? 얼마나 잔 거야? 무슨 꿈을 꾼 거지?'

문을 거세게 두드리는 노크 소리가 들렸다.

"이네스, 안에 있는 거 알아. 너 하루 종일 잤어!" 남자의 목소리였다.

나는 침대에 말없이 누워 꼼짝도 안 했다.

"호텔 아우카에 우리에게 맥주를 사고 싶다는 코오리가 있어!" 남자가 갈 생각을 안 하며 계속 말했다.

"나 좀 내버려 둬." 내가 소리쳤다.

"나한테 갚을 빚이 있잖아." 남자가 와오테데도로 말했다. "널 구해준 사람에게 이러기야!"

나는 얼떨떨한 정신에 화가 치민 상태로 침대에서 몸을 일으켜 문을 열었다.

보야가 복도에 서 있었다. 아르마딜로 같은 인상의 얼굴에 기름기가 번들거렸다.

"바라는 게 뭔데?" 내가 짜증스럽게 물었다.

"내가 없었으면 넌 죽었어." 그가 히죽히죽 웃었다. "지금쯤 독수리들이 널 쪼아먹고 있었을 거라고."

내가 야렌타로의 그 판잣집에서 나왔을 때 도로 끝에서 보야가 자신의 차 경적을 울렸다. 마침 카기메가 나에게 소리소리 질러대고 있던 때라 나는 덥석 트럭 뒤 칸으로 탔다. 보야는 나를 태우고 그 마을에서 도시로 나왔다. '우리가 도시에 들어온 때는 밤늦은 시각이었으니까, 내가 정말 해가 질 때까지 그렇게 오래 잤다면 지금은 다음 날이 되었다는 건가?'

"날 좀 내버려 둬." 내가 말하며 그의 면전에 대고 문을 닫았다.

"그 어린 여자애들은 걱정할 거 없어." 그가 조롱조로 말했다. "너도 모르는 사이에 옷을 입고 사탕을 먹고 코카콜라를 마시며 살게 될 테니."

"입 닥쳐." 내가 문에 대고 말했다.

나는 보야가 역겨웠다. 그는 와오라니족 석유 회사 인부 중 가장 유명한 축에 들었는데 그냥 마체테를 휘두르며 임금을 받는 게 아니었다. 그런 일보다 훨씬 더 깊숙한 일에 관여하고 있었다. 그는 스페인의 석유 회사에서 대민 활동 담당관으로 일했다. 회사가 전투대에게 타로메나네족을 죽일 무기를 준 게 사실이라면 내 생각엔 보야가 그런 일을 벌인 장본인일 것 같았다.

나는 다시 침대에 누워 눈을 감았다. 보야는 좀 더 문을 두드리다가 갔다. 나는 손가락으로 오른쪽 팔뚝을 만져봤다. 할퀸 자국이 있었다. 언니인 아이가 손톱으로 내 살에 이야기를 쓴 것이었다. 자기들을 두고 가지 말라는.

하지만 나는 그냥 와버렸다. 달리 할 수 있는 일이 없어 그 판잣집에 아이들을 두고 와버렸다.

욕실로 들어가 문을 닫았다. 찬물로 샤워를 하고 싶어서 들어간 건데 내 머리카락에서 그 아이들의 냄새가 났다. 숲의 뿌리 덮개 주변에서 뒹구는 새끼 퓨마 냄새. 그 냄새를 씻어내고 싶지 않았다.

얼마 지나지 않아 도시 위로 달이 떠올랐고 나는 큰맘 먹고 거리로 나섰다. 낯선 느낌이 들면서 내가 보이지 않는 존재가 된 것 같았다. 문명을 염탐하는 숲의 정령이라도 된 듯했다.

'마지막으로 뭐라도 먹은 게 언제였지?'

호텔 아우카는 그 도시의 번화가에서 으리으리한 위용을 뽐으며 해변과 불과 몇 블록 떨어진 곳에 자리해 있었다. 이 호텔은 야만인이라는 뜻으로 불리는 우리 부족명을 따서 이름 붙여진 것이었다. 그 도시의 최고급 호텔로, 우리 조상들과 관련된 벽화와 조각으로 장식되어 있었다. 정말 가고 싶지 않은 곳이었지만 선택의 여지가 없다는 심정으로 그곳의 정면 현관을 지나쳐 안마당 정원으로 갔다.

안마당의 한 테이블에 코오리 남자가 혼자 앉아 있었다. 혼잣말을 속닥여 가며 일지에 글을 쓰는 중이었다. 보야는 호텔 정원 주변을 천천히 걸으며 휴대폰으로 통화를 하고 있다가 나를 알아보자 눈빛이 환해졌다.

"이네스." 그가 한 손으로 휴대폰을 막으며 소리쳤다. "저 테이블에 그 그링고가 있어! 가서 그 사람한테 맥주를 따라 달라고 해!"

그링고는 다른 부류의 코오리를 뜻하는 말이었다. 그냥 숲 밖에서 온 외지인이 아닌, 레이첼의 땅에서 온 백인을 지칭했다. 그링고가 자리에서 일어났다. 야생 고양이 같은 인상적인 눈을 가지고 있었다.

"와포니." 그가 환하게 웃으며 인사를 했다.

나는 긴장되고 주눅이 들었다. 다시 한번 보이지 않는 존재가 된 기분이었다.

"미치라고 합니다." 그가 나에게 손을 내밀며 말했다. 몇몇 백인들처럼 내 볼에 입을 맞추지 않아서 좋았다.

"네몬테예요." 내가 작은 소리로 말했다.

그가 나에게 미소를 지어 보였다가 보야가 통화를 하며 서성이고 있는 작은 열대 정원 쪽을 가만히 쳐다봤다.

"당신의 친구는 숲이 그리운가 보네요……."

"저 사람은 내 친구가 아니에요." 내가 말했다.

우리는 테이블에 앉았다. 그가 작은 유리잔에 맥주를 따라주었다. 맥주의 냄새가 싫었다. 그 여자아이들의 냄새를 맡고 싶었는데 점점 희미해지고 있었다.

"살루드salud, 건배." 그가 잔을 들어 올리며 말했다.

그의 눈에 신경이 쓰여 정신이 산만해졌다. 초록색인지 파란색인지 잘 분간이 안 되는 눈이었다.

우리는 잠시 말없이 앉아 있었다. 정원의 앵무새와 다람쥐원숭이가 우리 주위의 도시에 고동을 불어넣어 주고 있었다.

"그 이름은 무슨 뜻이에요?" 그가 물었다.

"수많은 별이요. 제 할아버지의 이름을 따서 지은 거예요."

"제가 온 곳에서는 이름에 별 뜻이 없어요." 그가 말했다.

나는 그런 부분에 대해서는 생각해 본 적이 없었다. '레이첼, 스티브, 스테파니, 바바라, 코니. 이 이름들이 별 뜻이 없는 거라고?'

"미치? 그게 당신 이름이라고 했나요?" 내가 물었다.

"맞아요. 무슨 고양이 이름 같죠. 미치, 미치, 미치."

나는 웃으며 손을 뻗어 맥주잔을 잡았다. 내가 이렇게 그링고 코오리와 단 둘이 맥주를 마시고 있다니, 생각도 못 했던 일이었다.

"관광객이세요?" 내가 물었다.

그가 미소를 지으며 호기심 어린 표정으로 나를 쳐다봤다.

"그건 참 이상한 존재 방식인 것 같아요……."

"그게 무슨 말씀이세요?"

그가 맥주를 홀짝이며 말했다. "세상에 관광객으로만 존재하는 거 말이에요……. 좀 한심하지 않나요?"

내가 웃었다. 마음에 드는 말이었다.

"그럼 무슨 일 하세요?" 내가 물었다. "선교사세요? 아니면 석유회사에서 일하시나요?"

"백인은 전부 그중 하나라고 생각하나 봐요?" 그가 웃으며 말했다. "관광객이 아니면 선교사나 석유 회사 직원이라고요."

"맞아요."

"내가 선교사라고 말하면 어떨 것 같아요?"

"당신을 믿지 않겠죠."

"왜요?"

"선교사들은 맥주를 안 먹으니까요."

"그럼 석유 회사 직원이라고 하면요?"

"창을 던지고 싶어질걸요." 내가 쾌활하게 말했다.

"케우우우우우!" 그가 잔을 내 쪽으로 들어 올리며 외쳤다. "석유 회사들에 창을 던진다는 그 말에 건배를!"

나는 잔을 쨍 부딪혀 건배했다.

그가 보야를 흘끗 쳐다봤다. 아직도 안마당을 왔다 갔다 하고 있었다.

"저 사람이 보야인가요, 맞아요? 석유 회사에서 일하고요?"

"그게 왜 궁금하신 건데요?"

"왜냐하면……." 그가 목소리를 낮춰 말했다. "나는 당신들의 숲, 당신들의 부족, 당신들의 친족을 침해하고 있는 세계에서 왔어요. 그래서……."

"그링고!" 갑자기 보야가 크게 외치며 성큼성큼 데크로 올라서더니 자신의 빈 잔을 테이블에 요란하게 탕 내리쳤다. "속삭이는 말은 믿을 게 못 되지. 그리고 그링고가 내 여자들에게 집적대는 꼴은 절대 못 참아!"

그링고가 나를 흘끗 보며 익살스럽게 눈썹을 치켜들었다.

"아포케네!" 내가 와오테데도를 쓰며 목소리를 깔고 화난 어조로 말했다. "입 닥쳐. 그리고 다시는 나를 네 여자라고 말하지 마!"

보야가 내 말을 못 들은 체하며 자기 잔에 맥주를 채웠다.

"자, 그링고, 어디 당신에 대해 얘기 좀 해보시지." 보야가 거만을 떨며 말했다. "당신, 기자나 스파이 아니야?"

그링고가 나를 돌아보더니 작게 속삭였다. "백인의 부류가 두 개 더 생겼네요."

"당신 뭐냐고?" 보야가 다그쳐댔다.

"스파이는 아니고 작가예요."

그가 본능적으로 자신의 노트로 손을 뻗었다. 그 노트가 일종의 보호책인 것처럼.

"사회운동가이기도 하고요." 그가 시선을 보야에게 맞추며 말을 이었다.

"환경보호론자셨군!" 보야가 깔깔 웃더니 맥주를 질질 흘리며 들이켰다. "나무들을 베어내지 말고 인디언들이 계속 가난하게 살게 두라는 그거!"

"깨끗한 물을 지키자는 거예요." 그링고가 부드럽게 말했다. "석유 회사들이 강을 오염시키고 있으니까요……."

"이봐, 환경보호론자 양반! 나한테 맥주나 사쇼. 안 그러면 내가 당신을 이 호텔에서 내쫓아 낼 거야!"

그링고가 당혹스러워하며 고개를 설레설레 저었다.

"여기 맥주 더." 보야가 웨이트리스에게 소리친 후 다시 안마당 정원으로 사라졌다.

그링고는 의자 위로 등을 젖히더니 숨을 깊게 내뱉으며 두 손으로 머리를 쓸었다. 그 사람에게 호기심이 생기면서 석유 회사 앞의 그늘에서 맨발로 물을 구걸하던 내 부족 여자들을 떠올렸다.

"좀 전에 깨끗한 물 얘기를 하셨죠?" 내가 물었다.

그가 고개를 끄덕였다.

"나는 쭉 라고 아그리오에서 살았어요. 그곳은 석유 산업으로 모든 개울과 강이 오염됐어요. 몇 년 전부터 코판족, 시오나족, 시에코파이족 사람들과 힘을 합쳐 빗물 집수 시설을 만들고 있어요."

나는 그게 다 무슨 말인지 이해되지 않았다. 그 부족들은 이름만 들어봤지 어디에 사는지도 몰랐다. 라고 아그리오는 가본 적도 없는 곳이었다. '시설'이니 '집수'니 하는 말이 무슨 뜻인지도 몰랐다.

"그리고 지금은 당신 부족 사람들과의 협력도 시작했어요." 그가 계속 말했다. "강 건너의 오일 로드에서요."

"어느 쪽에서요?"

"아우카 로드에서 조금 떨어진 곳이요. 중국의 석유 회사가 당신들의 땅을 망가뜨리고 있는 거기요."

갑자기 분노와 흥분이 동시에 폭발해 가슴이 터질 것 같았다. 그곳이라면 우리 가족을 비롯해 숙모와 고모들, 삼촌들, 사촌들이 사는 곳이 아닌가. 나는 맥주를 한 모금 크게 들이켰다.

"바로 어제 내가 다른 오일 로드에 갔다 왔어요." 내가 말했다. "막수스 로드였는데 그곳에서도 내 부족의 여자들이 석유 회사에 물을 구걸하고 있었어요."

"그곳에서 자랐어요?"

나는 살짝 취기가 돌았다. 아무것도 안 먹은 빈속이라 알코올이 바로 머리로 올라가고 있었다.

"아니에요." 내가 말했다. "음, 할머니가 그곳에 묻혀 계시긴 하지만 자란 곳은 거기서 한참 떨어져 있고 석유 회사가 없는 곳이에요."

"그런데 그 오일 로드에는 왜 간 거예요?" 그가 맥주 한 잔을 더 따라줬다. "그 도로는 폐쇄되었다고 들었는데."

"여자아이들을 만나러요……." 나는 가슴이 아파 갈라지는 목소리로 낮게 말했다.

"그 타로메나네족 여자아이들이요?"

내가 고개를 끄덕였다.

그가 눈에 호기심을 띠며 잠시 내 눈을 바라봤다. 나는 눈길을 돌렸다. 그는 어쩐지 마음을 휘젓는 면이 있었다. 고양이 같은 눈을 가진 미치라는 이름의 그링고 코오리, 잘 알지도 못하는 그에게 갑자기 모든 얘기를 다 털어놓고 싶어졌다. 그 아이들이 판잣집에 갇혀 있고, 우리 엄마가 석유 회사에서 일하고 싶어 하며, 내 부족 사람들이 무슨 내용인지도 모르는 서류에 덥석 서명했다는 얘기를 다 하고 싶었다. 세상에 나 혼자인 것 같고, 분노가 차오르는 내 마음까지도.

"그 애들은 어떻던가요?" 그가 물었다.

"애들이…… 애들이……."

"겁먹고 있나요?"

"자기들을 데려가 달라고 애원했어요." 내가 떨리는 목소리로 말했다.

기어이 울음이 터져 눈물이 눈앞을 가렸다. 그가 손을 뻗어 내 어깨에 올렸다. 나는 몸을 빼냈다.

"이 사람은 나와 친한 친구, 멘도사예요!" 보야가 콧수염이 있는 남자와 같이 투광 조명이 비치는 정원에서 나오며 외쳤다. 살짝 발음이 꼬이는 말소리였다. 나는 그 자리에서 사라지고 싶었다.

"괜찮아요?" 미치가 아주 작게 물었다.

나는 고개를 끄덕였다. 현기증이 났다.

"그링고." 보야가 미치의 등을 찰싹 때리며 말했다. "이 친구 멘도사는 지상의 그 어떤 코오리보다 와오라니족 사람들에 대해 잘 아는 사람이에요."

"만나서 반갑습니다." 미치가 차분하게 말했다.

멘도사는 내가 아는 사람이었다. 아첨꾼이었고 석유 회사에서 봉급을 받는 인류학자였다. 아우카 로드에서 학교 선생 일을 할 때 만난 적이 있었다.

'이 사람이 여기엔 왜 왔지? 우리가 여기에 모인 이유가 뭘까?' 나는 셔츠의 소매로 눈을 닦았다.

"보야는 당신이 스파이라고 하던데요." 멘도사가 그링고에게 조롱조로 말했다. "보야가 그렇게 봤다면, 혹시 기자가 아니신가요?"

미치가 노트를 펼치며 휴대폰을 탁자의 맥주 병 옆에 놓았다.

"글을 쓰는 건 맞습니다. 대화를 녹음해도 괜찮을까요?"

"괜찮습니다." 멘도사가 살짝 놀라며 말했다.

"당신이 맥주를 사기만 하면 얼마든 괜찮으니 하쇼!" 보야가 끼어들어 한마디 했다.

미치가 휴대폰의 녹음 기능을 눌렀다.

멘도사가 말을 시작했다. "얼마 전에 와오라니족 원로와 숲을 걷다가 타로메나네족의 발자국을 봤어요."

"또 그 얘기네!" 보야가 큰 소리로 말했다. "그런데 혹시 당신도 인디언 흉내를 내며 알몸에 맨발로 돌아다니는 그런 히피예요?"

미치가 웃으며 고개를 내저었다.

"아니에요. 나는 당신 부족 사람들과 같이 아우카 로드에 빗물 집수 시설을 만들고 있어요."

"발자국을 본 뒤에는요?"

"발자국을 봤을 때 그 원로가 타로메나네족이 도로 사이에 갇혔다고 말했어요. 그러면서 석유 회사들이 계속 유정을 파면 숲에 유혈 사태가 더 많아질 거라고 하더군요."

"거짓말, 밀도 안 돼!" 보야가 코웃음을 쳤다.

"내가 이 그링고에게 제대로 말하게 좀 가만히 있게." 멘도사가 말했다. "이게 다 참치 캔이 화근이에요! 하늘에서 떨어진 썩은 참치 캔 때문이라고요."

미치가 나를 보며 눈썹을 치켜들었다가 다시 멘도사를 돌아봤다.

"꼬리감기원숭이, 스페인 수도사, 참견하기 아주 좋아하는 사람들이 탄 비행기가 2주 전쯤 저공비행을 했어요. 복음주의자들이 예전에 그랬던 것처럼요. 그런데 그때 숲으로 썩은 참치 캔 하나를 떨어뜨렸고 타로메나네족 원로 한 명이 식중독에 걸려 죽고 말았어요. 그 일로…… 그 사람들이 불쌍한 옴푸레와 부가네이에게 보복을 한 겁니다."

"거짓말이에요." 내가 입 한쪽만 움직여 귓속말을 했다.

"뭐라고 말한 거예요?" 멘도사가 나에게 말했다.

"당신이 거짓말쟁이라고요." 내가 화난 목소리로 조용히 말했다.

내가 감정과 생각과 말을 제대로 통제하지 못하고 있다는 느낌이 퍼뜩 들었다.

"이네스, 이네스, 이네스." 보야가 짜증을 내며 말했다. "진정해! 이제 맥주 그만 마셔. 멘도사는 와오라니족의 친구야."

멘도사가 말했다. "나는 와오라니족 여자들의 불같은 기질이 좋더라고요."

"이 젊은 아가씨에 대한 얘기 듣고 싶지 않아요?" 보야가 물었다.

"어서 말해봐요!"

보야가 말했다. "그게 말이죠, 내가 어제 이 여자의 목숨을 구해줬어요! 믿겨져요?"

"아포케네!" 내가 화난 투로 작게 말했다. "입 닥쳐."

"예전에 토냠파레에 살던 어린 시절에 우리는 얠 이네스라고 불렀어요. 복음주의 선교사 이네스!"

미치가 유심히 듣고 있는 모습이 옆눈으로 힐끗 보였다.

"내 이름은 이네스가 아냐. 네몬테야." 내가 말했다.

"그래 그래, 알았어. 그런데 이네스는 선교단에서 나와 온갖 어려움을 겪었어요. 어제도 내가 슬픔에 잠긴 가족들에게 음식을 주려고 트럭을 야렌타로 마을에 세웠더니 그 대단한 전사 카기메에게 창으로 찔려 죽기 직전에 있더라니까요!"

나는 안마당을 멍하니 내다봤다. 이야기로 강간을 당하는 기분이었다.

"도시로 돌아오는 차 안에서는 내내 헛소리를 해댔어요." 그가 재미있어하며 말했다. "모든 게 석유 회사들 때문이라나 뭐라나!"

나를 보는 그링고의 시선이 느껴졌다. 놀라워하는 눈빛이었다. 그리고 나는 한 번 더 동시에 모든 것을 보았다. 맥주와 휴대폰이 흩어져 있는 테이블. 그 테이블에 둘러앉은 남자들. 그 도로 끝의 판잣집에 있는 어린 여자아이들.

"우리는 동족끼리 싸우고 있어요." 내가 말했다. "우리 조상들이 우리와 싸우고 있어요."

"너 미쳤구나!" 보야가 웃음을 터뜨렸다.

우리 주위로 철거덕철거덕거리는 도시의 고동소리가 울렸다.

"화장실 어디에 있어요?" 내가 작게 물었다.

미치가 손을 가리켜 보였다. "저쪽이에요. 괜찮아요?"

나는 황급히 투광 조명이 비치는 안마당 정원을 지나쳐 호텔 화장실의 형광등 불빛 안으로 들어갔다.

세상이 빙빙 돌아 세면대를 붙잡았다. 술에 취한 것 같았다. 수도꼭지를 돌리자 손으로 차가운 물이 흘러내렸다.

"다-다-다-다-다-다." 내가 거울을 멀뚱히 들여다보며 속삭였다. 그 여자아이들이 나타나길 바라면서.

화장실 안은 낮은 전기음만 윙윙거릴 뿐 조용했다.

"모르겠어." 내가 거울에 대고 말했다. "어떻게 해야 할지 모르겠어."

17
빗물 시설

몇 달 동안 그날이 그날 같은 하루를 보냈다.

코니는 내가 달라졌다고 말했다. '우울'하다거나, '울적'하다거나, '혼란스러워' 보인다는 말을 쓰며 나를 걱정했다. 나는 그녀에게 어떻게 말해야 할지 막막했다. 그 여자아이들 얘기를 하고 싶지 않았다. 나 자신을 속이며 내가 그 애들을 구해줄 수 있는 척하고 싶지도 않았다. 아이들이 상처 입은 전사들 사이에 있었고 들려오는 얘기로는 이미 선교사, 비영리단체, 정부의 장관이 그 애들의 운명을 놓고 협상을 벌이고 있다고 했다.

"누굴 만난 거예요?" 어느 날 저녁 컴퓨터 화면을 멍하니 보고 있던 나에게 그녀가 물었다.

나는 놀라서 쳐다봤다.

"남자 만난 거죠? 그 사람 얘기 좀 해봐요." 그녀가 말했다.

"코오리 남자를 만났어요. 멀리서 온 백인이요."

그날 밤 그는 걸어서 호텔까지 바래다주며 나에게서 용기를 봤다고, 그 남자들이 참 고약한 사람들이라고 말했다. 석유 회사들을 창으로 찌르니 어쩌니 하는 농담도 했다. 그의 웃는 모습이 좋았다. 한쪽 눈을 살짝 옆으로 뜨며 웃는 그 모습이 살짝 야성적인 인상을 주었다. 그는 내가 오일 로드에서 봤던 일들에 대해 더 알고 싶다고 했다. 자기가 도울 수 있는 일이 있는지 알고 싶다고.

"어디에서 온 사람이에요?" 코니가 호기심을 보이며 물었다.

나는 그 남사 얘기를 하고 싶지 않았다. 말하기가 무안했다. 잘 알지도 못하는 사람이니까.

"전화번호 알아요?"

"아니요." 내가 코웃음을 쳤다. 사실은 그의 전화번호를 알고 있으면서도, 그 번호를 매일 밤 들여다보면서 전화를 걸고 싶은데도 그럴 용기가 없는 나 자신이 싫었다.

"사랑에 빠졌구나!" 그녀가 탄성을 지르며 키득키득 웃었다. "눈을 보니 알겠네."

나는 또 코웃음을 쳤다. 나는 사랑 따위는 몰랐다. 내 마음에 사랑이 들어설 자리는 없었다. 그 상대가 백인이라면 특히 더. 그런 일은 있을 수 없는 일이었다.

얼마 후 나는 코니와 컴퓨터를 두고 집을 나왔다. 그 산악지대는 숲과 너무 멀다는 생각이 들었다. 나는 내 부족 사람들을 위해 싸우고 싶었지만 방법을 몰랐다. 어디서부터 시작해야 할지 막막했다.

버스를 타고 산을 내려와 쉘로 나왔다. 그 그링고의 전화번호가 적힌 꾸깃꾸깃한 종이도 챙겨왔다. 질퍽거리는 외곽 지대로 걸어

들어가니 내 부족 사람들이 산기슭의 작은 언덕에 세운 작은 정착촌이 나왔다. 나같이 이도 저도 아닌 중간에 낀 사람들이 모여드는 변두리의 판자촌이었다. 지금은 비포장 도로가 뚫려 있었다. 오셀롯 발자국은 찾아볼 수 없었다. 여기저기 흩어진 나무로 지은 변변찮은 판잣집 사이로 콘크리트 블록으로 지은 집 몇 채도 보였다. 전기, 수도, 하수도 시설은 없었고 군데군데 플랜테인, 카사바, 파파야가 자라고 있는 작은 밭이 있었다.

남은 돈으로는 내 땅에 집을 짓는 데 부족할 줄 알았는데 꾀죄죄한 몽골의 혼혈 건축업자가 이렇게 말했다. "그 돈이면 판잣집은 지을 수 있어요. 방 두 칸의 판잣집이요."

못, 나무판자, 흐늘거리는 약한 철판의 자루들이 한 무더기 쌓였다. 나는 망치질에 재미를 느꼈다. 내 분노를 표출할 출구가 되어줘서 좋았다. 그렇게 열심히 망치질을 한 지 한 달이 채 되지 않은 어느 날, 나는 내 작은 집을 빤히 쳐다봤다. 가족도 없고 모닥불도 없고 가구도 하나 없는 그 집을 보고 있으니 그 여자아이들이 갇혀 있던 판잣집이 떠올랐다. 이곳에서 살면 오래 견디지 못할 듯한 예감이 들었다.

그러던 어느 날 저녁, 전화벨이 울렸다.

"수많은 별이신가요?" 남자의 목소리가 물었다.

"우-우-우-우." 내가 작게 말했다.

"네몬테, 나 미치예요!" 목소리가 밝았다. "방금 당신 오빠를 만났어요. 사실은, 지금도 같이 있어요." 통화음 뒤로 웃음소리와 이야기 소리가 들려왔다. "오피가 당신 전화번호를 알려줬어요."

"어디신데요?" 내가 그링고에게 물었다.

"당신들의 옛 땅이에요……." 통화음이 안 좋아서 그의 목소리가 뚝뚝 끊어졌다.

"거기에서 어디요?"

"아우카 로드에서 조금 떨어진 곳이에요. 당신 고모, 삼촌과 같이 집수 시설을 만들고 있어요!"

오빠가 갑자기 전화기를 잡아채서 말했다.

"동생아! 지금 심야 버스 타고 이쪽으로 와!"

"오빠 술 취했어?" 내가 날카로운 어조로 물었다.

"미치는 내 친구야." 오피 오빠가 혀 꼬인 말소리를 냈다. "이 친구는 그링고 재규어야!"

"취했네." 내가 실망한 투로 말했다.

"우리는 석유 회사들 아주 가까이에서 힘을 키우고 있어!"

"지금 무슨 소리 하는 거야?"

"불개미 군단처럼 파괴의 현장에서 저항의 힘을 키우고 있다고!"

그링고가 다시 전화기를 빼앗았다.

"네몬테, 나한테 막수스 로드의 여자들 얘기 해줬던 거 기억해요?"

"네. 그 여자들이 회사에 물을 구걸해야 한다고 했었죠."

"음, 내가 당신에 대해 생각하고 있었는데, 그러다……."

"그러다 뭐요?"

"우리가 여기에 빗물 집수 시설을 만드는 걸 당신이 알고 싶어 할지도 모른다는 생각이 들었어요."

"우-우-우-우-우." 내가 조용히 답했다.

"단순한 시설이지만 효과가 있어요."

"지금 어디에요?"

"토베타 마을로 가려고요. 당신의 친척인 다보 삼촌이 사시는 그곳이요. 올 수 있어요?"

"생각해 볼게요." 내가 말했다.

그러고는 인사도 없이 전화를 뚝 끊었다. 와오라니족 여자는 작별 인사를 하는 법이 없다. 심야 버스를 타야 할 때는 특히 더.

오일 로드 끝의 붉은 흙 언덕에 자리한 삼촌의 집에 도착하니 뉘엿뉘엿 땅거미가 지고 있었다. 그 집은 작은 방, 눅눅한 통로, 물 새는 지붕이 콘크리트 블록의 미로처럼 얽혀 있었다. 석유 회사들이 수년간 되는대로 허술하게 지어놓은 집 같았다. 짐승 생가죽, 새 깃털, 창, 바람총, 빈 탄산음료 병이 벽을 장식하고 있거나 바닥에 흩어져 있었다.

"네 오빠는 또 밖으로 나갔다." 다보 삼촌이 불빛 어둑어둑한 구석 자리의 HF 무전기에서 거미줄을 훅 불어 떼어내며 말했다. "밖에 다른 부족 출신의 인디오도 같이 있어."

"어떤 부족이요?" 내가 궁금해져서 물었다.

"들었는데 까먹었네. 그런데 석유 회사가 물을 죄다 오염시켜서 그 남자의 자식들이 죽었대. 이제는 우리 물도 그다지 상태가 좋지는 않고."

나는 삼촌을 따라 뒷마당으로 가봤다. 그 그링고, 미치가 어깨에 금속관 하나를 들쳐 메고 옮기는 중이었다. 셔츠가 땀으로 흠뻑 젖어 있었다. 오빠는 연장 세트 위로 몸을 구부리고 손가락으로 셈을 하고 있었다. 자식들을 잃었다는 원주민 남자는 어떤 금속 구조물 위에 서서 관들을 고정하고 있었다. 미치보다 나이가 많은 사람이었다. 동글동글한 얼굴은 차분한 인상을 풍겼고 슬프고 다정한 눈빛을 띠고 있었다.

"조카야." 삼촌이 큰 소리로 오빠를 불렀다. "저 코오리가 마시는 게 뭔지 좀 알려줄래?"

"코카콜라예요!" 오빠가 큰 소리로 대답하며 웃었다. "코오리들은 코카콜라만 마셔요!"

"그래그래, 맞아." 삼촌이 미치를 가리키며 와오테데도로 말했다. "그래서 저렇게 땀을 뻘뻘 흘려대는구만!"

오피 오빠가 코웃음 치며 웃었다.

미치가 금속관을 땅바닥에 내려놓으며 나에게 뻘쭘한 미소를 지어 보였다. '코카콜라'와 '코오리'라는 말을 알아들은 모양이었다.

"바, 바, 바." 그가 와오테데도로 익살을 부렸다. "나는 코카콜라 안 마셔요. 치차만 마셔요! 큰 조롱박 그릇으로요!"

삼촌이 기분 좋아하며 껄껄 웃었다. 발까지 구르며 정말 뛸 듯이 즐거워했다.

"마나마이노, 마나마이노, 코오리! 그래그래, 그래야지, 백인!"

오피 오빠가 나를 보더니 뭔가를 부추길 때 보내는, 남매끼리의 은밀한 미소를 보냈다. 그 순간 내 안에서 아주 뜻밖의 바람이, 그것도 그 마음이 너무 또렷해 무서울 정도의 바람이 일었다. 이 그링고를 위해 치차를 만들고 싶어졌다. 그 백인에게 이 열대우림 안에서 가장 달콤한 치차를 만들어 주고 싶었다.

그렇게 해주고픈 마음이 너무도 또렷이 느껴져 다리에 감각이 없어지고 손바닥이 콕콕 쑤시고 목이 화끈거릴 지경이라 덜컥 겁이 났다.

"여기까지 오느라 피곤하죠?" 미치가 물었다.

나는 고개를 가로저었다. 그는 그럴 리 있겠느냐는 표정을 지었다.

"버스를 몇 번이나 갈아탔어요?" 그가 물었다.

나는 세 대의 버스를 갈아타며 왔다. 쉘에서 심야 버스를 타고 코카에서 하차한 후, 란체라(트럭을 버스로 개조한 아마존의 주요 교통 수단-옮긴이)로 옮겨타 이제는 유명인이 된 그 여자의 이름을 딴 식민 도시 다유마까지 갔다가 치킨 버스(미국에서 쓰였던 중고 스쿨버스를 개조하여 만든 차-옮긴이)를 타고 유전 지대에서 내렸다.

"와오라니족 여자는 자기 땅에서 버스를 타지 않아요."

내가 짐짓 엄숙하게 말했다. 그는 내가 기억하고 있던 것보다 키가 더 컸고, 눈도 더 파랬다. "와오라니족 여자는 조상들이 걷던 오솔길을 걸어서 다녀요. 재규어처럼요."

그의 얼굴에 내가 그때껏 백인 남자의 얼굴에서 본 것 중 가장 환한 함박웃음이 번졌다.

"좋아요, 재규어 여인." 그가 웃으며 말했다. "당신의 조상님들은 빗물 집수 시설을 만들 줄도 아셨을까요?"

내가 고개를 가로저었다.

"그런 건 알 필요가 없었겠죠. 전 지구에서 가장 신선한 개울물을 마셨으니까요."

그가 따스한 표정으로 고개를 끄덕였다.

"에메르힐도." 그가 다정한 얼굴과 쾌활한 어조로 원주민 남자를 불렀다. "당신이 와오라니족 여자들을 무서워하는 건 알지만 수많은 별을 소개해 주고 싶어요."

에메르힐도가 미소를 지으며 나에게 말했다.

"cosi cosi(코시 코시). 우리 부족 말로 '안녕하세요'라는 인사말이에요."

"어떤 언어를 쓰시는데요?" 내가 물었다.

"나는 아이 코판족이고 우리 부족은 아잉게Ainguc를 써요."

나는 전에 코판족 사람을 만난 적이 있었는지 긴가민가해하면서 대꾸했다. "와포니! 우리 부족 말로 '우리 땅에 오신 걸 환영한다'는 뜻이에요."

트럭 한 대가 철커덩거리며 도로를 지나갔다. 에메르힐도는 숲 위의 동쪽 하늘에 떠다니는 분홍빛 구름을 응시했다.

"당신들의 땅은 영원할 것처럼 보이네요." 그가 생각에 잠긴 채 말했다. "하지만 석유 회사들은 이것저것 망쳐놓는 재주가 있으니 조심해야 해요."

우리는 해가 떨어지기 직전까지 다 같이 일을 하다가 어둠이 내린 뒤에는 야자수 잎 지붕이 너덜너덜해진 삼촌의 롱하우스 안에서 야영을 했다. 오일 로드에서 멀지 않은 숲속에 자리한 그 롱하우스를 둘러보니, 다보 삼촌이 여러 달째 이 안에서 불을 피우지 않았다는 걸 알 수 있었다. 지붕의 잎들도 눅눅해져 곰팡내가 났다.

"박쥐와 거미들이 살기에 기막히게 좋은 집을 만들어 놓으셨는데요, 삼촌." 내가 축축한 땅 위에 피운 모닥불에 부채질을 하면서 타란툴라 거미들이 지붕의 잎 사이를 긁어대는 낮은 소리에 귀를 기울이며 말했다.

삼촌이 내 옆으로 웅크리고 앉았다. "보름째 사냥을 안 갔어."

미치와 오피 오빠는 근처에 텐트 여러 개를 세우는 중이었고 에메르힐도는 해먹에서 몸을 흔들며 플라스틱 컵으로 코카콜라를 마시고 있었다.

"왜요, 삼촌?"

"타로메나네족이 잡혀간 여자아이들을 찾아다니고 있어서야." 삼촌이 소리를 낮추어 말했다. "그자들의 발자국이 사방 곳곳에 안 찍힌 데가 없어."

나는 생각만 해도 덜덜 떨렸다. 삼촌에게 내가 그 사람들을 만나러 갔었다는 얘기를 해야 하나 고민되었다.

그때 삼촌이 벌떡 일어나더니 말을 이었다. "낮이고 밤이고 온종일을 분을 삭이지 못해서 자기들 창도 씹어먹을 기세야."

"그게 무슨 말씀이세요?"

"숲이 점점 위험한 곳이 되어가고 있어." 삼촌이 그렇게 대답한 후 밖으로 나가, 도로 끝에 있는 삼촌의 콘크리트 블록집과 이어지는 오솔길로 모습을 감췄다.

미치가 불가로 와서 내 옆의 밑동에 앉았다. 얼굴로 불빛이 어른거렸다.

속눈썹이 예뻤고 웃을 때 오른쪽 귀 옆쪽으로 주름살이 잡혔다.

"우리가 지금 여기에서 뭐 하고 있는 거죠?" 내가 어이없어하며 물었다. "그링고와 코판족이 와오라니족 영토 귀퉁이의 타란툴라 거미가 득실거리는 롱하우스에서 야영을 하고 있다니!"

미치가 되묻는 것으로 대답을 대신했다. "여기에 있는 석유가 다 어디로 가는지 알잖아요?"

"몰라요." 내가 고개를 내저으며 말했다.

"그 석유 대부분이 캘리포니아로 실려 가요. 내가 태어난 그곳으로요."

나는 호기심을 갖고 미치를 바라봤다. 그를 믿고 싶었다.

"여기의 석유를 가져다 그링고들이 차를 몰고 다니고 비행기를 탈 수 있게 해주는 거지." 오피 오빠가 끼어들며 말했다.

미치가 고개를 끄덕이며 모닥불의 재에 대고 침을 탁 뱉었다. "그것 때문에 내가 여기에 온 거예요."

"왜요?" 내가 잘 이해가 안 되는 척하며 물었다.

"내가 태어난 세계가 이곳을 다 파괴하고 있으니까요." 그가 여기저기로 시선을 던졌다가 나를 응시하며 말했다.

그날 밤, 우리는 딱딱한 흙바닥에 친 작은 텐트 안에서 잠을 잤다. 비가 지붕을 후두두 때렸다. 무수한 타란툴라 거미 떼가 지붕의 잎들을 황급히 가로지르는 것처럼. 나는 자다가 퍼뜩 눈을 떴다. 혀에 묘한 느낌이 도는 꿈을 꿨다. 내 텐트에서 낮게 사그라드는 모닥불 불꽃과 고동치는 잔불을 빤히 보고 있던 어느 순간 움직이는 뭔가가 보였다.

'뭐지?'

나는 휴대폰 라이트를 켰다. 빗줄기가 더 거세지고 있었다.

어른거리는 그림자 속에서 뱀 한 마리가 스스슥 미치의 텐트 쪽으로 기어가고 있었다.

"프쉬이이, 프쉬이이이." 내가 거센 빗소리 속에서 나지막이 힘주어 말했다. "미치, 뱀이에요! 일어나요!"

"무슨 일이에요?" 그가 잠긴 목소리로 웅얼거렸다.

"당신 텐트 밖에 독사가 있어요."

바스락거리는 소리, 그의 손전등 불빛, 텐트 지퍼 소리가 이어서 들렸다.

어떻게 되어가는 건지 눈으로는 보이지가 않았다.

"이런 젠장."

"죽여요." 내가 말했다.

"아니, 그냥 쫓아낼래요."

"모르는 소리 말아요!" 마구 움직여대는 미치의 헤드램프 불빛 속에서 그 뱀의 모습이 얼핏 보였다.

"뭐라고요?" 그가 모닥불 옆에서 나무토막 하나를 집어들며 물었다.

"눈을 떴을 때 혀에서 쓴맛이……."

불빛에 눈이 부셔 잠시 앞이 보이지 않았다.

"대체 무슨 소릴 하는 거예요?"

"꿈을 꿨어요. 그들이 당신을 죽이려고 이 뱀을 보낸 거예요."

"누가요?"

"나도 몰라요. 그냥 죽여요."

그가 숨을 훅 들이쉬더니 그 나무토막을 도끼처럼 땅으로 내리쳤다.

"죽였어요?"

"네." 그가 숨을 헐떡거리며 나무토막 끝을 비틀어 뱀의 머리를 땅속까지 박아 넣었다.

나는 텐트 밖으로 나가 그 뱀 옆으로 무릎을 구부렸다.

내 피를 타고 맹렬한 힘이 흐르는 게 느껴졌다. 엄마는 언제나 뱀의 머리를 태워버렸다. 해를 가하려는 정령이나 마법사에게 보내는 메시지였다.

"당장 이 뱀의 머리를 태워야 해요." 내가 그에게 말했다.

그는 수긍하는 눈빛으로 바라보며, 따지지도 캐묻지도 않고 그냥 내 말대로 따랐다.

"뱀이 보라색으로 타네요." 그가 낮게 속삭였다. "차가운 보라색이에요."

"당신에 대해 알고 싶어요." 내가 말했다. 몸이 떨리고 있었다. 두 손을 불 앞에 대고 오므렸다. 내가 무슨 뜻으로 그런 말을 한 건지는 나도 잘 몰랐지만 어쩐지 치차, 뱀의 머리와 상관이 있는 것 같았다.

"나도요." 그가 나직이 말했다. "나도 그래요, 수많은 별."

빗물 집수 시설을 만드는 일에 함께 힘을 쏟은 이후로 다시 미치를 보게 된 것은 몇 달이 지나서였다. 그는 빗물 집수 시설을 더 많이 만들기 위한 기금을 모으기 위해 레이첼의 땅으로 돌아갈 예정이라는 말을 했다. 하지만 나는 기금 모금이니 하는 그런 문제에 대해서는 잘 몰랐다. 단지 아는 것이라곤 그가 전화를 받지 않는다는 사실과 내가 왜 그토록 그를 알고 싶어했는지에 대한 후회가 마음 한구석에서 싹트고 있다는 것뿐이었다.

사실, 내가 조상들을 배반하고 있는 건 아닌지, 백인에게 치차를 만들어 주고 싶어 하는 것이 배신은 아닌지 하는 불안감이 들었다. 그에게 더는 전화를 걸지 않았다.

그러던 어느 날 오후 그가 전화를 걸어왔다.

"석유 유출 사건이 터졌어요. 에메르힐도의 마을 바로 상류에서요."

"나는 당신이 죽은 줄 알았어요." 내가 퉁명스레 말했다.

"그래서 슬펐나요?" 그가 웃으며 말했다.

나는 대뜸 대꾸했다. "아뇨."

"그게, 죽을 것 같은 일이 있긴 했어요."

"정말요?"

"아팠어요. 하지만 지금은 괜찮아요. 내가 전화를 건 이유는……."

나는 전화기를 땅바닥에 내려놓았다. 갑자기 현기증이 났다. '나는 왜 이 백인을 지켜주고 싶은 걸까? 뱀, 병마, 마법으로부터, 세상의 이런저런 위험으로부터 지켜주고 싶어. 지금까지 나를 지켜준 코오리는 아무도 없었는데.' 나는 심호흡을 내쉬며 마음을 가라앉혔다.

"이번 석유 유출은 악몽이 따로 없어요." 그가 말했다. "내일 아침에 다 같이 그 오염 사태를 자세히 보도하기 위해 가려고 해요. 당신도 올래요?"

"어디인데요?"

"아과리코 강이요. 라고 아그리오 근처예요."

나는 또다시 심야 버스를 탔다. 아침 이른 시각에는 유리섬유 카누의 선수에 앉아, 석유로부터 피부를 보호하기 위해 라텍스 장갑을 끼고 그 백인 남자로부터 내 심장을 보호하기 위해 엄마의 돌 같은 얼굴로 무장하고 있었다.

그렇게까지 차갑고 강철빛을 띤 강은 처음 봤다. 수평선 맞은편으로 산들의 들쭉날쭉한 능선과 함께 석유가 먹구름처럼 시커멓게 덮여 있는 수면이 보였다.

그런 모습은 본 적이 없었다. 우리 조상들의 피가 강에 시커멓게 떠 있었다.

미치가 카메라 옆으로 조심스럽게 무릎을 구부렸다. 바싹 여윈 데다 안색이 창백했다. 두 볼도 움푹 꺼져 있었다.

"제가 어렸을 때 석유 회사에서는 우리에게 석유가 좋은 약이라고 말했습니다." 에메르힐도가 카메라를 응시한 채 강둑의 진흙 밖으로 튀어나와 있는 나뭇가지에서 석유가 딕지딕지 들러붙은 잎사귀를 잡아 뜯으며 말했다. "우리는 오염 같은 건 모르고 살았습니다. 석유 회사들이 나타나기 전까지는 오염이 일어난 적이 없었으니까요."

"어떤 약이요?" 미치가 물었다.

"그 사람들 말로는 석유가 피부에 발라도 되는 연고 같은 거라고 했어요." 에메르힐도가 기억을 더듬으며 말을 이었다. "그리고 오두막집 기둥에 석유의 타르를 칠하면 벌레를 막아줄 거라고도 했어요."

"그러면 그 석유는 어디에서 가져오셨나요?"

"유출이 생기면 강에서 석유를 모아왔어요. 도로에서 거둬올 때도 있었고요."

"도로에서 거두다니 그게 무슨 말인가요?"

"석유 회사가 흙먼지를 가라앉히려고 도로에 원유를 뿌렸어요."

미치가 소용돌이치는 물살을 말없이 물끄러미 쳐다보며 물었다. "회사에서 그 위험성에 대해 말해줬나요?"

"아니요. 그래도 우리는 알고 있었어요." 에메르힐도가 단호히 말했다.

"어떻게 알았나요?"

"병이 났으니까요. 그리고 더 이상 주술로도 몸이 낫지 않았고요."

기름으로 덮인 물이 카누의 바깥쪽을 철썩철썩 때렸다. 한 번도 생각해 본 적이 없었다. 백인의 병이 우리 주술의 힘을, 우리 치유사들의 힘을 무력하게 할 줄은. 우리 부족 연장자들에게 치유할 수 없었던 것이 소아마비였다면 코판족에게는 석유였다.

"어떻게 이렇게 해놓을 수가 있죠?" 내가 물고기들이 움직이는 그림자를 찾아 물속을 들여다보며 중얼거렸다. "이 강에 아직도 물고기가 있긴 한가요?"

"내가 어렸을 때와 같지는 않아요." 에메르힐도가 말했다.

"여기에서 잡은 물고기들을 먹나요?" 내가 물었다.

그는 잠시 뜸을 들이다 말했다.

"네. 내장을 발라내고 씻어서 여전히 먹고 있어요."

우리가 카누를 타고 말없이 하류로 떠내려가다 어느 만곡부에 이르렀을 때 기름이 뒤엉킨 유목流木 뭉치에 들러붙어 고여 있는 것이 보였다. 나는 뿌리 덮개와 휘발유의 냄새에 현기증이 핑 돌았다. 미치가 내 옆에 앉았다. 강물의 기름 덮인 포말 사이에서 번들거리는 메기 한 마리가 배를 뒤집은 채 떠 있었다.

"이 강은 병들었어요." 내가 말했다.

미치가 말없이 고개를 끄덕이는 것으로 공감을 표했다. "당신이 살고 있는 곳의 강에 대해 얘기해 줘요. 그곳은 어떤가요?"

"우리 말로 저 물고기는 모타예요." 내가 햇빛을 받아 반짝이는 메기의 부풀어 오른 하얀 배를 멀뚱히 보며 말했다. "가시가 거의 없어서 아이들이 아주 좋아하는 물고기예요."

"당신도 고기를 잘 잡나요?" 그가 물었다.

그가 그렇게 물어주니 기분이 좋았다. 내 말에 귀 기울여 주는 것이 좋았다. 어느새 내 얼굴이 부드럽게 풀리며 더는 돌처럼 굳어져 있지 않았다.

"우리 집에서는 엄마가 고기를 잡아요." 내가 자랑스러워하며 말했다. "엄마는 고기를 잡으러 나가면 항상 바구니 가득 물고기를 채워서 오세요."

"어머님이 대단한 분인 것 같네요."

나는 눈을 가늘게 뜨며 입술을 깨물었다. 그러고 보니 엄마의 소식을 못 들은 지 여러 달이나 되었다. 엄마가 아직도 그 마을에 있는지, 석유 회사 인부들의 속옷을 빨아주러 갔는지조차 몰랐다.

에메르힐도가 나에게 까만색 라벨이 붙은 투명한 플라스틱 용기를 건넸고 내가 그 통에 무지갯빛 기름띠를 퍼담을 때 카메라가 그 모습을 찍었다.

"이걸로 뭘 하려고요?" 내가 그 통을 얼음이 담긴 아이스박스에 조심조심 넣으며 물었다.

"연구소로 가져가서 석유 회사들에 불리한 증거를 얻을 거예요." 미치가 말했다.

"저 물고기는……." 카누의 뒤쪽에서 조용히 중얼거리는 어떤 목소리가 들려왔다.

그날 오전 내내 그가 입을 연 것은 그때가 처음이었다. 그의 이름은 델핀 파야과헤였다. 미치가 알려준 바로는 시에코파이족의 뗏어난 치유사이자 주술사였다. 맨발이었고 헐렁한 튜닉 차림에 야구 모를 쓰고 있었다. 그 옆에는 손자인 에르난 파야과헤가 태연함을 지키며 앉아 있었는데 내 나이 또래의 과묵한 사람이었다. 미치의 말을 들으니 시에코파이족 중에서 대학을 졸업한 몇 안 되는 사람 중 한 명이었다.

"저 물고기가 뭐요, 델핀?" 미치가 물었다.

"저 물고기는 이 강의 이야기를 알고 있어요." 그 연장자가 조용히 말했다. "연구소에서 알 수 있는 것보다 많은 이야기를요."

오후 느지막이, 우리는 원유에 오염되어 잿빛 돌과 자갈로 뒤덮인 섬을 걷다 에메르힐도의 마을에 이르렀다. 아구아리코 강의 강둑에 자리 잡은 곳이었다.

"여기가 내가 사는 집이에요." 에메르힐도가 맨발로 빽빽한 사탕수수 사이를 헤쳐 나가며 자랑스럽게 말했다. "여기가 코판족 사람들에게 행복을 주는 곳이에요."

에메르힐도가 사는 그곳은 목가적인 분위기를 띠고 있었다. 집은 복숭아야자 나무와 금속판 지붕으로 지었고 안뜰 주위로 작은 카사바밭과 플랜테인밭이 있었다.

"이 사람은 제 아내, 로멜리아예요!"

문가로 나와 있던 로멜리아는 윤기 도는 빨간색 원피스 차림을 하고 알록달록한 플라스틱 목걸이와 깃털 달린 귀걸이를 차고 있었다. 머리카락이 새까맸고 얼굴은 찌푸린 표정으로 구겨진 채였다.

그녀가 뭐라고 말을 했지만 나는 '회사'라는 말 외에는 거의 알아듣지 못했다.

에메르힐도의 얼굴이 어두워졌다.

로멜리아는 집 안으로 사라졌다가 식료품들이 담긴 작은 비닐 봉투를 들고 다시 문가로 나왔다.

"그게 뭐예요, 로멜리아?" 미치가 스페인어로 물었다.

"회사, 회사." 그녀가 또다시 무슨 뜻인지 모를 말을 했다.

"회사에서 줬어요?" 미치가 물었다.

"그 사람들은 우리를 개처럼 대해요. 짐승 취급해요!" 그녀가 씩씩거리며 말했다.

비닐 봉투 안에는 참치 캔 여러 개, 식용유 1리터, 오트밀 한 봉지, 초콜릿 분말, 약 4리터의 물이 들어 있었다. 델핀이 손자와 함께 바나나 나무의 그늘에 서서 자기들 말인 파이코카로 소곤소곤 말하고 있었다. 에메르힐도도 로멜리아와 자기들 말인 아잉게로 얘기했다. 갑자기 나에게도 내 부족 말로 말을 걸어주는 사람이 있으면 좋겠다는 마음이 들었다. 빅토르가 그리웠다. 오피 오빠는 내가 이렇게 필요로 하는 순간에 대체 어디에 있을까, 하는 생각도 들었다.

"이게 회사에서 코판족 사람들에게 강을 오염시킨 보상으로 준 건가요?" 미치가 심각한 어조로 에메르힐도에게 물었다.

에메르힐도가 괴로워하는 한숨을 내뱉었다. "네."

로멜리아가 집의 옆쪽으로 걸어가 집수 시설에서 빼낸 물을 금속제 냄비에 담았다. 우리가 다보 삼촌을 위해 만들어 준 것과 똑같은 집수 시스템이었다.

"아내가 빗물로 플렌테인 주스를 만들어 주겠다고 하네요." 에메르힐도가 평정을 되찾으려 애쓰며 말했다. "이 집수 시설이 없었다면 당장 오늘 마실 물도 없었을 거예요. 달랑 저 병의 물이 전부였겠죠."

다음 순간 나는 퍼뜩 깨달았다. 생각해 보니 석유 회사들은 모든 것을 빼앗아 가면서 아무 것도 돌려주는 게 없었다. 수돗물도, 병원도, 학교도 만들어 주지 않았다.

남자들이 삐거덕거릴 정도로 달궈진 금속 지붕의 열기 아래에서 야자나무 바닥에 앉아 있을 때 나는 주방으로 가서 로멜리아에게 내 소개를 했다.

"저는 아주 멀리에서 왔어요." 내가 말했다.

"아, 그래요." 그녀가 웅크리고 앉아 삶은 플렌테인을 나무막대로 으깨며 대꾸했다.

"저희 부족도 chocula(초쿨라)를 마시는데, 페네메라고 불러요."

그녀가 애써 옅은 미소를 띠다가 입술을 파르르 떠는가 싶더니 솥 안에 넣은 나무막대를 더 꽉 누르며 어깨를 앞으로 구부렸다. 그러더니 이내 팔뚝으로 눈을 가리면서 가슴을 들썩거리기 시작했다.

"괜찮아요." 내가 말했다.

그녀가 눈물을 닦고 나서 나를 쳐다봤다. "미안해요. 너무 화가 나서."

"화가 나도 괜찮아요."

"난 몰랐어요……."

"뭘요?"

"그 물이 우릴 죽일 줄 몰랐어요."

그녀가 또다시 팔뚝으로 눈을 가렸다.

"내가 그 사람들에게 초쿨라를 줬어요." 그녀가 흑흑 흐느끼며 말했다. "그자들이 강물에다 장난을 치고 있었는데도……."

내가 숨을 깊게 내쉬며 말했다. "언제부터였나요?"

"아주 오래됐어요. 자식들 몇이 벌써 오래전에 죽었고 아직도 아픈 애들이 있어요."

나는 그녀의 등을 다정히 어루만져 주었다.

"회사에서 우리를 개처럼 취급하면, 강에 기름을 유출시켜 놓고 몇 개 되지도 않는 참치 캔을 주면 애들 생각이 나요……. 회사가 우리에게 빼앗아 간 그 애들이……. 그러면 너무 화가 나요. 정말 돌아버리겠어요."

나는 그 집에 딸린 작은 밭을 빤히 바라봤다. 바나나 잎들이 오후의 햇빛 속에서 환한 초록빛을 뽐내고 있었고 멀리 떨어진 강물에서는 무지갯빛 기름띠가 반짝반짝 빛났다. 내 부족 여자들에 이어, 회사의 호스로 물 단지를 채우던 비아 막수스 오일 로드에서의 그 여자들이 차례로 생각났다.

"남편분은 훌륭한 분이에요." 내가 다정하게 말했다. "저희 삼촌뿐만 아니라 다른 여러 와오라니족 가족들을 위해 급수 시설을 만들어 주셨잖아요."

그녀가 말없이 고개를 끄덕이며 나무막대로 달콤한 플랜테인을 으깨다 말했다. "미치도 좋은 사람이에요. 우리의 친구예요."

18
치유 의식

미치는 버려진 유정 옆의 목제 방갈로에서 살았다. 오일
도시인 라고 아그리오 외곽의 비포장 도로 끄트머리에, 있을 법하
지 않은 작은 숲이 자리한 곳이었다.

"이제 당신의 영토로 돌아갈 건가요?" 우리가 좁은 길을 걸어 그
곳을 꼬불꼬불 돌아 흐르는 작은 개울로 향할 때 그가 물었다. "가
면 가족들에게 여기에서 본 것들을 얘기해 줄래요?"

"와오라니족 여자들은 유목 생활을 해요." 내가 모호하게 대답했
다. "꿈에서 집으로 돌아가라고 알려주면 그때 집에 갈 거예요."

사실은 나도 어떻게 해야 할지 잘 몰랐다. 여러 감정이 북받쳐
멍하고 겁이 났다. 내 부족 사람들과 미접촉 부족 사람들 사이에 전
쟁을 부추긴 석유 회사들에 대한 강한 분노. 가족들이 죽임을 당한
채 판잣집에 갇혀 있는 여자아이들을 떠올릴 때의 그 고통. 강의 상

태나, 강의 오염으로 자식들을 잃은 코판족 가족들을 생각할 때 밀려드는 슬픔. 석유 회사들이 내 가족의 터전을 침범하면 어쩌나 하는 걱정. 뭘 해야 할지 모르겠는 불확실함.

하지만 그 백인 남자와 오솔길을 걷고 있던 그 순간에는 뱃속에서 나비들이 휘젓고 다니고 가슴에서 벌새들이 퍼드덕거리는 듯한 기분이었다. 그의 손을 잡고 두 팔로 그를 안고 싶었다.

"그럼 계속 여기에 있을 건가요?" 그가 더 부드러운 목소리를 내며 물었다.

우리는 좁은 개울을 가로질러 놓인, 시커멓게 곰팡이 낀 좁은 인도교에서 걸음을 멈췄다.

"이리 와요." 그가 속삭이며 나를 끌어당겨 품에 안았다. 나는 그의 가슴에 머리를 묻으면서 몸을 떨고 들썩거리며 울었다. 그가 내 머리카락에 얼굴을 가져다 댔다. 그의 심장 뛰는 소리가 들려왔다.

"바, 바, 바, 바." 내가 거칠게 속삭였다. 나 자신에게, 그에게, 그리고 우주를 향해서. "안 돼, 안 돼, 안 돼, 안 돼."

"당신이 좋아요, 수많은 별." 그가 말하며 내 이마에 입을 맞춘 후 나에게서 떨어졌다.

내 눈은 까만 돌처럼 굳은 채 울고 있었다. 내 얼굴도, 내 몸도 내 마음대로 안 되는 것 같았다.

나는 개울 쪽으로 돌아서며 가쁜 숨을 쉬었다. 그가 내 뒤로 서며 두 팔로 나를 감싸 안았다. 나는 그의 몸 쪽으로, 몸을 기댔다. 개울 위 다리에서의 그 시간이 달콤하고도 고요한 아픔을 일으키며 흘러갔다. 나는 눈을 감으며 생각했다. '지금 느끼는 이 감정이 사랑인 걸까?'

"처음 본 그날부터 당신을 안고 싶었어요." 그가 속삭였다. "그 묘한 호텔 정원에서의 그날 밤부터요."

"나도요." 내가 말했다.

가슴에서 콩닥거리는 심장 소리가 귀에까지 다 들려올 정도였고 미치에게도 그 소리가 들리지 않을까 걱정되었다.

'사랑이란 게 이런 느낌일까? 집에서 멀리 떨어진 개울 위 다리에서 핑핑 현기증이 일어날 만큼 심장이 뛰는 이런 게 사랑일까?'

"저쪽의 거품 덩어리 좀 봐요." 미치가 침묵을 깨며 속삭였다.

눈을 떠보니 수면 아래에서 그림자처럼 빙빙 돌고 있는 정어리 떼가 보였다.

미치가 연장자 델핀이 했던 말을 똑같이 했다. "저 물고기들은 이 강의 이야기를 알고 있어요."

"저기에 왜 거품이 있는 거죠?" 내가 물었다.

"이 개울은 석유 회사의 사업 본부를 지나 흘러요. 그곳에서 인부들의 작업복을 공업용 세탁세제로 빨고 그 폐수를 이 개울에 버리고 있어요."

나는 몸을 빙 돌렸다. 그것이 어떤 감정이든 간에 이제 사랑의 감정은 싹 사라져 있었다.

"엄마가……." 내가 말을 잇지 못하고 더듬거렸다.

"엄마가 뭐요?"

"아무것도 아니에요." 나는 그에게 말하지 않기로 했다. "그냥 문득 엄마 생각이 나서요."

그날 저녁, 세찬 비가 쏟아졌고 나는 그의 침대에서 옆에 나란히 누워 방바닥에 쌓여 있는 책들을 물끄러미 쳐다봤다.

"저 책들 다 읽었어요?" 내가 물었다.

"안 읽은 책도 있어요."

"백인들은 왜 그렇게 책을 많이 읽어요?"

"배우려고요……." 그가 잠시 말을 끊으며 창밖을 응시했다. "다른 사람들의 이야기에서 작은 일부분이나마 자기 자신을 보려고요."

나는 한 책으로 손을 뻗으며 책 표지의 흑백 사진을 빤히 쳐다봤다. 사진 속에 나무껍질로 만든 튜닉 차림의 어린 원주민 소년이 보였고 그 소년의 옆에는 머스킷 총을 든 백인 남자가 무서울 만큼 차가운 눈빛을 한 채로 서 있있다. 책을 펼치니 사진들이 더 실려 있었다. 흰색 리넨 옷을 입은 백인들과 쇠사슬에 매인 원주민들의 모습이 담긴 고통스러운 장면이 더 펼쳐졌다.

"이 이야기에서는 당신 자신에 대해 뭐가 보이나요?" 내가 갑자기 물었다.

나는 어떤 말을 듣게 될지 전혀 예상이 안 됐다. 그가 몸을 일으켜 벽에 기대앉으며 머뭇거렸다.

"당신이 날 믿지 못하더라도 이해할게요." 그가 속삭였다.

"난 당신을 믿어요." 내가 그의 파란 눈을 흘끗 보았다가 눈길을 돌렸다. "당신을 믿고 싶어요."

그는 말없이 책장을 휙휙 넘겼다.

"나는 내 부족 여자들을 돕고 싶어요." 내가 뜬금없이 말했다. "우리가 비아 막수스 로드의 내 부족 여자들에게 급수 시설을 만들어 주면 좋겠어요."

그가 책을 덮더니 고개를 끄덕였다. "나도 그래요, 수많은 별."

어느 날 오후, 벽이 뚫린 구조의 모임 회관 금속판 지붕을 가랑비가 후두두 때리고 있었다. 그곳은 도시의 외곽에 자리한 섬 같은 숲속이었다. 에메르힐도가 양손으로 마닐라지 봉투를 들고 있었다. 주술사의 손자, 에르난이 그의 옆에 서 있었다. 미치는 대나무 울타리에 걸터앉아 나뭇가지들 사이로 폴짝폴짝 뛰며 수선을 피우는 거무스름한 티티원숭이 무리를 지켜보고 있었다.

"내 이름은 네몬테예요." 내가 내 옆에 앉은 여자에게 조용히 말을 건넸다. 얼굴이 놀랄 만큼 아름다웠는데 밭일로 손에 못이 박이고 손톱 밑에 흙이 끼어 있었다.

그녀가 나에게 미소를 지으며 말했다. "내 이름은 플로르예요."

"어디에서 왔어요?" 내가 물었다. 그리고 그 순간, 다른 원주민 여자와 말을 하고 있으니 기분이 너무 좋다는 생각이 들었다.

"하류 쪽 마을에서 왔어요."

"석유 유출이 일어났던 그곳이요?"

"네. 원래는 키콰족이지만 시오나족 남자와 결혼해서 시오나족 마을에 살아요."

"우리 엄마가 키콰-사파로족인데." 내가 자랑스럽게 말했다. "아빠는 와오라니족이고요."

그녀가 다정하게 말했다. "미치가 당신 얘기 해줬어요. 우리 둘이 만나면 좋겠다면서요."

나는 갑자기 부끄러움을 느끼며 미치가 나에 대해 뭐라고 말했을지 궁금해졌다.

"저 안의 종이에 뭐라고 적혀 있는지 알아요?" 그녀가 고개를 까딱해 마닐라지 봉투를 가리키며 물었다.

나는 고개를 내저었지만 그 종이가 연구소에서 온 서류라는 것은 알고 있었다.

"내 자식들이 저 강에서 하루 종일 놀아요." 에메르힐도가 꺼내고 있는 종이를 지켜보며 그녀가 말했다. "그런데 그동안 그 물속에 뭐가 있는지 모르고 있었어요. 이제는 알게 되겠네요."

"다륜성 방향족탄화수소." 에메르힐도가 눈을 가늘게 뜨고 안경으로 서류를 보며 더듬더듬 말했다. "중금속, 카드뮴, 바륨, 납……."

"그게 다 무슨 말이에요?" 플로르가 아주 조바심 나는 어조로 크게 물었다.

"나도 이 단어들이 무슨 뜻인지 모르겠어요." 에메르힐도가 어깨를 으쓱하며 말하더니 서류를 에르난에게 건넸다. "코판족 단어가 아니라서요."

플로르가 궁금한 듯한 얼굴로 미치를 돌아봤다. 미치가 말했다. "모두 오염 물질이에요. 석유 때문에 물에 생기는 독이요."

"그런데 이 리스트를 보니 물속에는 이 물질들이 없는 것으로 나와 있어요." 에르난이 서류를 손가락으로 훑으며 말했다.

우리는 에르난을 보며 눈으로 그의 손가락을 좇았다.

"물속에는 탄화수소도, 중금속도 없다고 되어 있어요."

모두가 말없이 에르난을 멀뚱멀뚱 봤다.

에르난이 찡그린 얼굴을 한 채 고개를 들었다. "마치 석유 유출이 일어나지 않은 것처럼 되어 있어요."

"그게 무슨 말이에요? 강이 시커매졌는데!" 플로르가 물었다.

"이 리스트상으로는 물에 아무 문제가 없어요." 에르난이 단조로운 어조로 말을 잇다가 아주 살짝 갈라지는 목소리를 냈다.

미치가 에르난의 어깨 너머를 응시하다 서류를 들여다봤다.

얼굴에 절망감이 드러났다가 분노가 떠올랐다. "연구소가 석유 산업체와 유착되어 있네요. 우리에게 거짓말을 하고 있어요."

"우리를 비웃는 거예요. 우리를 짐승 취급하는 거라고요!" 플로르가 외쳤다.

에메르힐도가 일어서더니 안경을 벗고 평정을 되찾으며 말했다.

"빗물 집수 시설을 계속 만듭시다." 그 목소리에는 사기와 부패가 이 우주를 이루는 기본 바탕이고, 석유 산업체의 거짓말이 자연 질서의 일부라는 듯한 굴복의 기미가 배어 있었다. "그렇게 하면 최소한 우리 가족들이 언제든 깨끗한 물을 얻기는 할 테니까요."

"안 돼요!" 플로르가 말했다. "그것만으로는 부족해요!"

"우리가 뭘 할 수 있겠어요?" 에메르힐도가 부드럽게 물었다.

내가 미치를 흘끗 쳐다봤다가 플로르를 봤더니 볼이 분노로 실룩거리고 있었다.

"나도 몰라요!" 플로르가 소리를 지르며 탁자 앞에서 일어났다. "뭔가를 해야 해요! 뭔가를요!" 우리는 무거운 침묵 속에 앉아 있었고 내 머릿속은 온갖 생각을 하며 이런저런 할 말을 떠올리느라 바쁘게 돌아갔다. 하지만 계속 입을 다물고 있었다. 집에서 멀리 떨어진 이곳의 상처 받은 땅에 와 있는 지금 내가 본 것들을 어떻게 말해야 할지, 내가 느낀 감정을 어떻게 설명해야 할지 막막했다. 여전히 확실하게 보이지 않는 어떤 이유로 우리 모두가 그곳에 모여 있는 것이라는 느낌만 막연히 들었다.

"델핀이 우리를 의식에 초대하겠대요." 미치가 방갈로의 문밖 테라스에서 정글의 습기에 축축해진 책 한 무더기 위로 무릎을 구부리며 말했다.

"아야우아스카 의식이에요?" 내가 그의 옆으로 웅크려 앉으며 물었다.

"야헤 의식이요." 그가 작열하는 햇빛 아래에서 그 곰팡이 핀 종이 표지의 책들을 말리려 한 줄로 쑥 늘어놓으며 대답했다. "시에코파이족 언어로 아야우아스카를 뜻하는 말이 야헤예요."

"의식은 어디에서 열리는데요?"

"하류에 있는 그 부족의 영토에서요. 가고 싶어요?"

"누가 오는데요?"

"잘 모르겠어요. 아마 원로들 몇 명만 참석할 거예요."

"젊은 사람들은 아무도 안 오고요?"

"젊은이들은 대부분 야헤를 마시기 무서워해서요." 그가 대답을 해주고 자기 방으로 사라졌다가 축 늘어진 책들을 한 아름 더 들고 다시 나타났다. "선교사들이 젊은 세대에 악마에 대한 두려움을 심어놓았어요."

나는 손바닥이 따끔해지면서 목으로 소름이 쫙 돋았다.

"우리 할아버지는 주술사였어요. 예전엔 나도 할아버지가 악마라고 생각했죠."

미치가 양장본 책 한 권을 땅바닥에 떨어뜨리며 호기심 어린 눈으로 나를 빤히 봤다.

"레이첼 세인트가 우리에게 악마의 그림을 그려서 보여줬는데 그 악마의 납작한 코, 검은 눈, 털 많은 가슴이 꼭 할아버지 모습 같아 보였어요."

"그래서 믿었군요……?"

"할아버지가 삿대로 배를 저으며 우리 마을을 향해 강을 올라오는 모습이 보였을 때 악마가 오고 있다고 소리치며 집으로 달려갔었어요."

미치가 고개를 내저으며 웃었다. "그래서 그 의식에 가고 싶어요?"

"우-우-우-우." 나는 고개를 끄덕였다. 내 나름대로 두려운 결심이라 떨리는 목소리가 나왔다.

이튿날 오후, 우리는 차로 광활한 포장 고속도로를 달려 끝없이 펼쳐진 아프리카 야자수 농장을 지났다. 나에게 그곳의 하늘은 다른 하늘 같았다. 숲의 진짜 하늘에 비해 허울같이 생기가 없는 데다 빛깔도 무채색에 더 가까워 보였다. 미치에게 그 얘기를 하고 싶었지만 차창이 내려져 있고 음악 소리가 쾅쾅 울려대고 있어서 슬슬 현기증이 돌았다.

"저게 무슨 냄새예요?" 내가 크게 소리를 질렀다.

그가 볼륨을 낮추고 창문을 반쯤 올린 후 크게 숨을 들이마셨다.

"휘발유 매연, 살충제, 야자유 썩은내가 섞인 사랑스러운 냄새인데요." 그가 익살을 부리며, 저 멀리 흐릿하게 보이는 야자수들과 깃털 같은 연기를 가리켜 보였다.

"여기는 시에코파이족 사람들의 영토 아닌가요?" 내가 물었다.

"예전에는 사냥터였지만 이제는 그냥 도로, 농장, 유전, 정착촌이에요." 그가 말했다.

우리는 1시간 정도 차를 몰고 가면서 식민지 정착지와 대목장을 여러 번 지나쳤다. 그곳은 유정이 매춘부 이름을 따서 지어지기도 했고, 혼혈 농부들이 휘발유 불길 아래에서 카카오를 건조시키고 있었는가 하면 송유관이 풀 덮인 정착민 공동묘지를 가르며 지나가기도 했다.

배 속이 비고 입이 바싹 마른 데다 몸에 힘이 없으니 야혜 의식에 참석하기가 겁나기 시작했다. 상처 입은 숲에서, 다시 말해 기름에 오염된 강을 따라 다른 아마존 지대와 뚝 끊겨 있는 그 섬 같은 숲에서 다른 부속의 연장자들과 아야우아스카를 마신다고 생각하니 조마조마했다. '이 숲에 정령들이 남아 있지 않으면 어쩌지? 아니면 정령들이 화가 나 있다면? 그 정령들이 복수를 하려고 하면?'

나는 말없이 창밖을 내다봤다. 도로의 끝에 이르자 햇빛에 바랜 표지판에 '석유는 발전이다'라는 문구가 찍혀 있었다.

미치가 잠시 그 표지판을 응시하다 나를 돌아봤다.

"내 나라 사람들이 이곳을 보고, 느끼고, 이해할 수 있으면 좋겠어요. 이 숲에서 나는 석유 대부분이 캘리포니아로 실려 가며, 우리 사회 전체와 우리 모두의 안락함이 수많은 강과 숲과 삶을 파괴하면서 지탱되고 있다는 것을요……."

그의 목소리가 떨리고 있었다.

"그 빌어먹을 회사들이 자기들이 오염시키고 있는 강 주변에 뻔뻔스럽게 이런 개소리 같은 표지판을 세워놓고 있다는 것도요."

평생토록 미국을 '레이첼의 땅'으로, 파란 눈의 하늘 사람들의 땅으로 알고 있던 내게 쓰라린 비통함이 밀려들었다.

"시에코파이족 연장자들에게는 뭔가 특별함이 있어요." 그가 이제는 더 밝아진 목소리로 말했다. "그들은 이 모든 엿같은 상황을 초월하고 있어요. 더 심오한 뭔가를 이용하고 있어요……."

나는 창밖으로 시에코파이족의 마을을 응시하며 금속 지붕을 얹은 미늘판자 오두막들과 빗물 집수 시설을 바라봤다.

"델핀은 숲에 들어가면 식물들의 소리를 들을 수 있어요." 미치가 말했다. "정말 말 그대로 그런 소리를 들을 수 있다니까요. 델핀은 그런 소리에 귀를 기울여요."

내가 차 문을 열었다. 바람 한 점 없이 공기가 답답했다.

"내가 묻고 싶은 건 딱 하나예요. 당신네 나라 사람들은 언제부터 식물들의 소리에 귀를 기울이지 않게 되었나요?" 내가 물었다.

나도 내 말이 공격적으로 들린다는 걸 알았다. 그가 살짝 상처받은 얼굴로 나를 바라봤다. 나는 그렇게 우리 사이에 거리를 만들고 말았지만 내가 왜 그랬는지 알 수 없었다. 그 의식을 위해 금식을 하느라 빈속에 속 쓰린 느낌이 불편해서 그랬을까? 우리 세계를 파괴하고 있는 것이 그의 세계였기 때문이었을까? 아니면 아무것도 모르는 멀고 먼 곳에서 온 코오리와 사랑에 빠진 상황에서 그 약초가 나에게 뭘 보여줄지 겁이 나서 그랬을지도 모른다. '그 약초는 그에 대해, 나에 대해, 내 삶의 행로에 대해 뭘 보여줄까?'

"내가 정말로 해주고 싶은 말은 이 말뿐이에요, 수많은 별. 이 연장자들을 믿어도 돼요." 그가 트럭의 화물칸에서 담요, 해먹, 밧줄을 담은 큰 가방을 들어 올려 뺐다. "그분들은 좋은 사람이에요."

"알았어요." 내가 내 작은 가방과 고무장화를 움켜쥐며 말했다.

해 질 녘에 우리는 의식용으로 잎을 엮어 집의 대들보에 나란히 매달아 놓은 각자의 해먹에서 말없이 누워 있었다. 그 집은 아과리

388

코 강의 높은 강둑 쪽에 자리했다.

밝은 색의 튜닉을 입은 연장자 네 명이 오두막 끝의 불가에 매달린 해먹에서 담배를 피우며 몸을 흔들고 있었다. 정착촌 나이트클럽의 쾅쾅거리는 음악 소리가 우거진 나무 위로 희미하게 울리는 가운데 이따금 강에서 모터 달린 카누 소리가 들려왔다.

"네모, 네모." 미치가 내 옆으로 무릎을 구부리며 속삭였다. "자요?"

나는 내가 잠이 들었는지도 몰랐다.

그가 계속 말을 걸었다. "네모, 연장자들이 어서 와서 마시라고 당신을 부르고 있어요."

나는 얼떨떨한 정신으로 눈을 떴다.

"우리는 모두 마셨어요. 여전히 야혜를 마실 생각이 있는 거예요?"

나는 혼란스러워하며 고개를 저었다. 코펄(열대 나무에서 채취되는 수지-옮긴이), 담배, 재스민의 냄새로 밤 공기가 어질어질했다.

나는 일어나서 돌같이 굳은 얼굴을 한 채 맨발로 말없이 불 쪽으로 걸어갔다. 그리고 연장자 델핀 앞의 나무 바닥에 조용히 무릎을 구부렸다. 델핀의 얼굴에 모닥불 불빛이 따뜻하게 어른거렸고 이마와 볼을 가로질러 빨간색 문양들이 그려져 있었다. 손목과 팔에 향기로운 식물들을 두르고 있었고 목에는 재규어 이빨이 달린 목걸이를 차고 있었다. 그가 도자기 잔을 감싸 쥐며 그 잔에 대고 후후 입김을 불고 휘파람을 불자, 바람이 계곡 사이로 세차게 불며 나뭇잎과 개울과 멀리 떨어진 동굴을 울려대는 듯한 소리가 들렸다.

우우슈, 우우슈, 우우슈우우우우, 우유슈우우우우.

"효과가 셀 게야." 그가 사근사근하게 말하며 나에게 그 잔을 건넸다. "무이 부에노, 무이, 무이 부에노Muy bueno, muy, muy bueno(아주 좋아, 아주 아주 좋아)."

나는 눈을 감고 그 잔을 감싸 쥐며 가슴 쪽으로 가져갔다.

'나는 뭘 보고 싶은 걸까? 뭘 알고 싶은 걸까? 뭐가 되고 싶은 걸까?'

고개를 뒤로 젖히며 그 약초를 몸 안으로 부어 넣었다. 걸쭉하고 따뜻하면서 달콤쌉싸름한 맛이 났다. 내 영혼이 와들와들 떨리는 느낌이 들었다.

"오코." 그가 향기로운 물이 담긴 조롱박 그릇을 건네며 말했다. "입을 헹구게."

나는 오두막 가장자리로 걸어가 어두운 곳에 대고 그 차가운 물을 뱉었다.

"동이 트기 전에 치유가 될 테니 나에게 와." 델핀이 스페인어로 속삭였다.

"감사합니다." 내가 그 연장자가 내 안을 들여다봤는지 궁금해하며 양손을 깍지 껴서 쥐고 말했다. 마음 깊은 곳에서 나는 알고 있었다. 내가 내 이야기를 묻어두고 가장 힘든 기억을 숨겨놓았다는 것을. 나에게 치유가 필요하다는 것을.

나는 내 해먹에 등을 대고 누워 밀려오는 구역질을 느끼며 숨을 쉬었다.

"부에나 핀타Buena pinta(좋아 보여요)." 미치가 말했다. "부디 좋은 환영을 보길, 수많은 별."

"당신도요." 내가 심호흡을 내쉬며 말했다.

연장자들이 촛불을 껐고 모닥불은 저절로 사그라들었다. 밤이 깊어지며 고요하고 어두워지자 나는 다시 졸음이 왔다.

"저에게 힘을 주세요, 할아버지. 조상님들, 저를 지켜주세요." 나는 중얼거리다 잠에 빠져들었다.

통나무 카누가 내 몸에 부딪히고 가까이에서 어떤 짐승이 부르르 떨고 있는 것이 뚜렷이 느껴져, 캄캄한 어둠 속에서 눈을 떴다.

지금 뭐하고 있는 것이냐?

카누가 또 다시 내 옆구리를 툭 쳤다.

그러지 마라. 네가 내 몸에 물이 차게 하고 있다.

배가 부풀어 오르고 있었다. 나는 가볍게 숨을 들이쉬었다가 그 우주의 한구석에서 삭은 유리알 같은 별빛을 봤다. 이번엔 숨을 깊이 들이쉬어 그 별빛을 입안으로 빨아들였다. 타마린드(시큼한 맛이 나는 콩과의 열매-옮긴이) 맛이 났다. 가슴이 부풀었다 가라앉았다를 반복하더니 어느새 내가 내 몸에 부딪히던 카누 위로 떠다니고 있었다.

너는 누구냐?

그게 어디에서 나는 목소리인지 알 수가 없었다. 내가 그 방문자에게 묻는 소리인지, 방문자가 나에게 묻는 소리인지 분간이 되지 않았다.

나는 고개를 내저으며 거칠게 숨을 내쉬었다. 가까이에 있는 그 짐승이 격하게 떨고 있었지만 보이지는 않고 그냥 느낌으로만 느껴졌다. 그러다 이제는 몸이 뒤집어지면서 나 자신을 되돌아보고 있었다.

피부가 너무 차가워져 담요로 몸을 감쌌다.

나는 여기에 있다.

여자의 목소리였다.

여자는 모습을 보여주지 않았다. 눈을 떠보려 했지만 눈은 이미 떠져 있었다. 그래서 다시 눈을 감았다가 뜨고 또다시 감았다. 그것이 신성한 언어인 것처럼. 내가 방금 알아낸, 일종의 존재와 관련된 게임이자, 이 수수께끼의 여인을 즐겁게 해줄 한 방법인 것처럼.

하지만 눈을 뜨든 감든 보이는 것은 똑같았다.

여자가 카누의 노를 저어 밤하늘을 가로지르며 별들 사이를 부딪히지 않으면서 이리저리 기막히게 피해 지나갔다. 길고 까만 머리칼이 물 위로 끌렸다. 여자가 노를 밤의 어둠 속으로 담갔다. 그러자 물이 요란한 소리와 함께 소용돌이치더니 연달아 파도가 일어났다. 은빛 잔물결이 일렁이다 여자가 감쪽같이 사라져 버렸다. 여자는 잔물결이 되었다. 그녀가 내 안에서 부풀어 오르며 뼈를 쭉 펴주고 피를 따뜻하게 해주는 긴 하품이 되었다. 몸에 경련이 일어났다.

너는 누구냐?

여자가 고개를 매혹적으로 저으며 발톱으로 내 몸을 꾹 눌렀다. 몸에 닿는 그 감촉이 거세면서도 부드러웠다. 경련이 사라졌다.

나는 재규어다.

여자의 옥빛 도는 까만색 눈에 불꽃이 타오르고 말벌들이 모여들며 윙윙거렸다. 나는 나 자신도 어떻게 할 수 없는 하품이 터졌다. 턱뼈가 빠질 것 같았다. 몸이 와들와들 떨렸다. 여자의 숨결에서 곰팡내가 났다. 구역질이 치밀었다. 그 재규어가 나에게 이를 드러내 보였다.

나는 고개를 흔들며 거칠게 숨을 내쉬었다. 내가 소리를 내고 있는 건지, 내가 흐느껴 울고 있는 건지 잘 분간이 안 되었다. 몸이 화끈거리도록 차가워졌다. 도망치고 싶었다. 하지만 재규어가 입을 쫙 벌리며 내 가슴과 목과 머리로 화사한 깃털을 단 벌새 떼를 훅 불어 보냈다.

너 자신을 봐라.

벌새의 날개에서 별빛의 냄새가 났다. 피부가 욱신거리기 시작했다. 새들이 아주 분주히 움직였다. 부드럽고 세심한 몸짓으로 빛의 미세한 실들을 내 몸의 특정 부위에 묶었다. 그 화사한 날개의 고동이 희미하게 전해져 왔다. 몸이 흥얼거리기 시작했다. 처음엔 발과 정강이에서 미묘하게 느껴지던 흥얼거림이 알록달록한 소용돌이를 그리며 퍼져갔다. 갈비뼈 깊숙이에 이르고도, 걷잡을 수 없이 더 깊이깊이까지.

벌새들이 뭘 하고 있는 건지 분명해 보였다. 별빛을 내 혼에 묶어 나를 내 몸에서 들어 올려 끌어내서 벌새로 변신시키려는 것이었다.

아주 찰나 동안 나는 지독히 고요한 그 공간 속에서 하나의 진동에 불과해졌다. 뒤이어 가장 먼저 노란색이 보이더니 이어서 깃털의 미세한 퍼덕거림이 나타났다. 내 안에서 윙윙거리는 소리가 들리며 질 안쪽이 파르르 떨리고 귓속이 떨려왔다. 사방에서 흐릿한 날개가 보였다.

갑자기 내가 황금빛 녹색 날개를 단 작은 새가 되면서 수목으로 뒤덮인 협곡으로 높이 솟았다가 낯익은 오솔길의 어떤 어린 소녀 앞에서 날았다. 내가 아는 소녀였다. 그 소녀는 바로 나였다. 그 오솔길을 걸어 선교사들을 만나러 가는 길이었다. 노란색 양동이에 복숭아야자와 낚싯바늘과 검은색 성경을 담아 가출하는 중이었다.

너는 누구냐?

재규어의 얼굴에 광포한 미소가 스치고 지나갔다. 어린 소녀는 양동이를 달그락거렸다. 양동이를 손바닥에 대고 두드렸다. 그 숲에서 겁에 질려 비명을 질렀다. 그러다 온 주위에 정적이 흘렀다. 혼자만 남겨질 때 스며 나오는 그런 정적이.

나를 용서해라. 나를 용서해라.

뒤이어 보아뱀이 나타났다. 기름기가 번들거리는 보아뱀이 천천히, 피할 수 없게 다가왔다. 그 뱀이 나를 휘감는 모습을 보고 있을 때 사방에서 바스락거리는 소리, 쓱쓱 스치는 소리, 삐걱거리는 소리, 꿈틀거리는 소리가 들려왔다. 그러더니 내 배에서 벌레들과 액체가 새어 나오고 내 모든 삶이 어느 좁은 골짜기로 쏟아져 나왔다. 뱃속에서 치밀어 오른 구역질이 가슴을 타고 목구멍으로 올라가 입 밖으로 나갔다.

나는 해먹 옆쪽으로 몸을 숙여 내 삶을 나무 바닥으로 토해냈다. 모든 것이 평온해질 때까지.

"수많은 별." 속삭이는 목소리가 들렸다.

"음." 내가 신음 소리를 냈다.

찌릿찌릿 기분 좋은 전율이 혈관을 타고 흘렀고 어떤 기묘한 힘이 내 머리를 아래로 끌어당기고 있었다.

좀 전의 목소리가 말했다. "강한 야혜군요."

미치였다. 그가 성냥을 켜서 담배에 불을 붙였다.

"괜찮아요?"

"음." 내가 다시 신음 소리를 냈다.

신경이 떨리듯 시간이 떨리며 그 밤의 연안으로 물처럼 철썩철썩 밀려왔다.

"걸을 수 있을 만큼 기운이 돌아오면……." 그가 어둠 속으로 자욱한 담배 연기를 내뿜으며 속삭였다. "델핀에게 치유 받으러 가요."

"음." 나는 한숨을 내쉬며 힘을 끌어내 상반신을 다시 해먹 안으로 끌어 올린 후 담요를 덮었다. 눈을 뜨고 있기가 힘들었고 온몸이 따끔따끔할 만큼 추웠다. 몸의 신음 소리를 멈출 수가 없었다. 그 신음이 자신의 얘기를 들어주길 바라고 있었다.

"이리 와요." 미치가 내 해먹 옆으로 무릎을 구부리며 속삭였다.

나는 일어나 앉아 그의 품으로 달려들며 두 팔로 그의 목을 감싸 안았다. 그에게 닿는 감촉이 낯설게 느껴졌다.

"당신이 날 할퀴고 있어요." 그가 속삭였다.

그가 나를 들어안아 해먹에서 내려준 후 나와 나란히 걸어 잔불이 남아 연기가 피어오르는 불가의 연장자들에게로 갔다.

"여기에 앉아요." 그가 조용히 말하더니 두 팔로 내 몸을 받쳐주며 바닥에 편히 앉게 해주었다. 나는 앉아 있을 힘도 없어서 머리와 목과 등이 다리 사이로 푹 고꾸라진 채 있었다.

미치가 연장자들에게 무슨 말인지 잘 알아듣지 못할 어떤 말을 했다. 나는 그 연장자를 보고 싶지 않았다. 내가 뭘 보게 될지, 그가 내 안에서 뭘 보게 될지 몰라 초조했다. 내 몸이 들썩거리고 있었다. 이제 미치는 다른 쪽으로 걸어갔다. 내가 콧구멍으로 숨을 뱉어내고 있는데 내 눈이 머리 쪽으로 돌아가는 느낌이 들었다.

델핀이 내 옆에 있었다. 그가 성냥을 켰다.

눈앞에 무릎을 구부리고 있는 내 모습이 보였다. 그곳은 꽃이 피어 있는 식물들과 도자기 꽃병들이 보이는, 촛불이 켜진 정원이었다. 희미하게 빛나는 선명한 빛깔의 덩굴과 식물들이 끝없이 펼쳐진 성 같은 그 정원에서 내 주위로 아이들이 놀고 있었고 연장자들이 약초를 모으고 있었다. 아이들은 튜닉 차림에 왕관 장식을 쓴 모습이었고 미묘한 아치오테 그림이 그려진 얼굴은 밝은 혈색으로 빛이 났다. 델핀이 약초 다발에 잎들을 지그시 묶으면서 그 정원 안이 연기와 읊조리는 노랫소리로 감싸이게 했다.

후우우슈, 후우우슈, 후우우슈, 후우우슈.

델핀이 내 머리 위로 잎들을 휙 움직였고 그 순간 달콤하고 싱싱하고 화사한 느낌의 바람이 내 몸과 혼으로 불어왔다.

후우우슈, 후우우슈, 후우우슈, 후우우슈.

아이들이 나에게 장난스러운 미소를 지어 보였다. 연장자들이 어떻게 하는 건지 신기하게도 땅에서 밝은 색의 실들을 뽑아내서 엮고 있었다. 정원 가장자리 쪽에 그 암컷 재규어가 나타나더니 고개를 좌우로 기웃거렸다.

우리는 너를 기다리고 있었다.

재규어의 눈은 안개 자욱한 빛의 터널 같았다. 그 재규어가 눈을 깜박이자 정원이 벌벌 떨었다.

이제 알겠느냐?

재규어가 사납게 으르렁거리자 개울이 검은 색으로 흐르고 식물들이 갈색으로 변하면서 연장자들이 바싹 마른 땅에 무릎을 구부리고 맨손으로 무덤을 파고 있었다. 그 무덤의 바닥에 한 어린 소녀가 눈을 뜨고 누워 있었는데 연장자들이 소녀의 몸 위로 마코앵무의 깃털들을 놓자 그 깃털들이 하나씩 바스락거리며 곰팡내 나는 달러 지폐로 변했다.

이제는 알겠느냐?

내 몸에서 통곡하며 신음을 토하는 노래가 차올랐다. 나는 이마를 땅 위로 꾹 눌렀다.

후우슈, 후우슈, 후우슈, 후우슈.

담배 연기가 내 몸을 감쌌다. 델핀이 노래를 부르기 시작했다. 약초가 일으킨 바람이 정원을 휩쓸고 촛불이 깜박거리면서 밤의 분위기가 아주 차분하고 고요해졌다.

네가 누구인지 알겠느냐?

나는 고개를 끄덕였다.

누구냐?

"당신의 딸입니다." 내가 재규어의 눈을 응시하며 속삭였다. "저는 재규어의 딸입니다."

갑자기, 정원 중앙에 나타난 작은 점 모양의 주황빛 외에는 주위에 아무것도 보이지 않았다. 희미하게 빛나는 덩굴과 꽃병, 아이들, 연장자들, 무덤, 개울을 비롯한 모든 것이 사라졌다. 이제 남은 것은 케이폭 목화솜의 가느다란 가닥 하나의 가운데서 타고 있는 불꽃과 내 안에서 울리는 재규어의 웃음소리뿐이었다. 견딜 수 없도록 감미로운 그 웃음소리가 불을 지피면서 더할 나위 없이 밝은 불꽃을 피워냈다.

19
결심

조상들의 정원에서 무릎을 구부리고 있었던 그날 이후로 어느덧 한 달이 지나 있었다. 나는 그때 본 것과, 그곳에서 깨달았던 것을 아무에게도 말하지 않았다. 내가 어릴 때 엄마는 안 좋은 꿈과 환영은 말하고 좋은 꿈과 환영은 혼자만 간직하고 있으라고 가르쳤다. 그런데 미치가 그때의 일을 물어왔다.

우리가 내리는 빗속에서 비아 막수스에 서서 버스를 기다리고 있던 날이었다. 미치는 반들반들 윤기 나는 야자 잎 아래에서 비를 피했고 나는 그대로 비를 맞고 있었다. 그러던 중 그가 뜬금없이 물었다. "그날 무슨 일이 있었던 거예요? 그 의식에서 뭘 봤어요?"

나는 잠시 생각을 했다.

"당신 달라졌어요." 그가 말했다. "더 강해졌고 더 많이 웃어요."

예전이었다면 엄마의 충고를 따라 환영에 대한 물음에 고개를 돌렸을 것이다. 하지만 이제는 말해야 할 것 같았다. 그동안 재규어에 대해 많은 생각을 하는 사이에, 그 재규어가 나에게 해준 말을 밝히는 것이 내 여정의 한 과정이 되어야 한다는 깨달음이 싹트고 있었다.

내가 말했다. "미래를 들여다봤어요. 그리고 재규어가 내가 해야 할 일이 뭔지를 보여줬어요."

그가 눈썹을 치켜들었다. "그래서 앞으로 무슨 일을 하려고요?"

"내 부족 사람들을 이끌고 석유 회사들과 싸울 거예요."

말로는 단순한 일 같았다. 어쩌면 운명이라는 것 자체가 단순한 걸지도 모르겠지만.

그가 빗물이 뚝뚝 떨어지는 잎사귀 아래에서 나를 유심히 보았다. "리더가 되겠다고요?"

그의 목소리에는 힐난의 기색이 조금도 없었다. 그런데도 나는 잠시 나 자신을 의심했다. '내가 어떻게 리더가 될 수 있겠어? 지금까지 뭘 이끌었던 적도 별로 없는데. 아니, 사실대로 말해서 한 번도 없었지.' 나는 눈을 감고 그 재규어를 떠올렸다. 미래를 보기 위해 미래를 들여다봤던 순간을 생각했다. 나는 다시 눈을 뜨고 미치를 똑바로 쳐다봤다. 이제껏 그렇게 힘이 느껴졌던 적도, 내 여정에 그렇게 확신이 들었던 적도 없었다.

"싸움을 이끌 거예요. 당신들의 세계에 맞서 싸울 거예요."

덜커덩거리는 소리가 가까이 들려왔다. 빗물이 내 머리와 뺨으로 퍼부어 내렸고 석유 회사 버스가 철컹거리며 우리 쪽으로 오고 있었다.

미치가 발밑에 두었던 빈 플라스틱 물병을 집어 들었다.

그리고 나직이 말했다. "나는 당신을 믿어요, 수많은 별."

버스가 멈춰 서자 우리는 버스에 올랐다. 운전기사는 면도를 하지 않은 광기 어린 눈빛의 석유 회사 인부였다. 그는 내 가슴에 착 달라붙은 젖은 셔츠를 욕정 배인 시선으로 쳐다봤다. 맨발의 노인두 명이 어깨에 창을 걸쳐 메고 뒷자리에 조용히 앉아 있었다. 아기를 천으로 둘러 들쳐 메고 무릎에 플라스틱 물병을 올려놓고 있는한 무리의 와오라니족 여자들도 보였다. 그중 몇 명은 아는 얼굴이었지만 이름은 몰랐다. 그 여자들은 나와는 다른 일족이었고 이 오일 로드에서 평생을 살아온 사람들이었다.

버스가 요란한 소리를 내며 축축한 자갈길을 달려 울타리가 둘러진 창고 쪽으로 향했다. 창고는 그 여자들이 아침마다 석유 회사호스에서 물을 받아 가는 곳이자, 내가 타로메나네족 여자아이들을만나러 가던 길에 픽업트럭의 뒤 칸에서 봤던 바로 그곳이었다.

"고모님은 어디에 사세요?" 미치가 나에게 소곤소곤 물었다.

나는 고모가 사는 곳을 정확히는 알지 못했다. 고모의 집이 잎을엮어 지어진 곳일지 콘크리트 블록을 쌓은 곳일지 궁금했다. 고모는 렙솔 정류장으로 우리를 마중 나오겠다고 했다.

"저기 좀 봐요." 내가 팔꿈치로 미치를 살짝 찌르며 말했다.

그 폭우 속에서 와오라니족 남자 연장자가 찢어진 회색 속옷 차림으로 도로 한쪽에 서 있었다. 팔뚝에는 콘도르를 매달고 있었다. 그가 이 없는 잇몸을 드러내며 얼른 미소를 지어 보였지만 버스는부르릉거리며 그를 지나쳐 갔다.

나는 뱃속에서 웃음이 치솟는 것을 느꼈다.

"또 웃음 공격을 하려고요?" 미치가 물었다. 나는 한 달 내내 툭

하면 웃었다. 그 웃음은 재규어 약이었다. 내 조상들이 근래의 수년 간 나에게 가르치려 애썼던 것이었다. 나 자신의 고통을 비웃고 숲의 바람처럼 웃으며, 끝까지 웃음으로 싸우라고. 그 웃음은 내 부족이 가진 하나의 힘이었다. 우리의 약이었다. 스스로를 지키기 위해 쓰는 가면, 즉 생존의 웃음이었다.

"여기에서 세워줘." 한 연장자가 운전기사에게 소리쳤다. "여기가 내 사냥길이야!"

맨몸에 맨발의 그 연장자는 버스에서 내렸고 버스가 출발할 때는 오솔길 어귀의 잡초 사이에 서 있었다.

"야만적이네요." 미치가 말했다.

"네?"

"우리가 탄 이 버스가 달리는 곳이 아마존 열대우림 한가운데라는 사실이요."

나는 그 연장자가 어깨에 창을 들쳐 메고 시야에서 사라지는 모습을 지켜봤다.

"여긴 재규어와 부채머리수리, 그리고 바로 지금 그림자 속에 숨어 우리를 지켜보고 있을지도 모를 미접촉 부족이 있는 곳이잖아요. 그런데 그런 곳에 버스가 다니다니!"

내 곁눈으로 와오라니족 여자아이의 작은 손이 들어왔다. 야구모자 뒤쪽으로 튀어나온 미치의 곱슬머리를 만지려 하고 있었다. 나는 그 아이에게 계속하라는 의미의 장난스러운 고갯짓을 해 보였다.

"내가 레이첼 세인트의 이를 만졌던 얘길 했던가요?" 내가 물었다. "레이첼이 죽어서 관에 누워 있을 때였어요. 차갑고 새파래져 있던 그녀의 입술로 손을 뻗어 손가락으로 이를 만졌죠."

미치는 나를 빤히 쳐다봤다.

"그리고 내 입을 봐봐요!" 그날 밤 재규어가 나에게 일깨워 준 깨우침 중 하나는 내 이야기를 속에 묻어두지 말라는 것이었다. 내 이야기를 꺼내 다른 사람들과 같이 웃을 용기를 내라는 것이었다. 나는 입을 크게 벌리며 말을 이었다. "봐요, 어금니가 하나도 없어요."

"설탕을 너무 먹었군요, 수많은 별?" 미치가 내 입안을 들여다보며 묻더니 한 손을 머리 뒤로 휙 휘둘렀다. 그 어린 소녀의 존재를 아직 눈치채지 못하고 있었다.

"아니, 설탕 때문이 아니었어요!" 내가 격앙된 어조로 외쳤다. "선교사들에게 새 치아를 얻으려고 망치로 이를 깼던 거예요."

나는 그의 반응을 안 보려고 창밖을 봤다. 버스가 뒤뚱거리며 다리를 건넌 후 도로 한쪽으로 빠지며 석유 회사 울타리 앞에 정차했다. 이미 와오라니족 여자들이 빈 물병을 들고 모여 있었다.

'나는 뭘 얻으려 미치에게 이런 이야기를 꺼낸 걸까?' 그저 그 일을 편히 받아들이고 싶었다.

버스에서 내리는데 머리가 몽롱했다. 햇빛이 구름 사이로 비스듬히 비치며 와오라니족 여자들 위로 쇠사슬 모양의 그림자를 드리우고 있었다. 호스에서 나온 달궈진 물이 여자들의 빈 물병 속으로 거품을 일으키며 콸콸 흘러들어 갔다.

코페 고모가 석유 회사 창고의 입구에 있는 대형 간판 아래의 뭉툭한 그림자 속에 맨발로 서 있었다. 고모의 뒤로 절반쯤 채워진 물병이 보였다. 고모의 표정에 고모의 오빠, 다시 말해 우리 아빠의 그 쓸쓸함이 배어 있었다.

"그 코오리는 누구냐?" 고모가 수상쩍다는 눈빛으로 물었다.

"친구예요."

"엔지니어?"

내가 고개를 가로저었다.

"선교사?"

나는 또다시 고개를 가로저었다.

"다행이구나. 선교사들은 거짓말쟁이니까."

내가 고모 옆으로 설 때 햇빛 속에서 흰머리와 주름살이 얼핏 보였다. 어렸을 때 이후로 못 봤으니 고모를 아주 오랜만에 보는 건데, 고모는 몸은 여전히 강했지만 영혼은 약해져 있었다. 고모의 숨결에서 그것을 느낄 수 있었다.

"타로메나네족 여자애들을 보러 갔다면서." 고모가 속삭였다. "그리고 그 카기메의 창에 찔릴 뻔하기도 했다며."

팔뚝의 할퀸 상처는 이미 오래전에 사라지고 없었다.

"그 애들은 이제 옷을 입어. 국립학교에 다니기도 하고." 고모가 말했다.

나는 고개를 끄덕였다. 호텔 아우카의 그 묘한 정원에 있던 날 밤, 내가 미치를 만났던 그날 밤에 보야가 했던 말을 마음 아프게 떠올리면서.

"그런데 우리 조카가 여기엔 무슨 일이야?" 고모가 물었다.

"그게……." 나는 입을 뗐다가 잠깐 멈췄다. 차마 내가 본 환영을 얘기할 수가 없었다. 그 말을 들으면 내가 마법사가 되는 게 아닐까 걱정할 것 같았다.

"요즘 제가 코판족, 시오나족, 시에코파이족 사람들과 같이 아그리오에서 지내고 있어요. 석유 회사들이 그 사람들의 물을 오염시켰거든요."

"그래서……?" 고모가 의혹에 찬 표정으로 물었다.

"저희가 지금 온 마을에 빗물 시설을 만드는 중이에요. 우리 부족 여자들이 석유 회사 호스에서 이 젖처럼 탁한 물을 빨아먹지 않아도 되게 하려고요."

"그거 잘됐구나!" 고모가 내 표현에서 선정적인 이미지를 떠올리며 웃었다.

"보세요. 지금 사방에 깨끗한 물이 있잖아요……." 서서히 비가 잦아들고 있었지만 나는 하늘을 가리켜 보였다. "그런데 우리는 집 밖으로 나오면 모을 수 있는 그것을 얻겠다고 이렇게 줄을 서고 있어요!"

고모는 아무 대꾸가 없었다.

"그리고 일단 사람들이 깨끗한 물을 얻게 되면 석유 회사들과 싸우기 위해 부족들끼리 연대하게 될 거예요."

연대. 좋은 말이었다. 내 입에서 이 말이 나온 것은 처음이었다. 문득 연대의 힘이 떠올랐다. 나의 벗, 플로르가 생각났다. 분노로 얼굴을 실룩이며 '뭔가를 해야 해요! 뭔가를! 뭔가를요!'라던 그 모습이.

'바로 이 연대가 라고 아그리오에서의 그날 오후에 내가 느꼈던 그 느낌일까? 그것이 우리가 모였던 이유였을까? 우리가 부족들을 단결시키기 위해 그렇게 모였던 게 아닐까?'

"그래서 저 백인과 함께 일하는 거냐?" 고모가 퉁명스레 물었다.

그때 미치는 울타리의 그늘에 무릎을 구부린 채로, 물병을 채우면서 석유 회사 경비와 잡담을 하고 있는 맨발의 와오라니족 여자들 사이에 들어가 있었다.

"네."

"백인들은 늘 우리를 구원하려 들지." 고모가 냉소적으로 말했다. "그러다 나중에 가서는 우리에게 해를 입히고."

"우리는 여기에 도우러 온 거예요." 내가 대꾸했다.

"돕는다고!" 고모가 격앙된 어조로 외쳤다. "너는 지금 코오리처럼 말하는구나! 이제 젊은 남자들은 사냥하는 법을 잊어버렸다. 그리고 젊은 여자들은…… 밭을 돌보기보다는 휴대폰을 들여다보길 좋아해. 남자들은 석유 회사에서 한 달 내내 일하고 나서 그렇게 번 돈으로 자기들 영혼에 술을 들이붓고 있어. 이 지경이 된 건 어떻게 하겠니, 이네스?"

나는 내 세례명을 듣고 움찔했다. 다른 사람도 아닌 고모가 나를 그렇게 부르니 당혹스러웠다. 고모가 손을 뻗어 내 손을 만졌다.

"아버지 석유가 우리 안에 계신다." 고모가 햇볕에 탄 얼굴에 쓴 웃음을 흘끗 지어 보이며 말했다. "예수보다 훨씬 더 깊숙이 계셔."

나는 고개를 끄덕여 보인 후 고모를 그 자리에 두고 여자들이 모여 있는 곳으로 걸어갔다. 웃음을 가면처럼 쓴 채로.

한 달 후, 비아 막수스로 햇빛이 이글이글 내리쬐는 날이었다.

"어째 기분이 안 좋은데요." 에메르힐도가 고모 집의 배수구에 플라스틱 관을 고정하며 말했다. 이곳에 온 이후로 말없이 초조한 기색을 띠고 있다가 비로소 입을 뗀 것이었다. "우리밖에 없잖아요. 당신네 부족 사람들이 집수 시설을 세우는 일을 도와주지 않으니 기분이 그렇네요."

미치는 금속 구조물 위에 비어 있는 대형 수조를 설치하는 중이었고 나는 그늘 안에서 무릎을 구부린 채 스패너로 나사를 조이고 있었다.

"남자들은 낚시를 하러 갔어요." 내가 쾌활하게 말했다. "하지만 금방 돌아와서 일도 도와주고 오늘 저녁에 잘 먹게 해줄 거예요!"

나는 내 부족 사람들을 사랑하고 싶었다. 새로운 벗인 에메르힐도가, 석유 회사 때문에 자식들을 잃은 이 코판족 남자가 내 부족 문화의 힘과 아름다움을 보았으면 했다. 그리고 확신했다. 이 빗물 집수 시설을 지으면, 함께 땀 흘리고 웃으면서 내 부족 사람들도 석유 회사의 물을 얻으려 줄을 서지 않고도 잘 살 수 있다는 사실을 깨닫게 될 거라고. 석유 회사들 없이도 살 수 있고, 그들의 덫에서 풀려나올 수 있다는 사실도.

"불안한 기분이 들어요." 에메르힐도가 사다리에서 내려오며 비장하게 말했다. 성인 남자의 입에서 좀처럼 듣기 힘든 말이었다.

미치가 수조 쪽에서 에메르힐도를 유심히 봤다. 표정을 보니 그역시 불안한 기색이었다. 나는 하루하루 갈수록 그에게 점점 빠져들었다. 하지만 그런 마음을 숨기고 있었다. 그만이 아니라 모든 사람에게 숨겼다. 아직은 사랑하기가 겁났다.

"꿈자리가 좋지 않았어요." 에메르힐도가 심각하게 말했다.

석유 회사 트럭 한 대가 흔들거리며 도로의 커브 길을 돌아오더니 요란하게 끽 소리를 내며 고모의 집 앞에 멈췄다.

"남자들이 돌아오네요." 미치가 소곤소곤 말했다.

나는 심장이 철렁 내려앉았다. 모두 술에 취해 비틀거리며 눈들이 움푹 꺼져 있었다. 석유 회사에서 준 플라스틱 용기 속 쌀밥을 입안으로 게걸스레 퍼 넣고 있기까지 했다. 나는 딴 데로 시선을 돌려버렸다. 다들 다른 곳으로 가버렸으면 싶었다.

"나는 재규어다." 한 젊은 남자가 개에게 돌을 던지며 바보같이 외쳤다.

순간 내 혼에 번갯불이 번쩍이며 혀가 뱀처럼 표독해졌다.

"당신이 재규어라면 우리를 도와야 하는 거 아니야?" 내가 스패너를 꽉 쥐고 나사를 거칠게 조이며 말했다.

"물은 여자들 문제지." 남자가 웅얼거리며 눈부시게 내리쬐는 햇빛 아래에서, 개에게 물어뜯긴 채 거꾸로 뒤집힌 석유 회사의 작업용 안전모 위로 걸터앉았다. "재규어는 돈을 위해서만 일해."

나는 눈을 꽉 감고 조상들의 정원에서 마코앵무의 깃털이 무덤 속에서 빙그르르 돌며 꼬이다 꾸깃꾸깃하고 곰팡내 나는 돈으로 바뀌던 그 모습을 그려봤다. 다음 순간 마음속으로 절망감이 엄습했다. '고모 말이 맞으면 어쩌지? 덫이 너무 단단히 조여 있는 상태라면? 내 환영이 진짜가 아니라면? 이 정복을 막기 위해 내가 할 수 있는 일이 아무것도 없다면?'

비아 막수스의 여러 마을에 마지막 빗물 집수 시설을 짓고 나자 이제는 집으로 가야 할 때라는 깨달음이 들었다. 석유 회사들이 우리의 터전을 침범해 내 부족의 영혼을 질식시키고 그들의 시야를 술과 돈으로 익사시켜 놓았다. 하지만 내가 태어난 곳이자 내 부모님이 지금도 여전히 살고 있는 숲은 자유로웠다. 도로도, 유정도 없었다. 적어도 아직까지는. 내 환영이 진짜라면, 정말로 내가 리더가 될 운명이라면 그 여정은 네몬파레 마을에서 시작되리라는 예감이 뼛속 깊이에서 느껴졌다.

비행기가 우거진 나무 위로 콘도르처럼 빙 돌 때 나는 창밖으로 오솔길에서 뛰어다니는 아이들과 잎 지붕 사이로 새어 올라오는 연기를 내다보다 미치의 손을 꼭 잡았다.

미치가 미소를 지어 보였다. "아름다운 곳이에요."

오피 오빠가 목을 옆으로 쭉 빼며 우리를 뒤돌아봤다. 오빠는 부조종사 자리에 앉아 헤드폰을 끼고 있었다.

"동생." 오빠가 윙윙거리는 엔진 소리에 묻히지 않으려고 크게 소리치며 와오테데도로 말했다. "이제 너의 그 백인이 정글에서 용케 버티는지 두고 보자고."

미치가 활짝 웃었다. 자기 얘기를 하는 줄 눈치채고 있었다. 내 부모님을 만나는 것에 긴장하고 있는 기색이 드러나기도 했다. 긴장되기는 나도 마찬가지였지만.

비행기가 미끄러지며 땅바닥에서 세게 통통 튀다 활주로 끝에 멈춰 섰다. 엄마가 고무장화에 찢어진 원피스 차림으로 늦은 아침의 햇빛 속에 서 있었다. 마체테를 쥔 손을 옆으로 내린 채 가늘게 뜬 눈으로 비행기의 창을 들여다보는 중이었다. 엄마의 옆으로, 마체테를 어깨에 걸쳐 얹은 모습의 아빠가 보였다. 엄마 아빠는 우리가 오는 줄 모르고 있다가 비행기 안에 있는 우리를 보자 눈빛이 환해졌다. 엄마 아빠에게로 걸어갈 때 내 심장이 벌새의 날갯짓처럼 빠르게 퍼덕거렸다.

"딸아, 집으로 돌아왔구나!" 아빠의 눈이 눈물로 글썽글썽해졌다.

"아우우우." 내가 눈물을 참으며 말했다.

여동생 나탈리아는 맨발에 웃옷 없이 속옷만 입고 있었다. 꼭 나를 보는 것 같았다. 동생은 그늘 속에서 엄마의 원피스 자락을 움켜쥐고 서서 내가 데려온 백인을 두려운 눈빛으로 응시했다.

"나탈리아, 너 무섭구나?" 내가 웃으며 말했다.

"이 코오리는 무서워하는 여자애들을 잡아먹이." 오피 오빠가 놀렸다.

에몬타이가 그늘에 서서 작은 칼로 야자나무 화살의 화살촉을 깎고 있다가 헤벌쭉 웃어 보이더니 우리 집 쪽으로 나 있는 숲속의 오솔길로 사라졌다.

"와포니." 미치가 아빠에게 손을 내밀며 말했다.

아빠는 호기심 어린 표정으로 나를 봤다가 미치의 눈을 피하며 힘없이 그에게 손을 내밀었다.

"아빠는 악수를 안 하세요." 내가 말해주자 미치가 무안해하며 얼굴을 붉혔다.

"와포니." 아빠가 따뜻하게 인사에 화답해 주었다.

엄마의 눈은 호기심으로 이글거렸다.

"빵은 어디에 있어요?" 내가 비행기 쪽을 돌아보며 물었다. 연장자인 와토라가 선교사들이 수년 전에 주었던 발목까지 내려오는 꽃무늬 원피스를 입고 키 큰 잡초 사이에 서 있었다. 기대감으로 가득한 눈빛이었다.

"여기 있어요." 미치가 말하며 쉘의 제과점에서 산 여러 가지 빵이 담긴 커다란 봉투를 열어 보였다.

"와토라에게 그 빵을 봉투째로 다 주면 당신에게 홀딱 반해서 재규어에 대해 가르쳐 줄지도 몰라요!"오피 오빠가 미치에게 농담을 했다.

그 말에 아빠가 웃음을 터뜨렸고 미치는 헤벌쭉 웃었다. 안도감이 밀려오며 근육의 긴장이 풀렸다. 와토라가 그 봉투에서 빵 하나를 집으며 낄낄 웃었다. "이 코오리가 페커리를 잡을 수 있다면야 내 기꺼이 홀라당 빠져주지!"

나는 집으로 돌아왔다. 선교사의 비행기를 타고 숲을 떠난 이후 처음으로 정말 집에 돌아올 마음의 준비가 되어 있었다. 이번에는 모든 것이 달라지리라는 직감이 들었다.

"너희 아빠가 지붕의 구멍을 메꾸느라 몇 달이나 매달린 거 아니?" 엄마가 큰 소리로 놀렸다. 우리는 오코 안에 들어와 있었고 엄마는 불을 쑤석거려 불길을 살리며 자욱하게 피어오른 하얀 재 속에서 눈을 가늘게 떴다. "내가 집을 떠나 있는 동안 대체 뭘 했는지 모르겠어!"

재미있었다. 분노에서 해방된 느낌이었다. 목구멍이 쓰지도, 혀가 시큰하지도 않았다. 아빠 편을 들어주며 엄마에게 덤비고 싶은 충동도 일지 않았다. 가슴속이 기분 좋게 윙윙거렸다. 순전한 즐거움이었다. 엄마는 석유 회사 인부들의 속옷을 빨아주러 집을 떠났었지만 이제는 아빠를 놀리고 있었다. 엄마도 나처럼 집에 돌아온 것이었다. 그냥 그렇게 간단한 일이었다.

나는 아빠를 흘끗 봤다. 아빠는 불가에 앉아 무릎을 주무르며 미소를 짓고 있었다.

"저 사람은 치차를 마실 줄 아나?" 아빠가 고갯짓으로 미치를 가리키며 낮게 물었다.

내 여동생들이 물 담긴 조롱박 그릇 안에 카사바 반죽을 개고 있었다. 미치는 부엌의 한구석에서 내 남동생 미구엘과 같이 웅크리고 앉아 우리 집 애완 거북이의 등껍질 패턴을 들여다보고 있었다. 에몬타이는 미치를 곁눈질로 몰래몰래 지켜봤다.

"그럼요. 치차를 아주 좋아해요." 내가 말했다.

"저 사람 누나 남자친구야?" 에몬타이가 히죽히죽 웃으며 물었다.

엄마가 나에게 흘끗 엄한 눈빛을 보냈다. 나는 어떻게 대답해야 할지 난감했다.

"맞아." 오피 오빠가 신이 난 듯 외쳤다. "두 사람은 마코앵무 한 쌍처럼 떨어질 수 없는 사이야!"

나는 부끄러워서 얼굴을 붉히며 해먹에서 몸을 흔들어댔다. 나탈리아의 얼굴에 혼란스러운 표정이 스쳐 지나갔다.

"맞아. 네 큰 언니가 코오리와 같이 지내고 있어." 내가 나탈리아에게 말했다.

"저 친구 다리가 아주 튼튼하구나." 아빠가 말했다.

그 말에 불가에 있던 엄마가 깔깔대며 웃음을 터뜨렸다.

"너희 아빠가 저런 얘기밖에 못 해요!" 엄마가 큰 소리로 외쳤다. "맏딸이 집에 백인을 데려왔는데 머릿속에 떠오른 얘깃거리가 저 남자의 다리 근육뿐이라니!"

미치는 우리가 자기 얘기를 하며 웃고 있다는 걸 눈치채고 웃더니 여동생 넹헤레에게서 치차가 든 큼지막한 조롱박 그릇을 받아

들었다.

"코오리는 치차를 아주 좋아하죠." 그가 익살스레 말하며 치차를 열성적으로 들이켰다. "네몬테의 치차를 맛보게 될 순간이 기대돼요. 이 숲 전체에서 가장 달콤하다고 들었거든요!"

오피 오빠가 환호성을 질렀고 넹헤레와 나탈리아는 킥킥 웃었다. 그리고 나는 얼굴이 붉게 달아올랐다.

저녁에 불 위에 가마솥을 올리고 카사바를 익힐 때 나는 치차를 준비하며 가족들에게 내가 살아온 얘기를 풀어놓았다.

키토 외곽의 계곡에 자리한 코니의 집에서 지냈던 그 작은 방 얘기와, 내가 우리들의 이야기와 노래를 사랑하게 되었고 그 이야기와 노래를 컴퓨터로 타이핑해 담았던 얘기를 털어놓았다. 붉은색 깃털과 노란색 깃털 얘기와, 도로 끝 그 판잣집에서의 다-다-다-다 얘기도. 타로메나네족 여자아이들이 자기들을 두고 가지 말아달라며 내 팔뚝에 할퀸 상처를 냈던 일도. 석유 도시 코카의 호텔 아우카 안마당의 정원에서 미치를 만났던 일도.

우리는 카사바가 든 가마솥을 불에서 내린 후 김이 피어오르는 물을 재에 부었다. 나는 이어서 코판족과 시에코파이족과 시오나족 사람들의 땅에서 봤던 일들을 얘기했다. 석유 회사들이 강에 기름을 유출한 일, 에메르힐도가 강물의 오염으로 자식들을 잃은 사연, 석유 회사에서 마을 사람들에게 쌀과 닭고기를 작은 플라스틱 용기에 담아 먹으라고 가져다준 일을 하나하나 들려주었다. 가족들은 말없이 이야기에 귀를 기울였다.

우리는 이튿날 아침에 일찌감치 길을 나서서 오솔길로 나가 아빠가 곤티와노라고 부르는 숲 지대로 향했다. 그곳은 굽이굽이 흐르는 개울물에 깎인 협곡 지대로, 깊은 밤이면 봉관조의 노랫소리가 울려 퍼지는 곳이었다.

　"당신네 백인들은 걸을 때 소리를 많이 내요." 에몬타이가 그 좁은 오솔길에서 나를 미끄러지듯 스르륵 지나가며 말했다. 나는 어깨에 작은 배낭을 메고 치차가 담긴 노란색 양동이도 들고 갔다. 기만 보니 그 양동이가 예전에 내가 다멘타로로 이어지는 오솔길을 가며 가지고 갔던 바로 그 양동이인 것 같기도 했다.

　"이 사람한테 좀 가르쳐 주지 그래."

　"코오리에게 사뿐사뿐 걷는 법을 가르쳐 주라고!" 에몬타이가 창과 바람총을 어깨에 걸쳐 메고 숲속으로 모습을 감추며 말했다.

　우리는 늦은 오후에 얕은 개울의 굽이진 곳에 있는 작은 개간지에 이르렀다. 몇 달 전에 야영을 했던 흔적들이 보였다. 검은 재와 불에 탄 장작, 야자 잎 지붕, 가지런히 쌓아 정글 덤불로 덮어놓은 야생 페커리 뼈 무더기.

　나는 숲에서 이 지대로는 처음 와봤다.

　"여기는 저희 부모님의 사냥 캠프 중 한 곳이에요." 내가 미치에게 말하며 배낭과 노란색 양동이를 내려놓았다.

　그의 얼굴은 발갛게 달아올랐고 셔츠는 땀으로 흠뻑 젖어 있었다. 고무장화를 신고 있는 발을 아파하는 기색도 보였다.

　부모님과 내 형제자매들은 소리도 없이 조용히 숲속으로 흩어져 장작과 덤불과 천막 막대들을 모으러 갔다.

"목마르지 않아요? 내 치차 좀 마실래요?" 내가 물었다.

"이곳은 신성한 느낌이 드네요." 그가 조롱박 그릇 위쪽에 입을 대고 후후 불며 말했다. "이 숲에서 가장 달콤한 치차로군요, 그렇죠?"

"그냥 마셔요." 내가 웃으며 대꾸했다.

그가 조롱박 그릇을 기울여 내 치차를 맛깔스럽게 쭉 들이키다 방긋 웃으며 내가 전에 해줬던 말을 떠올리며 말했다. "야생 꿀과 큰부리새의 혀."

"그냥 마시라고요!"

"마코앵무의 혀와 정제 설탕이 아닌 거 맞죠?" 그가 소리 내 웃다가 치차를 더 들이켰다. "아무튼 내가 지금껏 맛본, 가장 달콤한 치차인 건 확실해요!"

밤의 어둠이 내리면서 달 없는 정글의 암흑이 주위의 모든 것을 집어삼켰고, 우리 사냥 캠프 한가운데의 작은 모닥불만이 빛을 내고 있었다. 한밤중에 이렇게 숲의 고동치는 심장 속에 들어와 있는 것도 수년 만의 일이었다.

"누나의 코오리를 야간 사냥에 데려가려고 해." 에몬타이가 막대기로 불을 쑤시며 말했다.

"그냥 쉬게 놔둬." 엄마가 뜻밖의 애정 어린 어조로 말했다. "무슨 일이라도 생기면 어쩌려고?"

에몬타이가 속삭였다. "그래야 저 남자가 누나에게 괜찮은 짝인지 알 거 아니에요." 불꽃의 그림자가 어른거리는 에몬타이의 얼굴에 단호한 표정이 어려 있었다. "저 사람은 시에코파이족, 코판족, 시오나족 사람들과 지내면서 그동안 그 사람들과 사냥을 해왔대요.

자기 입으로 직접 그랬어요."

에몬타이가 벌떡 일어서면서 얼굴이 불꽃 위쪽의 어둠에 묻혀버렸다.

"미치, 준비됐죠?" 에몬타이가 소곤소곤 물었다.

"우우우우우." 미치가 자기 배낭을 뒤적거리며 뭔가를 찾았다.

"뭘 찾는데요?" 내가 조급한 마음에 물었다. 에몬타이는 이미 소리도 없이 개울 쪽의 오솔길로 사라진 뒤였다. "와오라니족 사냥꾼은 누구든 기다려 주는 법이 없어요."

"칼이랑 헤드램프요!" 미치가 장화에 발을 찔러 넣고 허둥지둥 오솔길을 내려갔다. 밝은 흰색 빛으로 그가 숲을 이리저리 어수선하게 돌며 헤매고 있는 것이 고스란히 보였다.

우리는 말없이 불가에 둘러앉아 있었고 아빠는 사냥 캠프까지 우리를 따라온 사냥개 두 마리를 발치에 꼭 붙잡아 두고 있었다. 미치의 작은 말소리가 점점 희미해졌다. 물, 바위, 진흙을 밟는 장화 소리도 개구리 울음소리, 협곡 능선에서 들려오는 짐승들의 울부짖는 소리, 트롬본 연주 소리처럼 듣기 좋은 봉관조의 지저귐 소리 '이이-이이-티디-크룸프, 이이-이이-티디-크룸프'에 차츰 묻혀갔다.

"저 새들의 노랫소리가 그리웠어요." 내가 침묵을 깨며 말했다.

"곤티와 말이냐?" 아빠가 사냥개 한 마리의 목을 쓰다듬어 주며 물었다. "코판족 사람들의 숲에는 곤티와 새가 없어?"

"없어요. 온통 유정과 발전기와 선외 모터 소리뿐이에요. 도로변의 정착촌에 있는 나이트클럽에서 쾅쾅거리는 음악 소리도 시끄럽고요. 아빠도 듣기 싫어하실 거예요. 이곳도 그렇게 된다면요."

오피 오빠가 불가에서 몸을 웅크리며 눈을 감고 있다가 바스락거리며 잠에서 깼다. "우리는 운이 좋았어요. 아직 여기에는 그런 일이 일어나지 않았으니까요. 하지만 조만간 그렇게 될 거예요."

"그게 무슨 말이니?" 엄마가 마지막 남은 볼락의 포슬포슬한 흰 살 덩어리를 개들이 있는 땅바닥 쪽으로 던져 주며 물었다.

"전에도 정부가 오일 라운드에 우리 숲을 경매에 내놓으려 했는데 그때는 너무 욕심을 부렸어요. 석유 수익에서 너무 큰 몫을 챙겨 가려고 욕심을 내는 바람에 석유 회사들이 우리 땅에 입찰도 안 했죠."

나는 퍼뜩 깨달았다. 부족의 리더가 되겠다고 마음먹은 사람이 오빠보다도 상황을 잘 모르고 있다는 생각이 들었다. 나는 우리 숲을 위협하고 있는 오일 라운드에 대해 제대로 잘 모르고 있었다.

"그럼 이제 정부가 석유 회사들에 우리 땅을 팔 수 없는 거야?" 엄마가 물었다.

오피 오빠가 다리에 앉은 모기를 잽싸게 내리쳤다. 오빠의 손바닥이 자기의 피로 얼룩졌다. "모기가 우리 피를 먹고 사는 것처럼 정부는 숲의 석유를 먹고 살아요. 우리 땅을 다시 팔려고 시도할 거예요. 시간문제일 뿐이에요."

"그러니까……." 내가 말하다 끊고 모닥불을 빤히 쳐다봤다. "그러니까 사람들을 단결시켜서 우리 땅을 지켜야 해. 코판족, 시에코파이족, 시오나족 부족도 우리와 똑같아. 그 사람들도 정령들과 연결돼 있어. 조상들과 이야기를 하고 숲을 존중해."

"그리고?"

"그리고 석유에 대해서도 잘 알아."

그 순간 나와 처음 만났던 날 에메르힐도가 했던 말이 기억났다.

석유는 파멸을 가져온다던 그 말이.

"그 사람들은 아주 많은 것을 잃었어." 내가 떨리는 목소리로 말을 이었다. "그래서 우리에게 깨우침을 줄 수 있어. 우리는 그 사람들의 이야기를 통해 배우고 그들에게 싸워나갈 의욕을 일깨울 수도 있어. 아무리 그 사람들이 모든 걸 잃었더라도."

오피 오빠가 불 쪽으로 몸을 구부리며 무거운 숨을 내쉬었다. "정부와 회사들은 돈, 변호사, 무기를 비롯해 별의별 기술을 다 가지고 있어. 우주에 떠 있는 위성으로 지금 우리를 지켜볼 수도 있다고!"

"이 나무 사이도 뚫고 볼 수 있다는 거야?" 아빠가 걱정스러운 목소리로 말했다.

"그건 아니에요." 오피 오빠가 코웃음을 쳤다. "제가 하려는 말은 우리 조상들처럼 창을 가지고 회사들과 맞서 싸울 순 없다는 얘기에요."

"연대야." 내가 선언조로 말하며 타고 있는 장작을 흩뜨리는 아빠의 모습을 지켜봤다. 아빠는 불을 끄면 위에서 지켜보는 눈이 우리를 못 볼 거라고 생각하는 것 같았다. 갑자기 캄캄해진 그 어둠 속에서 붉은 잔불이 반딧불이처럼 반짝거렸다. "우리 부족들끼리 연대를 맺으면 어떨까?"

"연대를 맺어서 뭘 할 건데?" 오빠가 물었다.

"전사로서 힘을 합치고, 서로에게 배우고, 서로를 위해 싸우는 거야. 그리고 코오리들의 도구를 활용해 우리의 영토와 우리의 삶을 지키는 거야."

나는 생각만 해도 심장이 두근거렸다. 다 같이 잠자리에 들 때까지 머릿속이 이런저런 생각으로 바쁘게 돌아갔다. 나는 내 모기장 안으로 들어가 여분의 셔츠와 마른 잎으로 베개를 만들고 딱딱한 땅 위로 누우며 담요를 덮었다.

"네몬테." 꿈결에 아빠의 소곤거리는 목소리가 스르륵 파고 들어왔다. "코판족, 시에코파이족, 시오나족 사람들은 뭘 먹어?"

"네?"

"그 사람들이 사는 숲에 동물들이 있어? 강에는 아직 물고기가 있고?"

"아니요." 내가 이미 반쯤은 꿈나라에 빠져든 채로 대답했다. "석유 회사에서 강에 기름을 유출하면 사람들에게 참치 캔, 쌀, 렌틸콩, 식용유 따위의 먹을거리가 담긴 작은 봉투를 나눠줘요."

엄마가 코웃음을 쳤다.

나는 몰려오는 잠과 싸우며 옆으로 돌아누웠다.

"아빠, 재규어가 저에게 말을 했어요."

아빠가 숨을 깊이 들이쉬었다.

"그래서?"

"저는 전사가 될 거예요. 사람들을 단결시킬 거예요."

마음 아픈 침묵이 흐르며 약하게 타닥거리는 잔불 소리와 잠든 엄마의 낮은 숨소리가 그 깊은 숲을 채웠다. 나는 점점 잠결에 취해 갔다.

"지혜." 내가 속삭였다. "우리에겐 아빠 같은 사람들의 지혜가 필요해요. 우리 연장자들의 지혜요."

뒤이어 나는 잠에 빠져 협곡의 골짜기에서 울려 퍼지는 곤티와 새 수천 마리의 지저귐 소리 위로 둥둥 떠다녔다.

첫새벽, 사냥개들이 시끄럽게 짖어대는 소리와 야영지 뒤쪽의 오솔길을 묵직하게 내딛는 미치의 물 먹은 장화 발소리에 눈을 떴다.

"이런 제길!" 미치가 격앙된 목소리로 외쳤다. "이 악어 아직도 살아 있어요."

오피 오빠가 잠에서 깼다. "대체 무슨 일이야?"

나는 내 헤드램프를 찾아 더듬거렸다. 아직 너무 어두워 앞이 잘 보이지 않았다. 자욱한 연기 속에서 숲에 희미한 빛이 어른거렸다. 나는 잠에 취한 채 맨발로 차갑고 축축한 땅을 걸어 웅성거리는 개울가로 향했다.

"아직도 씰룩거리고 있어요!" 미치가 혀를 내두르며 말했다.

"그게 뭐예요?"

"누나의 코오리가 악어를 죽였어." 에몬타이가 히죽히죽 웃으며 말했다. "그런데 이 녀석이 개들 소리에 놀라서 다시 살아났어."

나는 미치 옆으로, 얕은 물가에 무릎을 구부렸다. 악어는 길이가 1.5미터 정도 됐고 머리가 없었다.

"머리는 어떻게 된 거예요?"

미치가 대답했다. "내가 녀석을 창으로 찔렀어요. 창으로 찔러 죽였다고요. 그런데도 자꾸 이를 딱딱거리기에 우리가 머리를 잘라 버린 거예요."

"그다음엔요?" 내가 웃으며 물었다.

"내가 녀석을 어깨에 들쳐 메서 끌고 왔죠. 그런데 야영지에 다 왔을 때 개들이 짖어대는 통에 이 악어가 다시 살아났어요."

오피 오빠가 씰룩거리는 그 머리 없는 악어의 꼬리를 집어 올리더니 자지러지게 웃어 젖혔다.

"악어 고기 좋아해요?" 미치가 갑자기 나에게 물었다.

"그다지 좋아하지는 않아요." 내가 솔직히 말했다.

"네몬테는 팬케이크를 좋아하지롱." 오피 오빠가 놀려댔다. "아주 아주 옛날에 선교사 여자애랑 팬케이크를 만들기도 했지요!"

햇빛이 이슬과 안개를 태워 없애버린 오전 중반 무렵 우리는 모닥불에 둘러앉아 그 악어의 질긴 흰살 고기로 아침을 먹었다. 까맣게 태운 가죽은 개들의 먹이로 주었다.

"정말이야?" 나탈리아가 훈연된 악어의 앞다리를 작은 손에 들고 소심하게 속닥였다.

"뭐가?" 내가 되물었다.

"저기 저 미치가 사람이라는 거?"

나는 웃음을 참으려 애쓰며 말했다. "그게 무슨 말이야, 동생?"

"악어를 사냥하면 우리와 같은 사람인 거냐고, 맞아?"

엄마가 까르르 웃음을 터뜨렸다. 아빠는 고기 조각에 사레가 걸려 캑캑거렸다.

"당신은 이제 사람이에요. 나탈리아가 당신이 우리와 같은 사람이라고 그러는데요!" 에몬타이가 히죽히죽 웃으며 말했다.

오피 오빠는 폭소를 터뜨리며 미치의 등을 찰싹 때렸다.

"저 사람이 악어를 어떻게 잡았는지 얘기해 줘." 나탈리아가 신나 하며 속닥였다.

에몬타이가 이야기를 들려주었다. "저 사람이 내 뒤를 바짝 따라서 조용히 숲의 어두컴컴한 골짜기로 들어갔어. 훌륭한 menki(멩키)처럼."

가슴속에 기쁨이 솟아올랐다. 멩키는 와오라니어로 매형을 뜻하는 말이었다. 나는 코오리를 내 마음속에 받아들였고 내 가족은 그런 그를 우리의 삶에 받아들인 것이었다. 사랑은 전사가 걸어갈 여정의 한 부분이었다.

20
연대

우리는 엉켜 있는 송유관들 옆의 세이보 나무 그늘로 들어가 서 있었다. 송유관들이 거품으로 뒤덮인 개울을 가로지르며 철컥거리는 소리를 내고 있는 그곳은 예전까지만 해도 시오나족과 시에코파이족 사람들의 사냥터였다.

우리 발아래의 붉은 진흙 위에서 내 팔뚝 크기의 은빛 메기 한 마리가 몸부림치며 떨고 있었다. 우리는 그 메기를 절단해 라벨을 붙여서 드라이아이스가 담긴 미치의 아이스박스에 넣으려는 참이었다.

"생농축(반복적인 노출이나 섭취로 말미암아 생체 내에 독성 물질이 축적되는 현상-옮긴이)이에요." 미치가 말했다. "이 물고기를 멀리 떨어진 바다 건너편의 연구소로 보낼 생각이에요. 증명되었다시피 현지 연구소들은 진실대로 말해줄 거라고 믿을 수가 없잖아요. 이 물고기의 살에 금속 물질과 독소가 축적되어 있다면 그 스페인 연구소는 사실을 그대로 말해줄 거예요."

플로르가 나무의 덩치 큰 노출 뿌리에 기대어 있었고 나는 그녀의 옆에 웅크리고 있었다. 그 자리엔 내 새로운 친구들인 에르난, 델핀, 에메르힐도가 모두 와 있었고 이번엔 오피 오빠도 함께였다.

나는 일어섰다.

"할 말이 있어요." 내가 남자들과 메기가 있는 쪽으로 걸어가며 입을 뗐다. 여러 연구소에 도움을 호소하는 이번 일은 내 안에 새로운 분노를 깨웠다. 오피 오빠가 그 분노를 알아보고 패기와 두려움이 뒤섞인 눈빛으로 나를 쳐다봤다.

"우리를 좀 봐요." 말을 이어가려니 목소리가 떨려왔다. "지금 우리는 그저 연구소에서 저 물고기를 살펴보고 우리가 이미 알고 있는 사실을 알려주길 바라고 있어요."

에르난이 고개를 갸웃하며 가늘게 뜬 눈으로 나를 냉소적으로 쳐다봤다.

"석유 회사들은 이곳의 물, 물고기, 땅을 오염시켰어요. 우리 땅에 묻힌 석유를 가로채 가면서 우리 부족 사람들을 거지로 내몰고 있어요!"

가슴속에서 심장이 쿵쾅거렸다.

"콤파녜라compañera(동지) 플로르의 말이 맞았어요! 이제 더는 못 참아요! 이보다 더 적극적인 행동에 나서야 해요!"

에르난이 그 메기 위로 다시 몸을 구부리며 오빠에게 계속 살점을 베어내라고 부추겼다. 나는 그가 나를 무시하고 있는 건지, 내가 그를 거북하게 만들고 있는 건지 분간이 안 됐다. 하지만 내 의견을 대수롭지 않게 여기는 것 같긴 했다. 여자의 의견은 들으나 마나라는 듯한 그런 태도에 나는 더 큰 분노가 치밀었다.

"당신들 남자들은 자신을 전사라고 말하길 좋아하죠!" 내가 목청 높여 말했다. "그런데 석유 회사들이 당신들의 어머니를 무너뜨리는 걸 가만히 지켜보고만 있다면 그런 전사의 힘이 무슨 소용이 있죠?"

델핀 옆에 웅크리고 있던 미치가 나를 유심히 지켜봤다.

"자, 어떻게 생각하는지 말 좀 해봐요." 내가 에르난과 오빠를 노려보며 따졌다.

"듣고 있어요." 에르난이 말했다.

"그래요?"

"그래요." 그가 들릴 듯 말 듯 작게 말하며 나와 눈이 마주치길 피했다. "내 부족의 문화에서는 여자가 목소리를 높이면 세상이 잘못 돌아가고 있는 것으로 봐요."

플로르가 코웃음을 치며 땅바닥으로 침을 탁 뱉더니 마체테로 붉은 흙을 후려쳤다.

"엿같이 맞는 말이네요. 지금 세상이 잘못 돌아가고 있는 게 맞지 않아요?" 내가 말했다. "회사들이 모든 걸 파괴하고 있는데 우리는 여기 오염된 강의 강둑에서 메기 내장이나 발라내면서 코오리의 연구소들이 또다시 우리를 속일 기회를 주고 있으니 말이에요!"

"그래서 하려는 말이 뭔데요, 콤파녜라 네몬테?" 에메르힐도가 물었다.

"회사들과 싸워야 한다는 얘기예요. 정부와 싸워야 한다고요!" 내가 크게 외쳤다. "그 사람들을 막아야 해요!"

에르난이 땅바닥에서 마른 잎 하나를 집어 들더니 손가락 사이에 끼워 신경질적으로 문지르며 말했다. "그럼 현실적인 문제를 묻죠. 대체 뭘 어떻게 하자고요?"

나는 당당하게 어깨를 쫙 펴고 숨을 깊이 들이쉬었다.

"우리 부족들끼리 연대를 하는 거예요."

"연대요?"

"정치인들과 회사들이 마을을 여기저기 돌아다니며 거짓 약속을 하면서 우리를 속여 우리 땅에서 도둑질을 해가고 우리를 가난하게 만들고 있어요. 우리도 부족 공동체들을 돌아다닙시다. 단, 우리는 그 부족 사람들의 말에 귀를 기울여 줘야 해요!"

다들 놀라서 할 말을 잃었다.

얼마쯤 후 어느새 내 옆으로 와서 서 있던 플로르가 말했다. "맞는 말이에요! 우리 부족 사람들은 이제 짓밟힘을 당하는 일도, 회사와 정부가 애들한테 주듯 찔끔찔끔 내주는 원조 물품을 기다리는 일도 아주 진절머리가 난다고요."

나는 오피 오빠를 쳐다보며 내 편을 들어주길 기대했지만 오빠는 여전히 말이 없었다. 아빠의 눈빛처럼 쓸쓸한 눈빛만 띠고 있었다.

델핀이 헛기침을 하며 뭔가 말하려는 내색을 내비치더니 피우던 담배를 발로 밟아 끈 후 속삭이듯 낮게 말했다.

"시초엔 이 세이보 나무의 가지들이 숲의 강을 만들고, 목화는 불이 되면서 모든 동물과 사람들이 이 거대한 나무의 보호를 받으며 잘 살았지."

"우리도 이 세이보 나무와 다르지 않네요." 에메르힐도가 생각에 잠기며 말했다. "뿌리는 여전히 강하지만 혼자이니."

"그 연대를 세이보 나무의 연대라고 하면 어때요!" 오피 오빠가 말했다.

"좋아요!" 플로르가 탄성을 질렀다.

"세이보 연대라!" 에르난이 생긋 웃었다. "듣기 좋은데요."

"이 숲이 그 수백 년의 정복을 어떻게 견디고 살아남았을까요?" 내가 물었다. 목소리가 바람에 실려 떠오른 목화솜처럼 고양되었다. "이곳 유전 지대에서조차 미풍이 숲의 씨앗을 멀리까지 널리 널리 퍼뜨려 주고 있어요."

"좋아요." 에르난이 심각한 어조로 말했다. "우리 부족 공동체들을 다니며 사람들에게 필요한 게 뭔지 물어보고 나면, 그다음엔요……?"

"그 사람들에게 필요한 걸 물어보자는 게 아니에요." 내가 말했다. "그들이 무엇을 꿈꾸는지 묻는 게 중요해요. 뭐가 필요하냐고 물으면 돈과 이런저런 물건을 얘기할 거예요. 회사들과 정부에 그렇게 길들여졌으니까요."

플로르가 말했다. "그자들이 우리 종족을 거지가 되도록 길들였죠."

"하지만 우리가 꿈에 대해, 그들 부족 공동체의 이상을 물으면 신성한 것들과 자신이 사랑하는 것들을 얘기할 거예요."

"맞는 말이야." 연장자인 델핀이 손자를 힐끗 보며 나직이 말했다. "정말 맞는 말이야."

에르난이 양손을 마주 잡으며 고개를 끄덕였다. 그런 모습을 보니 그는 자신이 대학에서 배운 그 어떤 지식보다 할아버지의 지혜를 더 존중하는 것 같았다.

그때 에메르힐도가 킥킥 웃으며 농담을 했다. "세이보 연대로 사람들을 단결시킬 계획이라면 이제 이 물고기를 바다 건너 연구소로 보낼 게 아니라 우리가 먹고 힘내야 하는 거 아니에요?!"

상처 입은 숲의 한복판에 있는 그 세이보 나무 아래에 서 있던 우리 모두에게로 희망에 찬 웃음소리가 물결처럼 번져나갔다.

그날 밤, 나무로 지은 방갈로의 양철 지붕 위로 못이 쏟아지듯 비가 요란하게 내리쳤다. 나는 꿈속에서 두 손으로 배를 잡고 와들와들 떨고 있었다.

새끼 부채머리수리가 내 품에서 떨고 있었다. 그 새끼 암컷은 내가 알고 있던 그 어떤 생명체보다 아름다웠다. 깃털이 보들보들하고 하얬으며 머리에는 깃털이 없었다. 나는 그 수리를 내 가슴 쪽으로 끌어안았다. 수리가 내 심장박동 소리에 귀를 기울였다. 나는 노래를 불러주었다.

"그 새끼를 무엇으로 먹여 살리려느냐?" 어떤 목소리가 나에게 물었다. "먹을 것을 찾아야지!"

숲이 반짝거렸다. 나는 잎으로 덮인 오솔길을 따라 좁은 개울로 갔다. 그곳에서 통나무에 앉아 그 부채머리수리에게 아이의 원피스를 감싸주었다. 솔기가 뜯겨 있고 햇빛과 플랜테인과 연기와 시간으로 얼룩진 푸른색 원피스였다. 사방에서 사람들이 나타났다. 온 도시에서, 온 부족의 사람들이 왔다. 그들은 서로 친구이면서 낯선 사이였다. 다들 그 새끼 부채머리수리를 보고 싶어 했다. 먹을 것을 주고 싶어 했다.

눈을 떴을 때 여전히 비가 지붕을 마구 내리치며, 유정과 그 근처의 발전기가 일으키는 위협적인 윙윙 소리를 덮어주고 있었다. 꿈이 전하는 진실에 몸이 부르르 떨렸다. 미치는 내 옆에서 깊은숨을 내쉬고 있었다.

"왔니, 아가야?" 내가 내 배를 어루만지며 속삭였다. "지금 내 안에 있는 거니?" 어느새 눈물이 흘러내렸다.

"비가 정말 쏟아져 내리네요." 미치가 잠에서 깨며 속삭였다. "괜찮아요?"

나는 아무 말도 하지 않았다.

"우는 거예요?"

"우우우우."

"꿈꿨어요?"

"우우우."

꿈을 통해 알게 된 그 일을 그에게 말하기가 겁났다. '그가 나를 정말로 사랑하는 게 아니면 어쩌지? 이 아이를 받아들여 주지 않으면? 나를 떠나면 어떡하지?'

"수많은 별, 무슨 꿈이었어요?"

"별 꿈 아니에요." 의도치 않게 목소리가 차갑게 나왔다. "말해줘도 안 믿을 거예요."

미치는 상처를 받고도 별 내색 없이 이렇게 말했다. "어제저녁에 내가 무슨 생각 했는지 알아요?"

"무슨 생각을 했는데요?"

"남자들이 그동안 당신 같은 여자를 잘 몰라보고 있었다는 생각이요."

"그게 무슨 말이에요?"

"이 땅으로 석유 회사들이 헬기와 트럭을 몰고 오고, 벌목업자들이 전기톱을 가지고 오고, 정착민들이 소를 데리고 왔어요……."

차가운 돌풍이 방충망 틈을 비집고 우리 침대로 불어와 나는 담요를 목까지 올려 덮었다.

"……문명이 폭풍우처럼 다가왔죠. 그래서 남자들은 마음속으로 두려움을 갖게 되었어요. 가족을 지키지 못할까 봐요. 하지만 당신은 두려워하지 않아요."

나는 숨을 깊이 내쉬며 내 안에 깃든 생명을 두 손으로 안았다.

미치가 말을 이었다. "당신은 그 폭풍우를 비웃고 있어요. 당신의 웃음소리는 번개 같아요."

나는 미치의 손을 내 배에 가져다 대고 꾹 눌렀다.

"당신이 전에 백인들 세계의 도구로 우리 땅을 지키는 것에 대해 얘기했었죠."

"그런데요?"

"내 생각엔 세이보 연대를 세울 생각이라면 팀을 만들어야 할 것 같아요. 자원을 모으고 그 도구의 사용법을 가르쳐 줄 만한 코오리들로요."

나는 그가 맞다는 걸 알면서도 또 한편으론 그가 맞지 않길 바랐다. 비아 막수스에서 코페 고모가 했던 말이 생각나서였다. 코오리들은 도우려 나서는 이들도 나중에는 결국 해를 가한다는 그 말이.

"그게 무슨 말이에요?"

"세이보 연대와 함께 싸워줄 코오리들을 모으면 어떻겠냐는 거예요."

"변호사 같은 사람들요?"

"도시에서 책상 앞에 앉아 일하는 그런 변호사들 말고요. 사회운동가들을 모으면 어떨까 해요. 오일 로드와 이 숲 쪽으로 와서 지내며 함께해 줄 그런 사회운동가들이요."

이제는 비가 방갈로의 지붕을 세게 때리고 있었고 배에 얹어놓은 손의 손바닥으로 고동치는 내 심장박동이 느껴졌다.

내가 말했다. "하지만 우리의 말을 잘 들어주는 사람들이어야 해요. 코오리들은 대부분 들어줄 줄을 모르잖아요."

미치가 갑자기 침대에서 일어나 앉았다. 생각으로 머릿속이 분주한 기색이었다.

"문명의 핵심이자 전기톱과 헬기가 만들어지는 곳인 도시의 코오리들을 모아야 해요! 점령의 최전선으로 와서 지내며 당신들의 얘기에 귀 기울이고 당신들에게 배울 의지를 가진 사람들, 숲을 파괴하는 그 돈과 법과 기술을 숲을 지킬 도구로 세이보 연대가 바꿀 수 있게 도와줄 방법을 아는 그런 사람들이 필요해요."

미치가 침대에서 일어나 창가로 갔다. 비 내리는 저 멀리에서 유정의 윙윙거리는 소리가 들려왔다. 그는 머릿속으로 미래를 그리고 있었지만 내가 배 속에 우리의 아이를 품고 있다는 사실은 까맣게 몰랐다.

"이곳은 내가 어렸을 때 사람들 사이에서 아미사초 숲의 한 지대로 통했어요." 에메르힐도가 나와 플로르에게 말했다.

때는 이른 저녁이었다. 미치는 오피 오빠, 에르난과 같이 플라스틱 탁자 위로 몸을 숙이고 있었다. 세 사람은 프로젝터의 엉켜 있는 케이블을 풀고 그 출력 단자에 붙어 있는 거미줄과 나방의 날개를 제거하는 중이었다.

"그러다 석유 기업에서 우리 땅 밑의 석유를 발견하고 숲을 가로지르는 도로를 내면서 정착민들이 떼 지어 몰려들어 갑자기 여기저기에 도시가 생겨났어요. 그리고 그 회사에서 이 땅에 라고 아그리오라는 이름을 붙였죠."

"그들이 숲만 도둑질한 게 아니라 이름까지 가로챈 거네요!" 플로르가 격앙되어 외쳤다.

"맞아요." 에메르힐도가 한숨을 내쉬었다. "라고 아그리오, 그러니까 영어로 사워 레이크Sour Lake는 미국의 그 석유 회사가 세운 도시의 이름이었어요. 텍사스라는 곳에 있는 도시, 사워 레이크요."

"아미사초는 무슨 뜻이에요?" 내가 물었다.

"코판어로 강가에 떼지어 자라는 사탕수수를 뜻하는 말이에요. 우리 부족 여자들은 그 사탕수수로 갓 태어난 아기의 탯줄을 잘랐어요."

나는 본능적으로 두 손을 배로 가져가 리듬 있게 실룩이는 미세한 움직임을 느꼈다. 에메르힐도가 그런 내 행동을 눈치채서 내가 얼굴을 붉혔지만, 그는 아무 말도 하지 않았다.

프로젝터에서 윙윙 소리와 함께 빛이 나오며, 집회 장소의 대들보에 걸어둔 화이트보드를 비추었다. 오피 오빠는 열의에 들떠 눈을 반짝이고 있었다.

"됐어요, 그럼 이제 정부에서 작성한 우리 땅의 지도를 봐봅시다."

나는 생각에 잠겨 에메르힐도를 쳐다보며 그의 지난 시절 모습을 상상해 봤다. 소년 시절 숲의 오솔길을 뛰어다니다 청년이 되고 난 후 마을 주변이 황폐화되어 가는 광경을 눈앞에서 지켜보고 그 이후엔 아버지로서 자식들의 죽음을 맞아 애통해하는 모습이 그려졌다. 나는 에메르힐도가 미국의 석유 회사를 상대하는 소송에서 중요한 리더가 되었다는 사실을 알았지만 자세한 내용은 잘 몰랐다.

"그 석유 회사와의 소송이 아직도 진행 중인가요?" 내가 물었다.

"네." 에메르힐도가 한숨을 내쉬며 말했다. "내가 새치도 생기기 전부터 계속되고 있었는데 여전히 제자리걸음이네요."

슬픈 얼굴을 하고 있는, 플로르의 수수께끼 같은 남편 우고 파야과헤가 집회 회관의 구석에서 담배를 피우고 있다가 경멸조로 외쳤다. "쳇! 얼어죽을 소송! 그 먼 곳에서 뭐하자는 건지."

"그게 무슨 말이에요?" 내가 물었다.

"숲이 비명을 지르고 있는데 백인 변호사들은 아직도 그 멀리 떨어진 법정에서 돈 문제 같은 걸로 말씨름이나 벌이고 있으니 하는 말이죠."

"우리가 변호사라면 말이에요." 오피 오빠가 평상시와 달리 허세기를 내보이며 끼어들었다. "재규어와 정령들을 불렀을 거예요……. 법정에 이 숲 전체를 불렀을 거예요."

나는 미치를 힐끗 봤다. 나는 그의 비전을 믿었지만 그에 대한 확신이 서지 않기도 했다. 지금까지 진정성 있게 들어주는 코오리를 만난 적이 별로 없었기에. '저 사람이 모은 팀이 지금 오빠가 말하는 그런 일을 도와줄까? 우리의 싸움이 백인들이 우리를 위해 대신 벌이는 요원한 싸움으로 변질되지 않도록 해줄까?'

432

에르난이 벌떡 일어나더니 헛기침을 했다. 그는 우리들 중에 가장 실용적인 사람이라 매사에 계획을 세워 현실적인 목표를 정하길 원했다. 화이트보드에 우리 땅의 지도를 비추고 있는 프로젝터의 흐릿한 빛 사이로 시커먼 파리들이 획획 날아들고 모기들이 맴돌았다.

"이건 정부에서 만든 상류 지대의 지도예요." 그가 입을 뗐다. "여기가 강의 주요 본류이고 이 검은 선이 에콰도르, 페루, 콜롬비아의 영토를 가르는 정치적 국경선이에요."

우리는 의자를 슬슬 끌고 앞으로 가서 앉았다. 그 지도를 보니 어디가 어딘지, 방향 감각이 둔감해졌다. 나는 우리 땅을 이런 식으로 보는 게 처음이었다.

"우리 마을들은 어디에 있어요? 우리 영토는 어디예요?" 내가 물었다.

"그건 우리가 그려야 해요. 정부에서 지도에 표시하지 않았어요."

에르난이 대답해 준 후 아구아리코 강 쪽에 신중히 작은 원을 그린 다음 하류로 더 멀리 떨어진 위치에 더 큰 원을 그렸다.

"할아버지에게 들었어요. 오래전에 우리 종족은 수가 많았다고요. 이 광활한 지대의 숲 곳곳에서 자유롭게 살았대요. 나무껍질로 만든 하얀색 튜닉을 입고 우리의 자생종 옥수수를 키우며, 동물들과도 얘기를 나눌 수 있었고……."

그의 목소리가 차츰 떨려왔다. 그에게 그런 면이 있는 줄은 그때 처음 알았다.

"그러다 고무 수액 채취업자들이 우리를 노예로 삼았고, 전쟁이 우리의 터전을 잃게 했고, 질병이 우리를 죽였어요. 그러다 결국엔

적은 수만이 남게 되었죠. 바로 그때 선교사들이 와서 우리를 이곳에 정착시킨 거예요……."

그가 라고 아그리오 하류 쪽의 그 작은 원을 가리켰다.

"페루에 아직도 시에코파이족 사람들이 살고 있지 않아요?" 오피 오빠가 물었다.

"별로 많지 않아요. 우리는 국경선 때문에 서로 생이별을 겪고 있어요. 우리 부족의 어르신들 중에는 어렸을 때 이후로 친척을 못 만난 분들도 있어요."

에메르힐도가 그 역사를 듣다 감응을 받아 벌떡 일어났다. "코판족 사람들도 똑같은 일을 겪었어요." 그가 손을 뻗어 매직펜을 집으며 라고 아그리오 주변의 숲에 작은 원들을 어지러울 정도로 잔뜩 그려 넣었다. "우리 땅은 도로 때문에 섬처럼 분리되었어요. 유전들로 에워싸인 숲속의 작은 섬에 떨어져 살고 있다고요."

"지금까지 그렇게 떨어져 살고 있다면 서로 연락은 어떻게 주고받아요?" 내가 물었다.

에메르힐도는 어깨를 으쓱했다. "버스나 카누를 타야 해요. 가끔은 여러 달, 심지어 여러 해가 가도록 다른 마을들과 연락도 없이 지내요."

나는 고개를 절레절레 저으며, 와오라니족 영토 전체의 마을을 거미줄처럼 이어주는 정글의 오솔길들을 떠올렸다.

"백인들의 세계는 우리가 갈라져 있어야 행복해지죠." 우고가 담배 하나를 더 꺼내 불을 붙이며 결론짓듯 말했다.

그때 플로르가 벌떡 일어났다. 나는 그녀의 열정과 분개심, 전사의 기질이 정말 좋았다. 그녀가 서로 아주 멀리 떨어진 원 세 개를 그려 넣었다.

"시오나족 사람들은 지금 멸종 직전이에요." 그녀가 분노에 치받아 절제되지 않은 목소리로 말했다. "그 이유는 굳이 인류학자들이나 정부 각료들이 와서 설명해 주지 않아도 돼요! 불 보듯 뻔하니까요. 여길 좀 보세요!"

목덜미로 오싹 한기가 흘렀다. 새나 개구리에게만 붙던 '멸종'이라는 말이 사람에게 쓰이는 건 처음 들어봤다.

"우고와 나는 이 강가에 사는데 이 강이 우리 부족 사람들을 죽이고 있어요. 그리고 이 늪지대의 여러 마을도 석유 회사들과 벌목업자들에게 침략당하고 있어요. 또 여기, 푸투마요 강 쪽에서는 우리 부족 사람들이 마약 밀매자들과 콜롬비아군 사이의 무력 충돌의 불똥에 휘말려 살고 있어요."

이번엔 오피 오빠가 조심스레 화이트보드 앞으로 갔다. 나는 우리 영토가 광활하고, 우리 부족이 코판족, 시에코파이족, 시오나족처럼 단절되지 않았다고 생각했다. 그러나 오피 오빠가 나포 강 아래에 위쪽이 둘로 갈라진 큰 타원을 그리는 걸 보고 나서야 현실이 내가 아는 것과 다르다는 것을 깨달았다.

"이곳의 면적은 100만 헥타르(1만 제곱킬로미터)예요." 오빠가 말했다. "와오라니족 영토죠. 우리 조상들은 창으로 이 모든 지역을 지켜냈어요."

도마뱀 한 마리가 화이트보드를 정신없이 후다닥 가로질렀다. 그 도마뱀 발 밑으로 보이는 비아 아우카와 비아 막수스 도로가 우리 땅을 깊숙이 베어놓고 있었다.

"그곳의 공동체는 몇 곳 정도인가요?" 에르난이 물었다.

"마을 수가 오십 개가 넘어요." 오피 오빠가 자랑스럽게 대답했다.

"와오라니족 영토에는 도마뱀이 많죠." 그 도마뱀이 100만 헥타르에 이르는 지대 부분을 후다닥 순식간에 가로지르자 에메르힐도가 웃으며 말했다.

오피 오빠가 매직펜을 미치 옆의 탁자에 놓았다. 미치는 컴퓨터 모니터를 들여다보며 뭔가를 타이핑하더니 마우스로 스크롤과 클릭을 했다. 우리는 빤히 지켜봤다. 곧이어 화이트보드의 이미지가 바뀌었다.

"이건 위성 지도예요." 미치가 설명했다.

"내가 말했었지!" 오피 오빠가 나에게 귓속말을 말했다. "코오리들은 우주에 위성이 있어서 모든 걸 볼 수 있다고."

그 순간 아빠가 어둠에 덮인 사냥 캠프에서 코오리들이 우리를 볼까 봐 타고 있는 잔불을 흩트려 놓았던 일이 떠올랐다. 어쨌든 아빠가 괜히 걱정을 했던 건 아닐지도 모른다는 생각이 들었다.

미치가 그 새로운 지도를 가리키며 말했다.

"이 갈색 표시들은 도시, 목장, 도로인데 모두 강탈당한 땅이에요. 그리고 초록색 표시는 당신들의 부족이 살고 있는 곳으로, 아직 숲이 그대로 유지되고 있는 지대예요."

"우리가 숲의 수호자들이군요." 플로르가 또랑또랑 말했다. "우리가 없었다면 숲이 하나도 남아 있지 않았을 거예요!"

이제 화이트보드에는 여러 도형과 선과 마을 이름 들이 뒤죽박죽 표시되어 있었다.

그렇게 얼마 후 우리는 그 지도상에 퍼져 있는 우리 부족들의 마을 수가 팔십오 개라는 점에 의견을 일치했다. 그 팔십오 개의 마을은 세 국가의 강 상류에 있는 곳들이자, 세 정부에서 돈벌이로 삼고 위성이 우주에서 내려다 볼 수 있는 갈색 표시의 지대로 바꾸려 구상하고 있는 곳들이었다.

그때 내가 조급한 마음으로 입을 뗐다.

"할 말이 있어요."

모두들 나를 쳐다봤다.

"세이보 연대가 우리의 싸움을 지탱시켜 줄 만큼 튼튼하고 깊게 뿌리 내리게 하려면 우리 부족들의 마을을 전부 다 돌아야 해요. 이 지도상에 자리한 공동체들 한 곳 한 곳을 모두 다요!"

나는 잠깐 말을 끊고 나의 새로운 친구들이자 나의 새로운 동료 전사들의 얼굴을 쭉 훑어봤다.

"그리고 또 우리 연장자들에게 꿈과 이상을 이야기해 달라고, 그분들의 지혜로 우리를 이끌어 달라고 부탁해야 해요."

"맞는 말이에요." 우고가 말했다. "젊은 사람들은 돈이며 이런저런 물건이 필요하다는 말밖엔 안 할 테니까요."

내가 그 말에 공감했다. "어렸을 때 할아버지가 문명은 보아뱀의 혀와 같다고 말해주셨어요. 우리를 혼란에 빠뜨리고 우리의 얼을 빼놓는 힘이 있다고요. 하지만 우리의 연장자들에겐 보아뱀의 혀보다 더 강한 힘이 있어요. 그분들이 우리에게 길을 알려주실 거예요."

21

우리 이야기

나는 마음 같아선 내 부족 사람들이 있는 땅부터 돌고 싶었다. 네몬파레의 마을로 돌아가 부모님에게 우리가 세우려는 연대에 대해 알려주고, 내 부족의 연장자들을 한자리에 모아 그분들의 꿈과 이상에 대해 듣고 싶은 마음이 간절했다.

하지만 와오라니족 영토는 우리 연대의 근원지인 아미사초에서 가장 멀리 떨어져 있었다. 그래서 우리는 가장 먼저 안데스산맥 기슭의 구릉 지대에서 급류를 타고 코판족부터 찾아갔다.

우리가 탄 카누가 급류를 헤치며 코판족이 사는 시낭고에 마을의 높이 솟은 숲 지대로 들어설 때 미치, 오피 오빠, 에르난이 카누의 측면을 꼭 붙잡고 웃으며 환호성을 질렀다.

에메르힐도는 위험한 물살에 신경 쓰며 내 옆에 앉아 있었다.

"당신에게 할 말이 있어요." 그가 조용히 말했다. "당신과 미치가 새끼 앵무새에게 야생 열매를 먹이는 꿈을 꿨어요."

나는 얼굴을 붉히며 그를 힐끗 쳐다봤다.

"코판족의 꿈은 절대 거짓말을 하지 않아요." 그가 다 안다는 듯한 어조로 부드럽게 말했다. "당신은 지금 임신 중이에요."

나는 급류에서 분사되고 있는 차가운 물보라로 손을 뻗으며 대답할 말을 찾았다.

"저 친구에게는 말했어요?"

나는 고개를 내저었다. 그에게 말하기가 두려웠다. 그가 어떤 반응을 보일지 겁났다. 사랑도, 꿈도 모든 게 다 끝장날까 봐 겁났다. 우리가 함께 꿈을 꾸지 않게 된다면 미치와 코오리 팀이 힘을 보태줄 새로운 연대의 구축은 어떻게 될지도.

큰 바위들의 보호를 받으며 강이 굽이도는 지점의 잔잔한 물로 카누가 미끄러지듯 들어섰다가 반들반들 윤이 도는 돌멩이들이 깔린 강변에 닿았다. 그곳에서 한 무리의 코판족 연장자들이 우리를 기다리고 있었다. 목에 빨간색 반다나(강한 햇빛을 가리거나 장식용 등으로 머리나 목에 두르는 얇은 천-옮긴이)를 매고 있었다. 어두운 주황색으로 물든 손바닥으로 미루어 볼 때 복숭아야자 열매를 잔뜩 먹은 모양이었다. 연장자들은 자신의 땅으로 찾아온 우리를 반가이 맞아주며 상류 쪽의 아름드리나무들을 가리켰다. 그리고 우리에게 밀렵꾼들과 벌목업자들 얘기부터 시작해 산에서 물에 쓸려 내려오는 황금에 대한 얘기도 해주었다. 그런 뒤엔 한참 동안 자기들끼리 그들의 말인 아잉게로 이야기를 나눴는데 그 언어는 유난히 콧소리가 많아 나이 많은 새들이 모여서 지저귀는 소리처럼 들렸다.

에메르힐도가 해석을 해주었다. "kukama(쿠카마)는 우리 말로 이방인, 그러니까 백인을 뜻해요. 연장자들은 코판족 젊은이들이 이제는 숲속을 걷지 않는다며 걱정하고 있어요. 젊은이들이 차츰 쿠카마처럼 생각하고 행동하면서 숲의 정령과 멀어지고 있대요. 연장자들에겐 그 문제가 가장 큰 걱정거리라고 하네요."

우리의 침묵은 그 심정을 뼛속 깊이 이해한다는 의미였다. 사실 그런 일이 온 마을의 젊은이들에게 일어나고 있었다. 심지어 우리에게도 일어나고 있는 일일 수도 있었다.

연장자들은 강철빛을 띠고 출렁거리는 강물의 가장자리에 웅크리고 앉아 계속 의논을 이어갔고, 얼마쯤 후 에메르힐도가 다시 입을 뗐다. "코판족 사람들은 정령이 숲에 생명을 주고 세상의 질서를 세운다고 봐요. 쿠카마는 그런 이치에는 무지해요. 황금, 석유, 돈에 대해 생각할 때만 눈을 반짝이죠. 코판족 젊은이들이 그런 쿠카마의 방식을 따른다면 숲의 정령들에게 어떤 일이 벌어질지는 모르겠지만 코판족의 세상이 끝나게 될 거라는 점은 확실해요."

다음으로 찾아가기로 한 부족은 시에코파이족이었다. 며칠 후 새벽, 수평선으로 시낭고에 산의 둘쭉날쭉한 능선이 흐릿하게 보이는 그 시각에 우리는 아과리코 강의 높은 강둑에 몸을 웅크리고 앉아 있었다. 시에코파이족 연장자인 델핀이 나무 덩굴줄기를 긁어내고 있었다. 델핀의 칼이 이른 아침의 햇빛을 받아 반짝였고 델핀이 그 야생 덩굴에서 긁어낸 걸쭉한 덩어리를 조롱박 그릇 속의 물에 넣고 으깨자 물이 윤기 도는 짙은 주황색으로 변했다.

델핀은 마치 조롱박 그릇에게 이야기를 하는 것처럼, 몰입된 어조로 속삭이듯 말했다. 손자인 에르난이 스페인어로 단숨에 그 말을 해석해 주었다. 오래전 늪에 어떤 위협적인 생명체가 나타났고,

시에코파이족 주술사들이 그 괴물을 물리치기 위해 영적 싸움을 벌였다는 이야기였다. 델핀이 이어서 말해준 이야기를 들어보니 그 괴물은 허상이 아니었다. 그 뒤에 고무 수액 채취업자들이 나타났고, 또 뒤이어 전쟁과 질병이 일어났다가 결국엔 시에코파이족의 근원지인 옛 땅을 빼앗겼다고 했다.

"요코 맛 좀 보시게." 델핀이 갑자기 이렇게 말하며 조롱박 그릇을 나에게 내밀었다. "네스카페보다 나을 게야."

나는 이 나무 덩굴을 여기에서 처음 봤다. 우리 땅에서는 자라지 않는 덩굴이었다.

"어떤 효험이 있나요?" 내가 물었다.

"머리를 맑게 해주고 몸에 힘이 생기게 해주지. 해가 뜨기 전에 꿈 이야기를 할 때나, 바구니와 해먹을 짤 때 마시기 좋아."

나는 꿀꺽꿀꺽 들이켰다. 몸이 뒤틀릴 만큼 맛이 썼는데도 신기하게 달콤함도 느껴졌다. 먹고 나니 입안이 말라오고 몸이 부르르 떨렸다.

우리는 말없이 서로에게 조롱박 그릇을 건넸다. 차가운 새벽빛 속에서 강물이 유리처럼 희미하게 반짝였다.

"anke(앙케)는……." 델핀이 말을 하다가 뜸을 들였다. 나는 그 말이 시에코파이족 언어인 파이코카로 백인을 뜻하는 말이라는 것을 이전에 들어서 알고 있었다. "앙케는 닭과 소만 먹고 맥주와 코카콜라만 마시지. 그래서 그렇게 몸이 물렁하고 정신이 혼미한 거야."

몸 안에서 열이 올라왔다. 손이 진득거리고 차갑고 속이 메스꺼워지면서 숨이 가빠졌다. 델핀 말이 맞았다. 이 요코는 네스카페와는 달랐다.

"이 숲은 우리 부족 사람이 잘 살아가기 위해 필요한 모든 것을 베풀어 주고 있어. 그런데도 앙케는 우리를 속이려 들어. 우리가 가난하다면서, 우리 젊은이들이 자기들을 위해 일하고 우리 숲을 베어내 돈을 벌어 도시에 나가 자기들 음식을 먹으면서 언제나 내일을 생각해야 한다고 말하지."

나는 눈을 감았다. 토하고 싶었다. 눈앞에 여러 빛깔이 어른거리더니 언뜻 어떤 기억이 떠올랐다. 막수스 로드에서 플라스틱 용기에 담긴 쌀밥과 닭고기를 먹으며 재규어는 돈을 위해서만 일한다고 외치던 그 젊은 청년들이 생각났다.

델핀이 자기 튜닉으로 칼을 닦은 후에 에르난에게 파이코카로 말했고, 에르난이 우리에게 그 말의 뜻을 풀이해 주었다. "할아버지가 우리 세이보 연대에 바라는 이상이 두 가지 있으시대요. 우선 우리 부족 사람들이 빼앗긴 땅을 되찾도록 도와줬으면 좋겠대요. 그리고 숲은 예나 지금이나 변함없이 늘 우리에게 관대하다는 사실을 젊은이들에게 일깨워 줬으면 하세요. 숲이 우리의 약국이고 시장이고 철물점이고 예배당이라는 걸 알게 해달라고요. 젊은이들이 그걸 깨닫지 못하면 앙케처럼 물렁하고 혼미해질 거라고요."

내가 벌떡 일어났다. 요코가 나에게 말을 걸어오며, 내 안에서 온 숲이 꿈틀대는 듯한 느낌이 들었다. 나는 현기증을 느끼며 구아바 나무의 그늘로 걸어 들어갔다.

"좀 지나면 괜찮아질 거예요." 미치가 내 옆으로 앉으며 말했다.

우리는 한참을 그렇게 말없이 앉아 바스락거리는 잎사귀 소리와 강물이 스쳐 흘러가는 소리에 귀를 기울였다. 미치가 손을 뻗어 내 손을 만졌다. 그의 손바닥에서 고동치는 심장 박동이 전해져 왔다.

이제는 구역질이 가라앉고 있었다. 머리에 차츰 활기가 돌았다.

"당신에게 할 말이 있어요."

"뭔데요?"

나는 이런 순간이 오길 기다렸고, 또 두려워했다. 하지만 갑자기 용기가 가득 차올랐다.

"이제는 겁내지 않을 거예요."

"우리가 하려는 일을 말하는 거예요?"

"우리가 아니라 당신이요."

"나요?"

"당신이 어떤 말을 할지 겁내지 않을 거라고요."

"무슨 말인지 모르겠어요."

나는 다시 눈을 감았고, 이어서 몸이 떨려왔다. 내 팔뚝을 만지는 그의 손이 느껴졌다.

"당신의 아이를 가졌어요."

나는 눈을 뜨지 않았다. 두 팔로 내 가슴을 감싸 안았다. 그의 가쁜 숨소리와 강물이 흐르는 소리가 들려왔다.

"'사랑한다'는 말을 와오테데도로 어떻게 말해요?" 그가 떨리는 목소리로 물었다.

나는 눈을 떴다.

"ponemopa(포네모파)요." 내가 나직이 말했다.

"포네모파." 그가 속삭이며 나에게 더 바짝 다가와 앉으며 구아바 나무의 몸통에 등을 기댔다.

나는 그의 눈물 어린 푸른 눈을 들여다봤다.

"나를 떠날 건가요?"

그가 나를 두 팔로 감싸며 꼭 안았다. 그의 심장 고동이 느껴지며 내 목으로 그의 숨결이 와닿았다.

"딸일 것 같아요." 그가 말했다.

"내 직감으로도 그래요."

"우리 딸." 그가 이렇게 말하며 내 앞에서 처음으로 울었다. "우리 딸에게 좋은 아빠가 되어줄 거예요." 그의 눈물이 내 목을 타고 흘러내렸다.

그 순간 갑자기 집으로 가고 싶다는, 지극히 원초적인 충동이 일어났다. 내 부족의 영토로 돌아가 부모님에게 우리 아기의 소식을 알리고 우리가 세우고 있는 연대에 대해 알려주고 싶었다.

하지만 그럴 수는 없었다. 아직은. 우리가 여정을 한창 이어가며 이 상처 입은 땅의 연장자들이 용감하게 들려주는 지혜를 경청하고 있는 지금은 아직 그럴 때가 아니었다.

몇 달 후, 내 몸에서 두 개의 심장이 고동치고 있을 때 나는 푸투마요 강 강가에 있는 양철 지붕 아래의 해먹에서 쉬고 있었다. 우리는 시오나족 사람들의 영토에 와 있었다. 시간은 밤이었고, 숲의 골짜기 사이로 땅땅, 총 쏘는 소리가 울려 퍼지고 있었다. 정체를 알 수 없는 당혹스러운 총격 사태였다. 총을 쏘며 싸우는 사람들이 군인이든 밀렵꾼이든 게릴라든 그것은 상관이 없었다. 시오나족 사람들에게는 그런 사태가 자신들을 에워싼 질병과 같았다. 존재 자체를 위태롭게 하는 위협이었다.

우리 여자들은 강 근처에 있는 어느 오두막에 모여 있었다. 한 여자 연장자가 말을 하고 있었다. 얼굴이 엄하면서도 인자한 인상이었다. 눈에는 지뢰 깔린 숲과 알 수 없는 의도를 품은 외지인들에 둘러싸인 밭에서 생활하며 예리하게 연마한 눈빛이 서려 있었다.

"백인계 사람들은 공동체를 무너뜨리려 들어." 연장자가 백인-메스티소blanco-mestizo(메스티소는 스페인계 백인과 아메리카 원주민의 혼혈을 말함-옮긴이)를 들먹이며 스페인어로 말했다. "일단 공동체를 무너뜨리고 나면 개개인을 무너뜨리는 일은 쉬운 일이지."

그날 밤은 오랜 정적 사이사이로 산발적인 총소리가 들려왔다. 그 모든 것이 내 자궁에서도 느껴졌다.

"우리 공동체가 무너지지 않고 지탱되고 있는 이유는 신성한 약초들을 손숭하는 넉분이야. 그섯이 우리의 방식이야." 연장자가 말을 계속 이어갔다. "아야우아스카(아야와스카 포도나무와 기타 재료로 만든 향정신성 음료로, 남미 원주민들이 영적 및 의약 목적으로 사용함-옮긴이)는 우리에게 가르침을 줘. 그 의식이 우리를 단결시켜 주기도 하고, 폭력에 저항해 한 공동체로 존속할 힘을 주기도 하는 거야."

내 배가 이제는 돌처럼 딱딱해지고 있었다.

"어디가 아픈가 본데?" 그 연장자가 자리에서 일어나며 나에게 물었다.

내가 말했다. "아기가 나오고 싶어 해요."

"아니, 아니, 아니야!" 할머니 뻘인 그 연장자가 격한 어조로 말하며 내 배를 살며시 만졌다. 곧이어 약초를 넣은 물을 끓였다. 얼마 후 그 연장자가 나에게 통증을 가라앉혀 주는 따뜻한 차를 건네주었다. 꽃이 피는 덩굴의 뿌리 같은 달콤쌉싸름한 맛이 났다.

"딸아이가 울고 있어요. 아기가 총을 쏘며 싸우는 소리를 다 듣고 있어요."

그 연장자가 내 자궁 쪽을 향해 노래를 읊조렸고 노랫소리가 내 몸 위로 물처럼 세차게 밀려들었다. 어느새 그 가락에 마음이 안정되면서 졸음이 오고 총소리가 밤의 어둠 속으로 조용히 잠겼다.

연장자는 그 안의 모두가 들을 수 있을 딱 그만큼만의 목소리로 속삭이듯 말했다. "이 노래와 신성한 약초와 우리의 모든 지혜가 집안을 통해, 공동체를 통해 보존되고 있어. 그것이 이 모든 게 잘 지켜져 수년, 수백 년에 걸쳐 이어져 내려오는 비법이야."

나는 깊은숨을 내쉬며 그녀의 말을 음미했다. 그 말 역시 나에게 치유의 힘을 발휘했다.

연장자가 이번에는 우리 모두를 향해 말했다. "자네들은 세이보 연대를 위한 지도를 만들러 왔다고 했지. 이 노인네가 해줄 수 있는 말은 이게 다일세. 공동체를 지키는 것, 그것이 우리의 지혜와 우리의 영토를 지킬 유일한 방법이야."

"딸이구나." 엄마가 눈을 가늘게 뜨고 내 배를 보며 말했다. 강변에서 거북이의 발자국을 보던 그때처럼 눈을 가늘게 뜨고, 눈으로 자연의 비밀을 꿰뚫어 보는 눈빛을 하고 있었다. 엄마는 마체테를 언덕 등성이의 오솔길에 쓰러져 있는 통나무에 기대놓았다. 우거진 나무 사이로 낮게 비쳐 든 햇빛이 엄마의 돌 같은 얼굴 위로 반짝였다. 반짝이는 엄마의 머리를 보다 그 윤기 도는 까만 머리에 흰 머리 몇 가닥이 생긴 걸 처음으로 알아봤다.

"배 속의 아이가 뭘 먹고 싶대?"

가파른 길을 걸어온 탓도 있겠지만, 안도감이 들자 몸이 파르르 떨려왔다. 엄마가 그렇게 어머니로서의 모성을 보여주며 자애롭게 대해주니 정말 마음이 놓였다. 사실은 엄마가 내 임신을 못마땅해하며 차갑고 쌀쌀하게 대할까 봐 내심 두려워하고 있었다.

"볼락이요. 그리고 야자수 애벌레도요." 내가 말했다.

미치는 쓰러진 삼나무의 맞은편 끝에 서 있었고, 오피 오빠는 아빠와 에몬타이에게 세이보 연대에 대해 얘기하는 중이었다. 오빠의 말소리에서 '태양 전지판', '집수 시설', '신기술' 같은 말이 띄엄띄엄 들렸다.

내가 온 마을을 돌며 알게 되었던 것들을 부모님에게 말할 생각을 하니 설렜다. 코판족, 시에코파이족, 시오나족의 연장자들에게 배운 지혜를 말해주고 싶었다. 젊은이들이 정령과 숲에 다시 교감을 갖도록 하는 문제에 대해, 또 공동체의 힘에 대해 들은 이야기들도 들려줄 생각이었다.

엄마가 손으로 내 배를 쓱 훑었다. "볼락은 돌 밑으로 숨고 애벌레는 야자수의 썩은 부분으로 파고 들어가는 습성이 있어. 출산에 아주 위험한 영향을 줄 거야."

"그래서 먹으면 안 된다고요?"

엄마가 안 된다며 고개를 내저었다. "그것들을 먹으면 아이가 네 속으로 깊이 파고들어 가려고 해서 출산이 힘들어질 거야."

남자들이 발걸음을 떼어 이 숲에서 가장 깊은 협곡에 숨겨진 폭포를 향해 오솔길을 걸어갔다.

미치가 가다가 멈춰 서더니 애정 어린 눈길로 나를 봤다.

"아버님이 저 폭포에서 우리 아기의 이름을 찾는다고 그러시는 것 같던데요?"

447

엄마의 얼굴에 미소가 스쳐 지나갔다. 엄마는 마체테를 집어 들고 걸음을 뗐다.

"원래 그렇게 해요." 내가 작게 말하며 무릎을 짚고 일어섰다.

"아버님이 아기 이름을 짓는다고요? 아니면 폭포가요? 그것도 아니면 어떻게 하는데요?"

가끔 드는 생각이었지만 미치는 질문이 너무 많고, 말로 직접 대답을 듣고 싶어 했다. 이 숲에 사는 내 부족의 문화에서는 질문에 말로 답을 해주지 않는 경우가 많았다.

우리는 가파른 협곡으로 내려가 개울에 이르렀다. 개울물이 세차게 흘러와 뻥 뚫린 위쪽에서 빛줄기가 쏟아지는 동굴 같은 곳으로 떨어졌다.

"우와!" 미치가 두 팔을 위로 치켜들더니 나무들이 높이 솟아 우거진 숲에서 세차게 떨어져 내리는 그 물을 가만히 보며 탄성을 질렀다. "마법을 보는 것 같아요!"

깃털이 반짝이는 녹색 앵무새 가족이 폭포 뒤의 돌투성이 진창 쪽의 굴에서 내려왔다가 끽끽거리며 물보라를 헤치고 지나갔다.

몸집이 내 팔 길이 정도밖에 안 되는 새끼 악어 한 마리가 잠깐 수면으로 올라왔다가 통나무와 가지가 쌓인 곳 아래쪽의 물웅덩이 깊숙이로 사라졌다.

"이 폭포는 신성한 효험이 있어요." 내가 미치에게 속삭이며 원피스를 내 머리 위로 올려 벗었다. 맨 가슴으로 차가운 물보라가 튀어 얼얼해지며 기쁨의 전율이 깊은 곳까지 퍼져갔다. 내 아이가 잠에서 깨어났다.

아빠는 셔츠를 벗은 모습으로 물웅덩이 가장자리의 이끼 긴 바위 위에서 눈을 감고 가만히 앉아 있었다. 에몬타이와 오피 오빠가 아이처럼 신나서 악어를 찾기 위해 통나무와 가지 더미를 기어 넘었다.

"저 사람을 폭포 안쪽으로 데려가." 엄마가 고갯짓으로 미치를 가리키며 속삭였다.

찰랑이는 물이 내 발, 정강이, 허벅지를 차갑게 휘감았다. 물 아래의 흙은 모래투성이였고 군데군데 돌과 잔가지가 흩어져 있었다. 미치가 머리를 곤두박질치는 자세로 물속 깊이 뛰어들었다. 나는 두 손으로 물을 떠올려 내 배 위로 살살 흩뜨렸다.

잠시 후 우리는 요란한 소리를 내며 떨어지는 물의 그림자가 아롱거리는 폭포 안쪽에서 같이 돌무더기 위에 올라섰다.

"우리 조상들은 이 폭포에 맨몸으로 들어왔어요, 백인 씨!" 내가 장난스레 외치며 그의 속옷을 아래로 홱 잡아당겼다.

그는 본능적으로 몸을 손으로 가리며 세차게 쏟아지는 물줄기 사이로 우리 가족을 살폈다. 바위에 앉아 있는 아빠, 비탈진 사면에 있는 엄마, 통나무 더미에 모여 있는 내 남자 형제들을 번갈아 둘러봤다.

"우리 가족들한테는 당신이 안 보여요." 내가 말했다.

그가 발을 걷어차 속옷을 벗으며 숨을 깊이 내쉬었다. 순간 그에게서 아이 같은 면이 엿보이며 얼굴에 소년스러움이 묻어났다. 그의 내면에서 불쑥 야성적 자유가 솟아오르고 있었다. 레이첼의 땅에 있는 도시에서 자라고 아스팔트의 세계에 태어난 소년. 그 소년이 남자가 되어 어찌어찌하다 이곳에 오게 되고 지금 아마존 열대 우림 한복판에 있는 이 폭포 아래에, 나와 함께 있다.

449

"너무 행복해요!" 그가 크게 외쳤다.

"나도요!" 나는 고동치는 물 아래에서 그의 손에 내 손을 깍지 껴서 잡았다. 그가 두 팔로 나를 감싸 안고 내가 귀를 그의 가슴에 꼭 붙이며 가슴으로 그의 배를 느끼고 있던 그 순간, 그 돌 무더기 위에서 시간이 멈춰 섰다. 돌들이 반짝거렸다. 저 위 언덕 안쪽 깊숙이에서 흘러내려온 물에 씻기고 씻겨 반드르르 윤기마저 돌았다.

"저거 보여요?" 미치가 속삭였다.

나는 눈을 떴다. 우리 발 주위로 원형의 무지개가 희미하게 비치며 그 돌들 위로 아른거리고 있었다.

"다이메." 내가 말했다.

"네?"

"우리 딸이요……. 우리 딸 이름을 다이메로 짓자고요! 무지개라는 뜻이에요."

"다이메, 다이메!" 그가 이렇게 읊으며 여운이 폭포 안에 감돌게 하면서 그 말을 음미했다. "이제 우리 딸 이름은 다이메예요."

우리는 주위의 흐릿한 빛 속에서 가물거리는 그 무지개를, 서서히 사라질 때까지 계속 바라봤다. 하늘 위로 구름 한 점이 지나가고 있었다.

"우리 조상들은 숲의 우거진 나무 위로 무지개가 뜨면 평화의 징조로 봤어요." 내가 말했다. "이제는 자식을 낳고 밭을 갈 때라고, 이제는 편히 잘 살 때가 되었다고요."

"우리 딸이 평화를 가져다줄 거예요." 미치가 말했다.

그가 얼굴에 의문스러운 기색을 떠올리며 곁눈으로 아빠를 봤다가, 다시 폭포로 시선을 옮겼다. 누가 아이의 이름을 지어준 것일까 궁금해하는 모양이었다. 나는 그가 그 수수께끼를 마음에만 담고 입 밖으로 내지 않아 기뻤다.

그날 저녁, 우리가 오코의 모닥불에 둘러앉아 훈연한 페커리 고기와 삶은 카사바로 포식을 하고 있을 때 나는 부모님에게 세이보 연대 이야기를 꺼냈다. 우리가 이곳저곳의 오일 로드와 강과 숲속 오솔길을 다니면서 그 많은 마을을 돌며 여러 부족의 연장자들이 들려주는 이야기와 꿈을 진지하게 들었던 그 여정의 자초지종을 풀어놓았다.

"그 사람들은 잘 살고 있니? 우리처럼 숲에서 사냥을 하고 강에서 물고기를 잡아?" 아빠는 단순히 이렇게만 물었다.

물론 아빠로선 내가 봤던 것들이 잘 그려지지 않을 테니 그럴 만했다. 윙윙대는 전기톱 소리며 물가에 울리던 총소리며 마을을 에워싼 유전과 야자수 농장이 실감 있게 와닿지 않았을 테고, 봉관조들이 밤에 노래를 부르지 않는 숲을 상상할 수 없었을 것이다.

오피 오빠가 말했다. "그 사람들의 삶은 우리 미래의 모습이에요. 우리가 우리 땅에 석유 회사들이 들어오게 놔두면 우리도 그들처럼 살게 될 거예요."

해먹에서 참비라야자 잎 한 다발을 발치에 두고 쉬고 있던 엄마가 물었다.

"너희가 세우고 있는 그 연대는…… 뭘 어떻게 할 건데?" 내가 예상했던 것보다 더 심각한 어조였다.

에몬타이가 구석의 해진 해먹에 조용히 앉아 거북이에게 발을 얹고 작살의 화살촉에 야자 잎 끈을 단단히 매고 있다가 말했다.

"총. 석유 회사들을 막으려면 총이 필요해요." 암울하고 낮은 어조였다.

"아니, 총은 안 되지!" 오피 오빠가 익살과 경악스러움을 뒤섞은 목소리로 말했다. "세이보 연대에서는 우리 부족들을 단결시켜 모든 마을에 집수 시설과 태양 전지판을 설치할 거예요. 침입자들을 드론이나 카메라 트랩 같은 신기술로 잡을 거예요. 우리의 영토에 대한 우리의 권리를 지킬 거예요!"

아빠가 지지의 뜻으로 고개를 끄덕였다. 아빠는 진심으로 자식들을 믿었지만 오빠의 그 말은 아득한 희망이었다.

오피 오빠가 말을 계속 이었다. "아빠, 레이첼 세인트가 미접촉 부족 사람들이 석유 회사 인부들을 창으로 찔렀다는 이유로 아빠를 석유 회사에서 일하게 보냈던 일 기억하시죠?"

"그럼. 그때 처음으로 전기톱을 봤지." 아빠가 웃으며 말했다.

"그런데 그때는 아빠가 법에 대해 전혀 모르셨잖아요." 오피 오빠가 말했다. "우리에게 권리가 있다는 걸 모르셨다고요!"

아빠가 모닥불 쪽으로 몸을 숙여 손에 불을 쬐었다. 아빠의 손바닥을 핥듯이 타오르는 불꽃을 보고 있으니 퍼뜩 드는 생각이 있었다. 아빠도, 우리 부족 사람들도 우리의 것만 알고 있었다. 우리는 정령과 꿈, 불과 물, 식물과 동물을 잘 알았다. 우리는 숲에서 살고 죽는 방법을 알았다. 그 외에는 아무것도 몰랐다. 백인들의 이상한 내면세계도 잘 모르고, 멀리 떨어진 눈에 보이지 않는 도시에서 어떤 위협이 꾸며지고 있는지도 몰랐다. 뒤늦게야 갑작스레 위협에 맞닥뜨리기 전까지는.

"권리가 뭔데? 코오리들이 쓰는 말이야?" 아빠가 물었다.

오피 오빠가 대답해 주었다. "권리는 무기예요. 백인들이 꼭 붙잡고 우리에게 교묘하게 쓰는 무기요. 그러니 우리의 숲을 지키기 위해서는 우리도 그런 무기를 쓸 줄 알아야 해요."

"토코리." 엄마가 낮은 목소리로 속삭였다가 큰 소리로 다시 말했다. "토코리! 너희 연대를 꾸리려면 돈이 필요하지 않아? 그런 일을 위한 돈은 어디에서 구하려고?"

나는 엄마의 말에 움씰 놀랐다. 하지만 곧이어 엄마가 야자 잎 섬유들을 다리 안쪽에 대고 꼬는 모습을 보자 마음이 진정되었다. 엄마는 열세 명의 자식을 낳고 키운 사람이었다. 우리를 치료해 주고 먹이며 키우다가, 백인의 세계가 우리를 빼앗아 갈 때 속수무책으로 지켜봐야만 했다. 마음속으로는 돈에 정말로 관심이 있는 게 아니었다. 좀 전의 그 말은 엄마의 두려움을 가리려고 내뱉은 것이었다.

"유명한 배우와 뮤지션 들이 저희를 도와주고 있어요." 오피 오빠가 말했다. "레오나르도 디카프리오, 스팅과 트루디 스타일러 부부, 레아 가비⋯⋯." 오빠가 말을 끊으며 더 많은 이름과 더 자세한 얘기를 말해달라는 눈빛으로 미치를 보았다.

아빠에게는 그런 이름들이 아무 의미가 없었다. "유명한 게 뭔데?" 아빠가 물었다.

"유명하다는 건 자기가 아는 사람들보다 더 많은 사람이 자기를 알고 있는 거예요." 오피 오빠가 말했다.

아빠가 멀뚱멀뚱 모닥불을 바라보다 작게 말했다. "와오라니족 영토에서 나는 모든 사람을 다 알고 모든 사람이 다 나를 알고 있는데.”

“미치가 우리를 도와줄 거예요.” 내가 끼어들며 말했다. “미치가 세이보 연대와 함께 싸워줄 여러 코오리를 모으고 있어요.”

미치는 불가의 밑동에 앉아 있다가 자기 이름이 나오자 귀를 쫑긋했다. 지난 여러 달 동안 그는 약속을 지키고 있었다. 여러 유명 인사에게 연락을 해서 그 사람들의 지지를 얻어냈을 뿐만 아니라, 이곳으로 와서 우리와 지내고, 우리와 함께 걷고, 우리에게 배우고, 우리의 싸움에 동참해 줄 사회운동가들을 전 세계에서 끌어모으기도 했다. 그중엔 변호사들도 있었고 기획자, 엔지니어, 영화제작자도 있었다. 우리는 처음엔 조심스러웠다. 하지만 시간이 지나면서 그들은 차츰 우리와 친구가 되었고 우리는 그 사람들을 ‘엘 에키포 데 아포요el equipo de apoyo’, 즉 지원팀이라고 불렀다.

아빠가 호기심 어린 눈빛으로 미치를 힐끗 봤다. 나는 아빠의 생각을 바로 간파했다. 이제 곧 우리에게 아이가 생길 테니 미치가 사냥꾼이 되어 가족을 먹여 살리고, 롱하우스를 짓고, 장작을 팰 줄 알길 바라는 그 마음을. 단지 돕기 위해 왔던 코오리들은 언제나 얼마쯤 지나면 떠난다는 것을 아빠도 속으로는 알고 있었다.

아빠가 나에게 말했다. “네가 곧 아기를 낳을 테니 너희 둘 다 여기 이 마을에 머물면서 야생 고기와 물고기를 먹어야 해. 그래야 너희 딸이 건강하게 잘 자라지.”

나는 모닥불을 바라보며 할 말을 찾았다. 아빠에게 우리가 계획하는 일에 대해 설명할 더 좋은 방법을 이리저리 생각해 봤다. 우리가 코오리 친구들과 함께 우리의 생활 방식을 지키기 위한 운동을 일으키려는 그 계획을 어떻게 말하면 좋을지를.

"아빠, 석유 회사들이 코판족, 시에코파이족, 시오나족 사람들의 숲에 어떤 일을 저질러 놓았는지 아빠가 직접 가서 보셨으면 좋겠어요. 그곳 연장자들을 만나 그 사람들의 이야기와 세이보 연대의 이상을 위한 조언을 들어보셨으면 좋겠어요."

"거기까지는 걸어서 며칠이 걸리는데?"

"걸어가기엔 너무 멀어요." 내가 웃으며 말했다.

아빠가 모닥불을 응시하며 말했다. "바구니에 야생 고기를 담아서 카누로 가야겠구나. 너희 아이가 건강하게 자라려면 좋은 살코기가 필요해."

신호등이 초록색에서 노란색으로, 다시 빨간색으로 빠르게 바뀌었다. 날쌔게 움직이던 아빠는 라고 아그리오 중심가를 오가는 차들의 귀청이 터질 듯한 경적 소리 속에서 겁먹은 사슴처럼 얼어붙었다.

늦은 오후의 시각, 인도에서는 김이 올라오고 파스텔톤 건물들은 시커먼 곰팡이로 얼룩져 있었다. 그 석유 도시는 피곤한 얼굴에서 마스카라가 뚝뚝 떨어지고 있는 분장한 여자 같아 보였다.

내가 말했다. "이제 인도로 가요, 아빠. 인도에서는 차에 치일 위험이 없어요."

아빠가 입은 옷은 아빠에게 너무 컸다. 청바지는 아스팔트에 질질 끌렸고 셔츠는 옷이 아빠를 집어삼킨 것처럼 벙벙했다. 등에 달랑달랑 매달린 직접 엮어 만든 커다란 바구니는 야자 잎으로 싼 훈연 고기로 넘치도록 채워져 있었다. 아빠에게서 장작, 까맣게 태운 메기, 페네메 냄새가 났다.

"이곳은 임신한 여자가 있을 만한 곳이 못 되는구나." 아빠가 쉰 목소리로 낮게 말했다. 눈빛이 경계심과 경각심으로 곤두서 있었다.

"괜찮아요." 나는 한숨을 내쉬며 어빠의 어깨 너머로 다른 와오라니족 연장자들을 돌아봤다. 남자들은 지금 번잡한 거리를 가로지르는 중이었다. 고장 난 지퍼 밖으로 깃털 왕관이 삐죽 튀어나와 있는 작은 배낭을 등에 메고, 어깨에는 창과 바람총을 걸쳐 메서 질질 끌고 있었다. 엄마가 잰걸음으로 그 연장자들을 지나치며, 인도가 자칫 발이 끌려 들어갈 수도 있는 모래라도 되는 듯 발을 빠르게 떼고 있었다.

나는 세이보 연대의 지도부 위원회에 선출되었다. 그전에 시에코파이족, 시오나족, 코판족, 와오라니족의 네 부족이 전부 모인 대집회가 열렸다. 그리고 지금은 우리가 대표단으로서 연장자들의 모임을 진행하는 중이었다. 연장자들이 그동안 겪은 일과 이야기를 알려주며 우리에게 지혜를 전해줄 기회를 마련한 것이었다.

"네가 사는 곳에 모닥불을 피울 수 있니?" 아빠가 트럭 옆으로 무릎을 구부리며 물었다. 나무껍질로 만든 끈이 아직도 아빠의 이마에 꽉 대어져 있었다. 미치가 그 끈을 붙잡아 거추장스러운 바구니를 트럭 짐칸에 싣게 도와주었다. 야자 잎들 위로 벌과 파리 떼가 윙윙대며 걸신 들린 듯 몰려들었다.

아빠가 미치에게 스페인어로 설명했다. "마을에 훈연에 쓸 소금이 없었어. 불을 피워 익히지 않으면 고기가 썩을 거야."

아빠는 미치에게 딱 그 말만 했다. 인사의 말이나 잘 지냈냐는 안부의 말도, 악수도 없었다. 그동안 쭉 같이 붙어 있었던 것처럼. 미치가 우리와 한 가족인 것처럼. 우리가 아직 사냥 캠프에 있고 중요한 일은 장작을 모아 고기를 훈연하는 일뿐인 것처럼.

남자 연장자들이 모험을 벌이는 아이들처럼 신나하며 픽업트럭의 뒤 칸에 우르르 몰려 탔다. 테멘타가 나를 보고 미소를 지었다. 아주 오래전, 탁한 에웽고노 강에서 나에게 세례를 준 와오라니족 목사 중 한 명인 그 테멘타였다.

"내가 며칠 전에 양털원숭이를 사냥했어." 그가 바구니 쪽으로 고개를 까딱하며 외쳤다. "지금 숲은 한창 열매가 익고 원숭이들이 살이 오르는 때잖아!"

그의 아내가 코웃음을 쳤다. "이 양반이 몇 달 동안 뭐든 닥치는 대로 사냥한 건 처음이야! 다른 부족 할머니들에게 잘 보이고 싶어서 그러는 거 아닌가 몰라!"

그 말에 연장자들이 웃음을 터뜨렸고, 그때 차가 이 석유 도시의 혼잡한 중심가를 벗어나 도로의 움푹 팬 구멍들 사이로 지나며 한쪽으로 쏠렸다. 여자 연장자들은 뒷자리에 서로 끼여 앉아, 차로 지나쳐 가면서 흐릿하게 보이는 송유관에 둘러진 울타리와 석유 저장소의 휘발유 불길을 응시했다. 여자들이 챙겨온 바구니에는 참비라야자 잎, 쐐기풀, 야생 마늘 외에 숲의 여러 가지 향기로운 잎들로 가득 채워져 있었다.

"우리 세이보 연대가 그동안 아주 바빴어요." 내가 뒤로 목을 쭉 빼며 여자 연장자들에게 말했다. 자랑스러운 마음에 목소리가 약간 흔들렸다. 우리는 지난 달에 끊임없는 회의를 열며 계획도 세우고,

합법적 선언서의 초안도 짜고, 이메일과 은행 계좌도 개설했다. "미치가 전 세계에서 우리를 돕겠다는 코오리를 많이 모았어요."

그때 트럭이 비포장 도로로 들어서며 우리가 아미사초로 다시 이름 붙인 곳으로 향했고 엄마는 눈을 가늘게 뜨고 나와 미치를 번갈아 봤다. 엄마의 눈에 걱정이 어려 있었다.

"와오라니족 여자는 배 속에 아이를 가지면 내일에 대해서만 생각해선 안 돼." 파바 할머니가 말했다. 돌투성이 도로를 지나는 중이라 목소리가 물처럼 달그락거렸다. "바로 지금 아이가 배 속에 있어. 바로 지금 숨을 쉬고 있어. 언제나 바로 지금이 중요해. 엄마가 아이에게 이야기해 주고 노래 불러주면서 아이의 영혼을 잘 만들어 줘야 해."

"맞아요." 다른 연장자들이 찬성을 표하며 맞장구를 쳤다.

내 영혼이 갑자기 아파왔다. 트럭이 삐걱거리며 버려진 유정을 지나 가파른 경사길을 내려가 여러 채의 방갈로, 꼬불꼬불한 오솔길, 과일나무로 이루어진 지대로 들어섰다. 당연히 나도 마음 같아서는 임신 기간 동안 우리 부족 연장자들과 숲속 깊은 곳에서 지내고 싶었다. 하지만 내가 내 딸을 위해, 우리의 모든 아들과 딸을 위해 여기에 와 있다는 사실을 스스로에게 일깨웠다.

우리는 어느 다리를 지나고 카카오 나무와 나무 덩굴로 무성한 수풀을 지나 목적지에 이르렀다. 여기에서 지금 세이코파이족, 시오나족, 코판족의 연장자들이 밑동과 나무판자에 앉아 와오라니족 사람들을 기다리는 중이었다. 마른 땅 위에 작은 모닥불이 피워져 있었다.

아빠가 고기가 든 바구니를 빙 돌려 땅바닥으로 내렸다.

"새 땅에서 친구를 사귀려면 우리의 고기를 대접해 줘야지."

이후 날이 저물어 어둑해질 무렵, 모닥불이 붉은 잔불이 되어 고동치는 가운데 나무 막대로 만든 받침대 위에 고기가 가지런히 올려졌다. 낮게 타오르는 흰색 불꽃으로 기름을 뚝뚝 떨어뜨리고 있었다. 우리 부족 연장자들이 그 석유 도시 외곽에 자리한, 좁고 어정쩡한 숲 지대를 깊은 숲의 사냥 캠프로 바꿔놓았다. 그리고 끈기 있는 소통 방식을 통해 서로 이야기를 나누고 있었다. 우리 숲의 오래된 언어가 젊은 통역자를 통해 그 도시의 언어인 스페인어로 옮겨졌다가 다시 숲의 언어로 옮겨지는 식의 대화였다. 그렇게 저녁이 다 저물 무렵이 되자, 가장 소심하고 가장 의심 많은 연장자들조차도 친구가 되었다.

이튿날, 우리는 연장자들, 젊은이들, 미치의 팀인 코오리 영화제작자와 사회운동가가 다 함께 렌트한 버스 한 대에 우르르 몰려 타서 석유로 황폐해진 지역에 탐방을 나갔다.

"여기는 땅에 나무가 없네." 아빠가 완만하게 기복이 진 언덕 지대에서 창밖을 내다보다 말했다. 나무들이 베어져 사라지고 풀로 뒤덮인 그곳에는 말라빠진 소들이 점점이 흩어져 있었다.

우리는 정착촌의 공동묘지를 지났다. 가장자리가 송유관으로 둘러져 있고 십자가들이 어수선하게 흩어져 있는 그곳에서 한 남자가 햇볕에 그을린 땅에 살충제를 뿌리고 있었다.

"사람들이 이런 곳에 잠들어 있다니 끔찍하구먼." 파바가 한마디

했다.

정오 무렵 우리는 유정에 에워싸인 메마른 땅을 줄지어 가로지른 후 퇴화되어 버린 숲의 수풀로 들어갔다. 오염된 연못에 다가갈 때 엄마가 역겨움에 코를 막았다가 오솔길에 침을 칵칵 내뱉었다. 연못이 고사리, 죽은 도마뱀, 흠뻑 젖은 깃털로 가득 차 있었다.

가다가 석유 폐기물 구덩이가 나왔을 때는 에메르힐도가 그 거무스름한 오물과 밝은 녹색 고사리들을 가로지르며 평평하게 꽂혀 있는 대나무 장대들 위로 솜씨 좋게 균형을 잡으며 올라섰다. 라텍스 장갑을 끼고 파란색 튜닉 차림에 비즈 왕관을 두른 모습이었다. 그가 막대기를 그 시커먼 석유 폐기물 속에 넣고 휘저었다가 고여 있는 물의 수면 바로 위를 손으로 쓱 스쳤다. 흰색 라텍스 장갑에 석유가 묻어 희미하게 반짝였다. 그가 손을 햇빛 쪽으로 들어 올렸다가 카메라 앞으로 손가락을 쫙 벌리며 석유 회사들이 방치해 놓고 떠난 현장의 실상을 우리 모두에게 보여주었다. 에메르힐도의 표정에 죽은 자식들이 어리며 눈빛에 그 자식들의 혼이 서렸고, 연장자들 모두가 그 모습을 봤다. 연장자들은 절멸의 위험에 직면한 앵무새 떼처럼 분위기가 변해 격앙된 낮은 소리로 경고와 의문의 말들을 내뱉었다.

"마코앵무새들이 이것을 소금못(야생의 동물이 소금을 핥으러 모이는 곳-옮긴이)으로 헷갈려 하겠네." 파바가 투덜투덜 말했다.

"그랬다간 배가 타들어 가고 깃털이 떨어져 나갈 텐데." 웅히메가 그 말을 받아 대꾸했다.

"맥들도 여기에서 뒹굴대겠지." 테멘타도 한마디 보탰다. "그러다 석유가 내장에 들러붙을 테고."

"여긴 이제 맥이 남아 있지도 않아." 아빠가 말했다.

해 질 녘이 되었을 때 우리는 아프리카 야자수 농장 한가운데에 나 있는 비포장도로의 갓길에 당혹스러워하며 서 있었다. 열매가 달린 야자수들이 일직선으로 줄줄이 끝도 없이 늘어선 그 광경은, 연장자들에겐 생전 처음 보는 모습이었다.

"백인들이 숲을 파괴하는 이유는 숲을 모르기 때문이야." 이번 엔 델핀이 입을 열었다. "아무것도 모르는 것을 파괴하기는 쉬운 법 이지."

빛나는 흰색 깃털을 단 황로 떼가 길고 가느다란 구름이 긴 핑크 빛 하늘을 날아갔다. 아빠는 그 황로 떼를 지켜보며 그 아름다운 자 태와 비행을 눈여겨보다 이렇게 말했다. "석유 회사들과 소 목장이 들어오기 전이었다면 금강앵무들이 보금자리를 향해 저 하늘을 날 아갔을 텐데."

그 순간 나는 깨달았다. 우리가 연장자들을 이곳에 와달라고 청 한 이유는 석유 구덩이와 송유관 같은 이곳의 실상을 보여주기 위 해서였다. 하지만 연장자들은 그 이상을 보았다. 이곳에 없는 것들 을 보았다. 이 상처 입은 땅이 잃은 것을 꿰뚫어 보았다.

이튿날 아침, 아빠가 트럭의 차창으로 나를 내다봤다. 아빠와 우 리 부족 연장자들은 이제 트럭을 타고 집으로 돌아가는 긴 여정길 에 오르려 하고 있었다. 문명이 우리의 숲에 항복한 그 도로 끝으 로, 내가 어린 시절 뛰놀던 강의 상류에서 카누가 기다리고 있는 그 곳으로. 엄마가 아빠의 무릎 위로 몸을 뻗어서 차창에 대고 나를 불 렀다.

"네 딸은 꼭 숲에서 낳아야 해." 유리창에 막혀 목소리가 먹먹히 들렸다. 엄마 아빠는 창문을 내릴 줄 몰랐다.

"병원에서는 안 돼. 거기에선 네 배를 가를 테니까."

잠시 후 엄마와 아빠가 떠났다.

22
탄생

롱하우스의 갈색 잎을 등지고 촛불이 따뜻한 주황빛으로 깜빡였다. 촛농이 대들보, 흙바닥, 밑동으로 떨어지며 하얗게 굳었다. 네몬파레 위로 밝은 달이 떠오르며 그 달빛이 잎 지붕의 틈 사이로 갈라져 들어왔다.

"엄마를 불러줘요." 내가 미치에게 말했다. "지금 엄마가 필요해요."

나는 출산용 해먹에 등을 꼿꼿이 펴고 앉아 있었다. 자궁이 꽉 조여오며 화끈거렸고, 허리가 욱신거렸다. 내 자궁 경관이, 내 몸 안에서 뼈마디가 삐걱거릴 정도의 가혹한 기운을 뿜는 어떤 묘한 힘에 굴복했다.

엄마는 작은 양철 지붕 오두막의 마루 바닥에 모기장을 펴고 아빠와 함께 얇은 담요를 덮고 자고 있었다. 그러면서도 오두막의 미늘판자 벽으로 내 말을 다 듣고 있었다. 엄마는 미치가 뭐라고 말을

463

전하기도 전에 조용히 와주었다. 틀니를 끼우는 것도 깜빡한 모습이었다. 이가 없으니 입 모양이 달라 보였다.

"때가 됐구나." 엄마가 속삭였다.

"저는 뭘 도우면 될까요?" 미치가 물었다.

그의 눈이 피곤함으로 흐리멍덩했다. 돌연 그에게 어떤 증오에 가까운 감정이 느껴졌다. 목이 다 아프도록 절제가 안 되는, 가시 돋친 분노였다. 자궁 근육에 수축이 시작되었던 건 해가 높이 떠올라 이글이글 타오르던 무렵부터였다. 엄마는 산통 초반에는 그 고통을 무시해야 한다고 일러주었다. 견딜 수 없는 지경이 될 때까지, 번갯불이 몸을 휙 훑고 지나갈 때까지 버텨내야 한다고.

그래서 오후에 미치와 나는 야자수 습지에서 논토카 열매를 따러 카누를 타고 상류로 갔다. 우리는 강 만곡부의 미와고 나무 그늘에서 빈둥거리며 빙빙 도는 소용돌이 속으로 낚싯줄을 던져 넣기도 하고 작은 개울의 어귀를 가로질러 그물을 쳐놓기도 했다. 내가 아기를 낳은 다음 날 아침에 생선 수프를 마실 수 있도록 준비해 두려는 것이었다.

미치는 뒷주머니에 작은 수첩과 펜을 넣어 왔다. 내 코가 고통으로 찡그려지는 것을 지켜보며 생선 내장, 열매의 기름, 마른 진흙으로 얼룩진 그 꾸깃해진 종이에 매 수축이 몇 분마다 일어나는지 그 간격을 기록했다. 그때는 내 속마음을 말하지 않았다. 내 몸은 그런 간격에는 관심도 없고, 우리 딸이 세상으로 나오는 여정은 시간 단위로 추적될 수 있는 게 아니라고. 하지만 밤이 깊어가면서 눈앞이 번쩍할 만큼 고통이 후려치고 있는 지금은 그 작은 수첩과, 그의 피곤한 눈과, 좀 전의 그 무기력한 질문에 격한 분노가 치밀었다. 그는 내가 겪고 있는 이 고통을 겪지 않아도 된다고 생각하니 감정이 북받쳤다.

엄마가 약초가 담긴 작은 냄비를 불에 올려 끓였다. 내 원피스를 목까지 뒤집어 올리며 나에게 잔불 앞에 무릎을 구부리게 했다. 그러더니 노래를 읊으며 쐐기풀 가지로 내 허리를 찰싹찰싹 때렸다. 살이 따끔따끔 찔렸지만 근육이 풀리면서 척추에 따뜻한 열이 올랐다.

나는 눈을 꼭 감았다. 눈물 방울이 파르르 입술로 떨어졌다. 동물들이 내 옆에서 주둥이로 모닥불의 재를 헤집고 있었다.

"쟤들 좀 여기에서 내보내요." 내가 부들부들 떨며 말했다. 미치가 우리 애완 페커리와 사냥개 야웨에게 거친 쉭쉭 소리를 내고 막대기로 을러서 롱하우스 밖으로 쫓아냈다. 금강앵무가 귀에 거슬리는 깍깍 소리를 내다 연기 사이로 날아다니면서 출산용 해먹 밧줄 위의 촛불이 깜박거렸다.

나는 따뜻하고 부드러운 쓴맛의 차를 마셨다. 엄마가 해먹의 가운데에 있는 줄 하나를 작은 칼로 자르더니 손가락으로 엮인 가닥을 풀어냈다. 이어서 그 풀어낸 야자 잎 가닥을 완벽한 원 모양으로 묶어 해먹의 가운데에 아이 크기의 구멍이 생기게 했다.

나는 이제 출산용 해먹에 등을 펴고 앉았다. 금강앵무는 찰싹 때려 쫓아버렸다. 딸의 머리가 내 안에서 열리고 있는 아치형의 굴 같은, 피 나는 벽을 가차 없이 눌러댔다.

"목이 타요." 내가 숨을 헐떡이며 신음 소리를 냈다. 미치를 바라보는 눈에서 불이 활활 타올랐다. "레몬수 만들어 줘요!"

"레몬수요?" 그가 되물으며 빈 그릇을 찾아 롱하우스를 쭉 훑어봤다.

"레몬수 달라고요!" 내가 이를 악물면서 소리쳤다.

뼈 마디마디가 으스러지는 기분이었다. 롱하우스 뒤편에서 레몬 나무의 가시투성이 가지들이 휘어지는 소리가 들려왔다.

미치의 손전등 불빛이 달빛과 잎으로 엮은 벽 사이로 이리저리 비쳐댔다.

"죽을 것 같아요." 내가 엄마에게 속삭였다. 내 몸은 요동치는 어떤 잔인한 본능에, 내 안에서 팽창하며 고통을 주는 어떤 기운에 굴복해 버렸다. "못하겠어요……. 더는 못하겠어요……."

금속 용기 안에 스푼이 탕탕 부딪히는 소리가 들렸다. 미치가 물에 설탕과 짜낸 레몬즙을 넣어 휘젓고 있었다.

"그 물 그냥 줘요!" 내가 소리쳤다.

내 몸에서 나온 따뜻한 액체가 땅으로 뚝뚝 떨어지고 있었다. 목이 연기처럼 건조했다. 나는 그 달콤하고 톡 쏘는 물을 꿀꺽꿀꺽 삼킨 후 용기를 도로 미치의 손으로 떠밀어 건넨 후 해먹 밧줄을 꽉 쥐고 내 안에서 고동치는 우주의 중심을 밀어냈다.

엄마가 두 팔로 내 가슴을 꽉 감싸 안았다. 목으로 엄마의 숨결이 느껴졌다. 미치는 레몬수가 반쯤 차 있는 그 용기를 들고 가만히 지켜보고 있었다.

"아이가 나오고 있어, 아이가 나오고 있어." 엄마가 속삭이며 두 팔로 내 가슴을 보아뱀처럼 꽉 조여 안았다. 내 몸은 그만 굴복하고 싶어 했다. 엄마가 등을 똑바로 펴게 붙잡아 주었다. "다시 밀어내, 세게 힘을 줘."

환각이 일어날 만큼의 고통으로 질이 얼얼했다. 내 몸은 잔인하고도 성스러운 통로가 되었다. 딸의 머리가 내 모든 존재의 벽을 짓누르는 기분이었다.

"애가 나오고 있어. 아기를 받게, 이리 와서 아기를 받아." 엄마가 미치에게 다급히 속삭였다.

금속 용기가 탕, 나무 밑동에 부딪히는 소리가 들렸다. 레몬수가 땅바닥으로 엎질러졌다. 미치가 출산용 해먹의 구멍 밑에 깔린 잎들과 담요 위로 털썩 무릎을 구부렸다. 그의 손마디가 건드리면 너무너무 아픈 얼얼한 곳을 눌러왔다. 이어서 세게 잡아당기는 느낌이 드는가 싶더니 머리에 민깻불이 민짝 뿜어졌다가 근물이 획 붐어났다가 터져 나오는 듯한 느낌이 이어졌다. 마침내 비워진 느낌의 진동과 함께 해소감이 밀려들었다. 이제 그 어떤 평온함에도 견줄 수 없는 평온이 찾아왔다. 별처럼 빛나고 무지개처럼 소용돌이치는 평온함이었다.

"아기의 코를 빨아줘." 엄마가 거칠게 속삭였다.

"네?" 미치가 마음이 다급하면서도 어리둥절해하는 어조로 되물었다.

나는 눈을 뜨고 딸을 봤다. 딸아이가 내 아래쪽의 포개진 담요 위에 누워 있었다. 분홍빛을 띤 길쭉한 몸. 꽉 쥐고 있는 앙증맞은 손. 보려고 버둥거리는 눈.

"아기의 코를 빨아줘요!" 내가 미치에게 화난 목소리로 작게 말했다. "숨 쉬고 싶어 하잖아요!"

미치의 눈에 걱정스러움이 적나라하게 드러났다. 그가 아기 위로 무릎을 구부리고 팔꿈치를 땅바닥에 짚으며 아기의 코를 빨아주었다. 나는 앞으로 쓰러지며 딸이 첫 숨을 헐떡인 후 첫 울음을 터뜨리는 소리를 들었다. 깜빡거리는 촛불 속에서 출산 해먹의 줄 사이로 딸을 가만히 바라봤다. 목구멍에서 흥얼거리는 노랫소리가 나왔다. 엄마만이 낼 수 있는, 흐느낌 어린 노랫가락이었다.

"젖꼭지를 빙빙 문질러줘." 엄마가 해먹에서 내 몸을 일으켜 등을 펴주며 속삭였다. "숨 쉬고 노래 부르면서 젖꼭지를 빙빙 문질러 줘."

엄마는 자식을 열세 명이나 낳았다. 나는 엄마가 자신을 내맡긴 어머니로서의 황홀감 속에서 태반이 떨어지도록 젖꼭지를 문지르는 모습을 여러 번 봤다. 고동치는 얼얼함 속에서 무거운 짐이 스르륵 미끄러져 내려가는 느낌이 드는가 싶더니, 뒤이어 개가 좋아서 낑낑대는 소리가 들려왔다.

"저리 가!" 미치가 개를 거칠게 쫓아냈다.

"포네모파." 엄마가 나에게 속삭였다가 딸에게도 말했다. "사랑한다. 네 옆에는 이 할미가 있어."

엄마의 목소리가 떨리고 있었다. 얼굴빛이 내 기억 속의 어느 때보다도 환하게 빛났다. 엄마가 두 손바닥 안에 탯줄을 쥐고 어머니와 아이를 이어주는 신성한 말을 읊다가 말했다. "둘째는 아들일 거야." 이어서 미치의 손을 잡아 내 다리 위에 얹더니 타닥거리는 잔불 소리와 늙은 마코앵무의 퍼덕이는 날개 소리 속에서 흐느낌을 터뜨렸다. "포네모파." 엄마가 내 눈을 들여다보며 울먹였다. 나도 눈물이 터지며 입술에 짠맛이 느껴졌다. 그 오랜 세월 동안 그렇게 차갑던 엄마가 드디어 나를 사랑해 줄 용기를 내주었다는 생각에, 울컥했다.

나는 아침 늦게 미치가 롱하우스 입구에서 고무장화를 찍찍거리는 소리에 잠에서 깼다. 흠뻑 젖은 모습으로, 생선이 담긴 야자 잎 가방을 어깨에 걸쳐 메고 있었다. 피곤해 보이는 얼굴은 기쁨으로 환하게 빛났다.

"일어났어요? 아기는 자요?" 그가 속삭이며 생선을 모닥불 위에 걸쳐놓은 가로대에 걸었다.

나는 딸의 달콤한 숨결을 들이마시며 속삭였다. "우우우우."

"그물에 아나콘다가 걸렸어요." 미치가 신이 나서 외쳤다. "장난 아니었다니까요."

나는 벌떡 일어나 앉았다. 질에 욱신욱신 얼얼한 통증이 일었다.

"만지지는 않았죠, 그쵸?" 내가 물었다. 까칠한 목소리가 나왔다.

"만졌죠! 에몬타이와 같이 물속에 있었는데 아나콘다가 그물에 걸려 몸부림쳤거든요."

"만졌다고요?"

"네. 그대로 두면 녀석이 그물을 찢을 것 같았어요! 그래서 우리가……"

"당신은 아무것도 몰라요." 내가 앙칼지게 말을 잘라버렸다.

미치는 그 말에 상처를 받아 어깨가 축 처졌다.

"그게 무슨 말이에요?"

그에게 상처를 주고 싶은 마음이 없었다. 돌연 내 영혼이 부드러워졌다. 생각해 보니 출산 후의 위태로운 순간들에 대해 얘기해 준 적이 없었다. 우리 딸의 상처받기 쉬운 영혼에 대해, 우리 조상들이 수천 년에 걸쳐 깨달은 법칙에 대해 말해줬어야 했는데. 생후 한 달 동안 갓난아기를 안전하게 지키기 위해 조심해야 할 일들을 미리 알려주지 않았다.

"갓난아기를 낳은 부모는 첫 한 달 동안 뱀을 만지면 안 돼요."
내가 이번엔 차분한 목소리로 말했다.

그가 털썩 무릎을 꿇으며 볼에 걱정스러운 안색을 드러냈다.

"몰랐어요. 아무도 그런 얘길 안 해줬어요. 당신 동생도요……."
그가 조용히 말했다.

"동생은 자식이 없어서 몰라요."

"그럼 이제 어떻게 되는 거예요?"

"부모가 첫 한 달 중에 뱀을 만지면 그 아기는 자면서 몸을 비비
꼬게 돼요. 영혼이 불편해지면서 몸을 뒤틀게 돼요."

"미안해요. 몰랐어요."

나는 다이메의 옆으로 다시 누웠다. 이제는 허리가 몸을 잘 받쳐
주지 못했다.

"내가 또 알아야 할 건 없어요?"

나는 눈을 감고 있었다. 미치가 수첩과 펜을 찾아 부스럭거리는
소리가 들렸다. 또다시 잠이 밀려왔다.

"촛불이나 모닥불을 입으로 불면 안 돼요." 내가 가물해지는 의
식 속에서 말했다. "그렇게 하면 우리 딸의 목과 가슴에 두드러기가
돋아요."

종이에 펜으로 글을 쓰는 소리가 들렸다.

"벌레나 거미도 만지면 안 돼요." 나는 이제 꿈속으로 잠겨 들어
갔다. "젖은 옷을 비틀어 짜지 마요. 며칠 동안은 페커리나 맥 고기
를 먹으면 안 돼요. 다람쥐원숭이는 모유에 좋아요……." 이제는 짓
궂은 눈빛의 원숭이 떼가 내 마음속의 나뭇가지 사이를 폴짝폴짝
뛰어다니고 있었다.

나는 깊은 잠에 빠졌다. 그 뒤로 며칠이 지나갔다. 미치는 아침마다 아빠, 에몬타이와 같이 숲속으로 갔다. 세 사람은 다람쥐원숭이, 야생 칠면조, 큰부리새를 사냥해 왔다. 자갈 바닥의 개울에서 창으로 물고기도 잡았다. 엄마는 와유사, 아치오테, 야생 마늘 같은 향기로운 잎들을 모아 와서 그 잎으로 딸을 목욕시켜 주었다. 여동생들은 밭에서 달콤한 플렌테인을 여러 다발 따왔다. 젖이 돌면서 가슴이 붇고 젖꼭지가 쓰렸다. 마음은 강처럼 부풀었다.

그러던 어느 날 아침, 아빠가 나를 깜짝 놀라게 했다.

"이제 내가 우리 손녀를 좀 안아도 될까?" 아빠가 물어본 후 해먹에 앉아 두 팔로 고이 다이메를 받쳐 안았다.

나는 불가에 쭈그리고 앉아 받침대에서 훈연 중인 생선을 뒤집었다. 내 영혼은 평온했고 내 마음은 집에 와 지내며 이 마을에서 단순하게 사는 것에 만족스러웠다. 한 달이 다 되어가도록 세이보 연대에 대해서, 아미사초에서의 생활에 대해서는 생각도 안 했다. 숲이 리더로서의 스트레스를 씻어내 주고 내 머리에서 온갖 위협을 닦아내 주었다.

"델핀 어르신이 예전에 야생 페커리를 사냥했다던 숲을 석유 회사들이 어떻게 파괴해 놓았는지 생각해 봤다." 아빠가 다이메를 살살 흔들어 주며 말했다.

"그런데요?"

"이 숲에서 우리 부족이 어떻게 살아가는지를 우리가 코오리들에게 보여줄 수 있게 세이보 연대에서 도와주면 안 될까?"

"무슨 말씀이세요?"

"델핀의 말이 맞아. 코오리들은 숲에 대해서는 아무것도 모른 채 숲을 돈으로 바꿀 생각만 해. 우리가 그 사람들에게 우리의 영토에 얼마나 많은 생명이 있는지 알게 해줄 수도 있지 않을까? 그들도 우리가 보는 것을 볼 수 있게 되면 숲을 파괴하려 들지 않을 수 있잖아."

23

마을 지도

나는 이제 엄마이자 리더다.

내가 해야 할 일이 뭔지 알고 있었다. 아빠 덕분에 아이디어를 얻었다. 정부가 제작한 지도에서 우리 숲은 비어 있었다. 우리가 우리 영토의 지도를 직접 제작해 그 안에 우리의 역사, 이야기, 지혜를 담아보면 좋을 것 같았다. 그러면 다음에 정부가 또 우리 땅을 석유 회사들에 경매하려 할 때 우리 숲은 크고 빈 땅이 아니라는 사실을 증명해 보이면서, 생명으로 가득한 우리 숲이 왕성하게 살아 있어 유정과 송유관이 들어설 자리가 없다는 사실을 깨닫게 할 수 있을 것 같았다.

나는 아미사초로 돌아가 세이보 연대의 내 동료 전사들과 함께하고, 우리와 뜻을 함께해 준 코오리들의 지지를 다시 느끼고픈 마음이 간절했다. 우리 팀의 모두가 갓 태어난 딸에게 보내줄 온정과 애정도 기대됐다. 앞으로 벌일 전쟁에 대한 열의가 가득 차올라 있었다.

하지만 내가 한 가지 잊고 있었던 것이 있었다. 그 도시의 잔인한 심장이었다.

그 사실을 깨달은 계기는 하나의 질문이었다. 키토의 소아과 병원 접수처에서 맞은편에 앉은 금발 염색 머리의 에콰도르인 여자가 속닥속닥 물었다.

"아기 엄마는 어디 계세요?" 그녀가 미치에게 추파 섞인 미소를 지어 보였다.

나는 무슨 소리인가 싶어서 내가 잘못 들었나 생각했다. 그런데 제대로 들은 게 맞았다.

"이 사람이 애 엄마예요." 미치가 팔을 뻗어 내 팔을 다정히 만지며 대답했다. 하지만 미치는 불쾌함과 노여움을 충분히 드러내지 않았다. 나는 그에게 뒷걸음치며 떨어졌다. 마음이 분노에 사로잡혔다. 잠시 후 우리 이름이 호명되었다.

흰색 가운을 걸친 의사가 색색의 블록과 여러 장난감으로 가득한 진료실 책상 앞에 앉아 있었다.

"아내분이 스페인어를 하나요?" 의사가 미치에게 물었다.

"네." 미치는 나를 힐끗 보며 우리 사이에 감도는 냉기를 줄이려 안간힘 썼다. "아내에게 직접 얘기하시면 됩니다."

하지만 내 마음의 문은 이미 꽉 닫혀 있었다. 나는 딸에게 젖을 주며 아이의 입술이 젖꼭지를 세게 끌어당기는 와중에도 이를 악물고 표독스레 침묵을 지켰다.

의사는 출산에 대해 듣고 우려를 나타냈다. 아이를 숲 한복판에

서 낳게 하다니 백인이 너무 부주의하다며 경악했다. 합병증이라도 생겼으면 어쩔 뻔했냐면서. 어쨌든 미치가 '우리 원주민들'과는 달리 '대단한 근육과 골격 체격'을 가지고 있다고도 했다.

우린 그 후에 다이메의 출생증명서를 받기 위해 호적 담당과를 찾아갔다. 싸구려 향수와 택시 기사들의 땀 냄새가 진동했다. 혼잡한 줄에 우리가 바짝 붙어 있을 때 나는 우리를 바라보는 사람들의 눈빛을 읽었다. 대부분의 에콰도르인보다 크고, 아기를 데리고 있는 유모보다 큰 백인 남자에게 눈길을 줬다가 아기 엄마는 어디에 있는지 궁금해하는 눈빛들이었다.

"정말 이 이름으로 하실 거예요?" 창구의 남자가 다이메의 이름을 발음하기 힘들어하면서 미치에게 물었다.

"무슨 그런 질문이 있나요?" 미치가 대꾸했다. 이번엔 더 거친 목소리를 내며 자꾸만 우리 사이를 이간질하려는 세상에 맞서 가족을 지키려 애쓰고 있었다. 하지만 그 정도로도 부족했다. "그게 딸의 이름이에요. 그냥 그렇게 써주세요."

우리는 딸의 출생증명서를 가지고 미국 대사관에 갔다. 미치는 딸이 에콰도르 시민뿐만이 아니라 미국 시민이길 원했다. 우리는 함께 살아온 모습이 담긴 사진들을 인화해 갔다. 미치가 내 임신한 배를 어루만지는 모습, 출산 해먹에 있는 내 옆에서 미치가 다이메를 안고 있는 모습 등이었다. 그런 사진들을 보고도 미국 대사관은 미치가 아이 아빠라는 것을 믿지 않았다. 아이 아빠가 맞다면 내가 엄마가 아닐 것이라고 생각했다. 나는 대체 뭐가 문제인지 이해할 수 없었다. 우리가 왜 거짓말을 하겠는가? 백인 남자가 아마존 원주민 여자와 함께 사는 게 불가능한 일은 아니지 않은가? 그들은

DNA가 어쩌고 하면서 우리의 혈액 샘플을 채취해 멀리 있는 연구소로 보냈다.

피는 신성한 것이다. 그래서 나에게는 그 일이 조상들을 배신하는 기분이 들게 했다. 나는 내가 살던 마을을 떠났다. 정복에 맞서 싸우기 위해 모닥불이 타오르고 사람들이 노래를 부르는 그곳을 떠났지만 맞서 싸우기는커녕 그들이 내 딸의 피를 빼가게 놔두고, 혈관을 뚫고 내 존엄성을 찔러대게 놔두었다.

나는 미치에게 모든 화풀이를 했다. 그가 출산의 고통을 겪어봤으면 좋겠다고 바랐던 것처럼, 이제는 그가 인종차별의 고통을 겪어봤으면 했다. 그가 나에게 다정해질수록 나는 마음을 더 닫게 되었다.

한 달이 더 지나, 우리는 마침내 키토에서 라고 아그리오로, 즉 안데스산맥에서 아마존으로 출발했다. 산길에는 송유관, 바위투성이 폭포, 알파카, 가파른 능선에서 풀을 뜯어 먹는 소가 줄지어 늘어서 있었다. 머릿속에서 어떤 목소리가 들려왔다. 내 피에 차가운 바람이 일더니 뱀들이 내 살 위로 스르륵 미끄러져 왔다.

"안 돼, 안 돼, 안 돼! 그만해!" 내가 소리쳤다. "날 좀 내버려 둬."

"왜 그래요?" 미치가 물었다.

"그들이 나를 공격하고 있어요……." 내가 덜덜 떨며 말했다.

"그들이 누군데요?"

"정령들이요."

미치는 차를 산길의 갓길로 뺐다. 나는 우리 땅의 석유를 이 산 너머 정유소와 해안의 선박으로 보내는 송유관 옆의 젖은 풀에 구토하며 흐느껴 울었다.

"저에게 힘을 주세요." 나는 내 조상들에게 속삭였다. 하지만 조상들은 너무 멀리에 있었고, 녹슨 송유관 안에서 세차게 흐르는 석유 소리 때문에 그 소리도 더 약해졌다.

해 질 녘에 우리는 덜걱거리는 차를 타고 석유 시추장을 가로질렀다. 식민지 이주자들의 아이들이 그곳을 축구 시합장으로 바꿔놓은 모습을 보고 지나친 후, 아미사초로 들어서는 그늘진 진입로를 삐걱거리며 달렸다.

"왔군요!" 플로르가 소리지르며 트럭을 향해 오솔길을 달려왔다. "어디 좀 봐요! 예쁜 딸을 좀 안아보게 해줘요!"

나는 문을 열었다. 플로르가 기쁨의 눈물을 흘리고 있었다. 우리 딸을 두 팔로 받아 안았다.

"오오오오, 너무 예뻐요! 어머, 애 좀 봐!"

플로르가 다이메의 이마에 입을 맞추고 나서 나를 보며 웃었다.

"보고 싶었어요! 돌아오길 기다렸어요!"

내 영혼이 갑자기 환해졌다. 나는 괴로워하고 싶지 않았다. 행복하고 싶었다. 에메르힐도가 오솔길로 걸어왔고, 그 뒤로 에르난과 오피도 보였다. 우리는 동료들의 사랑과 전사들의 애정에 둘러싸였고, 도시의 잔혹함으로부터 자식을 지키는 일이 어떤 것인지를 아는 엄마 아빠들과 함께하게 되었다.

"잘될 거예요." 미치가 내 손을 잡으며 말했다. "우리는 한 팀이에요. 같은 편이에요."

나는 지난 한 달 만에 처음으로 잡힌 손을 빼지 않으며 마음의 문을 열었다.

"봐요, 애가 웃어요!" 플로르가 키득키득 웃으며 코를 다이메의 코에 대고 문질렀다. "당신들 딸이 웃고 있어요!"

기쁨이 차오르며 어깨와 목에서 긴장이 씻은 듯 사라지고 내 안에서 희망의 빛이 아른거렸다. 이곳은 좋은 엄마와 맹렬한 전사로 살아갈 수 있는 곳일지도 몰랐다.

그 뒤로 아미사초 하늘 아래에서 몇 달의 시간이 쏜살같이 지나갔다. 우리는 벌집을 짓는 벌들처럼 분주했다. 와오테데도, 아잉게, 파이코카, 마이코카, 스페인어, 영어, 이탈리아어, 프랑스어라는 여덟 개의 다른 언어로 하나의 꿈을 노래하는 벌들이었다.

세이보 연대는 우리 전 부족의 젊은 세대 대표 스무 명으로 구성된 팀을 짰다. 그리고 미치가 코오리 사회운동가들을 모은 지원팀을 꾸리면서, 인권 운동가, 열대림 전문가, 인도주의자, 엔지니어, 영화 제작자 팀원들이 우리와 살고 있었다. 나는 그들과 아주 가깝게 지냈다. 하지만 그렇게 가까운 사이였는데도 가끔 밤중에 잠이 깨면 의문이 일었다. '그런 그들이라 해도 우리가 우리 자신을 구하려 할 때 정말 코오리들의 도구를 활용해 같이 애써줄까?'

우리는 방이 세 칸인 방갈로를 세이보 연대 지도부 위원회 사무실로 개조했다. 과일나무에서 거뭇거뭇한 티티원숭이 무리가 무선 라우터와 HF 무전기 안테나의 깜빡이는 빛을 호기심 어린 눈으로 쳐다보는 그곳에서 우리 젊은이들은 GPS 기기, 드론, 카메라 트랩에 대해 배웠다. 저 멀리 덜커덩거리는 트럭 소리와 철커덕대는 유정탑 소리가 들려오는 그곳에서 변호사와 공동체 대표들은 우리의 권리를 부족 땅을 지키고 되찾을 창구로 삼을 방법에 대해 서로 의견을 나누었다. 여자들은 창가에서 엉덩이가 노란 카시크 새들이 날개를 퍼덕이는 그곳에서 우리 숲과 문화를 파괴하지 않을 지역 사회 중심의 경제 활동을 구상했다. 다이메에게 젖을 먹이며 다 같이 유정과 송유관 하류 쪽의 마을들에 설치할 집수 설비와 태양 전지판을 조립하기도 했다.

우리는 직접 우리 영토의 지도를 만들어 그곳의 풍요로움과 복합성을 보여주기로 의견을 같이했다. 그 일을 다음 중요한 단계로 삼기로 했다. 이제 집으로 돌아가 그 일을 행동으로 옮길 때인 것 같았다. 하지만 나는 여전히 이곳 사무실에서, 내 새 노트북 화면에 뜬 수치와 선을 응시하고 있었다. 그 모든 수치와 선에 분노 같은 것이 느껴졌다.

"당신이 하는 말이 무슨 말인지 모르겠어요." 내가 화난 목소리로 투덜거렸다. 미치는 코오리 동료 한 명과 같이 내 등 뒤를 서성이고 있었다. 그 동료는 긴 머리 때문에 내가 'Witota(위토타)', 즉 '예수'라는 별명으로 부르는 사람이었다. 내가 또 말했다. "아무래도 위토타에게 이 컴퓨터에서 나를 구해달라고 해야 할 것 같은데요?"

나는 숫자에 약했다. 우리 조상들에게는 숫자가 필요 없었다. 뭘 셀 때는 손가락만으로도 충분했다. 그보다 많은 수는 바구니, 다발, 열매가 주렁주렁 열린 나무 단위로 세면 그만이었다. 선교사들은 나에게 숫자를 가르치려 애썼지만 내 머릿속에서 숫자는 정글 활주로의 잡초처럼 서로 뒤엉킨 형상으로 인식되었다.

"네몬테, 우리는 지금 예산을 세우려는 거예요." 위토타가 차분하게 말했다.

"저기요, 나는 그 말의 뜻도 모르겠어요." 내가 다이메를 다른 쪽 가슴으로 옮겨 안으며 말했다. "예산이 뭔데요? 그냥 필요한 걸 사서 숲으로 돌아가면 왜 안 되는 건데요?"

미치가 숨을 푹 내쉬었다.

"왜냐하면……." 그의 목소리에서 답답함이 느껴졌다. "……기부자들이 세이보 연대에 활동비로 쓰도록 돈을 냈기 때문이에요. 집수 설비를 만들고 태양 전지판을 설치하고, 젊은이들에게 법, 영상 제작, 신기술을 훈련시키라고요……."

"그런 얘긴 안 해줘도 돼요. 그걸 누가 몰라요?"

"내가 하려는 말은 예산이 계획과 같다는 얘기에요. 돈을 얼마나 쓸지 계획하는 거라고요. 예산을 세우지 않으면 전략별로 어느 정도의 돈이 필요할지 파악이 안 돼서 모든 일이 엉망으로 꼬여버려요."

내 옆의 탁자에서 에르난, 플로르와 같이 앉아 있던 에메르힐도가 끼어들며 말했다. "예산은 우리들이 이미 알고 있는 개념을 백인식으로 표현하는 말일 뿐이에요. 사냥꾼이 집으로 고기를 구해 오면 여자가 그 고기를 보면서 이렇게 말하잖아요. '앞다리는 스튜를 끓이고, 뒷다리와 엉덩이 살은 훈연하고, 갈비와 머리는 이웃끼리의 정을 다지기 위해 옆집 사람들에게 줘야겠어요.'"

"그럼 진작 이렇게 말해줬으면 좋았잖아요?" 내가 미치와 알렉스 위토타에게 말했다. "와오라니족 여자들에게는 이렇게 설명해야 이해하기 쉽다고요."

위토타가 헤벌쭉 웃었다. 미치가 말했다. "정말 그렇게 설명하니 더 좋은데요."

"그럼 돈이 롱하우스의 바닥에 놓아두는 생고기인 셈이네요." 내가 웃으며 말을 받았다. "가장 먼저 해야 할 일은 사냥꾼이 아기를 데려가서, 여자가 고기를 해체해 예산을 세우게 해주는 일이고요!"

내가 다이메를 미치의 품으로 떠밀어 건넸다. 그는 소리 내 웃다가 문 쪽으로 걸어갔다.

"다이메를 저기 아래 카카오나무 쪽으로 데려가서 원숭이 구경을 시켜주고 있을 테니 필요하면 불러요."

나는 엑셀이라는 그 당황스러운 격자판으로 다시 시선을 돌렸다. 내가 이것저것 잘 모른다는 게 싫었다. 나는 서른 살 먹은 엄마이자 세이보 연대의 리더였다. 그런 내가 컴퓨터 때문에 쩔쩔매고, 숫자 앞에서 쩔쩔매다니 마음에 들지 않았다.

"내가 도와줄게요." 위토타가 차분히 말하며 내 옆으로 앉아 화면의 첫 번째 줄을 가리켰다. 나는 전부터 쭉 그가 좋았는데 지금은 훨씬 더 좋았다. 그가 말했다. "뭘 하고 싶은지 말하면 내가 화면에 표시되게 도와줄게요."

해가 저물 무렵이 다 되어서야, 위토타에게 도움을 받고 가끔 에르난에게도 도움을 받아서 지도 제작을 위해 숲을 조사하는 데 들어갈 경비의 계산을 다 마쳤다. 휘발유와 먹을 식량, 부처페이퍼(종이 호일)와 매직펜, 고무장화와 마체테, GPS와 카메라 트랩, 정글 항공편 등에 쓸 비용이었다. 해가 저물었을 때 나는 우리의 작은 오두막집 현관 앞에 팔로산타 나무 장작을 쌓아놓고 불을 붙였다. 그 집에서는 오염된 개울로 이어지는 경사면의 나팔 모양 꽃들과 재스민이 내려다보였다.

"부모님이 지금 우리 얘기를 하고 계세요." 내가 미치에게 말했다. 나는 멀리 부모님의 롱하우스에서 타고 있는 모닥불을 통해 두 분을 느낄 수 있었다.

"이제 곧 가겠네요. 오피가 돌아오면 갈 거니까요." 미치가 말했다.

오피 오빠는 푸투마요 강에 접해 있는 마을에 가 있었다. 강 건너편에서 총 쏘는 소리가 들려오는 그 마을에서 공동체 리더들과 함께 인권 훈련 캠프에 참가하고 있었다. 마침내 꿈을 찾아 변호사가 되려고 하는 오빠가 자랑스러웠다.

그 무렵 미치는 우리를 지원해 주는 코오리 팀의 이름을 정했다. '아마존 프론트라인즈Amazon Frontlines(아마존 전선)'였다. 그 훈련 캠프는 아마존 프론트라인즈의 법률팀이 주관하는 것이었고 이 팀의 구성원은 열정적이고 명석한 콜롬비아인 여성 마리아 에스피노사와 미국인 변호사 브라이언 파커였다. 이로써 나와 친구가 된 코오리가 두 명 더 늘었다. 그리고 오피와 내가 자주 서로에게 상기시키듯, 우정은 신뢰를 의미한다.

나는 잔불을 입으로 후후 불며 그 달큰한 우윳빛 연기를 빤히 바라봤다.

미치가 말했다. "다이메가 아까 환각을 유발하는 나팔 모양 꽃을 입으로 물었어요."

"혹시 삼켰어요?" 내가 다급히 물었다.

"아니요. 내가 입에서 빼냈죠. 그랬더니 나를 쳐다보며 처음으로 말을 했어요."

"정말요?"

"네. 얼마나 감동적이던지."

"뭐라고 말했는데요?"

미치가 아빠의 뿌듯함으로 얼굴이 부드럽게 바뀌었다. '딸이 처음으로 한 말이 내 부족 말일까? 스페인어일까? 아니면 영어?'

'Bara일까? Mamá일까? Mom일까?'

‘Mempo일까? Papá일까? Dad일까?’

"들으면 믿기 힘들걸요." 미치가 말을 이었다. "우리 딸이 나를 올려다보더니……."

"뭐라고 했는데요?"

"엄마는 그놈의 예산 일 언제 끝나요? 집으로 돌아가 할머니와 있고 싶은데, 라고요."

나는 폭소를 터뜨렸다.

"우리 딸 아주 지혜롭지 않아요?" 미치가 웃었다. "재규어 주술사처럼! 다 아빠한테 물려받은 게 틀림없어요!"

부처페이퍼가 내 딸이 태어난 바로 그 땅 위에서 바스락거렸다. 탯줄이 떨어졌던 곳에는 컬러 매직펜 여러 자루가 뒤섞여 있었다. 여자 연장자들이 우리 영토를 처음으로 그려보게 될 빈 종이 위로 무릎을 구부린 채 신기해하며 열의에 찬 표정을 짓고 있었다.

"강을 그린 다음에 밭들을 그려." 위냐가 말했다.

"앵무새 둥지가 어디에 있는지 표시하는 건 어떨까?" 와토라가 물었다.

"아니면 우리가 바구니를 짜는 그 덩굴줄기가 자라는 곳은?" 파바가 소곤소곤 말했다.

엄마는 잠이 든 내 딸을 숄로 감싸서 둘러메 업고 롱하우스 안에 둘러앉은 여자들 주위를 왔다갔다 했다. 시간이 엄마의 돌 같은 사랑을 더 부드럽게 갈아주었다. 뼛속 깊이 남아 있는 내 기억 속의 엄마는 자식들을 거친 흙 같은 모성으로 모질게 키웠지만 이제는 달라졌다. 내 딸을 잔잔한 물 위에 뜬 카누처럼 살살 흔들어 주는 할머니가 되어 있었다.

"좋은 약초들이 나는 언덕 등성이도 있지." 엄마가 조용히 말했다. "노루귀가 자라는 거기."

"내 발은 그곳으로 가는 길을 아는데 이 늙은 손가락은 어떻게 그려야 할지를 모르겠네!" 위냐가 말했다.

파바가 한바탕 웃음을 터뜨렸다. 나는 빈 종이의 가장자리로 무릎을 구부리며 파란색 펜의 뚜껑을 열고 눈을 감았다. 내가 먼저 연장자들에게 그려서 보여주려는 것이었다. 토남파레의 그 강부터 그리기로 했다. 선교사들이 하늘을 보며 '할렐루야'를 외쳤고 내 동생 빅토르가 통나무 옆에서 처음으로 경련을 일으켰던 그곳의 일직선으로 뻗은 강.

이어서 그 강의 굽이진 만곡부도 천천히 그려 넣었다. 우리는 그 다음으로 미와고 나무가 우거진 그늘진 계곡, 폭포와 늪, 야자수 습지, 개울 어귀도 표시했다. 네몬파레의 강둑에 있는 대나무 군락지도 그려 넣었으면 좋았을 테지만 강줄기가 종이 밖으로 뻗어나가 그리지 않았다.

미치가 롱하우스의 맞은편에 몸을 웅크리고 있는 남자들을 고갯짓으로 가리키며 한마디 했다. "오랜 사냥꾼들이 그리고 있는 모습은 이것과는 크게 다르겠죠."

파바가 킥킥 웃으며 남자들을 힐끗 봤다. "전투지, 사냥길 따위나 그리고 있겠지. 다른 건 없을걸!"

"종이가 더 있어요." 내가 잎사귀 벽 근처에 포개져 있는 종이를 가리키며 말했다. "숲에서 본 모든 것을, 알고 계신 모든 것을 그리세요. 종이를 테이프로 이어 붙이며 그리면 돼요. 그리고 다 그리면 같이 그 장소에 가봐요."

위냐가 갈색 펜의 뚜껑을 열어 그 강의 강둑변에 있는 밭을 그리기 시작했다. 파바는 초록색 야자수를 그려 넣었다.

남자들도 자기들의 종이를 붙잡고 집중하고 있었다. 쓱 들여다보니 여러 사냥길과 추적로가 서로 미로처럼 연결되어 있었다. 바람처럼 소용돌이치는 페커리 떼의 발자국, 케이폭 나무의 노출된 뿌리 안에서 잠자는 재규어늘, 가지의 둥지에 깃는 부채머리수리들, 폭포 옆의 숨겨진 동굴들, 마을 옆 땅을 파헤쳐 지어진 활주로들, 거북이 알로 뒤덮인 강변을 가로질러 걷는 카피바라들도 보였다. 그 지대 곳곳에 우리 조상들이 묻혀 있었다. 그리고 지도의 가장자리 주변으로 우리 미접촉 친족들의 유령 같은 발자국이 있었다.

"치차는 어디에서 난다고 생각하세요?" 내가 남자들을 놀렸다. "어떻게 밭 하나도 없이 숲의 지도를 그릴 수 있어요?"

오피 오빠가 나를 보며 히죽히죽 웃었다. "밭은 여자들이 그릴 거라고 생각했지."

"그럼 약초들은? 앞으로 남자들이 해먹에서 앓는 소리를 내며 여자들이 낫게 해주길 기다릴 때 우린 남자들이 숲 전체 지도에 약초를 하나도 안 그려 넣었다는 걸 떠올리겠어!"

그때 테멘타가 어느 동굴 그림 옆의 꼬불꼬불한 덩굴 식물을 가리키며 낭랑히 말했다.

"쿠라레야. 원숭이들을 사냥할 때 좋아." 쿠라레는 우리 조상들이 천 년 전에 발견한 쓴맛 나는 독초였다.

아빠가 미치를 보며 물었다.

"자네가 그 날아다니는 벌레 가져왔잖아?"

아빠는 그날 아침나절 내내 우리가 아미사초에서 가져온 기기들을 자세히 살펴봤다. 노란색 소형 GPS 기기에는 신기해하긴 했지만 별다른 감흥을 보이지 않았다. 카메라 트랩을 봤을 땐 어떻게 그 작은 갈색 플라스틱 상자가 동물들의 모습을 담을 수 있냐면서 회의적이었다. 그런데 드론에는 흥미를 보였다.

"너 그거 날릴 줄 알아?" 아빠가 오피 오빠에게 물었다. "우리가 숲속을 걸을 때 그 벌레가 우리를 따라서 날게 해볼래?"

아빠가 그 날아다니는 벌레로 무슨 구상을 하는 건지 의아했다. 아빠는 어린 시절에 머리 위를 나는 비행기를 보고 정령이라고 생각했다. 그때 그 비행기에서 떨어뜨린 소금, 설탕, 마체테, 도끼는 아빠의 기억 속에 우리 일족을 선교사 마을로 꾀어들이는 데 유용하게 쓰인 것들로 각인되었다. 이제 무릎이 쑤시는 노인이 된 아빠는 손주들이 숲에서 사냥하고 물고기를 잡으며 즐겁고 단순하게 사는 삶을 즐기길 바라는 할아버지가 되었다. 하지만 그 날아다니는 벌레가 아빠에게는 어쩐지 끌리는 면이 있었다. 아직은 본인도 말로 설명할 수 없는 어떤 알쏭달쏭한 유용성이었다.

"아빠가 숲에서 얻은 지혜가 그 날아다니는 벌레보다 더 중요해요." 내가 아빠에게 말했다. "드론은 그냥 마체테나 도끼 같은 도구에 불과해요."

"그래도 그건 날잖아." 아빠가 대답했다.

이튿날 아침, 우리는 활주로 가장자리의 블랙베리 관목과 겨풀을 헤쳐 나간 후 그늘진 좁은 오솔길로 들어섰다. 연장자들이 그렸던 밭과 과일밭을 지나치고, 매장지와 진창길을 지나고, 개울과 언덕을 건넜다.

"이건 뱀에 물린 상처를 해독해 줘." 위냐가 뿌리 덮개에서 한 식물의 뿌리를 캐내며 알려주었다.

오피 오빠는 다른 와오라니 젊은이들 옆에 서 있있다. 젊은이들은 목에 GPS 기기와 카메라를 걸고 있었다.

"GPS로 여기의 위치를 잡읍시다. 뱀에 물린 상처에 좋은 약초라고 설명을 붙이고요." 오피 오빠가 들뜬 어조로 말하며 수첩에 메모했다.

"푸마가 어제 이 나무의 껍질에 대고 발톱을 갈았네." 테멘타가 말했다.

"푸마가 발톱을 가는 나무." 오빠가 웅얼거리며 열심히 메모를 했다. "위치를 잡고 사진도 찍읍시다!"

엄마가 삽 모양의 잎들이 무리 지어 자라는 곳 옆에 웅크리고 있다가 손가락으로 그 잎을 살짝 만졌다. 그러자 마법을 부린 것처럼 잎이 오그라들며 잠이 들었다. "이 잎은 잠을 자는 잎이야. 갓난아기를 밤에 잘 자게 목욕시키는 데 좋아."

오피 오빠가 재빨리 수첩과 GPS 기기를 번갈아 만져가며 말했다. "잠깐만요! 위치를 잡아서 좌표를 표시하고 설명도 달아야 해요."

오솔길 아래쪽 어딘가에서 와토라가 소리쳤다. "지붕을 엮는 데

쓰는 야자 잎이야!"

얼마 지나지 않아 해가 중천에 떴다. 우리는 거의 제자리였다. 숲의 한 작은 구획에서 3시간째 있었고 벌써 GPS 수집 위치가 백 개가 넘었다. 오피 오빠의 얼굴이 피곤해 보였다.

다이메는 얼굴을 아래로 하고 미치의 팔뚝에 안겨 흔들흔들 팔 그네를 타고 있었다. 미치의 옆에는 또 다른 코오리가 서 있었다. 루크라는 이름의 미국인이었다. 20년이 넘도록 시에코파이족 사람들과 같이 살면서 그 부족의 말을 할 줄 알고 그 부족의 숲속 생활 양식도 배운 사람이었다. 두 세계를 제대로 아우르고 있어서 아마존 프론트라인즈나 세이보 연대 모두에 아주 중요했다. 지금은 와오라니족 젊은이들에게 GPS 기기 사용법을 가르치는 중이었다.

"이렇게 식물이며 새며 동물 발자국을 전부 다 좌표에 표시하다간 지도가 말 그대로 숲 전체만큼이나 커져야 할 거예요." 루크가 말했다.

나는 당혹스러웠다. "우리 부족 연장자들은 세상 사람들에게 당신들이 아는 모든 걸 보여주고 싶어 하세요."

"맞아요……." 미치가 공감의 말을 해주다가 계속 말을 이었다. "하지만 그런 식으로 하다간 여기서 1년 내내 서성이다 이 좁은 지대에만 발목 잡혀 있을 수도 있어요."

루크가 의견을 더 보탰다. "어제 어르신들은 지도를 그리면서 숲의 구역별로 여러 가지 특징에 주목하셨어요. 물론 노루귀 약초가 자라는 등성이에는 그 약초 외에도 뱀에 물린 상처의 해독제, 카누의 노를 만드는 나무, 부채머리수리 둥지 등의 여러 특징이 있겠지요. 하지만 이런 것들은 다른 곳에도 많아요. 그 등성이만의 특별한 특징은 바로 간염을 치료해 주는 노루귀예요."

오피 오빠가 바로 맞장구를 쳤다. "지금보다 선별적으로 하지 않으면 GPS 기기도 정보로 폭발할 지경이 될 거예요."

그날 밤 우리는 계획을 세웠다. 이제는 어디로 가고, 그곳에 왜 가는지를 미리 파악해서 매일 숲의 다른 구역으로 가기로 했다. 우리 영토의 구역별로 알리고 싶은 이야기를 정했다. 그래서 어떤 구역에는 우리의 영혼을 치유하고 아이의 이름을 지어주는 폭포의 이야기를 담고, 또 다른 구역에는 파바가 빗자루를 만들기 위해 튼튼한 야자 잎을 따 모으는 둥성이의 이야기니, 열매가 주렁주렁 열려 어미 동물들이 새끼를 낳기 전에 살을 찌우는 습지의 이야기를 담아냈다.

우리는 거의 한 달 동안 매일 숲을 걸었다. 그렇게 걷다 보면 옛 기억을 찾기도 했다. 그 기억들은 연장자들의 눈에 눈물이 차오르게 만들었다. 큰비가 온 뒤의 돌투성이 개울처럼 가득히. 우리는 노래를 녹음하고, 의식을 촬영하고, 식물들의 사진을 찍고, 이야기를 귀 기울여 들었다.

그러던 어느 비 내리는 아침, 아빠의 눈이 슬프게 변했다.

"왜 그러세요?" 내가 물었다.

잎 지붕 사이로 미풍이 불어와 공기가 스산하게 차가웠고 아빠는 불가에서 두 손을 서로 비비고 있었다.

"아직 안 가본 곳이 있어. 너희 엄마가 콤파고를 심었던 밭 근처야." 콤파고는 우윳빛 뿌리를 가진 식물로, 물빛을 흐리게 하면서 바구니 안에 퍼담기 딱 좋은 길이의 물고기들을 현혹시키는 효험이 있었다.

"거기에 가보고 싶으세요? 지도에 표시했으면 하는 곳이에요?"

"그래." 아빠가 나직이 말했다.

하늘에서 부슬부슬 잿빛 비가 내리고 멀리에서 쿵, 천둥이 울렸다. 우리는 진창에 빨려들어 까닥까닥 움직이는, 미끄러운 통나무 위에서 균형을 잡으며 습지를 건넜다. 미치가 넘어질 뻔했다가 다시 중심을 잡자 오피 오빠가 서투른 코오리라며 면박을 주었다.

"여기가 어디인지 아니?" 아빠가 잔가지로 뒤덮인 그 땅을 가만히 응시하며 물었다.

"엄마의 밭 아니에요?"

"멩가토웨의 무덤." 오피 오빠가 작은 소리로 말했다.

나는 오싹 한기가 돌았다. 빗방울이 목을 따갑게 찔러왔다. 빅토르가 여기에 묻혀 있었다. 어떤 표식도, 묘비도 없었다. 그곳에 자리가 잡힌 잔가지, 나뭇가지, 풀뿐이었다.

내 남동생의 죽음은 여전히 풀리지 않은 수수께끼였다. 우리는 그 얘기를 꺼내지 않았다. 누군가에게 독살되었거나 마법사에게 당했을지 모른다는 가능성을 입 밖으로 내고 싶지 않았다. 스스로 목숨을 끊었을 가능성도. 동생이 보아뱀의 혀에 굴복했을 거라고 믿고 싶지도 않았다.

아빠의 목소리는 차분했다. 시간이 상처를 누그러뜨려 주었다. "너희 동생을 묻고 나서 밤새 잠 못 이루고 밤을 지새웠다. 그렇게 누워 있는데 무덤의 흙을 팠던 곳 바로 위쪽에서 재규어의 울부짖는 소리가 들리더구나." 아빠가 고개를 끄덕여 숲 안쪽을 가리키며 말했다. "새벽 녘이 되었을 땐 새끼 재규어의 울음소리가 들려왔어."

"보러 가보셨어요?" 내가 다급히 물었다.

아빠가 고개를 끄덕였다. "땅이 깨져 갈라져 있었고 새끼 재규어 한 마리가 통나무 구멍에 몸을 웅크리고 낑낑거리고 있었어."

'아빠는 왜 지금까지 우리에게 이런 얘기를 해주지 않았지? 내 동생 빅토르가 새끼 재규어로 숲에 다시 돌아왔던 이야기인데.' 나는 재규어 정령으로 숲을 배회하는 조상들의 이야기를 들으며 자라서 전부터 쭉 그런 이야기에 익숙했다. 하지만 갈라진 땅과 낑낑거리는 새끼 재규어가 나오는 아빠의 이야기에는 뭔가가 있었다. 직관적으로 동생의 매장지 옆에 나타난 그 어린 재규어가 내 동생인 것처럼 느껴졌다. 어딜 가나 나를 졸졸 따라다녔고, 동물들과 얘기하며 그 꿈꾸는 듯한 눈으로 정령을 보았던 내 동생 같았다.

눈물이 흘러나왔다. 미치가 내 어깨를 어루만져 주었다.

"하늘에 안개가 너무 많이 꼈네요." 오빠가 작은 소리로 말하며 GPS 기기를 만지작거렸다. 오빠의 멍한 눈빛을 보고 나는 알았다. 지금 오빠는 가슴 아파하고 있었다. 기기 얘기로 애써 그 아픔을 숨기려 하고 있을 뿐이었다. "위성에 연결이 안 돼요."

아빠가 어리둥절해했다. "그게 저 위의 기계와 얘기를 한다고? 별에서 우리를 내려다보는 그 기계랑?"

"네. 그런 방법으로 우리에게 위치, 그러니까 GPS 좌표를 알려주는 거예요."

아빠가 움찔했다가 미동도 없이 가만히 있었다. 이제 아빠에게는 빅토르의 무덤을 지도에 표시하고 싶은 생각이 없어져 버렸다.

"그거 꺼라." 아빠가 갑자기 오피 오빠에게 말했다. "멩가토웨는 이제 재규어야. 어머니 재규어. 가끔씩 우리를 찾아오기도 해. 여기로 다시 온다고. 그 기계가 재규어에 대해 모르는 게 좋겠다."

"포네모파, 멩가토웨." 내가 속삭였다. "사랑해, 빅토르."

빗줄기가 더 거세졌다. 마치 작은 가시들이 내 어깨를 찌르는 것 같았다.

24
선언

이튿날 아침, 우리는 마을을 떠나 아미사초로 돌아왔다. 와오라니족 마을 사람들과 함께 만든 지도는 우리가 함께 꾸는 꿈 중 하나에 불과했다. 나는 세이보 연대 리더로서 여러 프로젝트를 처리하며 다른 문제들을 해결해야 했고, 그 와중에 여러 마을이 점점 더 위협적인 상황에 놓이고 있었다. 강둑 너머로 튀어오는 탄환. 마을 경계지에서 윙윙 소리를 내는 전기톱. 구릉지대를 침범해 오는 채굴자들. 개울물을 오염시키는 기업들.

그 뒤로 여러 달이 지나고 여러 해가 가도록 아미사초는 우리의 집이자, 다이메가 자라는 보금자리가 되었다. 또한 우리 공동체의 젊은이들이 정복 세력에 맞서 호박벌처럼 떼 지어 모여드는 벌집이기도 했다.

나는 시간의 흐름을 커가는 딸을 통해 가늠했다.

다이메가 처음으로 한 말은 'epe(에페)'였다. 와오테데도로 물을 뜻하는 말이었다. 푸투마요 강의 송유관 공사를 막기 위해 시오나 족 연장자들과 같이 서 있을 때 그 말을 했다. 우리가 시에코파이족 연장자들이 들려주는 땅을 빼앗긴 경악스러운 사연을 듣고 있을 때는 검은 물의 못에 열린 카무카무 열매를 먹고 '너무너무 신맛'을 알게 되었다. 연장자들이 젊은이들에게 신성한 약초에 대해 가르치고, 또 그 약초가 젊은이들에게 숲의 정령에 대해 가르쳐 줄 수 있도록 우리가 코판족 마을에 세운 '의식의 집'에 갔을 때는 깜빡이는 촛불 불빛 속에서 처음으로 노래를 흥얼거렸다. 우리가 마을에 태양전지판과 집수 시설을 설치할 때는 엄마의 밭에 아야우아스카 덩굴줄기를 처음으로 심어보기도 했다. 우리가 안데스산맥의 구릉지를 돌아다니며 코판족 사람들의 물길을 수은으로 오염시키고 있던 불법 채금 인력을 발견했을 때는 이제 더는 젖을 먹지 않을 만큼 자라 있었다.

그리고 오피 오빠가 나에게 내가 오래전부터 두려워하던 소식을 알려줬을 때는 나팔 모양 꽃이 피는 아미사초의 오솔길을 자신의 첫 애완 앵무새를 데리고, 너덜너덜 닳은 원피스 차림에 내 샌들을 신고서 뒤뚱뒤뚱 걷고 있었다.

"일이 터졌어." 오빠가 눈부신 햇빛 속에서 불편한 자세로 노트북을 든 채 말했다.

"무슨 일?"

오빠가 눈을 가늘게 뜨고 노트북 화면을 들여다봤다.

"블록 22! 정부가 우리 숲을 블록 22로 명명했어!"

우리는 불과 한 달 전에 우리 마을 전역의 지도를 완성했다. 2년이 걸린 일이었다. 완성된 지도 속의 우리 땅은 여기저기로 뻗은 색색의 거미줄 같았다. 밭과 롱하우스, 큰부리새와 과실나무, 벌과 꽃피는 덩굴, 오솔길과 마을, 노래와 기억을 서로 이어주는 정교한 거미줄. 숲이 그렇듯 우리의 지도는 다채로운 색으로 가득했고 기억과 경이로움이 그득했다. 정부에서 빈약하게 그려낸 단색의 지도와는 완전히 달랐다.

"봐봐!" 오빠가 노트북을 우리 집 발코니의 그늘 쪽에 놓으며 말했다.

정부의 지도에 일식선으로 무참히 그어신 빨간색 선이 숲 전역을 사각형 우리로 가둔 형상을 이루고 있었다. 우리 마을은 그 우리 안에 서로 관련이 없는 까만 점들로 표시된 채 '블록 22'라는 명칭이 붙어 있었다.

"경매를 한다는 거야?" 내가 물었다.

"응. 정부가 방금 오일 라운드를 발표했어." 오피 오빠가 입술을 깨물며 대답했다. "아마존강 중남부 유역 전체에서 열다섯 개의 오일 블록을 경매에 부친대."

"우리 땅만이 아니라?"

"그래. 키콰족, 사파로족, 시위아르족, 수아르족, 아추아르족의 땅까지 다. 숲 전체라고!"

수년 전에 처음으로 오일 라운드를 저지하려다 실패했던 기억이 났다. 오피 오빠가 시장에서 술에 취해 세차게 쏟아지는 빗물을 핥고 있었던 모습과, 며칠 후 내가 건물의 유리에 얼굴을 쾅 부딪치고 그때 그 모습을 건물 안에서 서류 가방을 든 백인 남자들이 구경하고 있던 순간이 떠올랐다.

이번엔 다를 것이다. 이번엔 우리가 준비되어 있었다.

"와오라니 동족 여러분!"

에웽고노 강 변두리에 자리 잡은 롱하우스에 사람들이 빽빽이 들어차 있었고 나는 그 롱하우스 앞에 서서 말문을 열었다. 마을 전역에서 많은 연장자와 젊은이가 네몬파레까지 걸어와 다 같이 우리 땅을 지키기 위한 계획을 세우려는 참이었다.

복숭아야자 수확 철이라 다들 손이 주황색으로 물들어 있었고 얼굴은 과일 기름이 올라 반짝반짝 빛났다. 여자들은 아치오테 잉크로 눈을 가로지르는 줄을 긋고 있었다. 우리의 창과 재규어 이빨 목걸이 위로 은빛 햇살이 내리비쳤다.

내 목소리가 떨렸다. 초롱초롱한 연장자들의 커다란 눈을 통해 조상들이 나를 지켜보고 있다는 생각이 들었다. 우리의 얼굴, 대롱 대롱 늘어진 귓불, 길고 까만 머리칼, 나무를 기어오르는 발가락이 지닌 고유한 아름다움이 느껴지면서 마음이 벅차올랐다.

"우리가 여기에 모인 이유는 에콰도르 정부가 자기들이 우리 땅의 주인인 것처럼 행세하고 있기 때문입니다. 그들은 우리를 아우카로, 무지한 야만인으로 여깁니다! 우리에게 값싼 장신구와 비즈를 주면 우리 조상들의 피와 맞바꿀 수 있다고 생각합니다. 우리 땅을 석유 회사들에 팔아넘길 수 있다고, 그들이 우리 고향을 파괴할 때 우리가 가만히 팔짱을 끼고 구경만 할 거라고 생각합니다."

사람들이 투덜거리며 코웃음치고 소리쳤다. 롱하우스 안에 반항의 분위기가 흘렀다. 야자 잎 지붕이 파르르 떨렸다. 자기도 싸울 준비가 된 전사라는 듯이.

내 부족 사람들은 지난 몇 년간 나를 세이보 연대 리더로 인정하고 존중해 주었다. 나는 에웽고노 강의 상류 유역 마을 전체를 대표하는 최초의 여성 리더로 선출된 상태였고, 현재 이 마을 전체가 석유 경매로 인해 위태로운 상황에 놓여 있었다.

"제가 어렸을 때 숲을 떠났던 이유는 백인들이 우리보다 뛰어나고, 우리보다 아는 게 더 많은 사람이라고 생각했기 때문입니다. 저는 백인들의 능글능글한 누상이 좋았습니다. 그들의 피부색이 좋았습니다. 백인 같은 이를 갖고 싶어서 제 이를 망치로 깨기도 했습니다."

롱하우스 안이 불편한 웃음소리로 술렁였다. 테멘타가 두 번째 줄에 앉아 있다가 그때의 기억에 몸을 움찔했다.

"저는 수년간 코오리 세계에서 살았습니다. 그들을 흉내 내려고 애쓰며, 그들처럼 되려고, 그들의 마음에 들고자 했습니다. 제가 잘못 알고 있었던 것입니다! 혼동에 빠졌던 것이죠! 코오리들은 우리보다 뛰어나지 않습니다. 오히려 우리를 두려워합니다. 그들은 우리를 보며 자신들이 잊어버린 것들을 상기하게 됩니다. 그들은 더 이상 조상들의 목소리를 듣지 않습니다. 자신이 먹을 것을 스스로 심지도 않고 출산도 병원에 가서 합니다. 공동체를 이뤄 살지 않습니다. 그들이 우리를 정복하려는 이유는 더 뛰어난 사람들이기 때문이 아니라 마음속 깊은 곳에 두려움이 있기 때문입니다."

엄마가 그늘 속에 서서 잠든 내 딸을 숄에 감싸 앞으로 안고 흔들어 주고 있었다. 아빠는 그 집회의 고동치는 심장 속에서, 복숭아

야자 창을 어깨에 얹고 조용히 앉아 있었다.

"경매는 단순히 석유의 문제만이 아닙니다. 우리의 전통적 생활 양식의 맥을 끊어놓는 문제이기도 합니다. 그들로선 우리 숲에 묻힌 석유를 얻어내기 위해 가장 먼저 해야 할 일이 우리를 쪼개놓는 일입니다. 그 방법밖에는 없습니다. 공동체를 찢어놓고, 우리와 숲의 유대를 끊고, 우리를 거지로 만들어야 합니다. 살아남으려면 그들의 돈과 그들의 약과 그들의 물건이 필요하다고 우리가 믿도록 만들어야 합니다."

미치가 컴퓨터, 케이블, 서류가 널려 있는 탁자 뒤에서 나를 지켜보고 있었다. 내가 하는 말을 전부 다 알아듣지는 못했지만 이 순간이 의미하는 바는 알고 있었다.

"몇 달 전, 정부가 우리 땅을 석유 회사들에 팔아넘기려는 계획에 착수했던 그때 여러분은 저를 우리 부족의 리더로 뽑아주셨습니다. 우리 숲과 강을 지켜 우리 자식들이 이 땅에서 잘 살 수 있도록, 어머니인 저를 리더로 뽑아주셨습니다. 여러분이 저를 리더로 뽑았지만 언제, 어떻게 싸울지는 저 혼자 결정하지 않으려고 합니다. 그것은 여러분이 결정할 일입니다. 이 회의에서 결정해야 합니다. 저는 여러분의 리더로서, 귀 기울여 잘 듣겠습니다. 그리고 한 어머니로서, 자신의 새끼를 지키는 재규어처럼 맹렬히 싸울 것입니다."

프로젝터를 통해, 서까래에 매달린 흰색 종이 위에 정부의 지도가 비쳤고 프로젝터가 쏘는 빛 가장자리에 오피 오빠가 서 있었다. 내가 오빠에게 고개를 끄덕여 보였다.

"블록 22입니다." 오피 오빠가 우리 숲을 에워싼 검은색 우리를 가리키며 또랑또랑 말했다. "바로 지금, 전 세계의 대형 건물 사무실 안에서는 석유 회사 엔지니어들이 이 지도를 들여다보며 앉아 있습니다! 우리 숲 아래에 석유가 얼마나 묻혀 있는지 계산해서 우리 사냥터와 밭에 유정을 뚫을 권리를 얻기 위해 정부에게 얼마를 제시할지 정하는 중입니다."

"땅 밑에 있는 석유를 어떻게 봐?" 연장자 위냐가 의아해하며 물었다.

"다이너마이트로." 한 연장자가 자신의 창을 움켜쥐며 답해주었다. 그의 이름은 우리 말로 돌을 뜻하는, 디카였다. "옛날에 석유 회사 인부들을 도울 때 그 사람들이 숲에 다이너마이트를 폭발시키는 걸 봤어. 레이첼 세인트가 아직 살아 있던 아주 오래전에."

아빠가 슬픈 얼굴이 되더니, 부끄러움에 가까운 표정이 스쳐 지나갔다. 우리 부족의 남자 연장자 대다수는 오래전에 석유 회사 인부들의 일을 도운 적이 있었다. 헬기를 타고 가서 숲에 일직선의 큰 길을 내며 폭포 위 능성이에서 쾅쾅 다이너마이트가 터지는 듣기 괴로운 소리를 들었다. '그 연장자들은 그때 무슨 일이 일어나고 있는지 제대로 알고 있었을까? 그리고 돈뭉치, 그러니까 우리 집의 연기 나는 모닥불 위 바구니 안에서 구겨지고 까맣게 그을려 있던 그 쓸데없는 종이 뭉치를 받았을 때 그런 화폐 교환의 개념을 알기나 했을까?'

"그 옛날에 말야, 당신네 전사들이 너도나도 다이너마이트 케이블을 훔쳐 왔던 것 같은데!" 한 여자 연장자가 외쳤다. 오만카라는 이름의 그 연장자는 얼굴이 매의 얼굴처럼 좁았고 눈이 익살스럽게 반짝이고 있었다. "그럼 당신들이 회사에서 석유를 찾게 도와주고 있었다는 얘기구먼!"

"우리는 그 안의 와이어로 예쁜 팔찌를 만들었고!" 파바가 킥킥 웃었다.

잊은 지 오래된 어린 시절 기억이 떠올랐다. 네네카와 삼촌의 롱하우스에서 소용돌이치며 피어오르던 연기. 휠체어에서 울려 퍼지던 삼촌 목소리. 노란색과 녹색 와이어를 비틀어 팔찌를 만들었던 삼촌의 크고 힘센 손가락. 코오리가 땅 밑의 우리 조상의 피를 찾는 데 쓰고 있던 다이너마이트 와이어로 우리 부족 사람들이 예쁜 팔찌를 만들었다니, 너무 얄궂다는 생각이 들었다.

"그걸 내진 실험이라고 불러요." 오피 오빠가 말을 이었다. "회사들은 우리 땅 밑에 석유층이 있다는 걸 알아요. 하지만 상관없어요. 우리에겐 원주민으로서 우리 영토에 대한 권리가 있으니까요. 국제법에 따르면 우리에겐 '자유의사에 따른 사전 인지 동의'에 대한 집단적 권리가 있어요."

오빠의 목소리는 진지했다. 오빠는 지난 몇 년 사이에 자신의 길을 찾았다. 석유 산업에 대해 공부하며 스스로를 '와오라니족의 지적인 혁명가'로 자처했다. 법률 관련 책들도 읽었다. 어느새 많은 사람들 사이에서 '권리 수호자'로 소문나 변호사, 원주민 리더와 같이 총소리가 울리고 채굴자들이 강을 오염시키고 있는 마을들을 방문했다. 오빠는 우리 부족 사람들 사이에서는 '재규어 전사'로 통했다.

사람들이 오빠를 멀뚱멀뚱 쳐다봤다. 오빠가 맨 끝에 말한, 낯선 스페인어 구절 'consentimiento libre, previo e informado'를 못 알아들었던 것이다.

"그 말은 우리 영토에서 일어나는 일을 결정할 권리가 우리에게 있다는 의미예요." 오빠가 계속 말했다. "국제법에 따르면 정부는 우리 땅을 그냥 석유 회사에 팔 수가 없어요. 우리의 동의가 없으면 우리 땅을 오일 블록으로 바꿀 수 없어요!"

"하지만 우리가 서명한 서류들은 어쩌죠?" 가바가 물었다.

오피 오빠는 미치가 앉아 있는 테이블 쪽을 흘끗 봤다. 그 테이블에는 미치 옆으로 아마존 프론트라인즈의 다른 일원들인 변호사 마리아와 브라이언, 영화제작자 제로니모, 미디어 담당자 소피가 나란히 앉아 있었다. 그들 모두 우리 얘기를 귀 기울여 듣고, 우리와 함께 걷고, 우리와 함께 싸울 줄 알게 된 사람들이었다. 그리고 이제는, 마침내 우리의 신뢰를 얻었다.

"우리가 그 서류에 서명했어도 상관없어요." 오피 오빠가 말했다. "우리와 숲과의 유대성을 증명해 우리 조상들의 땅이라는 것을 보여주는 숲의 지도를 만들었잖아요. 그리고 이제는 법정에서 정부가 우리의 권리를 침해했다는 사실을 증명해야 해요. 우리가 모르고 서명했고, 정부가 우리 땅을 우리의 동의도 없이 경매하려 한다는 걸 밝혀야 해요."

다이메는 내 무릎에 앉아, 눈이 툭 불거져 나오고 끽끽거리는 마모셋을 두 손에 안아 흔들어서 어르고 있었다. 나는 연장자들이 오빠의 말을 이해했는지 유심히 지켜봤다. 연장자들은 불의 법칙은 알았지만 지금 오빠가 말하고 있는 법에 대해서는 몰랐다. 숲에서의 전쟁은 잘 알았지만 법정에서의 싸움에 대해서는 몰랐다. 그래도 이제 더는 창만으로는 싸울 수 없다는 것을 아는 듯했다.

그 오후 내내, 우리 부족 연장자들은 한 명씩 변호사들을 마주 보며 카메라와 컴퓨터 앞에 서서 비행기가 왔던 날의 기억들을 풀어놓았다.

"그들은 우리에게 빵과 코카콜라를 줬어." 위냐가 작은 소리로 말했다. "스페인어로 말해서 무슨 말을 하는지는 하나도 못 알아들었어."

"그들은 학교와 병원을 짓기 위해 다시 올 거라고 말했어." 디카가 이야기했다. "그들이 내 엄지손가락에 잉크를 발라줬고 나는 그 엄지손가락을 종이에 대고 꾹 눌러서 내가 우리 마을의 대장이라는 걸 보여줬지."

"그들은 정부가 우리를 잊지 않았다고 말했어." 오만카가 회고했다. "정부는 선한 마음을 갖고 있고 와오라니족 사람들을 도와주고 싶어 한댔어."

저녁이 되면서 우거진 나뭇가지 위로 은빛 달이 떠올랐다. 달의 모양이 하류로 미끄러져 나가며 별들을 지나가는 카누처럼 보였다. 롱하우스 한가운데서 모닥불이 피처럼 붉게 고동치고 있었고, 그 하얀 연기 속에서 우리의 노랫소리가 위로 휘휘 퍼져 올라갔다. 우리 부족 사람들은 법정에서 싸움을 벌이기로 결정했다. 하지만 오늘밤은 새벽이 올 때까지 치차를 마시며 춤추며 즐기기로 했다.

"오늘 연장자들의 이야기를 들을 때 콘키스타도르(16세기에 멕시코, 페루를 정복한 스페인 지도자들-옮긴이)에 대해 읽었던 내용이 기억났어요." 미치가 소곤소곤 말했다. 치차를 조롱박 그릇으로 몇 잔이나 마셔서 눈에 취기가 돌았다. 나는 해먹에 기대 누웠다. 다이메는 내 아치오테 잉크를 가로로 쭉 바른 얼굴을 하고 내 가슴 위에 누워 있었다. "수백 년 전, 그 스페인 정복자들이 아메리카 대륙을 침략했을 때……."

나는 딴 데 한눈이 팔린 채 그의 얘기를 들었다. 아빠가 남자 연장자들과 같이 맨몸으로 춤을 추고 있었다. 아빠의 페니스는 위쪽으로 치켜 올려서 허리에 두른 끈으로 고정해 배에 붙여져 있었다. 눈은 기쁨으로 한껏 들뜬 눈빛이었다. 전사들의 무리와 발을 딱딱 맞춰서 땅에 쿵쿵 지는 그 모습이 한 무리의 야생 페커리 같았다. 그 사냥 노래가 달이 뜬 하늘로 높이 울려 퍼졌다.

미치가 말을 이어갔다. "턱수염을 기른 남자들이 머스킷 총과 검으로 무장하고 원주민 마을 밖에 서서 자기들이 '요구사항The Requirement'이라고 이름 붙인 문서를 큰 소리로 낭독했어요. 원주민들은 이해할 수도 없는 언어로요."

"무슨 내용이었는데요?"

"하느님을 받아들이고, 우리가 너희 땅의 정당한 지배자임을 받아들이면 너희를 상대로 전쟁을 벌이지 않겠다.'"

이제는 여자 연장자들이 남자들의 귀에 대고 속닥거리고 있었다. 미치, 다이메, 나를 힐끗힐끗 보며 작당해서 뭔가를 꾸미는 중이었다. 눈에 장난기가 담겨 있었다. 나는 해먹에서 일어나 앉았다. 미치는 알아채지 못한 채 얘기를 계속했다.

"500년 후에도 정말 달라진 게 없어요. 콘키스타도르는 말을 타고 왔고 석유 회사들은 비행기로 왔다는 차이만, 악!"

순식간에 일어난 일이었다. 돌풍처럼, 홍수처럼, 달려드는 페커리처럼, 벌 떼처럼 연장자들이 우리를 덮쳐서 에워쌌다. 그러더니 미치와 나의 볼을 꽉 맞붙이고 서로 손을 깍지 껴 잡게 했다. 해먹에서 다이메가 우리 둘 사이에 끼어서 자신을 누르는 몸과, 울리는 읊조림 소리와, 번뜩이는 눈들에 깜짝 놀랐다.

"대체 이게 다 뭐예요?" 미치가 속삭였다.

"지금 우리를 결혼시키려는 거예요." 내가 알려줬다.

미치는 나를 보려고 버둥거렸지만 그럴 수가 없었다. 힘센 손들이 우리의 머리를 꽉 맞붙여 잡고 있었다. 그 손들은 그냥 손이 아니었다. 흙에서 카사바를 잡아 뽑고, 거친 나무껍질로 바구니를 짜고, 단단한 목재를 긁어내 카누를 만들고, 롱하우스의 옅은 연기 속에서 가족의 결속을 벼려내며 단련된 손들이었다.

그 읊조림은 조언이었고, 지혜로 출렁이는 노래였으며, 앎을 일깨우려는 다급한 목소리였다.

"마코앵무 한 쌍이 함께 날면 죽을 때까지 언제나 항상 함께 날아."

"태양이 떠오르기 전, 남자와 여자는 함께 꿈을 꾸지. 서로에게 절대 꿈을 숨기지 않아."

"남자는 아내와 함께 밭에 나가 같이 노래하며 웃어야 해. 밭에서 일할 때는 언제나 노래하며 웃어야 해."

"남편은 게으름을 피우면 안 돼. 숲으로 멀리 나가 페커리를 잡아 와서 아내와 딸을 건강하게 보살펴야 해."

"항상 개울에서 함께 목욕해. 혼자 하면 안 돼. 새벽과 해 질 녘에, 언제나 가족이 함께 목욕을 해."

"집 안에 불을 꺼뜨리면 안 돼. 행복한 가정은 장작이 떨어지지 않지."

"화가 나 있을 때는 말을 하지 마. 그럴 땐 입을 다물고 있는 게 나아. 같이 폭포로 가서 거기에서 말해."

"무슨 얘기들을 하시는 거예요? 이 노래들이 무슨 뜻이에요?" 미치가 물었다.

"게으른 백인이 되지 않는 게 좋을 거라고요!" 내가 흥이 나서 소리쳤다. "남자는 언제나 여자 말을 들어야 한다고요!"

미치가 웃으며 말을 받았다. "당신이 막 지어낸 거죠!"

나는 그의 손을 깍지 껴 잡으며 눈을 감았다. 연장자들이 계속 읊조리면서 고동치고 울리는 조상들의 지혜로 우리를 흠뻑 적셨다. 내 안에서 웃음이 솟아올라, 재규어의 포효 같은 웃음소리가, 우리 부족 존재의 심장부에 불꽃을 일으켜 주는 웃음소리가 터져 나왔다.

뒤이어 연장자들의 손이 우리의 손목, 팔뚝, 몸통을 붙잡았다. 그러더니 우리를 해먹에서 들어 올려 롱하우스의 가운데로 끌어당겼다.

"해가 뜰 때까지 춤을 춰야 해요." 내가 크게 외쳤다. "어르신들이 당신이 와오라니족처럼 신나게 놀 줄 아는지 보려는 거예요."

"치차는 어디 있어요?" 미치가 흥겹게 외치며 셔츠를 허공 위로 높이 던졌다.

곧이어 우리는 눈이 핑핑 돌 정도로 모닥불을 빙빙 돌며 끝없이 노래를 불렀다. 중얼중얼 흥얼거리는 소리, 발의 진동, 카누 모양으로 떠올라 밤하늘에 은색 빛을 흩뿌리는 달 아래에서 연기가 피어오르는 지붕 위로 울리는 바람이 한데 어우러지는 밤이었다.

다이메가 내 손가락 끝을 꽉 쥐고 맨발로 땅을 리듬 있게 꾹꾹 누르며 입술로 여자들의 노래를 따라 부르는 흉내를 냈다. 눈은 내 눈을 찾아 위를 올려다보고 있었다. 내 어머니의 눈을 올려다보던 예전의 내 눈처럼.

이것이 우리 부족의 행복이었다. 이것이 우리의 즐거움이었다. 이것이 우리의 영혼을 치유해 주는 가락이요, 우리에게 어떤 일이 있어도 웃음을 잃지 않도록 힘을 주는 가락이었다.

미치가 두 팔로 아빠의 어깨를 감싸 안더니 발을 마구 쿵쿵거리고 무슨 뜻인지도 모르는 말들을 읊조리며 연장자 전사들을 흉내 냈다. 페커리처럼 꿀꿀거리고, 발정한 재규어처럼 울부짖고, 올빼미처럼 울었다. 그렇게 그들이 되면서, 숲의 동물들에게 경의를 표했다.

나는 황홀한 우리의 노래에 나 자신을 내맡겼다. 어느새 시간이 사라졌다. 카누 모양의 달이 밤하늘을 물처럼 가르며 미끄러져 갔다. 레이첼 세인트가 떠올랐다. 내가 어렸을 때 롱하우스의 입구에 다유마를 옆에 끼고 서서 얼굴에 차가운 책망의 표정을 띤 채 혀에 독기를 품고 있던 그 기억이. 그녀는 우리의 춤을 중단시켰다. 우리가 우리의 벗은 몸과, 우리의 행복을 수치스럽게 여기게 만들었다.

나는 그 기억을 땅바닥에 내뱉어 버렸다. 문제는 언제나 두려움에 있었다. 이제 알았다. 선교사들은 자신들이 잘 모르는 대상을 두려워했다는 걸. 우리 부족 사람들을, 다른 부족 사람들을 두려워했다는 걸.

"발에 물집이 생겼어요!" 미치가 나에게 소리쳤다. 남자들이 모닥불을 빙 둘러싸고 발을 구르고 있던 그때 어느새 우거진 나뭇가지 위로 햇빛 줄기가 비치고 있었다. 다이메는 해먹에서 잠이 들어 있었다.

나는 백인의 무른 발이 어떻고, 도시의 인도에서 발을 보호해 주는 신발이 어떻고 하며 미치를 놀려주려다 꾹 참았다. 눈이 충혈되도록 새벽까지 맨발로 춤을 춘 사람이었다. 그는 자신이 잘 모르는 대상을 두려워하지 않았다. 페커리처럼 꿀꿀거리길 두려워하지 않았다. 내 부족 사람들을 바꾸려 하지 않았다. 부족 사람들에게 받아들여지기 위해 춤을 췄다.

정오 무렵, 우리는 절엽개미처럼 줄지어 숲으로 들어갔다. 개미처럼 끊임없는 대열을 이루며 밤새 누이지 못한 등에 그 땅을 짊어지고 있었다. 미치는 다이메를 목말 태워 데려갔다. 남자들은 창과 노래를, 여자들은 바구니와 노래를 가지고 갔다. 오피 오빠는 그 날 아다니는 벌레, 드론이 담긴 검은 상자를 가지고 갔고 나는 우리가 곧 치를 전투를 향한 열정을 뼛속 깊이 품고 갔다.

우리가 향한 곳은 숲 깊숙이 있는, 하늘이 뻥 뚫린 곳이었다. 바람이 거대한 나무를 쓰러뜨려 놓은 곳이었다. 머리 위 우거진 나뭇가지 사이로 드론이 날 수 있을 만한 구멍이 뚫려 있는 곳이었다.

"와오라니 동족 여러분." 내가 쓰러진 그 아름드리나무의 몸통을 휘감은 덩굴줄기를 발가락으로 움켜쥐며 맨발로 서서 낭랑히 말했다. "이제 곧 우리는 그 도시의 법원으로 갑니다. 정부 측 변호사들이 정장에 타이를 매고 올 겁니다. 서류 가방을 들고요……."

"그 가방에 판사들에게 줄 돈을 가득 채워서 말이지!" 에몬타이가 야유조로 말했다.

엄마와 여자 연장자들은 말없이 땅 위로 몸을 구부리고 있었다. 다 같이 마체테로 마른 가지들을 마구 내리찍고 손으로 덤불을 긁고 나뭇잎 쪽에 대고 쉬쉬 소리를 내며 뱀들을 겁주어 쫓아내는 중이었다.

"우리 조상들이 우리와 함께할 겁니다." 나는 말을 이었다. "우리는 우리 창을 가지고 법원으로 갑니다. 숲을 함께 데리고 갑시다. 우리 땅의 지도를 보여줍시다. 법을 우리 편으로 만듭시다. 하지만 그것만으로는 부족합니다!"

아빠와 다른 남자들은 부러진 가지를 줍고 있었다. 그 빈터에 있는 나무딸기 관목을 숲의 그늘 쪽으로 끌어당기기도 했다.

남자들이 듣고 있다는 것은 알았지만 그래도 감정이 격해져 목소리가 갈라졌다. "제가 무슨 말을 하는 건지 이해하시겠어요?"

"백인들의 세계는 썩었다는 얘기잖아." 오피 오빠가 말했다. 오빠는 검은 상자 위로 몸을 웅크리고 케이블, 배터리, 점멸등을 만지작거리고 있었다.

"제가 제 눈으로 직접 봤습니다." 한 무리의 젊은이들이 미리 만들어서 말아둔 대형 현수막을 풀고 있었고 나는 그 모습을 지켜보며 말을 이었다. "석유 회사들은 아이들이 목욕을 하고 물고기가 헤엄치는 강을 오염시키고 있어요. 그뿐만이 아니에요. 연구소에 돈을 주기도 해요. 왠지 아세요? 그들은 진실 따위에는 관심도 없기 때문이에요! 그들은 부족 사람들에게는 관심이 없어요! 어떤 회사들은 연구소에 돈을 주며 거짓말을 시켜요. 강이 오염되지 않았다고 밝히라고, 부족 사람들의 자식을 죽이고 있는 그 시커먼 물이 그 아이들을 죽이는 게 아니라고 말하라고요."

미치가 다이메 옆의 드론 옆쪽으로 무릎을 구부렸다. 석유, 회사, 연구소, 오염 같은 스페인어 단어들이 들려와서 내가 무슨 얘기를 하는지 짐작하고 있었다.

"우리 숲 깊숙한 이곳에서 온 세계에 메시지를 보냅시다." 나는 우거진 나뭇가지 사이로 뚫린 밝은 푸른빛 구멍을 힐끗 올려다보며 말했다. "그러면 우리가 법원에 가서 판사들의 눈을 들여다볼 때 그들은 세상의 눈이 자기들을 지켜보고 있다는 걸 알게 될 거예요!"

"우리 땅은 파는 물건이 아니에요!" 오피 오빠가 외쳤다. "우리 땅은 파는 물선이 아니라고요!"

오빠의 말소리가 그 숲의 구멍으로 서서히 희미해져 가다가 거의 완전히 사라졌다. 하지만 연장자들은 그 말을 놓아주려 하지 않았다. 그늘에서 그 말을 움켜잡아 혀에 붙잡아 놓고 거세게 연호했다. 그 말이 나무들의 뿌리까지 울려 퍼질 때까지.

'Omere goronte enamai! 오메레 고론테 에나마이! 오메레 고론테 에나마이!'

우리는 현수막을 빈터에 쫙 펼쳐놓고 손으로 꽉 잡았다. 현수막에는 가운데에 그려진 검은색 창 두 자루와 함께, 세상에 세 개의 언어로 전하는 우리의 메시지가 빨간색, 초록색, 검은색으로 적혀 있었다.

오메레 고론테 에나마이!

¡NUESTRO TERRITORIO NO SE VENDE!

OUR LAND IS NOT FOR SALE!

드론이 우리 위를 맴돌았다. 우리의 연호에 귀를 기울이지 않는 나무 벌처럼 윙윙대고, 군인들, 석유 회사 사장, 반짝거리는 귀걸이를 한 창백하고 비쩍 마른 여인을 데려왔던 헬기처럼 허공에서 숭숭거렸다. 헬기가 데려왔던 그들 모두는 우리 땅을 빼앗으려고 했던 사람들이었다. 드론이 툭 튀어나온 눈 하나를, 백인들만이 고안해 낼 수 있을 만한 별난 방식으로 움직였다. 그러다 우리 숲의 고동치는 심장에 뻥 뚫린 구멍을 향해 위로 휙 올라가 나뭇가지들을 헤치고 빛나는 창공 속으로, 내가 오래전 코오리들이 사는 곳인 줄 알았던 그곳으로 사라졌다.

아빠는 놀라서 목을 쭉 빼며 입을 딱 벌리고 있다가 나를 돌아봤다. 아빠의 눈이 그 눈을 만들어 낸 숲처럼 반짝이고 있었다.

"전부터 저게 어쩐지 쓸모가 있을 것 같았어." 아빠가 말했다. "날아다니는 벌레는 틀림없이 뭔가에 쓸모가 있어!"

25

법정

"우리가 지금 땅 밑에 있는 거야?" 위냐가 내게 물었다.

목소리가 차분했지만 살짝 흔들렸다. 새의 날개에 스친 시커먼 물결처럼. 나는 법정을 쓱 둘러봤다. 대형 시멘트 건물 지하 안의, 밝은 불이 켜진 상자처럼 보였다. 벽은 둔탁하게 윙윙거리고 화학 세정제 특유의 광이 났다. 나는 연장자들인 위냐, 오만카, 메모, 디카 사이에 앉아 있었다. 우리에게서는 장작 연기, 깃털, 강가의 진흙 냄새가 났다. 우리는 곧 판사들이 나타나 앉게 될, 비어 있는 높은 위치의 자리를 응시했다. 우리 다섯 명은 부족 사람들의 선출을 받아 정부와의 소송에서 원고로 나선 사람들이었다.

"이 건물은 꿈에 안 나왔으면 좋겠어." 위냐가 속삭였다. "와오라니족 여자가 건물이 나오는 꿈을 꾸면 그건 우리가 길을 잃을 거라는 징조야."

나는 말없이 고개를 끄덕였다.

메모와 디카는 어깨에 복숭아야자 창을 어깨 위로 걸쳐 잡고 있었고 팔에는 검은색 아나콘다가 그려져 있었다. 위냐는 야자수 잎 뭉치를 양손에 감싸 쥐고 있었다. 오만카는 야자 잎으로 엮어 만든 가방에 숲의 향기로운 잎들을 담아서 가져왔다. 우리 측 변호사, 마리아가 우리 옆에 있었다. 통로 맞은편의 탁자 앞에는 정부 측 변호사들이 앉아 있었다. 몸이 부풀어 보이는 꽉 끼는 정장을 입고 나와 그 빈약한 손으로 서류 가방을 풀고 볼펜을 만지작거렸다.

법정 앞쪽의 문이 열리며 세 명의 판사가 들어왔다. 남자 두 명, 여자 한 명이었다. 여자가 재판장이었는데 머리카락이 까맸다. 피곤한 기색에 축 늘어진 얼굴을 하고 있는 남자 판사들 사이에서 엄하고 당당한 자세로 꼿꼿하게 앉아 있었다.

우리의 소송은 준비해 온 문서만 수백 장에 달했다. 마닐라지 폴더 안의 서류 더미는 여러 단어, 법률 용어, 일관된 주장을 해주는 증언들, 요점과 논지, 부록인 지도로 구성되어 있었다.

나는 시선을 재판장에게 돌렸다. 이번이 첫 번째 법정 심리였다. 우리는 판사들이 우리 영토로 와서 조상들이 대대로 살아온 땅의 롱하우스에서 소송을 진행해 줄 것을 요청했다. 우리가 신뢰할 수 있는 통역사를 요구하기도 했다.

재판장은 서류를 뒤적이다 멈칫멈칫하며 깃털 왕관, 이마, 페인팅한 몸을 힐끗거렸다. 하지만 우리의 눈은 보지 않았다. 입을 열었을 때는 우리의 의견에 반대 입장을 냈다. 포장도로처럼 무미건조한 목소리로 우리의 요청을 거부했다. 나는 그녀가 마음과는 별개의 말을 하고 있다는 것을 알았다. 그녀의 말은 자신의 영혼과 단절

된 뜻을 전하고 있었다. 다른 무엇보다도 나는 판사들이 우리의 눈을 봐주길, 우리와 눈을 맞춰주길 기다려 왔다. 나는 우리의 눈이 그 어떤 문서보다 힘이 있다고 믿었다. 우리 안에 깃든 숲의 그림자에서 이글이글 불타는 조상들의 눈이 빛을 발할 거라고.

요구가 거부되었으므로 노래를 부를 차례였다. 나는 탁자 밑으로 위냐, 오만카의 손을 꼭 잡았다. 그것이 신호였다. 이제 그 법정을 숲의 고동치는 동굴로 바꿔서 메마른 흰색 빛 속에 초록색 날개의 앵무새와 마코앵무 그리고 재규어의 정령을 불러낼 때라고. 마음 없는 말과 문서로 포장된 길을 우리의 뿌리 깊은 노래로, 영혼의 대지를 갈구하는 노래로 깨뜨리자고.

우리는 사람들로 꽉 찬 그 법정에서 일어나 노래를 부르기 시작했다.

우리의 조상들은 용서하지 않았다.
그들은 언제나 죽을 각오로
함께 걸었다.
우리가 당신들을 존경하는 것 같겠지만
우리는 당신들을 존경하지 않는다.
우리는 당신들이 아는 것보다 더 맹렬하다.
우리 조상들이 우리의 땅을 지키기 위해 싸웠던 그 싸움은
지금까지도 계속되고 있다.

시간에 마법이 걸렸다. 초도, 분도, 시간도 없이 그저 무아지경의 노래가 윙윙거리는 벽을 벌벌 떨게 하면서, 밝은 빛이 켜진 그 땅

밑 상자의 사방을 울렸다. 판사들은 입으로, 손으로 우리에게 조용히 하라고 요구했다. 정부 측 변호사들은 우리의 노래가 무식을 증명해 주는 증거라는 듯, 미개인들에게는 이성이란 게 없다는 증거라는 듯 어깨를 으쓱하며 고개를 절레절레 내저었다. 법정 밖의 복도에서는 우리 전사들이 흥에 겨운 외침을 내지르며 맨발을 굴렀고 문 앞을 지키던 경찰들은 그 기세에 위협을 느껴 권총을 꽉 쥐었다. 숲을 두려워하는 도시처럼, 여자들을 두려워하는 사내들처럼.

나는 재판장에게서 시선을 돌리지 않았다. 결국 그녀는 체념하며 내 눈을 마주 봤다. 가늘게 뜬 눈으로 순간 응시하더니 숨을 내쉬고는 고개를 한 번 끄덕였다. 법정에서 벌어지고 있는 그 상황을 인정하며 이제는 이 재판이 보통의 법정 사건처럼 흘러가지 않으리라는 것과 사건을 신속히 해치울 수 없겠다는 사실을 깨달았으리라. 마닐라지 봉투에 담겨 자신의 앞에 놓인 종이에 단순한 글 이상의 의미가 담겨 있다는 걸 알았을 것이다. 그 글의 이면에는 우리 조상들의 발자국이 있고, 우리가 창으로 피를 보는 대신 부르는 노래가 있으며, 우리에게 생명을 주는 땅을 지키기 위해 꾸는 꿈이 있었다.

우리 부족 여자들은 그만하라는 요구에도 노래를 멈추지 않았다. 남자들도 전투의 춤을 멈추지 않았다. 재판은 휴정에 들어갔다. 노래 때문에 법정 심리가 연기되었다. 정부 측 변호사들은 당황했다. 우리가 우리를 내내 침묵시켰던 제도에 정신적 승리를 거둔 것이다.

한 달이 지났다.

우리는 인터넷을 활용해 판사들과 정부를 비롯한 모든 관련자에게 세상이 그들을 지켜보고 있다는 걸 알려줘야 했다. 돈을 가득 채운 서류 가방도, 우리의 싸움을 완패시키려는 내밀한 거래도 소용없도록 만들어야 했다. 그래서 연장자들이 숲으로 돌아가 모닥불불길에 부채질하며 롱하우스를 밝히는 동안 나는 세이보 연대와 아마존 프론트라인즈의 여러 팀과 함께 그 도시에 남아 인터넷으로 불길을 지폈다. 우리는 편지와 동영상을 게시해 전의의 함성과 숲에 대한 애정이 담긴 노래를 인터넷으로 내보냈다. 우리의 지도, 카메라 트랩에 담긴 재규어와 맥의 영상, 숲에서 드론으로 찍은 '우리 땅은 파는 물건이 아니다!'라는 문구의 현수막 이미지도 올렸다.

그리고 모르는 사람들 수천 명의 SNS를 통해 온라인의 불길이 점점 확산되는 사이, 나는 우리의 숲과 생활 양식을 지키기 위한 이 싸움이 사실상 전 세계를 지키기 위한 싸움이라는 사실을 깨달았다. 우리의 숲을 잃게 되면서 바다 건너편에서 홍수가 일어났고, 다른 대륙에서 화재와 가뭄이 일어났다는 걸 알게 됐다. 우리가 모두 연결되어 있어서 아마존을 지키는 것이 곧 우리 모두의 고향인 어머니 대지를 지키는 일이라는 사실을, 전 세계의 다른 사람들도 알게 되었다.

나는 인터넷에서 내 얼굴을 보는 일이 신기했다. 그 얼굴은 한때 스테파니의 거울로 들여다보며 싫어했던 바로 그 얼굴이었다. 가무잡잡한 피부, 갈색 눈, 넓은 코, 높은 광대뼈, 망치로 빼내기까지 했던 치아. 그런데 이제 빨간색 아치오테 잉크를 쓱 칠하고 깃털 장식을 한 모습으로 연장자들에게 둘러싸인 바로 그 얼굴이 저항과 희망의 상징이 되어 있었다. 심지어 내가 이제 막 눈떠가고 있던, 신기할 만큼 영향력이 막강한 가상 세계의 묘미를 상징하는 것일 수도 있었다.

하지만 나는 아직 그런 것에 준비가 되어 있지 않았다.

어떤 상징이 된다는 것이 무슨 의미인지 잘 몰랐다. 내 안에는 여전히 뭔가가 떨쳐지지 않고 있었다. 두려움인지, 아직도 남아 있는 트라우마인지, 정복의 잔재인지 그 정체는 잘 모르겠지만 밤에 나를 부들부들 떨게 하고, 자다가 울게 하는 뭔가가 있었다. 내 꿈의 문을 두드리고 들어와 그림자로 나타나 나에게 입김을 불며 방이 많은 건물에서 나를 쫓아다니는 낯선 사람들이 있었다. '혹시 정부가 자신들의 힘에 도전하는 상징으로 여겨지는 나를 불편하게 여겨 킬러를 보낸다는 암시일까? 아니면 내가 조상들을 배신하고 있어서 밤에 그렇게 떨리는 걸까? 나의 이 상징이 혹시 그 뒤에 숨기 위한 가면이 될 수도 있을까? 미치는 내 비밀을 알까? 내 영혼 깊숙이 전사가 있지만 그 전사가 용기와 두려움을 모두 가지고 있다는 걸 알까?'

법정 소송이 재개되는 날 아침, 태양이 먼 산의 능선과 콘크리트 블록 집들의 벗겨진 페인트 위로 우뚝 솟아 호텔 방 창문에 서린 냉기를 조각조각 깨고 있었다. 미치는 침대에서 커피를 홀짝이며 노트북을 들여다보는 중이었다. 다이메는 그 옆에서 모로 누워 이불도 안 덮고 곤히 잠들어 있었다. 나는 욕실의 거울을 보면서 따끔따끔한 초록색 아치오테 깍지를 깬 후 그 빨간색 씨를 손가락으로 힘주어 문질렀다.

간밤에 무슨 꿈을 꾸었는지 기억나지 않았다. 꿈이 나에게서 숨어 다녔다. 도시의 웅웅 소리 밑으로 파고 들어가고 새벽의 공포 밑에서 뒤척이다 미치의 나지막한 속삭임과 듣기 싫은 키보드 두드리는 소리 속으로 사라졌다.

나는 꿈을 기억해 내야 했다. 내 조상들은 언제나 전투 전에 꿈을 꾸었다.

"뭐하고 있어요?" 내가 짜증을 내며 물었다.

"보도 참고자료 마무리하고 있어요." 미치가 말했다.

나는 눈꺼풀 위에 첫 번째 붉은 줄을 그었다. "나는 꿈을 기억해 내려고 애쓰는 중이에요. 당신은 노인처럼 혼자 중얼거리고 있고요."

그가 노트북을 닫고 손가락으로 다이메의 머리를 쓸어주었다. 나는 거울을 빤히 들여다봤다.

"도시는 왜 이렇게 아플까요?" 내가 물었다.

"아프다고요?"

"맥박 소리 같아요. 삐걱삐걱 거슬리는 소리 같아요. 도시에서는 도저히 꿈을 기억할 수가 없어요. 어쩌면 코오리들이 꿈을 해석할 줄 모르게 된 이유가 그 때문일지 몰라요. 더 이상 꿈을 기억하지 못해서요."

미치가 다이메의 등을 어루만지며 말했다.

"당신도 우리가 이길 거라는 거 알잖아요. 그렇게 믿고 있잖아요, 안 그래요?"

나는 그의 말에 움찔했다. 연구소들이 정직할 거라고, 물이 오염되었다는 증명을 해줄 거라고 믿는 걸 보면 그는 여전히 순진했다.

그런 생각은 뼛속 깊이 정복을 겪은 적이 없고, 핏속에 수백 년에 걸친 배신의 상처가 흐르지 않는 백인으로 특혜 입으며 살아온 사람의 낙천주의였다. 그는 여전히 잘 몰랐다. 내 깃털 왕관과 아치오테가 없으면 세상 사람들에게 나는 얼굴 없는 사람일 뿐이라는 걸. 나는 사람들의 눈에 띄려면 조상들의 페이스 페인팅을 해야 했다. 안 그러면 그저 도시의 거리를 걸어 다니는 높은 광대뼈의 '인디오', 백인 남자의 딸을 돌보는 유모쯤으로 여겨질 만한 흐릿한 얼굴일 뿐이었다.

나는 창가로 가서 교통 신호에 걸려 줄지어 서 있는 차들을 바라봤다. 석유는 이 도시의 생명선이었다. 아래쪽 길의 신호등이 녹색으로 바뀌자 '붕' 하는 엔진음이 들려왔다.

"우리는 지 차들을 움직이게 하고, 비행기를 날게 하는 원천을 위협하고 있어요." 내가 말했다. "백인들이 행복이라고 여기는 안락함을 위협하고 있다고요. 우리가 이기기 위해서는 판사들이 자신의 인종을 배신하고, 자신에게 월급을 주는 정부와 자신이 태어난 도시를 배신해야 하는 거예요."

미치는 할 말을 찾고 있었다.

"아니면…… 그들에게 기회이기도 하죠."

"그게 무슨 말이에요?"

"상처의 치유를 위해 용기를 낼 기회요."

나는 회의적으로 고개를 내저으며 창문에 비친 내 모습을 힐끗 보았다.

"판사들은 당신을 만나려 하지 않는 사회의 일원이자, 당신의 종족과 세상을 공격하고 궁극적으로는 그 자신을 공격하게 되는 제도의 일원이에요." 미치가 말했다. "그들이 당신들을 인정하고, 당신 종족의 인간성을 본다면 당신들과 그들 스스로에 대한 폭력을 멈출 기회를 갖게 되는 거예요. 상처를 끝내고 치유를 시작할 기회요."

나는 그런 식으로 생각해 본 적이 없었다. 백인들이 우릴 두려워한다는 것은 알았지만 그들의 두려움과 폭력이 자신들에게도 상처를 준다는 생각은 한 번도 하지 못했다.

미치가 장난기 어린 표정으로 히죽히죽 웃었다. "당신은 이 소송이 석유로부터 숲을 구하는 문제라고만 생각했죠! 그런데 백인들을 그들 자신으로부터 구하는 일이기도 해요."

그날 늦은 오전, 우리는 잿빛 거리를 가로질러 길쭉한 각도로 드리워진 그림자를 헤치고 법원으로 향했다. 우리는 노래를 부르며 어리둥절해하는 택시 기사들과 상점 주인들의 눈을 지나쳐 갔다. 우리는 혼자가 아니었다. 우리의 친구, 가족, 세이보 연대의 동료 전사가 밤새 버스를 타고 와서 우리와 함께해 주었다. 아빠는 에르난과 에메르힐도 옆에서 창을 흥겹게 들어 올렸다. 엄마는 플로르 옆에서 노래를 불렀다. 위냐와 오만카는 나비처럼 사뿐사뿐 따라왔다. 디카와 메모는 인도를 쾅쾅 내리치며 재규어처럼 울부짖었다. 다이메는 그 작은 손으로 내 손가락을 잡고 있었다. 노란색 원피스를 입고 눈에 아치오테로 페인팅을 한 모습이었다. 카메라들이 우리를 밀착 촬영하며 깃털 장식, 페이스 페인팅, 노래, 분쟁에 초점을 맞춰 취재 열기를 불태웠다.

우리는 떼 지어 메마른 광장을 지난 후, 햇빛 속에서 하얗게 반짝이는 콘크리트 계단을 올랐다. 유리로 되어 있는 법원 입구에 구름이 비쳤고 그 모습을 보자 돌연 내가 얼마나 멀리까지 왔는지 상기하게 되었다. 지금의 나는 혼자서 그 권력자들의 유리 건물에 얼굴을 세게 부딪히고, 경찰의 모욕으로부터 도망쳐 상처를 받은 채 시내 속으로 사라졌던 그때와는 달랐다. 이제는 강한 바람을 일으키고 있는 무리의 일원으로서 겁먹은 눈을 한 경찰들을 가르며 유리문을 획 열고 아치형 천장의 건물로 돌진했다. 그리고 전투 함성을 내질러 소리를 쩌렁쩌렁 울리면서 지하의 법정으로 내려갔다.

판사들이 높은 곳에 있는 판사석에 모습을 나타낸 순간 나는 꿈을 기억해 냈다. 소송 절차가 시작되었을 때 꿈이 연기처럼 떠올라 나를 몽롱한 상태로 끌고 들어갔다.

도시의 혼잡한 거리에 있는 인도가 보였다. 그곳에 레이첼 세인트가 있었다. 그녀는 멀찌감치에 서서 양산으로 햇빛을 가리고 있었다. 판사들이 바람에 흩뜨려진 문서들을 주워 모으고 있었다.

"당신들은 왜 내가 보는 걸 못 보나요?" 내가 그들에게 물었다. 답답해하는 목소리였다. "바람이 그 문서들을 가져가게 놔두세요……. 여긴 거리가 아니라 강이에요."

레이첼 세인트가 나를 보며 고개를 내저었다. 얼굴에 엄마 같은 미소를 띠고 내 영혼을 흐리게 했다. 나는 그녀가 가버리길 바랐다. 판사들은 내 말을 듣는 둥 마는 둥 했다. 문서들을 줍는 데 너무 정신이 없어서 내 말을 안 듣는 것 같았다.

"그렇게 말하는 이유가 뭐죠?" 재판장이 물었다.

그녀는 볼 때마다 다른 모습이 되었다. 로살리나였다가, 코니였다가, 그녀 자신이 되었다. 나는 그녀가 호기심을 보이고 있고, 듣고 싶어 한다는 걸 알아챘다.

"내 손을 잡아요." 내가 말했다. 그 판사의 손바닥은 차가웠고 손가락은 부드러웠다. 그녀는 두려운 표정으로 나를 보다가 고개를 끄덕였다. 우리는 인도에서 나와 차도로 들어섰고, 이제 그곳은 더 이상 차도가 아니었다. 그녀가 강물의 소용돌이에 휩쓸려 출렁거리는 통나무 카누에서 중심을 잡으려 버둥거리자 내가 그녀의 손을 꽉 잡았다. 강물이 문명의 어깨 아래쪽 산에서 쏟아져 내렸다. 곧이어 숲이 우리 위로 높이 솟았다. 이어서 그녀가 사랑스럽고 앳된 얼굴을 보였다. 지금은 판사가 아니었다. 뺨 위로 눈물을 흘리고 있는 아름다운 여자였다.

위냐가 내 손목을 꽉 쥐며 나를 흔들었다. 몽롱한 상태에서 깨어 다시 밝은 불이 켜진 상자로 돌아왔다. 돌아와 보니 정부 측 변호사가 판사들에게 말하고 있었다. 변호사의 목소리가 성마르고 듣기 따분했다. 나는 사람들로 꽉 찬 법정 안에서 미치를 찾았다. 미치는 수첩에 메모를 하고 있었다.

'꿈을 기억해 냈어요.' 내가 눈으로 그에게 속삭였다.

'좋은 꿈이었어요?' 그의 눈이 소곤소곤 화답했다.

'진정한 꿈이요. 진정한 꿈이었어요.' 내가 미소를 지었다.

나는 다시 판사들에게 시선을 돌렸다가 갑자기 어떤 생각이 들었다. '저 판사들이 우리를 본다면, 우리를 진정으로 본다면 우리도 그들을 봐야 하지 않을까? 적이나 마음 없는 판사나 정복의 캐리커처로서가 아니라, 사랑하고 미워할 수 있고, 기뻐하고 슬퍼할 수 있는 우리와 같은 사람들로 봐야 하지 않을까? 이곳 지구에서 단지 잠시 동안 지금의 몸에 깃들어 있는 영혼들로. 우리가 그들을 볼 수 있다는 걸 그들에게 보여줄 수 있다면, 그들도 우리를 보고 듣고 우리에게 배우지 않을까? 그것이 내 꿈이 전하려는 메시지가 아니었을까? 미치가 했던 치유의 얘기가 맞는 게 아닐까? 폭력은 우리 사이의 균열에서, 우리 안의 균열에서 태어난 게 아닐까? 정복은 그 뿌리를 파고 들어가면 언제나 분열의 문제가 아니었을까? 너무 외롭고 견딜 수 없어 정신적으로 무뎌진 고통 때문에 폭력만이, 인간으로 살면서 뭔가를 느낄 그 좁은 길만이 유일한 길이 되는 게 아닐까?'

법정 소송은 여러 날에 걸쳐 지속되었다. 나는 내 조상들이 숲을 지켜봤던 것처럼 법정을 지켜보며 눈을 크고 초롱초롱하게 뜨고 움직임과 패턴과 징조에 촉각을 곤두세웠다. 이런저런 사소한 것들에 주목했다. 남자 판사 중 한 명의 허리 신경통. 정부 측 변호사 중 한 명의 복통. 재판장의 피곤해서 충혈된 눈. 너무 꽉 끼는 구두. 법정 밖 전사들의 높아지는 노랫소리. 그리고 내 옆에 앉은 연장자들의 차분한 고요함 위에서 강 속 깊은 곳의 아나콘다처럼 끈기 있고 고요하고 주의 깊게 그 법정을 응시하고 있는 불굴의 정령들.

내 영혼도 떠돌았다. 내 전 생애의 오솔길을 걸으며 계곡을 가로지르는 재규어처럼 이 기억 저 기억으로 뛰어넘었다.

법정에서 내가 발언할 차례가 되었을 때는 발밑에서 마른 뿌리 덮개 잎을 느끼고 있었다. 내 조상들의 무덤을 가르며 나 있는 도로로 석유 회사 트럭들이 절거덕거리며 달려가는 소리가 들렸다. 아빠가 법정 문에 난 창으로 나를 지켜보는 것이 느껴졌다. 그 창틀이 숲 깊숙이 엉켜 있는 덩굴인 듯 바라보는 그 눈빛이 느껴졌다.

522

잠시 후 내 말이 혀를 떠나는 소리가 들렸다. 내 입에서 강력한 단어들이 날아갔다.

조상들.

기억.

창.

비행기.

속임수.

돈.

석유.

숲.

고향.

생명.

그 말들이 화려한 색의 새들처럼 법정의 하얀 빛 속에서 날개를 퍼덕거리는 모습이 보였다. 갈비뼈 사이의 작은 틈과 귓속의 터널을 찾아서, 판사들과 정부 측 변호사들과 그들을 우리에 가둔 제도의 영혼으로 가는 오솔길을 찾아서 날아갔다.

오피 오빠가 법정 한가운데서 일어나, 우리 영토의 지도를 가리키며 우리가 그 땅과 어떻게 연결되어 있는지 설명할 때는 타로메나네족 여자아이들이 내 팔뚝을 할퀸 상처가 느껴졌다. 그 아이들이 내 살에 그려놓은 이야기들이, 숲을 위해, 가족을 위해, 가족의 고향을 위해 애원하는 그 이야기들이 느껴졌다. 내 딸의 이름을 지어준 폭포와 젖은 돌을 밟고 선 우리를 에워싼 무지개가 확 밀려들며 전율이 일었다. 하늘에서 열매의 씨를 떨어뜨리는 마코앵무들이 보이고, 깊은 밤의 봉관조 소리가 들렸다. 그리고 나는 판사들이 오빠의 말을 들으며 지도 이면의 이야기를 들여다보고 있다는 것을 알았다. 그랬다. 그들은 우리 부족 사람들과 동물들과 그 땅 사이에 숨 쉬는 지혜와 신성한 유대에 놀라워하며 호기심을 보였다.

정부 측 변호사들의 말은 법정에서 땅을 덮은 포장도로처럼 펼쳐졌다. 그들이 마을 사이를 날아가는 비행기, 서명을 받은 서류들에 대해 말하고 석유, 발전, 땅 밑의 자원에 대한 정부의 권리가 가진 장점을 언급할 때 나는 탁자 아래에 있는 위냐의 발에 눈길이 갔다. 그녀의 거칠게 까진 발뒤꿈치가 보이고, 뿌리를 찾고 의미를 잡으려 차가운 타일 바닥을 움켜쥐는 발가락이 보였다.

"위냐." 내가 그녀의 귀에 대고 속삭였다. 이제는 내 안에서 웃음의 불꽃이 일어났다. "위냐의 발이 저 정부 변호사보다 숲을 더 많이 알고, 문명보다도 숲을 더 잘 알아요."

위냐가 고개를 끄덕이며, 그 말에도 흔들리지 않은 채 시선을 여전히 법정에 맞추고 있었다. 내가 말하기도 전에 이미 그런 생각을 하고 있었던 것이다. 그녀는 어린 소녀였을 때 우리 아빠와 함께 선교사 마을로 가다가 독사에게 물려서 독이 발가락을 거쳐 발목과 다리까지 퍼진 적이 있었다. 그녀의 발은 그동안 셀 수 없이 많은 뿌리, 씨, 나뭇잎, 버섯, 가시를 밟아왔고, 총알개미와 모기에게 물려왔고, 말벌, 전갈, 가오리에게 쏘여왔고, 타란툴라 거미에 덮이고, 쐐기벌레 털에 쏘이기도 했다. 그녀의 발은 밭의 흙을 밟아 눌러주기도 하고, 언제 씨를 뿌리고 언제 태울지를 알려주기도 했다. 그녀의 발가락은 삼나무와 마호가니, 복숭아야자와 계수나무, 케이폭과

구아바의 나무껍질을 구분할 수 있게 해주었다.

갑자기 웃음이 터졌다. 판사들이 그 웃음소리를 알아채고 눈을 가늘게 뜨며 나를 호기심 어린 눈으로 쳐다봤다. 나는 입술을 깨물며 호흡으로 몸을 진정시키려 애썼지만, 그 생각은 너무 재미있었고, 너무 있는 그대로의 진실이었다. 우리는 우리 영토가 우리 것이라는 증거로 위냐의 발을 법정 증거로 제출했어야 했다. 정부의 것도 석유 회사들의 것도 아니라는 증거로!

엄마와 아빠가 기자, 증인, 정부 조력자 사이에 함께 앉아 있었다. 엄마와 아빠 모두 나를 보며 미소를 지었다. 이번만은 두 분의 눈이 같은 눈빛이었다. 나를 자랑스러워하는 눈빛. 두 분에게서 딸을 사랑하는 마음을 느낄 수 있었다. 엄마가 손짓으로 다정히 다이메를 가리켰다. 다이메는 미치의 품 안에서 잠들어 있었다. 오피 오빠가 그 두 사람 옆에 있었다. 법정을 꽉 채운 사람들 위로 머리를 쑥 내밀고 있었다. 좀 떨어진 곳에 위협 요소가 없는지 확인하기 위해 수면 위로 엿보는 강의 수달처럼.

갑자기 사랑의 감정이 벅차올랐다. 더없이 순수하고 꾸밈없는 사랑이었다. 부족 연장자들, 내 가족, 우리가 법정으로 데려온 영혼을 향한 사랑이었다. 우리가 문명의 심장부로 가지고 온 용기와, 우리가 우리의 발로, 손으로, 이야기로 지킨 지혜를 향한 사랑이었다.

판결이 나오는 날 오전, 판사들이 자신들의 판정이 담긴 문서를 뒤적거릴 때 위냐가 탁자 밑 내 다리에 손을 얹었다.

"지난밤에 우리가 재규어로 나오는 꿈을 꿨어." 위냐가 속삭였다. "길몽이었어. 롱하우스 안에서 우리 주위로 온갖 동물이 모여들어 우리에게 얘기를 했어."

"동물들이 뭐라고 했는데요?" 내 머릿속에 해먹에서 몸을 흔들며 모닥불 주위로 모인 맥, 페커리, 카이만, 부채머리수리와 얘기하는 우리의 모습이 그려졌다.

위냐의 입가에 익살스러운 미소가 번졌다.

"우리가 자기들의 변호사가 되어줘서 기쁘다고 그러더라고."

내가 킬킬 웃었다. "자기들의 변호사요?"

위냐는 환한 얼굴로 고개를 끄덕이더니 놀라울 정도의 자신감 있는 모습으로 판사들을 흘끗 보았다. 위냐 할머니는 땅 밑의 이상한 상자 같은 이 법정에 앉아 며칠이 흘러가는 사이에 스스로를 변호사로, 숲의 모든 동물과 식물을 대표하는 재규어 변호사로 생각한 것이다.

가슴 속에서 웃음의 불꽃이 퍼져 나갔다. 나는 애써 그 불길을, 그 분출되는 본능을 억눌렀다. 판사들이 판결문을 낭독하기도 전에 웃음을 터뜨리는 모습을 그들에게 보이고 싶지 않았다.

"그 말이 의미하는 게 뭔데요?" 내가 입술을 깨물며 물었다.

"백인들은 재규어를 이해하지 못한다는 뜻이지. 하지만 이제 저 사람들은 우리를 이해할 수 있어." 위냐가 잠깐 말을 끊으며 고갯짓으로 판사들을 가리켰다. "우리가 재규어 변호사이기 때문이야. 백인들이 재규어의 말을 들을 수 있게 우리가 재규어의 말을 해주고 있기 때문이야."

판사가 판결문을 낭독하기 시작했다.

그녀의 얼굴이 달라져 있었다. 이제는 엄하고 소극적이며 차가운 분위기가 아니었다. 눈도 짐을 내려놓은 듯한 부드러운 눈빛이었다. 법정이 문 너머의 복도에서 진동하는 우리 전사들의 발소리로 고동치고 있었다.

나는 눈을 감았다. 내 다리로 강이 느껴졌다. 우거진 나뭇가지 위로 윙윙거리는 비행기 소리가 들리며, 숲 여기저기로 목화솜을 날리는 바람과, 물살을 타고 흐르는 카누의 경쾌한 움직임이 느껴졌다.

여기에 모든 것의 핵심이 있었다. 모든 판사가 정말로 이해해야 하는 부분은 바로 이 점이었다. 정부가 우리 마을로 날아와 우리를 속여 서류에 서명하게 하고, 우리 영토에 대한 권리를 석유 회사들에 넘겨주려던 그 당시에 우리 부족 사냥꾼들은 숲에서 동물들을 추적했다. 여자들은 밭을 돌보고 아이들은 물가에서 물을 튀기며 놀기도 하고 날아다니는 야생 목화솜을 붙잡기도 하며 버젓이 잘 살고 있었다. 그리고 서류에 지문을 눌러 찍은 마을 주민들은 그것이 그냥 공짜 점심, 빵 조각, 탄산음료를 얻는 방법인 줄로만 알았을 뿐 자신들이 고향을 다이너마이트와 시추기와 송유관에 내어주는 것이라는 사실을 알지도 못했다.

그때 갑자기 눈 깜짝할 사이에 문이 부서지듯 열리며 노랫소리가 터져 나왔다.

이제 판결의 말은 더 이상 중요하지 않았다. 판사는 판결문의 낭독을 이어나갔지만 우리는 이미 우리가 듣고 싶던 말을 다 들었다. 정부가 거짓말을 했다고! 석유 경매는 불법이라고! 서류는 무효라고! 우리 영토는 팔 수 있는 물건이 아니라고. 우리 땅에 대한 문제를 결정할 권리는 우리 부족 사람들에게 있다고.

우리의 몸이 한 몸처럼 들썩거렸고, 우리의 복숭아야자 창들이 허공을 찔렀으며, 우리의 눈은 눈물로 흐려졌다. 이 소동 중에 다른 남자 판사들은 이미 사라지고 없었다. 재판장은 문가에서 잠깐 걸음을 멈췄다. 얼굴에 자부심 어린 홍조를 띠고 있었다. 그녀는 치유에 나설 만큼 용기 있는 사람이었다. 정부 측 변호사들은 노트북 위로 몸을 구부리고 서류 가방을 잠갔다. 카메라맨들이 탁자를 밟고 올라서서 우리에게 카메라 렌즈를 맞추며 우리의 춤추는 몸을, 숲의 색을 품은 그 몸을 찍었다.

나는 법원 계단의 햇빛 속에서 흐느껴 울었다. 기자들이 내 입에 마이크를 들이밀었지만 내 안의 감정들을 말로 다 표현할 수가 없었다. 나는 위냐를 내 할머니처럼 느끼며 두 팔로 감싸 안고 몸을 꼭 붙였다.

"아보가다abogada 위냐." 내가 속삭였다. "위냐 변호사님."

그녀는 나에게 애정 어린 미소를 지어 보였다. 눈빛이 놀라울 정도로 고요했다. 자신은 어떤 일이 일어나도 놀라지 않는다는 듯. 내내 이런 결과를 예상했다는 듯.

"이제는 작물을 잘 거둬들이면 되겠구나." 그녀가 말했다.

잠시 후, 우리는 다시 줄지어 행진했다. 한 무리의 야생 페커리 떼처럼, 한 무리의 전사들처럼 창을 들어 올리고 트럭 소리가 묻히도록 크게 노래를 부르면서 아마존 유역의 도시 푸요의 중심지로 이어지는 포장도로로 줄지어 나아갔다. 푸요는 우리 조상들을 두려워하던 도시였다. 우리를 야만인이라고, 숲의 그늘에 숨어 기다리다 사람을 죽이는 아우카라고 믿었다. 하지만 이제는 분위기가 달라져 있었다. 나는 가게 주인들과 택시 기사들의 눈에서 그런 변화를 읽었다. 그들은 우리의 기쁨을 인정하며 공감해 주고 싶어 했다. 우리를 지지하는 박수를 보내주고, 지지하는 의미로 빵빵 경적을 울려주었다. 우리의 기쁨이 순수한 기쁨이고 치유의 기쁨이며 인간적인 기쁨임을 뼛속 깊이 이해했다.

대로에서 벗어나 번잡한 시내의 비탈진 거리로 들어섰을 때 하늘이 어둑어둑해지며 인도로 빗줄기가 쏟아지고 거리가 갑자기 꿈속의 강물처럼 변했다.

"이제 집에 올 거니?" 엄마가 나에게 물었다. 빗방울이 그 돌같이 단단한, 아름다운 얼굴 윤곽을 따라 흘러내렸다.

"네." 내가 입을 하늘 쪽으로 벌려 혀로, 목으로, 몸으로 빗물을 음미하며 말했다. "네, 이제 집에 갈 거예요."

26
수많은 별

언덕 등성이 오솔길 너머의 골짜기로 폭포 소리가 울렸다. 우거진 나뭇가지에서 양털원숭이 가족이 우리를 보고 있었다. 아빠는 페토모야자의 맨 위쪽 잎에 매달린 야생 열매들을 따려고 상반신을 흔들며 가느다란 나무 몸통을 오르는 중이었다. 발가락으로 거친 나무껍질을 움켜쥐고 맨발로 덩굴 밧줄을 꽉 누르며 올라가고 있었다. 덩굴줄기를 엮어 튼튼하고 동그랗게 만든 그 밧줄로 말하자면 우리 조상들로부터 대대로 전해져 온, 아주 오래된 나무 오르기 기법이었다. 엄마는 쓰러진 통나무 옆에서 몸을 웅크리고 막 잘라낸 야자 잎으로 임시로 쓸 바구니를 짜고 있었다.

마체테가 휘둘러질 때마다 자줏빛을 띤 검은색 열매 다발이 비처럼 쏟아졌다. 남동생 미구엘과 여동생 나탈리아가 언덕 사면을 기어 내려가 껍질 단단한 야자열매를 주워 너덜너덜해진 셔츠에 감싸 담았다.

"수많은 별, 아버님 연세가 어떻게 되실까요?" 미치가 나무에서 내려오는 아빠를 보며 물었다.

"우리도 몰라요." 나는 가지에서 달걀 크기의 열매 하나를 비틀어 따며 그 마른 잎사귀에 전갈이나 총알개미가 숨어 있지 않은지 유심히 살폈다. "아빠가 태어났을 때는 연도나 달력 같은 게 없이 그저 달과 계절만 있었으니까요."

미치가 내 옆으로 무릎을 구부리며 다발에 달린 열매를 서툴게 잡아당겼다.

"미국에서는 노인이 저렇게 나무를 오르는 건 좀처럼 볼 수 없는 일이에요." 그가 말했다.

"당신네 사람들이 나무를 죄다 베어버렸으니까요." 이 말에 그가 나를 쳐다봤다. "아, 나도 당신들의 땅에 아직 나무가 있다는 거 알아요. 내가 하려는 말은 당신들은 야생 열매를 거두어 먹는 게 아니라 마트에 가서 사과와 바나나와 딸기를 사 먹는다는 얘기예요."

그가 킬킬 웃다가 이마에 맺힌 땀을 닦아냈다.

"그리고 당신들은 땀이 너무 많이 나잖아요." 내가 말을 이었다. "바닥에서 두 발짝을 떼기도 전에 미끄러져 내릴걸요!"

바구니 여러 개에 기름진 자줏빛의 야자열매가 그득그득했다. 엄마는 바구니 하나를 등 뒤로 힘들이지도 않고 거뜬히 들어 올려 이마에 댄 나무껍질 줄 하나로 짊어졌다.

협곡 능선의 가파르게 굽이진 지점에서 아빠가 잠시 길을 벗어나 활엽수 나무껍질에 재규어가 발톱으로 남긴 자국을 살펴봤다.

아빠는 코를 킁킁거리며 정글의 공기 냄새를 맡았다. 나는 본능적으로 아빠를 따라 하면서 야생 마늘, 시큼한 꿀, 쌉싸름한 뿌리, 나뭇잎 뿌리 덮개의 향이 서로 뒤섞인 냄새를 맡았다. 아빠의 코는 나보다 더 많은 것을 알고 있었다. 아빠는 가려진 냄새를 따라가며 사라졌다가 어느새 우리 뒤로 다시 나타났다.

"얼마 지나지 않은, 오늘 아침 일찍 재규어가 싸놓은 똥이 있었어." 아빠가 말했다. "그래서 양털원숭이들이 그렇게 갈비뼈를 울리면서 푸르릉거렸던 거야."

나는 그런 푸르릉 소리도 듣지 못했다. 아빠에게는 힘이 있었다. 내가 도시에 사는 그 수년 사이에 잃어버린 감각이 있었다. 우리 조상들의 언어로 숲의 삶을 미묘하게 묘사하는 표현력도 있었다. 양털원숭이들이 가슴으로 푸르릉거린다는 표현으로, 오래전부터 이어져 온 재규어를 향한 두려움을 공경할 줄 알았다.

물살이 우리 딸의 이름을 지어준 폭포로 흘러가는 강둑에서, 오피 오빠가 재규어의 발자국을 발견했다.

"블록 22라." 오빠가 숨죽여 중얼거리며 진흙에 찍힌 재규어 발자국에 맞춰 손가락을 오그렸다. "감히 우리 숲을 블록 22로 부르려 했다니!"

나는 얕은 물가로 걸어 들어가 미끌미끌한 돌바닥을 성큼성큼 가로지르면서 우리 조상들이 폭포 위쪽에 깎아놓은 미스터리한 구덩이들을 누비고 다녔다. 겨우 며칠이 지났을 뿐인데 벌써 그 법정이 낯설고 먼 꿈처럼 느껴졌다. 우리의 승리로 정부의 지도에서 그 폭력적인 빨간 선이 지워졌다. 우리 영토를 울타리에 가둬, 숲을 유정과 송유관으로 곰보 모양을 만들 뻔했던 그 끔찍한 오일 블록 라인에서 벗어나게 되었다.

우리는 50만 에이커(약 2,023제곱킬로미터)에 이르는 우리의 열대우림을 지켜냈다. 다른 원주민 부족들도 자신들의 영토를 지키기 위해 따라 할 수 있을 만한 합법적인 길을 열어놓았다.

그리고 이제 우리는 집으로 돌아와 우리 땅의 심장에 서서, 하늘이 뻥 뚫려 빛줄기가 쏟아지는 곳 언저리에서, 언덕에서 흘러온 수정처럼 맑은 물이 아래쪽 동굴로 끊임없이 떨어져 내리는 풍경 속에 들어와 있었다.

폭포 위로 물이 흐르는 그곳에서 시간은 고요히 멈춰 서 있었다. 물을 튀기며 노는 아이들처럼 햇살이 나뭇잎에 장난을 치고 있었다. 그 아름다움에 피부가 따끔따끔하고 몸에 전율이 일었다. 우리는 혼자가 아니었다. 우리에게만 눈이 있는 게 아니었다. 숲도 다 보고 있고, 듣고 있었다.

그리고 빅토르도 보고 있고, 듣고 있었다. 나는 동생을 가슴속 깊이 느꼈다. 내 동생이 그 재규어의 냄새에, 나무껍질에 남아 있던 발톱 자국에, 강둑의 발자국에 깃들어 있었다. 나는 빅토르를 잃은 고통을 가슴에 묻었다. 빅토르의 죽음은 내 마음을 도려낸 고통이었고 나는 그 어둠에 굴복할 뻔하기도 했지만, 우리가 직면한 또 다른 정복, 즉 보아뱀 혀의 정복을 끊임없이 상기시켜 주었다. 하지만 폭포 옆에 서 있었던 그때, 나는 동생이 우리를 떠난 적이 없다는 걸 그 무엇보다 확실히 깨달았다. 내 동생은 조상들과 함께 있었다. 야헤 의식의 환영 속 정원에서 울부짖으며 나에게 생존의 웃음을 가르쳐 준 바로 그 재규어였다.

그리고 지금도 빅토르가 나를 지켜보고 있다고 확신했다. 재규어의 모습으로. 누나를 자랑스러워하면서.

숲의 아이들인 어린 소녀들이 오일 로드 끝의 판잣집에 갇혀 있었던 그날, 호텔 아우카의 안마당 정원에서 네몬테는 자신의 이름, '수많은 별'을 나에게 처음 알려주었다. 그날 그 도시는 윙윙, 절거덕절거덕, 삐걱삐걱하는 소리를 내며 냉담한 기계처럼, 피할 수 없는 힘처럼 우리를 에워쌌다. 하지만 네몬테의 눈에는 그 모든 것보다 훨씬 더 심오한 무언가가 담겨 있었다. 그때는 그것이 뭔지 몰랐지만 그 눈에는 어린 소녀들에게 할퀴어진 상처와, 숲의 울음과, 조상들의 웃음이 담겨 있었다. 그날 밤부터 그녀는 그 눈에 담긴 자신의 이야기를 나에게 들려주었다.

이후에 어떤 일이 일어났는지는 대체로 알려진 얘기지만 사람들이 모든 얘기를 다 안다고는 할 수 없다. 말하지 않고 남겨둔 이야기들도 많았다.

어떤 이야기들은 아주 기분 좋은 이야기다. 따로 책으로 내도 될 만한 승리가 있었다. 코판족은 채금업자들이 수원지에서 금을 캐지 못하게 저지했다. 시에코파이족은 도둑맞은 페루의 국경지대 땅을 되찾았다. 에콰도르 국민들은 미접촉 부족의 영토이며 그 어린 소녀들의 조상이 대대로 살아온 고향인 야슈니의 신성한 숲에서 석유 회사들을 쫓아내기로 투표를 통해 결정했다.

괴로운 이야기도 있다. 자신의 땅과 공동체를 지키기 위해 싸우다 목숨을 잃은 친구들이 있었다. 연장자들이 세상을 떠나 그들의 이야기, 지혜, 언어, 생활 양식도 함께 떠나고 있어 고유의 전통을 이해하는 사람들이 갈수록 줄어들 것 같아 안타깝다. 유정이 더 많이 시추되었고 금 채굴권이 더 많이 부여되었으며 도로가 더 많이 깎였고 공동체의 분리 사례도 더 늘었다.

네몬테가 나에게 자신의 얘기를 써달라고 부탁했을 때 그녀는 둘째인 아들을 임신하고 있었다. 다이메가 태어났던 그날 밤 어머님의 말씀처럼 정말 아들이었다. 어머님은 그때 탯줄로 미래를 내다보며 둘째가 아들이라는 것을 알았다. 우리는 네몬파레 마을에 같이 집을 지었다. 우리 아들이 태어났을 무렵 다이메는 맨발로 오솔길을 뛰어다니고, 과일나무를 기어오르고, 개울에서 덫으로 새우를 잡는 아이로 자라 있었다.

매일 아침 동이 트면, 네몬테는 모닥불가에서 자신의 이야기와 자신의 부족 사람들 이야기를 들려주었다. 그중엔 내가 알고, 직접 접한 이야기도 있었다. 또 내가 이해할 수 없고, 상상할 수도 없는 영역의 이야기들도 있었다. 와오라니족 사람들이 동물과 얘기도 하고 동물이 될 수도 있었던 시절의 이야기들이었다. 그 시절 조상들에겐 어엿한 이름과 이야기가 있었다. 그중 어떤 이야기는 나에겐 신화나 전설처럼 여겨지기도 하고, 정복 전날 밤의 서사 사극처럼 들리기도 했다. 실패한 사냥 이야기. 부족 간 전쟁이 터지고 배신이 일어나고 창으로 찔려 죽이는 이야기. 이런저런 마법, 꿈, 환영 이야기. 강을 건너는 이야기. 마체테와 금속 도끼로 무장해 식민지 이주 정착민들을 급습한 이야기. 머리 위로 날아 온 비행기, 위에서 들려오는 목소리, 하늘에서 바구니에 담겨 내려오는 처음 보는 신기한 물건들(소금과 설탕, 냄비와 옷 등)로 전개되는 이야기.

여러 달이 지나는 동안 나는 이런 이야기들을 듣고 글로 적으며 동틀 녘에 입으로 전해 듣던 이야기의 연기 자욱한 기운과, 타닥거리는 잔불 소리가 글 속에 어리게 하려고 애써봤다. 하지만 와오라니족 사람들의 가장 심오한 집단 기억인 그 이야기들이 결국 이 책에는 명시적으로 담기지 못했다. 하지만 부디 그 기억들의 기운과 조상들이 살아온 삶의 기운이 글 이면에서 느껴질 수 있기를, 우리가 이 책에 담아놓은 이야기 속에서 연기나 꿈처럼 피어오르길 바란다.

이 책은 과감한 여정이었다. 책을 쓰면서 괴로운 순간과 트라우마가 되살아나는 순간들을 겪어야 했다. 기억을 파내 재편하며 새로운 관점에 비추어 보기도 했다. 치유를 얻기도 했다. 책에는 담지 못했지만 기쁘고 자지러지도록 웃음이 터진 순간들도 있었다.

네몬테는 나에게 자신의 이야기를, 이미 성인의 나이에 들어섰을 때 배운 언어인 스페인어로 들려주었다. 그리고 내가 이 책을, 네몬테의 부족 사람들을 구원해 준다면서 그녀의 숲을 침해한 선교사들과 석유 회사들의 언어이자, 막대한 피해를 입게 한 문명의 언어인 영어로 썼다.

나는 내가 쓴 글의 모든 단어, 모든 장면과 대화, 모든 묘사 하나하나를 그녀에게 읽어주었다. 이 글은 그녀의 기억이다. 그녀가 단어와 서술의 틀을 잡으며 이 책에 실린 사람들과, 자신의 감정과, 자신의 경험과, 자신의 숲에 숨결을 불어넣었다.

네몬테는 들어가는 글에서, 자신의 부족 사람들에게 이야기는 살아 있는 생명체라고 말했다. 바라건대 그녀의 이야기를 상냥하게 대해주면 좋겠다. 숲과 그녀의 부족 사람들처럼, 그 이야기는 존중받아 마땅하다. 살아 숨 쉬어야 마땅하다.

감사의 글

내 이야기는 많은 사람들의 이야기가 없었다면 결코 완성될 수 없었을 것이다. 여기서는 그중 극히 일부만 언급할 수 있을 뿐이다. 무엇보다 가장 먼저, 나의 부족인 와오라니족에게 깊은 감사를 드린다. 우리는 광활한 세상 속에서 소수다. 돈, 술, 그리고 보아뱀의 혀 같은 존재가 우리를 갈라놓을 순 있지만, 우리는 그럴 때 하나로 뭉쳐 평화롭게 이야기할 것이다. 나는 내 이야기를 적었지만, 우리 부족에게는 더 많은 이야기가 있고, 우리의 조상들에게도 더욱 많은 이야기가 있다. 이 이야기들을 함께 나누고 싶다.

우리의 친척인 타가에리족과 타로메나네족을 기억한다. 그들은 옛 전통을 지키며 살기를 선택했다. 그들의 저항 정신은 내 안에 살아 있다. 나는 산등성이, 협곡, 강 건너 사는 재규어들을 떠올린다. 우리에게 생명을 주고, 우리를 우리가 되게 하는 숲에 경의를 표한다.

어머니 마누엘라와 아버지 티리에게도 감사드린다. 그들은 오랜 세월 동안 가정의 불을 지켜왔다. 나는 한 번도 완전히 길을 잃은 적이 없다. 마음속 깊이 항상 집이 어디인지 알고 있었기 때문이다. 나의 형제자매들, 특히 우리를 지켜준 빅토르, 우리의 투쟁을 강력한 사랑으로 이끄는 오피 오빠, 존중하는 마음을 지니고 사냥을 하는 에몬타이, 그리고 자매애로 함께해 준 애나, 넹헤레, 에로가, 앙히에, 나탈리아에게 감사하다.

　나의 강인한 위아멩케 숙모, 헤카 고모, 난토케 고모에게 감사를 드린다. 내 어린 시절의 이야기꾼 네네 삼촌에게도 감사를 드린다. 아버지 재규어 아우아, 켐페리, 멩가토웨에게도 감사하다. 그리고 아모. 그를 잊지 않았다. 석유 회사들과의 싸움에서 중요한 역할을 해준 모든 연장자들, 그중에는 이제 고인이 되신 분들도 계신다. 난구에, 야예를 기억한다. 그리고 내 곁에서 함께 걸어준 디카, 메모, 오망카, 위파에게도 감사하다. 지금 우리 부족을 위해 헌신하고 있는 소중한 친구들인 실바나, 에네, 길베르토, 그리고 가바에게 고마운 마음을 전한다.

그리고 미치. 진심으로 내 얘기를 들어주고, 우리 부족, 우리 숲, 우리의 이야기에 마음을 열어준 것에 강렬한 사랑으로 감사한다. 그가 아니라면 세상 누구에게도 나의 이야기를 맡기지 않았을 것이다.

미치와 나는 수년간의 활동 속에서 감사드리고 싶은 모든 분의 이름을 적으려 했지만, 너무 많아서 한 페이지에 담을 수 없었다. 하지만 그분들 모두가 누구인지 잘 알고 계시리라 믿는다. 세이보 연대와 아마존 프론트라인즈에서 함께 꿈꾸고, 함께 꿈을 세워나간 모든 분에게 감사드린다. 신성한 약초를 지키고 치유를 이어온 분들, 아마존 열대우림의 광대한 상류 지역에 있는 모든 공동체에도 깊이 감사드린다.

많은 사랑과 배려, 그리고 나를 가족으로 따뜻하게 맞아준 미치의 가족에게도 감사드린다.

이 책이 나오기까지 도움을 주신 분들에게 고마움을 전하고 싶다. 우리가 쓴 신문 기사를 읽고 기회를 열어주신 알렉스 클라크에게 감사하며, 이 긴 여정을 함께하며 이끌어 준 와일드파이어 출판사의 모든 분에게도 감사드린다. 특히 린지 데이비스, 아린 알리, 로지 마게슨, 그레이스 맥크럼, 제시카 타키에게 감사를 전한다. 리즈 리그비 없이는 이 책이 지금의 모습으로 나올 수 없었을 것이다. 지혜와 가르침, 그리고 여정 내내 보내주신 격려에 감사드린다. 존 기블러, 나의 사랑하는 투쟁 동지이자 함께 펜을 든 동료여, 끝까지 함께해 줘서 고맙다.

마지막으로, 우리 아이들 다이메와 솔에게. 언젠가 이 책을 읽게 될 텐데, 이 책은 너희 엄마의 이야기이자 일부는 아빠의 이야기이기도 해. 이 페이지들 속에서 너희의 숨결과 심장 박동을 느낄 수 있기를 바란다.

이 책을 쓰며 많은 바람을 담았다. 이야기를 나누고, 사람들의 마음을 울리며, 아마존 열대우림에서 살아가는 삶의 풍요로움과 아름다움을 엿볼 수 있는 기회를 만들고 싶었다. 이러한 삶은 종종 '가난'하거나 '원시적'이라는 말로 설명되어 폄하되곤 한다.

나는 주요 석유 소비국에 사는 사람들과 석유 경제로 인해 파괴된 숲에서 살아가는 사람들 사이의 연결감을 깨우고, 이 연결이 책임을 수반한다는 사실을 알리고 싶었다. 그 책임 중 하나는 산업 사회 속 소비 패턴의 변화를 논의하고 해결하는 것이다.

이 책을 통해 꾸는 꿈 중 하나는 독자들이 새로운 사실을 더 많이 알게 되고, 더 많이 질문하며, 일상에서 더 많이 생각하고 행동하게 되는 것이다. 또한 수많은 이들의 영감, 투쟁, 이야기, 그리고 예술 작품이 불러일으킨 다양한 저항의 형태 속에서 이 책이 숨 쉬기를 기대한다.

미치와 나는 부족의 영토를 석유 개발로부터 지키기 위한 투쟁 중에 만나 사랑에 빠졌고, 가정을 꾸렸다. 이것이 우리 삶의 사명이다. 여러분도 우리와 멀리 떨어져 있더라도 이 여정에 함께해 주면 좋겠다. 우리의 일에 대해 더 알아보고 싶거나 지원하고 싶다면, 다음 사이트를 방문해 주시길.

www.amazonfrontlines.org

www.alianzaceibo.org

@amazonfrontlines

@AFrontlines

옮긴이 정미나

출판사 편집부에서 오랫동안 근무했으며, 이 경험을 토대로 현재 번역 에이전시 엔터스코리아에서 출판기획 및 전문 번역가로 활동하고 있다. 주요 역서로는 《불확실한 걸 못 견디는 사람들》, 《비터스위트》, 《브라이언 트레이시 성공의 지도》, 《평균의 종말》, 《다크호스》, 《레토릭: 세상을 움직인 설득의 비밀》, 《위즈덤 2.0》, 《작가와 술》, 《켄 로빈슨 엘리먼트》, 《피싱》, 《강으로》, 《최고의 학교》, 《우리가 사랑할 때 물어야 할 여덟 가지》 등 다수가 있다.

우리가 우리를 구한다

1판 1쇄 인쇄 2024년 12월 2일
1판 1쇄 발행 2024년 12월 11일

지은이 네몬테 넨키모, 미치 앤더슨
옮긴이 정미나

발행인 양원석 **편집장** 차선화 **책임편집** 박시솔
디자인 남미현, 김미선 **영업마케팅** 윤송, 김지현, 이현주, 백승원, 유민경
해외저작권 임이안, 이은지, 안효주

펴낸 곳 ㈜알에이치코리아
주소 서울시 금천구 가산디지털2로 53, 20층 (가산동, 한라시그마밸리)
편집문의 02-6443-8890 **도서문의** 02-6443-8800
홈페이지 http://rhk.co.kr
등록 2004년 1월 15일 제2-3726호

ISBN 978-89-255-7423-3 (03330)

1993년, 레이첼 세인트가 토냠파레에서 막수스 오일의 총괄 매니저인 윌리엄 허튼을 환영하는 마을 행사를 주관하고 있다. (© Christopher Walker)

지니 세인트, 마누엘라, 그리고 입양될 뻔한 아기 애나가 함께 있다. (© Steve Saint)

스티브 세인트와 다유마(앞쪽)가 1994
년 토냠파레에서 레이첼 세인트의 관
과 함께 있다. (ⓒ Steve Saint)

전사 네네카와는 백인들과의 첫 접촉
후 소아마비에 걸려 마을의 이야기꾼
이 되었다. (Photo by Mitch Anderson, ⓒ
Amazon Frontlines)

티리가 창을 들고 아치오테 열매들을
보여주고 있다. (Photo by Nico Kingman,
ⓒ Amazon Frontlines)

다유마는 레이첼 세인트의 충실한 오
른팔이었다. (ⓒ Julie Chase)

세이코파이족, 와오라니족, 코판족, 시오나족 출신의 세이보 연대 지도자들. (Photo by Jeronimo Zuniga ⓒ Amazon Frontlines)

네몬테, 마누엘라(맨 오른쪽)와 에웽고노 강 출신의 와오라니족 여성들이 2015년 라고 아그리오 주변의 유정 앞에서 노래하고 있다. (Photo by Mitch Anderson, ⓒ Amazon Frontlines)

2015년, 첫딸 다이메가 태어난 밤, 네몬파레의 별빛 아래 촛불이 켜진 오코. (Photo by Mitch Anderson, ⓒ Amazon Frontlines)

마누엘라가 출산 해먹에서 네몬테가 지켜보는 가운데 손녀를 세상에 맞이하고 있다. (Photo by Mitch Anderson, ⓒ Amazon Frontlines)

에메르힐도는 석유로 인한 오염으로 두 자녀를 잃었다. (Photo by Mitch Anderson, ⓒ Amazon Frontlines)

미치가 지도 제작을 돕고 있다. (Photo by Luke Weiss, ⓒ Amazon Frontlines)

네몬파레 근처에서 드론으로 촬영한 우리의 거대 숲 선언문 (Photo by Mitch Anderson, © Amazon Frontlines)

네몬테와 와오라니족 주민들이 50만 에이커 규모의 부족 영토를 보호한 역사적인 법적 승리를 기념하며, 수백만 에이커를 더 보호할 수 있는 선례를 세우고 있다.
(Photo by Mitch Anderson, © Amazon Frontlines)

오피가 사람으로 가득 찬 오코에서 카메라를 향해 숲에 대한 사랑과 석유 회사를 향한 강력한 저항의 메시지를 읽고 있다. (Photo by Mitch Anderson, ⓒ Amazon Frontlines)

네몬테와 와오라니족 주민들이 50만 에이커의 부족 영토를 보호하고 수백만 에이커를 더 보호할 수 있는 선례를 세운 역사적인 법적 승리를 기념하고 있다. (Photo by Mitch Anderson, ⓒ Amazon Frontlines)

미치가 강아지 야웨와 함께 네몬파레의 가족 오코 밖에서 갓 사냥한 페커리를 들고 있다. (Photo by Nemonte Nenquimo, ⓒ Amazon Frontlines)

미치와 네몬테가 첫딸 다이메가 태어나기 전 폭포에서 아이의 이름을 짓고 있다. (Photo by Ginger Cassady, ⓒ Amazon Frontlines)